한국신약해설주석 11

목회서신:
디모데전·후서·디도서

한규삼 지음

김상훈 KECNT/KECOT 총괄 편집
신현우 KECNT 책임 편집

한국신약해설주석 11
목회서신: 디모데전·후서·디도서

초판1쇄   2021.04.21.
초판2쇄   2023.11.30.

지은이   한규삼
총괄편집   김상훈
책임편집   신현우
교정교열   김요셉, 아만다 정, 박이삭

발행처   감은사
발행인   이영욱
전화   070-8614-2206
팩스   050-7091-2206
주소   서울시 강동구 암사동 아리수로 66, 401호
이메일   editor@gameun.co.kr

ISBN   9791190389280
정가   27,000원

Korean Exegetical Commentary on the New Testament 11

The Pastoral Epistles:
1-2 Timothy and Titus

Kyu Sam Han

KECNT/KECOT General Editor, Sang-Hoon Kim

KECNT Editor, Hyeon Woo Shin

'충현교회', '뉴저지 초대교회', '세계로교회'(LA, 현 한길교회)의 성도님들과

사랑하는 아내에게 헌정합니다.

| 목차 |

일선 목회자들을 만나면 좋은 주석을 추천해 달라는 말씀을 자주 듣게 됩니다. 믿을 만한 성경 주석이 필요합니다. 시대적 필요에 맞는 새로운 주석 편찬에 대해 다음의 다섯 가지를 말할 수 있겠습니다.

첫째, 건실한 개혁신학과 성경적 복음주의의 입장에 바로 서 있는 좋은 주석이 필요합니다. 하나님의 말씀인 성경에 대한 권위(authority)와 진정성(authenticity)을 신학(학문)이라는 이름으로 훼손하고 있는 주석이 적지 않습니다. 성경의 권위(*sola scriptura*, '오직 성경으로')를 중시한 종교개혁의 건실한 개혁신학과 성경의 영감적 특성을 존중하는 복음주의 관점에서 쓴 주석이 필요합니다. 영감된 말씀인 성경에 대한 존중과 바른 이해에 기반하는 주석은 주님의 교회를 새롭게 하고 생명력 있는 말씀 사역을 하도록 지원할 수 있습니다. 독자는 바른 신학과 성경에 대한 신뢰를 가지고 본문을 깊이 연구할 수 있습니다.

둘째, 국내 저자에 의한 국제적 수준의 주석 집필이 요구되고 있습니다. 성경적 복음주의에 기초한다고 해서 학문적 특성이 배제되면 신뢰할 만한 주석이라 할 수 없을 것입니다. 주석의 학문성은 저자의 학문적 자질과 능력에서 비롯됩니다. KECNT(한국신약해설주석)의 집필진은 학문적으로 국제적인 교류를 해온 학자들이 중심이 되었습니다. 해외 신학계와 해석학계에 학문적 목소리를 낼 수 있는(내어온) 학자들이 주석 집필진이 된 것입니다. 그렇기에 주석의 학문적 수준을 신뢰할 수 있을 것입니다. 본문의 논쟁적 문제를 다룰 때도, 개혁신학과 복음주의에 뿌리를 두되, 진지한 학문적 태도로 연구되고 있는 것을 볼 수 있을 것입니다. 여기서 신앙과 학문의 조화를 발견할 수 있습니다.

각 주석은 독자적인 연구를 바탕으로 된 것입니다. 신학적으로나, 학문적으로 신뢰할 만한 저자들의 단권 주석은 해당 분야에 대한 철저한 연구 성과를 토대로 집필된 것입니다. 대표되는 주석들과 학자들의 견해들이 주석 안에 섭렵되면서도, 집필자 자신의 깊은 본문 연구를 토대로 주석된다는 특징이 있습니다. 각자의 영역에서 뚜렷한 학문적인 논의를 개진할 수 있는 저자들이기 때문입니다.

셋째, 단권 주석의 강점은 각 권의 전문성이 인정된다는 것입니다. 저자 한 사람이 성경 전 권을 주석하는 방식은 학문적인 한계를 가질 수밖에 없습니다. 점차 전문화되어가는 학문적 흐름에는 맞지 않습니다. 해당 분야의 전문적 식견을 갖춘 저자에 의한 단권 주석 집필은 그런 점에서 의미가 큽니다. 각 권은 특장을 가진 각 저자의 적지 않은 시간 동안의 연구와 노력을 담은 주석서입니다. 같은 개혁신학과 복음주의 신앙을 가진 저자들에 의한 학문적 노력이 담긴 각 권의 주석입니다. 신학적으로, 학문적으로 검증된 저자들이 함께 어울려 성경 전체의 주석서를 내고 있습니다. 함께 하나님 나라를 위해 노력하려 합니다.

넷째, 성경 주석은 본문 중심의 주석일 필요가 있습니다. 개혁신학과 복음주의 전통의 문법적-역사적 해석은 하나님의 말씀인 성경 본문을, 역사적 맥락과 문법적 특징에 따라 세밀히 살펴, 본문의 계시적 의미를 밝히려는 해석입니다. 따라서 원어를 기초로 한, 각 절과 각 단원의 치밀한 주해에 집중합니다. 본문을 중시하는 문법적-역사적 해석의 전통은 최근 언어적·문학적·구조적·수사적 연구 등에 의해 더욱 발전되어 왔습니다. 하나님의 말씀 중심인 문법적-역사적 전제에 어울릴 수 있는 한, 이들 연구는 본문 해석에 유익한 면이 있습니다. 문법적-역사적 해석이 여러 갈래로 발전되고 있는 것입니다. KECNT에서 각 권의 저자가 어떤 특징과 강점을 가지고 성경 본문을 세밀히 해석하고 있는지 볼 수 있을 것입니다.

다섯째, 교회와 목회자의 필요에 맞는 주석이어야 할 것입니다. 교회가 신뢰할 만한 신학적 토대를 가지고 있다는 점과 함께, 철저한 본문 중심 해석이라는 특징 때문에 우리 한국 교회와 교회 사역자(설교자), 그리고 성경을 깊이 연구하고자 하는 분들에게 실제적인 도움이 될 것입니다. 특히 설교를 준비할 때, 본문에 대해 깊이 있고 정확한 해석의 기반이 가장 중요하다는 점에서 KECNT는 설교자의 좋은 동반자가 될 것입니다. 하나님의 말씀이 제대로 전해지면 교회는 회복됩니다. 교회의 진정한 개혁은 하나님의 말씀으로 됩니다. 한국 교회에 말씀의 뿌리가 깊이 내려지고 그 위에 갱신과 부흥의 나무가 서야 합니다.

KECNT 편찬에 관계된 저희 모두는 이 일을 영예로 생각합니다. 좋은 주석서들이 활용되면 주의 교회가 힘을 얻게 될 것이기 때문입니다. 오직 하나님만이 영광을 얻으시기에 합당하십니다(*soli Deo gloria*, '오직 하나님께만 영광이').

2020년 9월 28일

김상훈

KECNT/KECOT 총괄 편집

KECNT
책임 편집자 서문

한국신약해설주석(KECNT)은 성경을 하나님의 말씀으로 받아들이고 신앙의 규범으로 삼는 정통 신학의 틀 속에서 종교 개혁자들의 문법적-역사적 해석 방법을 사용하여 신약성경을 연구한 주석서입니다.

선교 받는 나라에서 선교하는 나라가 된 한국의 신학계는 그동안 비약적 발전을 하여 세계 신학의 한 축을 형성하는 단계로 진입하고 있습니다. 특히 한국의 신약학계는 이미 세계적인 학자들을 많이 배출하였습니다. 그리하여 이 주석 시리즈의 저자들은 국제 학계(총서 및 학술지 등)의 출판 실적이 있는 탁월한 학자들 중에서 개혁신학의 전통 속에 있는 학자들을 선택하여 선정할 수 있었습니다.

이 주석 시리즈는 간단명료한 문체를 추구하는 개혁신학의 스타일에 따라 제한된 지면에 알찬 내용을 담았습니다. 또한 문법적-역사적 해석 방법에 따라 원어의 용례에 입각한 단어의 의미 파악과 당시 역사적 배경과 본문의 문맥에 입각한 의미 파악에 주력하여 성경 각 권의 저자가 의도한 본문의 의미가 잘 드러나도록 하였습니다. 그리하여 우리 시대에 성경 본문을 적용하기 위한 튼실한 출발점을 얻을 수 있도록 하였습니다.

때로는 우리 시대에 어떻게 적용해야 하는지 방향을 제시하기도 하였습니다.

이 주석은 단락별로 성경 번역, 절별 주해, 단락 해설로 구성하여 설교자들과 성도들이 성경을 연구하다가 필요한 구절을 쉽게 찾을 수 있도록 하였습니다. 단락 해설을 통해서는 전체적인 흐름을 파악하고 적용을 위한 통찰을 얻을 수 있도록 하였고, 저자의 사역을 담은 성경 번역 부분은 모아서 추후 새로운 번역본으로 출판하게 될 것입니다.

이 주석 시리즈는 주해 부분에서 헬라어를 음역할 경우에는 자음은 경음(ㄲ, ㄸ, ㅃ)을 활용하였습니다. 이것은 고대 및 현대 헬라어 발음과 유사할 뿐 아니라, 격음(ㅋ, ㅌ, ㅍ)과 함께 사용하여 유사한 발음의 헬라어 자음들을 한글로 명확히 구분하여 표기할 수 있기 때문입니다. 모음의 경우에는 영미식이나 독일식, 현대 헬라어식 발음을 따르지 않고 서로 구분되는 방식으로 음역했습니다. 이것이 고대 헬라어 발음에 가깝다고 추측될 뿐 아니라, 유사 발음들을 서로 구분하여 표기할 수 있는 장점이 있기 때문입니다.

목회서신 주석을 맡아 저술하신 한규삼 목사님은 캐나다 토론토 대학교에서 신약학으로 박사학위를 취득하신 후, 저명한 국제학술총서인 JSNTS 시리즈를 통하여 박사학위 논문을 책으로 출판한 학자입니다. 학문적으로 세계에 두각을 나타내고도 조용히 목회의 길을 걸어오셨는데, 지금은 충현교회에서 성실히 목양의 사명을 감당하고 계십니다. 이 주석은 목회현장 속에서 오랜 세월 동안 깊은 샘물을 길어 올려 나온 주석이기에 학문성과 함께 현장성을 가지고 있습니다. 학문과 경건을 함께 추구하는 목회자들과 성도들이 기다리던 바로 그 주석서입니다.

이 시리즈의 출판을 흔쾌히 수락하여 어려운 출판 환경 가운데서 목회자들을 위한 주석서를 세상에 내놓는 수고를 감당해 주신 감은사의 이

영욱 대표에게 감사를 드립니다.

 궁극적으로 교회의 왕이시며 온 우주의 통치자이신 예수께 송영을 올립니다. 이 주석 시리즈도 우리의 주 되신 예수께 드리는 예배의 일부입니다. 십자가에서 마귀를 무너뜨리고 십자가 위에서 온 세상을 통치하시는 주 예수여, 영원토록 영광과 찬양을 받으소서. 아멘.

2020년 9월 29일

신현우

KECNT 책임 편집

저자 서문

　필자가 KECNT(Korean Exegetical Commentary on the New Testament) 주석의 집필 팀에 합류할 수 있었던 것은 하나님의 섭리였다. 2012년 필자에게 목회서신에 대한 주석 집필 의뢰가 왔을 때 이는 하나님의 계획임을 직감할 수 있었다. 그 당시 필자는 주석을 집필할 수 있는 여건에 있지 않았다. 우선 14년 동안 감당하던 신학교 교수 사역을 내려놓고, 담임 목회에만 전념한지 수년이 지나 학문적인 근육이 이완되어 있었다. 또 바울 서신은 오랜 교수 사역 중 한 번도 강의하지 않았던 영역이었다. 나아가 필자는 북미에서 모든 신학 과정을 마치고 이민 교회를 섬기던 차라 한국 교계 및 목회자들의 현실과 필요를 잘 알지 못했다. 그런데 이렇듯 자격이 없는 필자에게 목회서신 주석 집필 의뢰가 아주 낯설지만은 않았다. 집필 의뢰를 받았을 때 약 2년 동안의 목회서신 강해를 마친 직후였기 때문이다. 목회현장에서 다루었던 목회서신을 주석의 형태로 현장 목회자들과 나누는 것은 나름의 의미가 있다는 생각이 들었고, 꼭 해보고 싶었다. 담임목회를 하면서 주석을 집필하는 것은 예상만큼 고된 작업이었다.

담임목회자들은 한 주에도 수편의 성경 본문을 주해한다. 하지만 설교를 위한 주해와 주석의 집필은 비슷해 보이지만 꽤 다른 영역이었다.

본 저술은 목회자들을 위하여 목회자가 쓴 목회서신 주석이다. 각 본문의 주해는 목회 현장에서 설교하면서 심혈을 기울여 연구했던 결과물이다. 본문을 주해할 때 목회서신의 정황과 맥락에 충실하였다. 목회서신은 이미 세워진 교회를 견고하게 다지려는 메시지로 가득하다. 목회서신은 건강하지 못한 가르침들이 성도들의 삶을 미혹된 길로 이끌어가려는 위험 앞에서 바른 교훈을 강조한다. 교회와 성도가 바른 교훈으로 견고해져야 복음의 전진을 이루는 선한 싸움을 싸울 수 있기 때문이다. 선한 싸움의 목적은 그 무엇에도 매이지 않는 복음을 땅 끝까지 전하는 것이다. 본 목회서신의 주석은 세 통의 편지가 하나의 문맥을 이루고 있으며, 이렇듯 통일된 문맥 안에서 저자 바울은 바른 교훈으로 교회를 세워, 이 교회들이 복음을 땅 끝까지 전하도록 독려하고 있음을 보여준다. 비록 세 통의 편지는 몇 년의 기간에 나누어 저술되었지만, 하나의 주제를 일관성 있게 발전시킨다. 독자들은 목회서신 안에서 성도를 경건하게 훈련하고, 교회를 견고하게 세우며, 땅 끝까지 증인이 되는 신약성경 전체의 큰 흐름과 일치하는 주제를 만나 볼 수 있다. 특히 본 주석은 목회서신의 정황이 되는 바울의 4차 전도여행이 막연한 배경이 아니라 목회서신의 메시지를 형성하는 구체적인 틀임을 밝힌다. 목회서신을 통하여 바울의 4차 전도여행 동선을 추적할 수 있으며, 이 동선은 바울의 선교 전략을 보여준다(부록 참고). 바울은 4차 전도여행을 통하여 이미 개척된 거점 도시를 더욱 견고하게 세우며 이 교회들과 연합하여 선교의 지경을 넓혀 간다. 몸은 감옥에 갇혀 매여도, 복음은 매일 수 없음을 입증한다. 바울이 강조하는 바른 교훈과 성도의 경건함은 단지 개인의 영성을 지키기 위함이 아니라 교회를 세워 복음의 전진을 이루려는 것이었다.

본 주석이 한국 교회를 통하여 복음의 진전을 이루는 데 도움이 되길 소망한다. 건강하지 못한 가치관이 이미 '세속'이라는 이름으로 세상을 점령하였고 거세게 교회 안으로 침투하고 있다. 상한 복음이 점점 기승을 부려서 영광의 복음과 잘 구별되지 않게 되었다. 하지만 아직 한국교회에는 바른 교훈을 사모하는 목회자들과 주의 백성들이 셀 수 없이 많다. 목회서신의 메시지가 한국 교회의 목회자들을 바른 교훈의 전달자로 세우는 데 일조하길 바란다. 마지막으로 이 주석이 마무리되는 데에 도움을 주신 여러 손길들에게 감사의 마음을 전한다.

2020년 9월

충현기도원에서

한규삼

'Abot	*Mishna 'Abot*
1-4 Macc	1-4 Maccabees
Abr.	Philo, *De Abrahamo*
Ag. Ap.	Josephus, *Against Apion*
Ann.	Tacitus, *Annales*
Ant.	Josephus, *The Jewish Antiquities*
BAGD	Bauer, Walter, William F. Arndt, F. Wilbur Gingrich, and Frederick W. Danker. *Greek-English Lexicon of the New Testament and Other Early Christian Literature.* 2nd ed. Chicago: University of Chicago Press, 1979. (Bauer-Arndt-Gingrich-Danker)
Carm.	Horace, *Carmina*
CD	Cairo Genizah copy of the Damascus Document
Corrept.	Augustine, *De correptione et gratia*
Descr.	Pausanias, *Graeciae descriptio*
EDNT	*Exegetical Dictionary of the New Testament.* Edited by Horst Balz and Gerhard Schneider. ET. 3 vols. Grand Rapids: Eerdmans, 1990–1993.
Embassy	Philo, *On the Embassy to Gaius*
Ep. Arist.	*Epistle to Aristides*
ESV	English Standard Version
ExpTim	*Expository Times*
Flacc.	Philo, *In Flaccum*
Gig.	Philo, *De gigantibus*
Haer.	Iraenaeus, *Against Heresies*
Hist. eccl.	Eusebius, *Ecclesiastical History*
Ign. Eph.	Ignatius, *The Epistle of Ignatius to the Ephesians*
Ign. Magn.	Ignatius, *To the Magnesians*
KJV	King James Version
MM	Moulton, James H., and George Milligan. *The Vocabulary of the Greek Testament.* London, 1930. Repr., Peabody, MA: Hendrickson, 1997.

Moule,	Moule, C. F. D., *An Idiom Book of New Testament Greek*. Cambridge, 1953.
Mut.	Philo, *De mutatione nominum*
NASB	New American Standard Bible
Nat.	Pliny the Elder, *Natural History*
NICNT	New International Commentary on the New Testament
NIDNTT	*New International Dictionary of New Testament Theology*. Edited by Colin Brown. 4 vols. Grand Rapids: Zondervan, 1975–1978.
NIV	New International Version
NJB	New Jerusalem Bible
NRSV	New Revised Standard Version
Pal. Tg.	*Palestinian Targum*
Praescr.	Tertullian, *De praescriptione haereticorum*
Str-B	Strack, H. L., and P. Billerbeck. *Kommentar zum Neuen Testament aus Talmud und Midrasch*. 6 vols. Munich, 1922-1961.
Sir.	Sirach/Ecclesiasticus
Spec. 1	Philo, *De specialibus legibus* I
T. Dan	*Testament of Dan*
T. Jud.	*Testament of Judah*
TDNT	*Theological Dictionary of the New Testament*. Edited by Gerhard Kittel and Gerhard Friedrich. Translated by Geoffrey W. Bromiley. 10 vols. Grand Rapids: Eerdmans, 1964–1976.
TLNT	*Theological Lexicon of the New Testament*. by C. Spicq. Translated and edited by J. D. Ernest. 3 vols. Peabody, MA: Hendrickson, 1994.
TNIV	Today's New International Version

제1부
서론

1. 목회서신의 명칭과 바울 저작권에 대한 문제

바울은 사도행전 28장에 기록되어 있는 로마 감금 상태에서 풀려나와 순교할 때까지 계속해서 선교한다. 이 기간을 4차 전도여행이라고 부른다. 목회서신은 바울이 4차 전도여행 중에 쓴 세 편의 편지로, 디모데전서, 디모데후서, 디도서를 가리킨다.[1] 목회서신이라 불리기 시작한 세 편의 편지는 서로 연결된 저술로 간주되었고, 함께 묶어 연구되기 시작하였다. 목회서신이란 명칭은 1703년에 베도(D. Berdot)가 처음 사용하였고, 이후 1726년에 안톤(Paul Anton)에 의해서 대중화되었다(Guthrie, 19). 세 편의 편지는 비슷한 상황에서 저술되었을 뿐 아니라, 수신인이 교회가 아니라 개인이라는 공통점도 가지고 있다. 특히 디모데와 디도가 복음 사역을 이어갈 목회자로 세워지기 위해 필요한 바른 교훈이 담겨 있다. 하지만 목회서신은 디모데와 디도뿐 아니라, 이후 모든 세대의 일꾼들에게 사도 바울이 위탁하고 싶었던 내용을 담고 있다(참고, 딤후 1:12; 2:1-2). 바울은 목회서신을 통하여 디모데와 디도 그리고 이후의 일꾼들이 바른 교훈 위에 서서 복음의 전진에 참여할 것을 독려한다.

하지만 18세기에 들어서, 바울이 목회서신을 직접 쓴 것이 아니라는 의문이 제기되었다. 이러한 도전은 슐라이어마허(F. Schleiermacher)에 의해 처음 제기되었고, 19세기 바우어(F. C. Baur)와 홀츠만(H. J. Holtz-

---

1. 바울이 로마에 1차 감금되었던 것을 중심으로 13편의 편지를 분류하면, 감금 이전에 여섯 편의 편지(로마서, 고린도전후서, 갈라디아서, 데살로니가전후서)를 쓰고, 감금 중에 네 편의 편지(에베소서, 빌립보서, 골로새서, 빌레몬서)를 그리고 감금에서 풀려나서 세 편의 편지를 쓴다(디모데전후서, 디도서). 마지막 3편의 편지를 목회서신이라 하며, 이들은 바울이 로마 1차 감금에 풀려난 후 다시 로마에 투옥되어 순교할 때까지 그가 수행했던 선교 사역 중에 저술하였다. 이 기간을 4차 전도여행이라고 부른다.

mann)에 의해서 발전되어 적지 않은 호응을 얻었다(Fee, 1984: 1). 바울 저작 반대설을 지지하던 자들은 목회서신이 다루고 있는 교회의 이슈들 이 바울이 살았던 시대 이후의 것이 분명하다고 주장하며, 이를 지지하는 다섯 가지 근거를 제시하였다.[2] 하지만 20세기에 들어오면서 최초로 제시 되었던 다섯 가지 근거는 셋으로 압축되었다. (1) 목회서신이 보여주는 교 회 조직은 바울 시대에 있을 수 없을 정도로 발전된 수준이라는 점과 (2) 바울이 아닌 저자가 바울 이름을 사용하였거나 바울이 적어 놓은 노트를 개작하였다는 점, 그리고 (3) 목회서신에 중심이 되는 어휘가 다른 바울서 신과 상당한 차이가 있다는 점이다.

한동안 학계의 주목을 받던 목회서신의 바울 저작 부인설은 다음과 같은 이유에서 설득력이 약화되었다. 첫째, 목회서신에는 다른 바울서신 에 비하면 교회에 대한 교훈이 정돈된 모습으로 나온다(딤전 3:1-13; 5:1- 6:2; 딛 1:5-9; 2:1-10). 이러한 교훈들이 바울시대에는 도저히 존재할 수 없는 발전된 교회 조직을 의미한다고 단정지을 수 있을까? 목회서신의 바 울 저작설을 부인하는 학자들은 목회서신이 배경으로 하는 교회 조직이 2세기에 저술된 안디옥의 이그나티우스의 글에서 찾아 볼 수 있는 수준 으로, 한 명의 감독과 삼층 구조로 된 교회 조직과 같다고 한다(Ign. *Eph.* 2.2; *Magn.* 3.1; Mounce, 186-92에서 재인용). 그러나 목회서신에서 교회 의 리더의 조건과 각 구성원의 역할에 대해서 자세히 제시한다고 해서 이 것이 후대의 저술이라는 결정적인 단서가 될까? 오히려 2세기의 교회 조

---

2.   홀츠만(Holtzmann)이 정리한 다섯 가지 이유는 다음과 같다. (1) 역사적 배경이 후 대의 것과 일치한다. (2) 목회서신에서 문제시하는 영지주의적 거짓 교사는 2세기 에 나타난다. (3) 교회의 발전된 조직이 나타나는데 이는 후대의 모습이다. (4) 어 휘와 문체가 바울의 것이 아니다. (5) 신학적 입장과 주제가 바울의 편지와 다르다 (Ellis, 1993: 661에서 재인용).

직은 이미 바울의 후기 목회 때에 상당한 수준으로 정비해놓은 것을 2세기의 상황인 이단 및 로마의 박해에 대한 대처를 위하여 조금 더 조직화한 것이 아닐까? 바울은 선교 초기부터 장로 및 교회의 일꾼의 필요성에 대해 깊은 관심이 있었다. 바울이 목회서신을 저술할 당시 거짓 교사와 상한 교훈의 피해가 상당 수준 발생하고 있었고, 이를 극복하기 위해서 교회는 바른 교훈으로 무장한 일꾼들이 필요했다. 또 바울은 그의 선교-목회 사역에서 장로(리더)를 세우는 일이 교회를 든든히 하는 데 관건이 된다고 여겼다. 바울이 교회를 세우는 일에 있어 장로의 장립을 필수 요소로 본 것은 1차 전도여행 때부터다. 그가 더베에서 처음 장로를 세웠는데, 이때 바울은 장로를 세우는 것이 교회를 세우는 일에 필수 요건임을 깨달았다. 그래서 그는 온 길을 되돌아가며 루스드라, 이고니온, 비시디아 안디옥을 방문하여 각 교회에 장로를 세운다(행 14:23). 따라서 장로 직분에 대한 중요성은 바울 선교 초기부터 확립되었던 것으로 보아야 한다. 이는 사도행전 15장에서처럼 예루살렘 교회의 장로가 이 중요한 역할을 하고 있었던 모습을 선교지에 적용한 것으로 볼 수 있다. 디도서 1:5은 교회 개척의 근간에 장로를 세우는 것이 있음을 보여준다. 바울은 디도에게 늦추지 말고 각 교회에 장로를 세울 것을 당부한다. 장로를 세우는 일은 바울이 1차 전도여행 때부터 가지고 있었던 교회를 세우는 과정에서 필수적인 요소였다. 이는 교회의 조직이나 제도가 중요하다는 뜻이 아니라, 교회를 바른 복음으로 이끌어 갈 리더가 필요하다는 뜻이다. 특히 그레데의 정황에서 바르지 못한 교훈이 성도들의 삶에 침투하는 것을 막고, 믿음의 공동체가 바른 교훈에 설 수 있게 하려면, 바른 교훈의 본을 보이는 리더들을 세우는 것이 절실했다. 요약하면, 목회서신에 나타나는 리더(장로, 집사)에 대한 요건 및 교회 각 그룹의 역할에 관한 교훈은 2세기 상황이 아니라 바울이 4차 전도여행을 하던 주후 60년대 교회들이 직면했던 보편적인 상황을 염두에 둔 것으로, 다른 교훈과 거짓 교사에 의해 흔들리는 교우들을 바로 세우기 위한 것이었다. 목회서신의 주해에서 살펴보겠지만, 거짓 교사들의 가르침은 2세기에 나타나는 신학적으로 정비된 이단의 도전과는 다르다. 바울은 1차 전도여행 때부터 견지하던 교회 개척에 장로의 세움이 필요하다는 전략을 목회서신에서도 구체적으로 적용하고 있다.

둘째, 목회서신의 바울 저술을 반대하는 주장에 의하면, 1세기 사회에서는 가명(pseudonymity)으로 편지를 쓰는 것이 보편적이어서 교회도 사도가 아닌 저자가 사도의 이름을 빌려 쓴 편지들을 마치 사도가 쓴 것처럼 여기며 그 권위를 인정했다는 것이다. 하지만 이 주제를 심도 있게 연구한 윌더(Terry L. Wilder)는 정반대의 결론을 내린다. 그에 의하면 초대교회는 사도의 이름을 빌려 후대의 사람이 저술한 글들을 정경(canon)에 포함하지 않았으며, 혹시라도 정경 안에 이런 글이 있을까 하여 철저하게 점검하였다고 한다(Wilder, 51). '가명(pseudonymity) 가설'과는 조금 다르지만, 마샬(Marshall)은 목회서신의 저자에 대해서 소위 '필명'(allonymity)의 견해를 제시한다. 이는 어떤 사람이 글을 마무리하지 못하고 죽었을 경우, "죽은 사람과 아주 가까운 사람이 마치 죽은 사람의 생각 속으로 들어가서(혹은 그가 남겨 놓은 노트나 그에게 직접 들은 것에 근거하여) 그가 쓰는 것처럼 글을 마무리했다"는 가설이다(Marshall, 57-92, 특히 84). 이 견해에 의하면 목회서신의 수신자는 역사상의 디모데와 디도가 아니며, 에베소와 그레데의 교회 리더들이었다고 한다(Marshall, 85). 하지만 그의 주장은 말 그대로 가설에 불과하다(참고, Köstenberger, 2010: 4).

셋째, 일부 학자들은 바울 저작설을 반대하는 근거로 어휘의 문제를 제기한다. 목회서신의 근간이 되는 중요한 단어들인, 경건함(εὐσέβεια), 신중함(σώφρον) 그리고 나타남(ἐπιφάνεια)은 바울의 다른 편지들에서는 거의 사용되지 않으므로 목회서신은 바울이 쓴 것이 아니라는 주장이다. 반대로 바울이 다른 편지에서 자주 사용하는 자유(ἐλευθερία), 육신(σάρξ), 십자가(σταυρός) 그리고 하나님의 의(δικαιοσύνη θεοῦ) 등은 목회서신에 나타나지 않는다. 하지만 단어의 사용 빈도와 용례에 근거하여 저자를 판단하는 것은 설득력이 약하다(Metzger, 93). 목회서신의 정황은 이전에 쓴 열 편의 편지와 다르기 때문이다. 이전에는 교회를 개척하고 기독교를 바르게 알리기 위해서 신학적인 뼈대를 갖추어야 했는데, 목회서신을 쓸 때는 이미 교회가 개척되었고, 구원 및 교회에 대한 기본 교리가 인정되었다. 목회서신의 기록 목적은 개척된 교회를 바르게 세울 일꾼들을 견고하게 하는 것이었다. 이들이 섬길 당시 교우들은 복음이 무엇인지 모르는 인물들이 아니었다. 바른 교훈이 무엇인지 이미 알려져 있는 상태에서, 성도들에게 이 바른 교훈을 따라 흔들리지 않는 삶을 살아야 함을 가르치고, 그렇게 살도록 본을 보일 것을 독려해야 했다. 따라서 이전과 다른 어휘를 즐겨 사용하게 된 이유는 상황이 달라졌기 때문이다. 그뿐만 아니라 어휘와 문체의 문제는 다른 대필자 때문에 발생한 것으로도 볼 수 있다.

요약하면, 초기 사본과 초대 교회 교부들은 디모데전·후서와 디도서의 바울 저작을 의심없이 받아들였다는 것이다(Guthrie, 23). 이를 저작권에 대한 '외적 증거'(external evidence)라고 부른다. 따라서 목회서신의 바울 저술을 반대하려면, 반대자가 이런 '외적 증거'를 뒤엎을 만한 설득력 있는 다른 증거를 제시하여야 하는데, 지난 18세기부터 제안된 반박의 근거들은 교회가 유지해 온 전통을 뒤집기에는 미약하다. 반박자들이 주장하는 핵심 근거인 (1) 발전된 교회의 조직 그리고 (2) 어휘와 문체의 차이점 등은 이를 재반박하는 주장에 의해 설득력을 잃었다.

최근 목회서신의 바울 저작을 부인하는 새로운 시도가 있었다. 목회서신에 언급된 정황과 인물에 대한 언급이 역사적 사실성을 결여했다는 주장이다. 하지만 목회서신의 저술 목적, 곧 거짓 교사들의 상한 교훈으로 부터 교우들을 바른 교훈으로 세우는 것은 주후 60년대 교회들의 상황과 동떨어진 것이 아니다. 목회서신은 각각 에베소, 그레데, 로마의 상황을 보여주는데, 이들 안에는 공통점이 많지만 독특성도 나타난다. 복음이 전파되는 곳에는 늘, 이를 저항하는 세력이 있었다. 특히 내부에서 상한 복음을 가르치는 거짓 교사들이 때로는 바르지 못한 성경 해석으로, 또는 왜곡된 신학을 설파함으로, 또는 신앙의 길이 아니라 세상을 따르도록 부추김으로 교우들을 미혹하였다. 이는 바울의 서신이 저술되는 기간 동안 줄곧 있었던 도전이었다. 이러한 도전들은 지역과 시대에 따라 다양한 모습으로 나타난다. 목회서신은 가장 나중에 저술된 것으로 앞선 편지들에 나타난 도전들과 다소 다른 모습의 거짓 교훈을 다루고 있다. 이를 요약하면, 목회서신 이전의 편지에서 바울과 거짓교사와의 갈등이 나타나는 경우(참고 고린도전서, 골로새서 등), 갈등의 소재는 '신학'과 교회의 본질에 관련된 이견 때문이었다. 하지만 목회서신에서 갈등은 성도의 '삶'과 어떻게 교회를 세워갈 것인가에 관한 차이로 발전한다. 바울이 목회서신을 쓰기 이전에는 유대주의 혹은 율법주의에 맞서 바른 신학을 정립하는 일과 교회를 세우기 위해 교회가 무엇인가를 다루는 일에 주력했다면, 목회서신에서는 한편으로 세속화를 다른 한편으로는 금욕주의를 부추기는 바르지 못한 교훈을 배격하며, 신중하고, 의롭고, 경건한 삶을 살도록 바른 교훈을 강조한다. 또한 이미 세워진 교회를 다지기 위해서 리더의 조건이 무엇인지와 교회 안에서 각 그룹을 어떻게 세워야 하는지를 설명한다.

또 목회서신의 일관성과 적절성은 바울이 지향하던 선교의 완성을 위하여 전진하는 모습을 통해 드러난다. 목회서신에 등장하는 장소와 인물들은 이런 목적과 관련이 있으며, 이것들은 목회서신이 궁극적으로 보여

주려는 복음의 행진을 위하여 일관성 있는 역할을 하고 있다(참고, Guth-rie, 24-34). 최근 주석가나 신약학자들 사이에서는 목회서신의 바울 저술을 인정하는 추세다(Fee, 1984: 25-26; Guthrie, 64; Knight, 1992: 25-52; Köstenberger, 2010: 26-27; Wilder, 45-51; 참고, Towner, 2006: 88).

2. 목회서신의 정황과 저술 목적

지리적·역사적 정황: 4차 전도여행 중 방문한 도시와 지역

바울이 로마 1차 감금에서 풀려난 후에 에게 해(Aegean Sea) 연안 지역의 교회들을 돌보며 주변 지역을 선교한 것이 목회서신의 역사적·지리적 배경이 된다. 이는 아가야의 고린도와 소아시아의 에베소 그리고 마케도니아(빌립보, 데살로니가 등)를 연결하는 사역이었다.

〈지도1: 바울의 4차 전도여행의 거점 도시〉

여기에 추가하여 목회서신에는 그레데와 고린도의 서쪽에 있는 니고볼리에 새롭게 복음을 전하는 것도 포함되어 있다. 목회서신에는 총 12개의 지명이 등장한다. 7개는 도시 이름이고 5개는 지역 이름이다. 도시는 로마(딤후 1:17), 고린도(딤후 4:20), 에베소(딤전 1:3; 딤후 1:18; 4:12), 니고볼리(딛 3:12), 밀레도(딤후 4:20), 드로아(딤후 4:13), 데살로니가(딤후 4:10)이며, 지역은 마케도니아(딤전 1:3), 아시아(딤후 1:15), 그레데(딛 1:5), 갈라디아(딤후 4:10), 달마디아(딤후 4:10)다. 이 가운데 바울이 4차 전도여행 중에 직접 방문한 곳은 9개다(로마, 고린도, 에베소/아시아, 마케도니아, 그레데, 니고볼리, 밀레도, 드로아). 바울이 방문했던 도시/지역을 세 그룹으로 나눌 수 있다. 첫째, 거점 도시/지역, 둘째, 새로운 선교 지역/도시, 셋째, 방문한 도시다. 첫째, 거점 도시는 앞서 언급한 대로 바울이 2차와 3차 전도여행에서 집중했던 도시들인 아시아의 에베소, 마케도니아의 빌립보, 아가야의 고린도다.[3] 이 세 도시는 에게 해를 둘러싸고 있는 삼각형 모양으로 위치하여서, 전체 지역을 선교하는 데 적절해 보인다. 바울이 4차 전도여행을 계획할 때 이미 구축된 거점 도시를 활용하는 전략을 세웠다(Ellis 1993: 661; Murphy-O'Connor, 363). 에게 해 연안의 세 거점 도시 이외에도 바울은 로마를 거점 도시로 삼았다. 그는 로마에 1차 감금되어 있는 동안 로마 교인들과 교제하였고(행 28:17, 23, 30), 이 교회의 후원으로 스페인 선교를 했다(롬 15:24). 그리고 그는 로마를 다시 방문하는데, 그때 체포되어 사형을 당한다. 디모데후서 1:17은 바울이 로마 감옥에서 편지하고 있음을 밝히고 4:21은 그가 로마 교회의 일꾼들과 충분한 교제가 있었음을 보여준다.

　　두 번째 그룹의 지명은 바울이 4차 전도여행을 통하여 새롭게 집중했던 선교지로, 그레데(딛 1:5)와 니고볼리(딛 3:12)가 이에 속한다. 디모데후서 4:10에 나오는 달마디아는 니고볼리가 속해 있는 주(province)인 에

3.　목회서신에서 나타나는 거점 도시에 대한 언급은 에베소는 딤전 1:3; 딤후 1:18; 4:19이며, 빌립보의 경우는 마케도니아로 기록된다(딤전 1:3). 마케도니아에는 데살로니가 등 다른 도시에도 교회가 개척되어 있었다. 바울의 빌립보 방문은 빌 2:24의 실현이었다. 고린도에 대해서는 딤후 4:20에 언급되어 있다.

피루스 북쪽, 즉 그리스의 북서쪽에 위치한 로마의 행정 구분의 주 이름
이다. 마치 에베소가 아시아 주에, 빌립보가 마케도니아 주에 속한 것과
같다. 바울은 종종 도시 이름으로 부르지 않고 주 이름을 사용한다(아시
아, 마케도니아, 그레데). 세 번째 그룹은 바울이 단순히 방문한 도시들인
데, 밀레도, 드로아가 이에 속한다.[4]

〈지도2: 바울의 4차 전도여행의 주요 도시〉

각 편지가 보여주는 정황

바울이 2, 3차 전도여행 때 개척한 에게 해 연안의 주요 도시들에 있
던 교회는 지속적인 부흥을 경험한다. 엘리스(E. E. Ellis)의 추정에 의하면
소아시아에만 수천 명의 성도가 있었다고 한다(Ellis, 1993: 662). 하지만
바울이 목회서신을 쓸 무렵, 세속주의와 금욕주의를 비롯한 다른 교훈을
전파하는 유대주의자들이 바울의 선교적인 열매를 파괴하는 도전을 해왔
다(딤전 1:3-7, 19-20; 4:1-2; 6:20; 딤후 4:3-4; 딛 1:5, 10-11; Ellis, 1993:
661). 이들에게 넘어가서 바울을 적대하기 시작한 인물들 중에는 당시 교
회의 지도자급 인사도 있었고 심지어 이전에 바울과 동역했던 자들도 포

4.　고린도는 목회서신에 명시된 지명으로만 본다면, 단순 방문 도시처럼 보이지만, 정
　　황상 거점 도시인 것이 분명하다(Ellis, 1993: 661; Murphy-O'Connor, 363).

함되어 있었다(딤후 1:5-18; 2:16-17; 3:6-9; 4:10; 딛 3:9-14).

디모데전서는 에베소와 마케도니아에 긴급한 문제들이 발생하였음을 보여준다. 바울은 이 두 지역의 문제들을 모두 해결해야 했는데, 먼저는 마케도니아로 갔다(딤전 1:3). 그 대신 에베소에는 디모데를 머물게 하였다(딤전 1:3). 이는 마케도니아의 사정이 더 급했음을 암시한다. 마케도니아 사정은 예상보다 쉽지 않아 바울은 에베소 방문이 지연되거나 방문할 수 없게 될 것을 예견하였다(딤전 3:14; 참고, 행 20:38). 따라서 바울은 디모데에게 편지로 그가 해야 할 일에 대해서 지시한다. 이 편지가 디모데전서이다. 디모데전서를 통하여 파악할 수 있는 에베소의 어려운 상황은 상한 복음에 근거하여 다른 교훈을 가르치는 거짓 교사들 때문에 발생하였다. 이들이 교우들을 미혹한 것이다(딤전 1:4-7). 그런데 그 세가 좀처럼 약해지지 않았고(딤전 4:1-3), 이들로 인한 피해도 속출하고 있었다(딤전 5:6-7, 11-15, 19-21; 6:3-5). 바울은 디모데에게 바른 교훈에 대한 가르침을 강조한다(딤전 1:15-16, 18-19; 4:6-9; 6:6-10, 12, 17-19). 바른 교훈은 예수와 구원에 대해서 바로 아는 것이며(딤전 2:1-7; 3:16; 비교, 1:17; 6:15-16), 교회를 질서 있게 세우는 것이다(딤전 2:8-12; 3:5; 5:1-2; 5:17-22). 특히 후자를 위해서는 교회에서 바른 교훈을 실천할 일꾼들이 필요했는데, 이는 교회를 세우는 데 있어서 가장 중요했다(딤전 3:1-14). 요약하면, 디모데전서의 정황으로부터 찾을 수 있는 저술 동기는 좋은 일꾼(장로와 집사)을 세워서 이들이 바른 교훈을 가르치며 영광의 복음을 선포하고(딤전 1:11), 교우들이 양육을 잘 받아 경건과 선행을 갖추어서 교회가 바로 세워지며, 복음의 전진이 계속되도록 하는 것이었다.

디모데후서는 로마 감옥에서 죽음을 앞두고 쓴 편지다(딤후 4:6-9). 바울은 심각한 처지에 놓여 있었다. 그는 죽음을 예견하면서 디모데를 부른다(딤후 4:9, 21). 디모데후서는 혹시 디모데를 보지 못할지도 모르기 때문에 디모데가 다른 교훈과 거짓 교사가 판치는 상황에서, 특히 바울이 감옥에 갇혀 복음의 전진에 큰 장애가 될 것 같은 상황에서, 목양자로 해야 할 일에 대해서 적고 있다. 바울은 죽음을 앞두고 험악한 로마의 감옥에서, 비록 육신은 매일지라도 복음은 매이지 않음을 경험한다(딤후 2:9). 그래서 복음과 함께 고난받을 충분한 이유가 충분함을 확인시켜준다(딤후 1:8; 3:11, 14). 디모데후서는 디모데와 성도들이 바울의 투옥으로 일어난 낙심과 두려움을 극복하고 복음에 정진하도록 하기 위해서 저술되었다. 바울의 투옥은 거짓 교사들에게는 다른 교훈과 상한 복음을 전파하기에 아주 좋은 기회였을 것이다(딤후 1:15; 2:16-18; 3:1-7; 4:3-4, 14-15). 바울은 바른 교훈으로 지속해서 양육을 받아야 하며(딤후 2:1-7, 23-26; 3:14-16), 복음과 함께 고난을 받으면서 어떤 힘 앞에서도 매이지 않는 복음의 능력을 전하라고 역설한다(딤후 1:6-8, 12; 4:1-2). 디모데후서에서 바울은 자신의 신상에 필요한 것도 기록한다. 이 중에는 생의 마지막을 준비하기 위해서 필요한 것도 있었고 자신의 육신에 필요한 것도 있었다. 전자는 마가와 양피지 책이었으며 후자는 외투였다(딤후 4:13). 디모데후서의 정황은 바울의 투옥과 이로 인한 거짓 교훈의 기승이며, 기록 동기는 어떤 상황에도 매이지 않는 복음의 능력에 힘입어 바른 교훈을 지키며, 고난을 부끄러워하지 않는 세상을 이기는 리더를 세우기 위함이었다.

　　디도서의 정황과 저술 이유는 그레데 선교의 마무리와 새로운 선교의 확장을 위한 것이다. 바울은 디도가 그레데 선교를 마무리하고 자신과 함께 새로운 선교에 참여할 것을 요청한다(딛 1:5; 3:12). 그러기 위해서 바울은 편지를 통하여 디도가 어떻게 그레데 선교를 마무리할 것인지에 대하여 지침을 준다. 이 지침의 핵심은 디모데전후서와 마찬가지로 바른 교훈으로 교회의 리더를 세우는 것이다. 좋은 장로를 세우기 위해서 장로의 자격을 알려주고(딛 1:6-9), 교회의 각 그룹을 어떻게 훈련해야 하는지 구

체적으로 교훈한다(딛 2:1-10). 그레데 섬에는 에베소나 고린도와 비교하
여 섬 고유의 특이한 문화가 있었다. 섬 특유의 세속적인 문화와 권위를
부정하려는 경향은 특히 신세대 여성들의 문제로 불거졌는데, 그 배경에
거짓 교사들이 율법과 신화를 섞어서 만든 교묘한 가르침이 자리하고 있
었다. 디도서도 바른 교훈을 강조한다(딛 2:1; 3:8, 14). 바른 교훈은 예수
와 복음에 기초하며(딛 2:11-14; 3:4-8), 경건함과 선행으로 다른 교훈과
구별되어 거짓 가르침을 극복하게 한다(2:2, 7). 디도서도 바른 교훈을 위
해서 교회에 훌륭한 리더가 있어야 함을 역설한다.

다른 교훈, 상한 복음, 거짓된 교사

목회서신의 배경이 되는 거짓 교사들은 전문적으로 훈련된 이론가였
을까? 어떤 학자들은 그렇다고 믿는다. 그들에 의하면 거짓 교사들은 정
교한 이론과 서로 간의 네트워크로 무장된 강력한 집단이었다는 것이다
(Easton, 2-3). 그러나 목회서신의 내용들을 세밀히 주해해보면 거짓 교훈
(혹은 상한 복음)의 피해는 컸지만, 그들이 정교한 이론을 가지고 있었다
고 보기는 어렵다. 그보다는 세속주의와 세상의 흐름을 타면서 신앙인들
을 믿음에서 멀어지게 하고, 다른 곳에 마음을 두게 하여, 공동체 안에 분
쟁을 일으키는 심각한 결과를 낳았다고 보아야 한다(Guthrie, 41-45). 이
에 관련된 구절들은 목회서신에 많이 나타나는데, 디모데전서 1:3-7, 19-
20; 4:1-5; 디모데후서 2:14, 16, 24; 3:5-8; 4:3-4; 디도서 1:14; 3:9-11 등이
다.

목회서신에 나오는 다른(거짓) 교훈의 배경에 대한 논의에서 자주 언
급되는 것이 영지주의 또는 원시 영지주의의 영향이다. 영지주의는 2세기
가 되어서야 그 형태가 드러나는데, 1세기에는 원시적인 형태로 존재했으
며, 1세기 교회를 흔들었던 이단적 가르침에 무시할 수 없는 영향을 주었

다는 것이다. 영지주의는 이원론적이며, 따라서 하나님과 죄로 물든 세상은 단절되었고, 이를 연결할 다리 개념으로 구원 또는 구원자를 제시한다. 영지주의는 금욕주의와 함께 하는데, 이는 세상이 죄로 물들었기 때문이다. 따라서 금욕은 구원과 직결된다. 또 금욕주의의 결과는 육체를 무시하게 한다. 목회서신에서 금욕주의가 문제되었던 것은 사실이지만, 이 금욕주의가 원시 영지주의의 영향이라고 단정할 수는 없다. 이런 원시 영지주의설은 한때 신약학계에서 바울을 적대하며 바울이 이단시했던 가르침을 모두 영지주의와 연결하려던 시도가 성행했을 때 제기된 것이다. 현재 유력한 학자들은 원시 영지주의와 관련 영역이 너무 넓어 그 실체를 규정하기 어려운 개념이기 때문에, 그것은 가설일 뿐이며 목회서신의 배경이 될 수 없다고 말한다(Marshall, 47-50; Guthrie, 46).

반면 목회서신이 언급하는 거짓 교사에게 유대주의 성향이 두드러지게 나타난다(딤전 1:7; 딛 1:10, 14; 3:9). 따라서 이들이 교회 안에 있었던 유대인이었는지, 혹은 이 지역에 살고 있었던 유대교인이었는지에 관해서는 규명이 필요하다. 디모데전서 1:7의 '율법교사'(νομοδιδάσκαλος)는 당시 사회에서 널리 통용되던 명칭이 아니라 교회 안에서 바른 교훈을 가르치는 교사와 그릇된 교훈을 설파하는 사람들을 구별하기 위하여 고안한 것으로 보아야 한다(Marshall, 372). 이에 근거하여서 이들은 유대인 그리스도인으로 교회의 범주 안에 있었던 인물일 가능성이 크며, 이들은 확고한 유대주의적 성향을 가지고 있었을 것으로 보인다.

이들의 그릇된 교훈이 어떻게 형성되었으며 어떤 내용인지 그 전모를 재구성하기는 어렵지만, 이들은 교회 공동체에 다음과 같은 피해를 일으켰다. 첫째, 이들의 가르침은 믿음이 약한 교우들을 현혹하였다. 특히 이들은 여성들에게 파고들어 가정을 파괴하고 교회의 질서를 어지럽게 만들었으며 여성의 역할에 대하여 바른 교훈에 반대되는 다른 이론을 펼치면서 공동체를 뒤흔들었다. 거짓 교사들은 당시 세속주의적 성향의 신여성들이 펼치던 세계관을 사용하여 교회의 여성들을 미혹했던 것이다 (Winter, 2003: 21-22, 141-44). 또한 이들은 구약성경을 자의적으로 해석하여 교인들을 혼란에 빠뜨리며, 이들이 바른 교훈이 아니라 자기에게 편한 길을 택하도록 부추겼다(딤전 2:15 및 4:3의 주해를 참고하라). 둘째, 거짓 교사들의 상한 교훈은 두 얼굴을 가지고 있었다. 한편으로는 금욕주의를 강조하고(딤전 4:3), 다른 한편으로는 자유를 남용하는 방종을 부추겼다(딤전 5:22). 바울과 당시 교회가 거짓 교훈을 대항하기 힘들었던 이유는 이들이 지닌 양면성 때문이었다. 어처구니 없게도 사람들은 이런 양면성에 매력을 느끼고 있었다. 이들은 금욕주의로 인간 욕구의 한 측면을 억제하게 하고 이런 금욕을 통하여 우월감을 갖게 한다. 다른 한편으로는 방종을 부추김으로 욕구를 즐기도록 면죄부를 주는 것이다. 이렇게 되면 인간은 죄책감 없이(금욕을 하였음으로) 육신이 원하는 것을(비윤리적이며 경건하지 않은 것도) 즐길 수 있는 자기 합리화에 이르게 된다. 셋째, 유대주의적 성향을 지닌 유대인 그리스도인들은 교회 안에서 바울이 전한 이방인 선교에 대하여 큰 의견차를 보였다. 이들은 예수를 믿었지만 여전히 이방인들을 받아들일 수 없었다. 이들이 바울의 리더십을 거부하려 했던 중요한 이유는 바울이 제시한 이방인들을 향한 하나님의 뜻과 모든 사람을 구원하려고 매진하는(딤전 2:4-7) 선교-목회적 방향에 동의하지 않았기 때문이다(Marshall, 51). 이들은 이방인의 구원을 위한 원대한 계획과 쉼 없는 도전보다는 자신들의 일상에 필요한 지침 및 그들의 귀를 즐겁게 해주는 흥미로운 이야기를 더 좋아했다(딤후 4:3-4). 거짓 교사들은 당시 교우들의 이런 성향을 잘 이용한 것이다.

3. 목회서신의 저술 장소 및 연도

바울이 로마로부터 1차 감금에서 풀려나, 다시 로마에 2차로 투옥될 때까지[5] 선교했던 여정을 4차 전도여행이라고 부른다. 목회서신은 이 기간에 저술되었다. 바울이 1차 로마 감금에서 풀려난 것은 주후 61-62년경이다. 바울의 4차 전도여행에 관한 연구에서 스페인 방문 여부에 대한 논의는 빼놓을 수 없는 영역이지만, 목회서신의 해석과는 무관하다. 바울은 로마교회의 후원을 받으며 스페인에 갔을 것이다(롬 15:24).[6] 그리고 그가 스페인에 간 것은 로마의 1차 감금에서 풀려난 직후로 볼 수 있다.[7] 하지만 이 선교가 얼마간 진행되었는지, 스페인의 어디에 갔었는지, 그 결과를 실패로 보아야 하는지에 대한 상세한 논의는 여기서는 다루지 않기로 한다. 그가 방문한 지역으로는 크게 세 장소가 거론된다. 현재 바르셀로나에서 남쪽 100km 떨어진 곳에 있는 '타라고나'와 당시 로마 세계에서 서쪽 땅 끝으로 여겨지던 스페인 남쪽 지브롤터 해협 근처의 '카디스' 그리고 '시

---

5.   바울은 생애의 마지막을 맞이하러 로마에 간다. 바울이 로마에 갈 때에 처음처럼 죄수로 잡혀갔다는 견해가 있지만(Kelly, 215), 다수의 학자들은 선교의 마무리를 위하여 목적을 가지고 입성한 것으로 본다(Murphy-O'Connor, 369).

6.   바울이 스페인에 갔다는 전승은 2세기에 저술된 외경인 베드로행전(*Acts of Peter*)과 바울행전(*Acts of Paul*) 및 클레멘스1서(*1 Clement*) 5:5-7, 무라토리 단편(*Muratorian Fragment*: 주후 160~190년경)에 나온다. 이 중 가장 중요한 자료가 클레멘스1서인데, 일부 학자들은 이 기록이 롬 15:23-24의 인용일 뿐 클레멘스가 알고 있던 역사적인 사실이 아니라고 평가절하한다. 그러나 그의 편지에는 바울의 글에서 볼 수 없는 내용인 he was exiled(그는 포로로 끌려갔다)가 포함되어 있어 단순히 롬 15:23, 28을 인용한 것이 아니라 클레멘스 자신이 바울의 스페인 방문에 대한 지식을 가지고 있었다고 보아야 한다(Murphy-O'Connor, 361). 클레멘스는 1세기 후반 로마의 감독이었으며, 그의 편지는 주후 95년경에 저술되었다.

7.   무라토리 정경(*Muratorian Canon*)은 바울이 스페인에 간 것이 로마에서의 1차 감금에서 풀려난 직후라고 한다(Murphy-O'Connor, 361에서 재인용).

빌'이다. 전승에 의하면 이 중에서 타라고나가 유력하다(Meinardus, 1978: 62). 바울은 스페인 선교를 마치고 다시 로마로 돌아와서 그의 스페인 선교를 후원한 로마교회에 선교 보고를 하였다(Meinardus, 1978: 134). 바울은 선교를 지원한 교회로 돌아가서 선교 보고함으로 선교를 마무리하는 것을 패턴으로 삼고 있었다(행 14:26-28; 18:22; 비교, 행 20:3). 바울이 스페인 선교 이후 목회서신의 배경이 되는 에게 해를 중심으로 하는 선교를 시작하였다면, 목회서신 저술을 시작한 시기는 주후 63년 이후가 될 것이다. 한편 바울의 순교에 대한 에우세비오스의 기록과 제롬의 증언에 의하면, 그는 네로의 치세 13년 혹은 14년에 로마에서 순교했다(Eusebius, *Hist. Eccl.*, 2.22-3.1).[8] 이 기간은 주후 66년 10월에서 68년 10월까지의 2년이다.

---

8. 바울의 순교에 대한 기록은 에우세비오스(Eusebius)에서 비롯된다. 그의 교회사 (*Hist. Eccl.*) 2.22에서 바울은 네로의 치세 중에 순교한 것으로 되어 있으며, 그가 쓴 교회사 연표(*Chronicle*)에는 바울이 순교한 해에 대한 기록이 있는데 이 문서는 원본은 없고 다른 언어로 번역된 사본만이 존재한다. 그런데 현존하는 오직 두 개의 번역 사본이 일치하지 않는다. 하나의 사본인 아르메니아 역본(Armenian version)에는 바울이 순교한 해가 네로의 치세 13년이라고 되어 있고, 또 다른 사본인 제롬의 번역에는 치세 14년으로 되어 있다. 제롬은 바울의 순교시기에 대해서 한 번 확인하는데, 그의 노트인 *Famous Men*에서 바울의 죽음을 네로 치세 14년이라고 진술한다(Murphy-O'Connor, 370에서 재인용). 바울의 순교는 네로 치세 13년 혹은 14년에 있었고, 이 기간은 주후 66년 10월에서 68년 10월까지의 2년이다. 제롬이 남긴 바울의 순교와 관련되어 있는 또 하나의 기록이 있는데, 세네카의 죽음과 관련지은 것이다. 제롬은 바울이 세네카보다 2년 뒤에 죽었다고 하는데(Murphy-O'Connor, 370에서 재인용), 세네카의 죽음은 65년 4월에 있었다. 이에 근거하여 다수의 학자들은 바울의 순교를 67년 봄에 있었다고 추정한다. 만약 바울이 67년 봄에 순교하였다면, 디모데후서의 저술 시기는 66년 여름이었을 것이다. 하지만 제롬이 말하는 2년이 정확히 2년인지, 2년 어간의 기간인지는 여전히 의문으로 남는다. 네로와 관련된 한 가지 역사적 사실은 그는 66년 가을 로마를 떠나 그리스의 이곳저곳에서 거행되던 각종 체전에 참여하여서 선수로 출전한다. 이러한 외유 후에 그가 로마로 돌아온 것은 로마의 정세가 심각해졌을 때인 68년 1월이며, 그는 곧바로 3월에 반란을 겪게 되고, '맞아 죽을 형'을 받게 된다. 그래서 그는 68년 6

그러나 네로는 주후 68년 3월에 이미 권력을 상실하고 '맞아 죽을 형'을 선고 받았기 때문에, 바울의 순교는 그 이전이었을 것이다. 하지만 디모데후서를 저술한 계절은 추정이 가능하다. 디모데후서에서 바울은 디모데와 마가가 편지를 받은 그해 가을 지중해가 막히기 전에 배를 타야 한다고 강조하고 있기 때문이다(딤후 4:9). 디모데후서 4:9의 주해에서 다루겠지만, 로마에서 에베소 부근으로 편지가 배달되는 데 약 6주가 걸린다. 그리고 지중해는 11월 11일 이후에는 뱃길이 완전히 끊어진다. 따라서 디모데후서는 여름에 작성되었을 것이다. 주후 66년 여름 혹은 67년 여름이었을 것으로 보인다.

목회서신의 저작 장소에 관해서는 디모데전서는 마케도니아에서(딤전 1:3; 3:14), 디모데후서는 로마에서 저술된 것으로 본다(딤후 1:17; 4:21). 하지만 디도서의 저술 장소에 대해서는 거의 논의되지 않고 있다. 마샬(Marshall)과 같이 바울이 디도서를 쓴 것이 아니라, 바울의 조각글을 바탕으로 후대의 익명의 저자가 바울 이름으로 저술하였다고 주장하는 경우, 저술 장소에 관한 논의는 무의미하다(Marshall, 89). 설사 디도서의 바울 저작설을 받아들이는 경우에도 디도서의 저술 장소에 대한 논의는 매우 제한적이다(참고, Knight, 53-54). 디도서의 저술 장소는 비록 명시되어 있지 않지만 상당한 수준의 설득력이 있는 추론이 가능하다. 이 추론은 바울의 4차 전도여행 전체에 관한 이동 경로를 파악하려는 시도와 맞물려 있다. 바울이 4차 전도여행을 한 것은 분명한데도 4차 전도여행의

월 9일 스스로 목숨을 끊는다. 따라서 네로의 치세에 바울이 순교하였다는 에우세비오스의 기록을 인정한다면 바울의 순교는 68년 3월 이전에 있었다. 요약하면 바울은 네로 치세 13년 혹은 14년에 순교한다. 실제의 가능성은 주후 66년 10월에서 68년 3월 사이로 좁혀진다. 네로의 치세는 매년 10월에 새로운 해를 시작하게 된다. 따라서 13년과 14년의 차이가 1월이 아니라 전해 10월에 새로운 해가 시작되는 것 때문에 발생했다면, 바울의 순교는 67년 10월에서 12월 사이가 된다.

경로를 추적하려는 학계의 시도는 미미하다. 이는 바울이 목회서신을 쓰지 않았다는 주장이 한동안 학계를 지배하고 있었기 때문에 생긴 것이다. 하지만 목회서신의 바울 저작을 받아들인다면, 목회서신 안에 담겨 있는 몇 개의 구절을 통하여 바울의 4차 전도여행의 경로를 상당한 수준까지 추적할 수 있다(딤전 1:3; 3:14; 딤후 1:17; 4:20; 딛 1:5; 3:12). 4차 전도여행의 경로를 확인하는 것은 목회서신 해석 및 바울의 선교 전략 이해에 필요한 자료가 된다.[9] 디도서의 저술 장소에 관한 자세한 논의는 〈부록 1: 바울의 4차 전도여행 경로〉을 참고하라. 〈부록 1: 바울의 4차 전도여행 경로〉는 바울의 4차 전도여행 전체에 관한 이동 경로를 재구성한 것이다. 결론만 언급하면, 디도서의 저술 장소는 고린도일 것이다.[10]

---

9.   바울의 1~3차 전도여행의 경우 사도행전을 통해서 여행의 경로가 파악되며, 바울서신 10편을 사도행전이 제공하는 선교 지도와 함께 이해하면 바울서신 연구에 유익하다. 마찬가지로 4차 전도여행의 지도가 완성될 수 있다면, 이는 목회서신의 해석은 물론 바울 선교의 전모 및 그의 생애를 파악하는 데도 적지 않은 도움이 될 것이다.

10.   고린도는 바울의 에게 해 연안 4차 전도의 가장 중요한 거점 도시였다(Ellis, 1993: 661; Murphy-O'Connor, 363). 고린도와 그레데는 뱃길로 잘 연결되었고, 그레데는 당시 지중해의 중요한 교통 요지였다. 디도서가 저술된 장소는 아볼로와 세나가 바울과 함께 있던 곳이다. 그리고 아데마, 두기고 등과 소통이 원활한 선교의 거점 도시였다(딛 3:12). 아볼로는 에베소와 고린도를 중심으로 활동하였다. 바울이 디도서를 쓸 무렵, 그가 에베소에 있었을 가능성은 희박하다(참고, 행 20:38). 고린도에서 바울이, 이듬해 봄에 로마에 들어가기 위하여, 니고볼리로 이동하기 직전에 디도서를 저술하였다면, 66년 여름 혹은 초가을이라고 추정할 수 있다. 참고로, 현재 니고볼리에 있는 고고학 박물관의 입장에 따르면 바울이 그곳에 있었던 때는 65년이다.

제2부
디모데전서
본문 주석

1. 번역

1 우리의 구원자이신 하나님과 우리의 소망이신 그리스도 예수의 명령으로 그리스도 예수의 사도된 바울은 **2** 믿음 안에서 참 아들이 된 디모데에게 편지합니다. 하나님 아버지와 우리 주 그리스도 예수께로부터 오는 은혜와 긍휼과 평강이 있기를 빕니다.

2. 주해

1절 바울이 쓴 모든 편지는 인사로 시작되는데, 인사에서 발신자와 수신자를 밝히고 그들에게 축복을 전한다. 디모데전서에서 바울은 디모데에게 하나님의 은혜와 긍휼과 평강을 구하고 있다. 바울은 자신을 그리스도 예수의 사도 곧 보냄 받은 자라고 규정하고 디모데를 그의 참 아들이라고 부른다. 보냄 받은 자, 곧 사도는 권위 있는 인물이 세운 대리인으로서 그를 세운 주인의 뜻이 그대로 시행되도록 위임된 일을 집행한다. 보냄 받은 자가 주인의 일을 하는 동안 그를 보낸 자, 곧 주인에 준하는 권위를 갖는다. 보낸 자가 큰 분이면 사도의 위상도 덩달아 높아진다. 바울은 여러 편지에 썼듯이, 자신이 그리스도 예수께서 보낸 자로서 사도적 권위가 있음을 밝힌다. 또 하나님 아버지의 명령에 '따라'(κατά) 직분을 받았다고 한다. 여기서 '명령'(ἐπιταγή)이란 하나님의 구원 계획에 합한 것이다.[1]

　2절 바울은 디모데를 참 아들이라고 부른다. '참 아들'이란 자신이 낳았다는 의미가 담겨 있다. '참'의 원어인 '그네시오스'(γνήσιος)는 '진정한'을 의미하는데, 디모데전서 1:5에서 사용되는 '거짓 없는'의 원어인 '아뉘뽀끄리또스'(ἀνυπόκριτος)와 동의어로 보면 된다.[2] 이는 생물학적인 의미가 아니라 믿음이 만든 생명의 핵심이 전수된 사람이다. 참 아들은 아버지의 뜻과 일을 기꺼이 이어받는다. 바울은 디모데전서를 시작하는 인사에서 '은혜', '긍휼', '평강'의 세 단어를 사용해서 축복한다. 은혜와 평강은 바울의 단골 용어이고, 그는 이 둘 사이에 '긍휼'(ἔλεος)을 추가했는데, 이는 바울 편지 중에는 오직 디모데전후서에만 나타난다(참고, 요이 3; 유 2). 추가된 단어인 '긍휼'(ἔλεος)은 구약의 '헤세드'(חסד)를 의미한다고 볼 수 있다. 70인경은 '헤세드'를 종종 '엘레오스'로 번역하는데, 이는 구약에서 축복의 인사말로 자주 사용되기 때문이다(Towner, 2006: 102).

---

1. 명령의 의미를 파악하기 위해서 딤후 1:1과 비교해 보면, 하나님의 명령과 하나님의 뜻은 비슷한 개념이며, 하나님의 뜻도 구원의 계획임을 알게 된다. 특히 하나님을 구원자로 부르는 것은 목회서신의 특징이다. 목회서신은 하나님과 그리스도 예수를 모두 구원자로 칭하는데, 하나님은 구원의 설계자로(딤전 1:1; 2:3; 4:10; 딛 1:3; 2:10, 13; 3:4), 예수는 구원의 시행자로 본다(딤후 1:10; 딛 3:6; 비교, 1:4). 더 자세한 내용은 Towner, 2006: 97을 참고하라.
2. 스삐끄(Spicq)는 ἀνυπόκριτος는 딤전 1:5에서 영어로 authentic을 의미하고, 1:2의 γνήσιος 또한 authentic을 뜻하므로 둘을 동의어라고 보았다(*TLNT*, 1:134).

제2장
디모데전서 1:3-11
디모데에게 편지를 쓰는 이유

디모데전서 1:3-11에는 편지를 쓰게 된 중요한 상황과 목적이 담겨있다. 3-4절은 편지가 작성된 역사적 배경이고, 5절은 편지의 목적으로, '청결한 마음과 선한 양심과 거짓 없는 믿음에서 나오는 사랑'(개정개역)을 언급한다. 바울은 당시 교회에서 발생한 실제 문제에 대한 해법을 편지에 담아 전했다. 당시 문제와 정황에 따른 해법은 6-11절에 요약되어 있다. 당시 디모데가 목회하던 에베소 교회에는 다른 교훈이 들어와서 신앙을 어지럽게 하였기 때문에 바른 교훈이 절실했다. 다른 교훈은 사람들로 하여금 헛된 말에 빠지게 했는데, 바울은 여기에서 다른 교훈을 전파하는 자가 누구인지, 이들 교훈의 문제가 무엇인지를 밝힌다(6-10절). 다른 교훈은 한마디로 바른 교훈을 거스르는 것이다(10b절). 다른 교훈을 바로잡기 위하여 바른 교훈을 강조하는 것이 디모데전서의 목적이다. 바른 교훈이 강조하는 바는 본문 11절에 간결하게 요약되어 있는데 '영광의 복음을 따르라'다. 디모데전서는 사랑을 중요한 주제로 제시하는데, 이것은 11절에 언급된 영광의 복음에서 비롯되는 바른 교훈을 실천할 때 생기는 열매다.

1. 번역

3 내가 마케도니아로 갈 때에 그대에게 에베소에 머무르라 요청한 것은 그대가 어떤 사람들에게 다른 교훈을 가르치지 말도록 명령하도록 하기 위함이었습니다. **4** 또한 신화와 끝없는 족보에 몰두하지 않게 하려 함이었지요. 이런 것은 변론을 일으킬 뿐이고 믿음 안에 있는 하나님의 계획을 이루지 못합니다. **5** 이렇게 명령한 목적은 사랑입니다. 사랑은 청결한 마음과 착한 양심과 거짓 없는 믿음에서 비롯되지요. **6** 어떤 사람들이 이에서 벗어나 헛된 말에 빠져 **7** 자기가 말하는 것이나 자기가 주장하는 것에 관해서 알지도 못한 채 율법 선생이 되려 합니다. **8** 우리가 알기에는 율법은, 사람이 그것을 적법하게 사용하면, 선한 것입니다. **9** 우리는 율법이 염두에 둔 적용 대상을 압니다. 그들은 의로운 사람이 아닙니다. 그들은 법을 어기는 자와 복종하지 아니하는 자와 경건하지 아니한 자와 죄인과 거룩하지 아니한 자와 세속적인 자와 아버지를 죽이는 자와 어머니를 죽이는 자와 살인하는 자와 **10** 음행하는 자와 동성음행하는 자와 인신매매를 하는 자와 거짓말하는 자와 거짓 맹세하는 자와 그 외에도 무엇이든 바른 교훈을 거스르는 자들입니다. **11** 바른 교훈은 복되신 하나님의 영광의 복음을 따르는 것입니다. 하나님은 나에게 이것을 위탁하셨습니다.

2. 주해

3절 3절에는 바울이 로마의 감금에서 풀려난 후 4차 전도여행을 했던 동선의 일부가 나타난다(Fee, 1984: 39; 참고, Marshall, 364). 이 동선에는 바울과 디모데가 어디에서 출발하였는지에 대한 기록은 없다. 그들은 에베소 근방에 이르자 서로 갈라져서 다른 지역으로 갔다. 디모데는 에베소에 남고, 바울은 에베소를 스쳐 지나 북쪽을 향하여 마케도니아(아마도 빌립보 교회)로 직행하였다(빌 2:24). 바울은 남쪽으로부터 에베소를 지나 북서쪽으로 이동했음이 확실하다.[1] 마케도니아는 바울이 2차 전도여행을 하면서 개척했던 교회들인 빌립보, 데살로니가, 베뢰아 등의 교회가 있었고, 이들을 대표하는 교회는 빌립보에 있었다. 바울이 에베소 교회에 관심이 있었음에도 들르지 않고 바로 마케도니아로 간 것은 그곳의 사정이 에베소보다 다급했기 때문으로 추정된다.[2]

3절에 나오는 두 개의 동사인 '빠라깔레오'(παρακαλέω, '권하다')와 '빠랑겔로'(παραγγέλλω, '명령하다')는 의미 면에서 차이가 있다. 전자는 명령의 뉘앙스가 담긴 요청(request)이며, 후자는 군대식 명령을 의미한다(Marshall, 363-64). 바울은 처음에는 디모데에게 요청의 형식으로 에베소에 남으라 권했으나(παρακαλέω), 이후 편지를 쓸 때에는 어조가 강한 군대식 명령을 내린다. 바울이 에베소의 상황을 파악하고, 에베소를 방문할 수 없음을 인식한 후 매우 급박한 내용을 적어 전달하고 있음이 드러난다. 바울이 이처럼 강한 어조를 사용하는 이유는 '다른 교훈'이 에베소 교우들을 미혹하였기 때문이다. 디모데의 임무는 거짓 교사가 다른 교훈을 가르치지 못하도록 하는 것이다. 3절의 '명령'(παραγγέλλω)은 디모데가 거짓(다른) 교훈을 가르치는 자들에게도 행할 것이며, 이는 강하고 분명하게 거짓 교훈을 바로 잡아야 함을 보여준다. 헬라어의 '빠랑겔로'(명령)

---

1. 다른 가능성은 동쪽으로부터 이동을 시작한 것이다. 바울은 1차 로마 감금 시기에 골로새에 방문한 것을 언급한 적이 있다(몬 22). 하지만 만약 바울이 동쪽에 있는 골로새에서 이동을 시작하였다면, 에베소를 통과하는 루트가 아니라 직접 드로아로 이동하는 경로를 취했을 것이다.
2. 다른 주장은 바울이 전에 에베소 장로들에게 다시 보지 못할 것을 예언한 것과도 관련이 있다는 것이다(행 20:38).

는 전문용어로, 바울이 사도직을 수행하고 있음을 보여줄 때에 주로 사용하는데, 특히 담대하게 훈계하고 교정하라는 의미가 포함되어 있다 (Towner, 2006: 108). 이러한 군대식 명령(παραγγέλλω)은 바울이 디모데에게 한 것이지만, 이후에 디모데 또한 거짓(다른) 교훈을 가르치는 자들에게도 이와 같이 강하고 단호하게 바른 교훈을 선포해야 함을 밝힌 것이다. 한편 1절에도 '명령'이란 단어가 나온다. 이는 일반적 의미인 '에삐따게'(ἐπιτάγη)이며, '에삐따게'는 3절의 '빠랑겔로'보다 약한 뉘앙스를 가진 어휘다.

4절 바울은 당시 에베소 교회에 있던 구체적 어려움을 언급한다. 이는 다른 교훈이 들어와서 무익한 변론을 일으켜 사람들을 헛된 말에 빠지게 했기 때문이다. 여기서 문제가 되고 있는 다른 교훈은 전문적인 종교 리더가 설파한 신학적으로 이단인 가르침이 아니라, 보통 사람들이 쉽게 관심을 기울이며 받아들이는 세속의 가치에 물든 교훈이었을 것이다 (Knight, 1992: 72-73). 4절은 다른 교훈이 남긴 결과를 요약하는데, 신화와 족보에 몰두하게 하여 변론을 일으키는 것이다. 신화(μῦθος)는 율법과 함께, 헬라 세계에서 살던 유대인들의 생각을 지배하던 당시 문화의 중요한 일부였다. 신화의 핵심은 '인간-신들'(divine-men)의 이야기인데, 그들에게는 초월적이고 지배적인 힘만 있을 뿐, 인간을 위한 희생이나 조건 없는 사랑은 찾아 볼 수 없다. 따라서 신화는 육체적인 사랑과 질투와 강한 자의 지배의 이야기로 가득하다. 또한 자기의 이익을 추구하는 사람들의 이기심을 부추겨서 그들이 그 힘에 계속 매료되게 한다. 반면 인간의 근본적 죄와 고난 문제를 해결하는 사랑과 긍휼과 평강의 이야기는 나타나지 않는다. 거짓 교사들이 구약 성경의 족보(γενεαλογία)를 자기 방식의 이야기로 풀어 가르쳤다. 구약에는 특정 인물들의 족보가 많이 등장하는데, 그들은 이들에 대한 가계도를 상상으로 부풀리고 서로 관계가 없는 인물들을 관계가 있는 것처럼 흥미 위주로 엮어 갔을 것이다(Marshall, 367). 여기서 언급된 족보의 특징은 결론 없이 계속 되풀이 되는 흥미만을 위한 것이며, 신화처럼 자기 자랑의 근거로 사용된다. 신화와 족보의 공통적인 특징은 사람들로 하여금 이에 빠져들어 몰두하게 하면서 결국 불일치로 인한 논쟁만 일으킨다는 것이다. 많은 사람이 관심을 가지고 있지만, 그 안에 진리가 없기 때문에 서로 의견이 일치하지 않아 결국 다툼을 일으키는 원인이 된다. 진리가 아니기에 진정한 일치가 일어나지 않고 각자 자기 입장을 주장하는 변론만 무성할 뿐이다. 구약성경이 신화와 족보의 자료라는 주장도 있지만(Marshall, 365), 그리스 신화와 구약성경의 혼합된 '상한 교훈'이 에베소의 그리스도인들을 현혹했던 것으로 보는 것이 바람직하다.

4절은 '하나님의 경륜(계획)을 이룸'과 '변론에 빠짐'을 대조시킨다. 이 둘은 지상 교회에 나타나는 상반된 모습인데, 전자는 교회가 지향해야 하는 것이고 후자는 교회가 지양해야 하는 것이다. 하나님의 경륜을 이루는 것은 건강한 교회의 지표이며, 반대로 변론에 빠짐은 상한 교회의 모습이다. 경륜의 헬라어는 '오이꼬노미아'(οἰκονομία)인데, 이는 계획을 규모 있게 세우고 질서 있게 경영하는 것이다. 이를 위해 청지기로서 직임을 수행하는 것이 필수다. 특히 하나님의 경륜을 이루는 것은 '믿음 안에' 있는 것과 밀접한 관계에 있다. '믿음 안에' 있는 것은 바른 교사가 거짓 교사와 구별되는 요소다.

5절 5절은 하나님의 경륜을 이루려는 성도들에게 나타나는 덕스러운 모습에 대한 상세한 설명인데, 이것이 바울이 명시적으로 언급한 디모데전서의 저술 목적이다. 청결한 마음과 선한 양심과 거짓 없는 믿음에서 나오는 사랑을 갖추는 것이다. 개역개정판의 번역에서는 사랑이 마치 '거짓 없는 믿음'하고만 연결된 것처럼 보이지만, 원문에서 사랑은 '청결한 마음', '착한 양심', '거짓 없는 믿음' 셋 모두와 연결되어 있다. 따라서 바울이 쓴 교훈의 최종 목적은 사랑이다. 하지만 사랑에 대한 또 다른 논의는 디모데전서에 나타나지 않는다. 거짓된 가르침이 파괴한 공동체를 사랑의 행위로 온전히 다시 세우라는 뜻이다. 공동체를 세우는 사랑은 청결한 마음과 선한 양심과 거짓 없는 믿음에서 비롯된다. 바울에 의하면 사랑은 단순히 내적인 동기일 뿐 아니라 삶으로 드러나며 눈에 보이는 행위였다. 마음, 양심, 믿음 이 세 가지와 사랑의 관계는 뿌리와 열매로 설명할 수 있다. 바른 교훈은 성도 내면에 뿌리에 해당하는 마음, 양심, 믿음이 바르게 세워져 그 열매인 사랑의 행동으로 나타나게 한다(Towner, 2006: 114-115). 이러한 사랑은 성도들로 하여금 하나님의 뜻과 명령을 따르게 한다(Marshall, 369).

청결한(καθαρός) 마음(καρδία)이란 자신의 마음을 하나님의 것으로 구별하여둔 것을 의미한다. 인간은 그 마음에 하나님을 모시고 있을 때만 행복하며, 마음의 청결함이 없이는 하나님을 모실 수 없다. 헬라 세계에서 마음이란 어떤 사람의 성품과 인격이 자리 잡고 있는 장소로, 헬라 사람들은 사람의 감정(emotions)과 의도(intension)가 마음으로부터 나온다고 이해했다(*TDNT*, 3: 605-14). 한편 마음에 관한 성경의 용례에 의하면, 사람들은 마음으로 하나님과 관계를 맺고 또 하나님을 여호와로 고백하고 예배하지만, 반대로 바로 그 마음으로 하나님을 거부하거나 하나님의 부름에 저항하기도 한다(LXX 신 4:29; 5:29; 6:5; 10:12; 11:13; Towner, 2006: 115). 성경이 말하는 마음(καρδία)은 하나님과 인간을 연결하는 고리와 같아서, 인간을 하나님의 세계로 들여보내는 문과 같은 역할을 한다. 따라서 우리가 하나님을 가까이 하고자 할 때 제일 먼저 마음을 깨끗하게 하여야 한다(참고, 시 51:10; 창 20:5이하; 마 5:8; 약 4:8-10).

양심(συνείδησις)이란 단어는 목회서신에 총 6회 나온다. 4회는 좋은 양심(딤전 1:5, 19; 3:9; 딤후 1:3), 2회는 마비된 양심에 관한 것이다(딤전 4:2; 딛 1:15). 목회서신 이외의 바울서신에는 양심이란 단어가 14회 나타나며, 신약성경에는 총 31회 나타난다. 신약성경은 양심을 좋은 의미와 나쁜 의미 모두와 연결하여 사용한다. 양심이 신약성경 이외에 좋은 의미로 쓰인 예는 1세기 및 그 이전 문서에는 거의 나타나지 않는다고 한다(Marshall, 217). 신약성경에 따르면 양심은 중립적인 것으로 좋아질 수도 있고 나빠질 수도 있다(Eckstein, 314). 양심(συνείδησις)에 관한 목회서신의 용례는 "기준을 세우고, 그에 따라 행동하려는 의식"이라 할 수 있다(Marshall, 218). 사람이 마음(νοῦς)에 기준을 세울 때에(Marshall, 218) 양심은 그 사람을 관장하게 된다.[3] 따라서 마음과 양심은 깊이 연결되어 있다. 특히 마음(καρδία)이 청결하여 하나님과 연결되어 있으면, 이런 사람의 양심은 선하게 된다. 양심은 마음에 기초하기 때문이다. 토우너(Towner)에 의하면 양심은 의사를 결정하기도 하는데, 자신이 정한 기준에 적합한 행위를 하도록 촉진한다(Towner, 2006: 116). 따라서 양심은 하나님께서 직접 관장하는 영역이 아니다. 하나님의 음성에 따르거나 계시를 받아서 움직이는 것이 아니다. 양심이 선해지려면 행동의 기준을 바로 세워 마음에 담아 두어야 한다. 그런데 양심의 기준이 잘못 되면 좋지 않은 행동을 낳는다. 양심이 거짓 교훈을 따르면 그 양심은 화인을 맞아 믿음에서 멀어진다. 요약하면 사람이 바른 교훈을 따르면, 양심 또한 바른 기준을 따라 착한 행동을 하게 한다. 사람의 양심은 선할 수도 있고 마비될 수도 있다.

---

3. 딛 1:15에 의하면 이단들의 마음과 양심은 모두 부패했다고 한다. 마음과 양심은 분명하게 구별되어 있다. 마음은 하나님에 대한 지식 및 하나님의 뜻과 연결되어 있는데, 하나님의 뜻은 양심을 움직이는 근거가 된다(Towner, 1989: 158). 마샬(Marshall)에 의하면, '마음이 욕구/갈망(desires)의 근원이라면, 양심은 우리에게 행동의 방향을 제시하며 이를 평가하고 또 통제하는 기능을 하여 우리의 행위가 주어진 가치 기준에 맞도록 한다'(Marshall, 370).

성도는 바른 교훈을 따름으로 양심을 착하게 할 수 있으며, 착한 양심은 사랑의 행위를 촉진한다. 양심이 착해야(ἀγαθός) 하는 이유는 착함이 하나님의 속성이기 때문이다. 이 착함에는 창조주의 질서가 나타난다. 따라서 착한 양심은 진리에 합한 기준을 따라 살도록 결정하게 하고 이끈다.

거짓 없는 믿음에 관해서 알아야 할 것은 믿음 안에 거짓이 생길 수 있다는 점이다. 믿음에 거짓이 생긴 이유는 진정한[4] 믿음을 버렸기 때문이다. 5절의 '거짓 없음'을 직역하면 '가면을 쓰지 않은'(ἀνυπόκριτος)이란 뜻이다. 이는 자신을 가장하려 하지 않는(free from pretend) 태도인데, 갈라지지 않은 마음 곧 '전심'(whole-heartedness)과 동의어라고 볼 수 있다. 전심(온전한 마음)이 있는 곳에는 자신을 가장하려는 유혹이 자리할 곳이 없다. 전심을 하나님께 드리면 순수한 믿음이 생긴다. 위선(ἀνυπόκριτος)은 이단적 가르침이 맺은 나쁜 열매의 대표적인 모습이다.[5] 믿음의 위선은 도덕적으로 모순된 삶을 사는 것뿐 아니라, 믿음을 연기(acting)하는 것을 의미한다. 거짓된 믿음이란 믿음을 있는 그대로 드러내지 못하고, 믿음을 연기하듯 사용하는 것이다. 우리는 때로 믿음이 약하면서도 강한 척 연기하고, 반대로 믿음이 있으면서도 없는 것처럼 행동한다. 만약 우리가 교회에서는 믿음이 있는 척하고, 세상에서는 믿음이 없는 척 연기한다면, 거짓된 믿음을 실천하는 꼴이 된다. 사랑의 행위는 거짓 없는 믿음에서 비롯되며, 거짓된 믿음이 계속되면 디모데전서 1:19에 언급된 것처럼 믿음에 파선한 사람이 될 것이다.

6-7절 5절이 바른 교훈이 결실하는 열매의 모습(청결한 마음, 착한 양심, 거짓 없는 믿음에서 비롯되는 사랑)을 보여준다면, 6-7절은 다른(거

---

4. 2절 주해에서 언급했듯이 스뻬끄(Spicq)는 '참' 아들과 '거짓 없는' 믿음을 동의어로 본다.

5. Marshall, 371: "이단은 위선이다"(Heresy is hypocrisy).

짓) 교훈의 열매인 변론 속에 들어있는 독소들이다. 다른 교훈에 사로잡힌 사람들은 헛된 말에 빠져서 스스로 율법 선생이 되려 하지만 자기가 하는 말이나 가르치는 것을 자신도 깨닫지 못한다. 이들은 한마디로 바른 것에서 벗어난 사람들이다. '벗어나다'(ἀστοχέω)는 과녁에서 빗나간 화살처럼 목표를 잃어버린 모습을 묘사한다. 목회서신에서 이 단어는 거짓 가르침과 짝을 이루어 사용되는데(딤전 1:6; 6:21; 딤후 2:18), 거짓 가르침에 넘어간 사람들은 헛된 말과 말다툼에 미끄러지듯 빠져든다(ἐκτρέπομαι). '헛된 말'의 헬라어는 '마따이오로기아'(ματαιολογία)인데, 이는 분쟁을 일으키는 주요 원인이 된다. 그런데 목회서신에 언급된 '헛되다'는 '마따이오로기아' 외에도 '께노포니아'(κενοφωνία)가 있다(딤전 6:20; 딤후 2:16). 이는 빈 소리란 의미다. '헛되다'를 다른 용어로 표현함으로 거짓 교훈이 만들어내는 헛된 모습을 다양하게 표현한 것이다.

7절에서 '율법 선생'(νομοδιδάσκαλος)이 되고자 하는 사람들은 자신들이 가르치는 것이 무엇인지 이해조차 하지 못하는 어리석은 사람들을 가리킨다. 율법 선생은 유대인에게만 해당되는 단어인데, 오직 기독교 문서에만 나온다(Marshall, 372). 이들은 그리스도인 공동체 안에 있었던 유대인들로, 믿음이 아닌 율법으로 회귀하자고 주장하는 사람이었을 것이다. 따라서 '율법 선생'은 사회에서 널리 통용되던 호칭이 아니었으며, 기독교 공동체 안에서 참된 가르침을 전하던 복음 전도자들과 명확하게 구별하기 위하여 고안한 용어였을 것이다(Marshall, 372; Roloff, 71). 율법은 바르게 사용되면 기준이 될 수 있다. 하지만 율법 선생들이 주장하는 율법은 오히려 분쟁을 일으켰다. 7절은 분쟁을 일으키는 모습을 '디아베바이오오마이'(διαβεβαιόομαι)로 표현한다. 실제로는 자신이 주장하는 바가 무엇인지조차 모르면서도 무리한 고집을 부리는 상태를 꼬집어 표현하는 단어다(Marshall, 373).

8-10절 8-10절은 율법의 용도를 설명하면서, 율법이 염두에 둔 적용 대상에 관한 목록을 제시한다. 바울은 율법 선생들을 잘못된 교훈으로 교우들의 신앙을 미혹한 거짓 교사라고 규명한다. 하지만 율법 자체를 잘못된 교훈의 원천이라고 말하지는 않는다. 오히려 율법은 잘 쓰면 좋은 것이라고 한다. 여기서 '좋다'는 '깔로스'(καλός)인데, 목회서신에서는 두 가지 의미로 사용된다. 첫째, '깔로스'가 꾸며주는 명사를 유익하고 좋은 결과로 인도한다는 의미다. 둘째, '깔로스'가 꾸며주는 명사는 그 유래가 신령한 것임을 보여준다(Marshall, 375). 따라서 율법을 바르게(καλός) 사용하면 누구에게나 유익하다는 것과, 율법의 유래는 선한 것이라는 의미가 모두 가능하다. 율법은 우리 죄를 보게 하며 죄에 상응하는 벌을 알게 하여서, 죄를 그치게 할 수 있다(롬 7:12, 14, 특히 16절). 그런데 율법을 악용하는 자들은 좋게 사용될 수 있는 율법을 오용하여 자신과 타인을 정당화하거나 남을 정죄하여 반사적으로 자신을 높이려는 도구로 사용하여 분쟁을 조장한다.[6] 다른 교훈을 가르치던 율법 교사들은 원래 유익한 율법조차 바르지 않은 용도로 사용하여서 공동체를 파괴한 것이다.

9-10절에 등장하는 긴 목록은 대부분 심각한 문제를 다룬다.[7] 특히 관심을 둘 것은 법을 어기는 자(ἄνομος, '법의 파괴자')와 복종치 않는 자인데(ἀνυπότακτος), 이 둘은 목록에 오른 다른 모든 잘못들의 기초가 된다

---

6. 바울이 다른 편지에서 주장하는 율법의 용도는 크게 몇 가지로 요약된다. 율법은 죄를 깨닫게 하는 기능을 한다. 그래서 죄를 짓지 못하도록 방지하는 기능을 하지만, 오히려 그 반대로 죄를 짓게 하는 기능도 한다. 바울 사도가 율법의 잘못된 사용에 대해서 경계하는 것은 이렇게 죄를 짓게 하는 기능 때문이다. 그보다 더 무서운 것은 율법이 삶의 방식을 결정해 버려서 그대로 살면 마음과 중심에 무엇이 있든 '안전하다'고 생각하게 하여 결국 멸망에 이르게 하는 것이다. 갈라디아서와 로마서의 배경이 되고 있는 유대주의자(Judaizers)의 문제가 목회서신에서는 다른 초점을 가지고 있다. 딤전 4:1-3을 참고하라.
7. 목록은 네 쌍의 죄인들을 거명하고 이후 여섯 종류의 개별적 죄명을 제시한다.

(Towner, 2006: 125). 또 목록의 중간에 나오는 '세속적인 자'(망령된 자)는 그 앞의 거룩하지 아니한 자와 동의어다. 그리고 인신매매하는 자는 노예 중개상인 또는 사람을 유괴한 후 노예로 파는 자로 도적질 중의 최고 악질을 가리킨다(Philo, *Spec.* 4.130, Marshall, 380에서 재인용). 목록의 마지막은 '그 외에 무엇이든'을 첨가하여서 바른 교훈을 거스르는 모든 종류의 악을 포함시킨다.

목록에 오른 모든 악덕한 행위는 한결같이 바른 교훈에서 비롯되는 것들과 반대가 된다. 바른 교훈이란 표현에서 '바른'에 해당하는 헬라어는 '휘기아이노'(ὑγιαίνω, '상하지 않은', '건강한', '건전한')이며, 교훈으로 번역된 '디다스깔리아'(διδασκαλία)는 교리(doctrine)로도 번역될 수 있다. '휘기아이노'는 원래 의학용어인데(눅 5:31; 7:10; 요삼 2), 여기서는 악덕의 목록에 반대 의미로, 변증의 뉘앙스를 담고 있다. 바른 교훈은 건실한 신앙의 기반이기 때문이다.

11절 영광의 복음은 10절에서 언급한 '바른 교훈'의 핵심이다. 영광은 빛과 관련이 있는데, 이 빛은 하나님의 선함을 세상에 드러내어 어두움을 물리친다. 영광은 하나님의 속성이며, 오직 하나님께로부터 나온다. 세상의 빛은 한정적이며 한시적인 반면 복음은 그 핵심에 하나님의 영광이 담겨있고 그 영광이 태초부터 있었던 창조의 빛과 분리될 수 없기에 세상의 빛과는 다르며, 영원하다. 하나님의 영광의 빛은 그분이 선택한 사람들에게 비춰진다. 하나님이 택한 백성은 하나님의 영광이 나타남으로 하나님의 선하심을 경험하게 된다. 바울은 영광의 복음에 헌신한 사도였다(비교, 고전 9:17; 갈 2:7; 딛 1:3; 참고, 롬 3:2). 영광의 복음을 받은 사람은 그 복음 속에 있는 하나님의 영광이 그 사람을 통과하여 확산되기 때문에, 하나님의 영광을 세상에 증거하게 된다(참고, Marshall, 383).

3. 해설

본문에는 디모데전서 전체를 이해하는 데 중요한 네 가지 내용이 나온다. 첫째, 바울의 이동 동선에 대한 짧은 언급이다(3절). 비록 반 절 분량의 제한된 정보이지만, 이는 바울의 4차 전도여행 전체를 재구성하는 데꼭 필요한 내용이다. 4차 전도여행의 동선에 대해서는 〈부록 1: 바울의 4차 전도여행 경로〉에서 다루기로 한다. 둘째, 에베소에 성행하던 다른 교훈에 대한 대처 방안이다. 다른 교훈의 유행은 목회서신의 중요한 사회적·영적 배경인데, 본문에서 다른 교훈은 (1) 신화와 족보에 몰두하고(4절), (2) 무익한 변론을 일으키며(4절), (3) 율법 교사들이 사용한 그릇된 방식의 율법 사용으로 요약된다. 다른 교훈에 대한 경각심과 이해는(6-10절) 바른 교훈을 아는 것이 왜 귀중한가를 보여준다. 셋째, 영광의 복음에 대한 소개다(11절). 영광의 복음은 바울이 자신을 헌신한 대상이며, 바른 교훈의 초석이다. 디모데전서의 모든 교훈은 바른 교훈과 영광의 복음을 드러내는 것이다. 넷째, 교훈의 목적이 선포되는데, 이것은 사랑이다(5절). 아가페 사랑은 성경의 가르침을 모두 만족시키는 길이다. 바울은 본문에서 사랑을 일으키는 내면의 요소 셋(청결한 마음, 착한 양심, 거짓 없는 믿음)을 소개하면서 이것이 바른 교훈(혹은 건강한)의 중심에 있다고 쓴다. 성도에게 바른 교훈이 뿌리내리면, 아가페 사랑은 행위로 나타난다. 사랑은 그리스도인들이 소유한 바른 교훈을 윤리적인 삶으로 표현해 내는 중요한 덕목이다. 로마서 13:8-10에는 디모데전서 1:5-11을 이해하는 데 도움이 되는 내용이 나온다. 로마서 13:8, 10에서 바울은 사랑이 율법의 완성이라고 선포하면서 그 중간인 9절에 다양한 금지 명령을 넣었다. 이는 디모데전서 1:9-10의 목록과 일치한다(Towner, 2006: 129).

제3장
디모데전서 1:12-20
바울이 경험한 영광의 복음과 긍휼)

본문은 11절에서 선포한 영광의 복음이 어떻게 바울의 사역에 작동하는지 보여주면서, 영광의 복음이 하나님의 긍휼하심과 연결되어 있음을 밝힌다(13절과 16절). 본문은 세 부분으로 구성되어 있는데(12-16절, 17절, 18-20절), 첫 번째 부분(12-16절)은 바울이 경험한 하나님의 긍휼의 이유와 목적이고, 두 번째 부분(17절)은 이 긍휼을 생각하면서 북받치는 감정을 토로하며, 세 번째 부분(18-20절)에서는 하나님의 긍휼을 받은 자가 행할 일에 대해서 두 가지로 명령한다. 하나는 선한 싸움을 싸우는 것이며 다른 하나는 믿음과 양심을 지키는 것이다. 요약하면 바울은 영광의 복음에 담긴 하나님의 긍휼에 대해서 자신의 경험을 자세히 쓰면서, 그 목적은 죄인의 구원을 위한 것이라고 설명한다. 성도는 영광의 복음이 이끄는 대로 선한 싸움을 싸워야 함을 강조한다.

1. 번역

12 나는 나를 강하게 하신 우리 주 그리스도 예수께 감사를 드립니다. 그분께서 나를 충성되게 여겨 직분을 맡겨 주셨기 때문입니다. **13** 전에 나는 비방자요 박해자요 폭행자였으나 긍휼을 얻었는데, 그 까닭은 내가 알지 못함으로 불신 중에 행했기 때문입니다. **14** 우리 주님의 은혜가 그리스도 예수 안에 있는 믿음과 사랑과 함께 넘치도록 풍성하였습니다. **15** 여기 믿음직한 말씀이 있는데, 모든 사람이 받아들일 만한 것입니다. 곧 그리스도 예수께서 죄인을 구원하려고 세상에 오셨다는 말씀입니다. 그가 구원하신 죄인 중에 나는 괴수입니다. **16** 그러나 바로 이 때문에 나는 긍휼을 입었는데, 그 목적은 그리스도 예수께서 먼저 모든 오래 참음을 보이셨습니다. 이것은 후에 그를 믿고 영생을 얻을 사람들을 위하여 나를 한 사례로 삼기 위함이었습니다. **17** 영원하신 왕, 곧 없어지지 않고 보이지도 않는, 오직 한 분이신 하나님께 존귀와 영광이 영원무궁하기를 빕니다. 아멘. **18** 아들 된 디모데여 나는 그대에게, 전에 그대를 이끌던 예언을 따라, 이 명령을 내립니다. 그대는 그 예언대로 선한 싸움을 싸우고, **19** 믿음과 착한 양심을 가지십시오. 어떤 사람들은 이를 내쳐 버림으로 믿음에 관해서 파선하였습니다. **20** 그렇게 된 사람 가운데 후메내오와 알렉산더가 있었습니다. 나는 그들을 사탄에게 넘겨주어, 그들이 하나님을 비방하지 못하도록 훈계하였습니다.

2. 주해

12-14절 12절에서 바울은 영광의 복음을 경험한 자신의 감정을 감사(χάρις)로 표현한다. 원문에서는 12절의 첫 단어가 감사(χάρις)인데, 이렇

듯 감사를 강조하는 문장 구조에서 감사는 감격을 의미한다. 같은 단어인 '카리스'가 14절에도 나타난다. 후자에서 '카리스'는 '은혜'를 의미한다. 헬라어의 '카리스'는 '감사' 혹은 '은혜'로 번역할 수 있으며, 이 두 개의 개념은 종종 분리되지 않는다.

바울이 감격하도록 감사한 이유는 하나님께서 자신을 충성되이 여겨 직분(διακονία)을[1] 주셨기 때문이다. 자기에게는 아무런 자격이 없는데 하나님께서 자신의 부족을 탓하지 않으시고 일방적으로 직분을 주신 것이 은혜이며 감격이란 뜻이다. 좀 더 자세하게 살펴보면, 첫째, 바울 자신에게는 충성됨이 없지만, 주님이 충성되다고 여겨 주셨다. '충성되게'의 헬라어는 '삐스또스'(πιστός)인데, 번역하면 신실하다 또는 충성되다라는 뜻이다. 목회서신에서는 그리스도인의 삶을 총체적으로 표현하는 단어 중에 하나다(Marshall, 390). 충성됨은 교회 리더에게 꼭 있어야 하는 요소인데(고전 4:2; 7:25), '충성되게 여겨'란 표현 속에 바울이 경험한 은혜의 핵심이 담겨 있다. 실제로는 그는 충성하지 못했을 뿐 아니라 비방자요, 박해자요, 폭행자였는데, 충성되게 여겨 주신 것이다.[2] 그뿐만 아니라, 자격이 없는 자신에게 직분까지 맡겨 주셨다. 직분을 '맡기다'의 원어는 '테메노스'(θέμενος)인데 여기서는 과거형(aorist) 분사가 사용되었다. 과거형 분사는 시간의 의미라기보다는, 현재 어떤 상태에 있는지를 보여준다. 즉, 이미 맡겨진 직분은 확정된 것으로 다시 빼앗기지 않을 것이다.

하나님은 인간의 조건과 상관없이 긍휼을 베푸시기 때문에 이러한 긍

---

1. 직분(διακονία)은 교회를 섬기라고 하나님께서 주신 모든 종류의 위탁을 가리킨다 (딤후 4:5, 11).
2. 바울은 다마스커스(다메섹)로 가는 길에 경험한 사건이 종종 회심의 간증을 넘어 직분을 받은 사건이라고 한다(참고, 행 9:1-22; 22:6-16; 26:12-20; 고전 15:8; 갈 1:16).

휼을 입은 사람은 이에 최선을 다하여 반응해야 하기에, 맡겨 주신 직분을 충성되게 감당해야 한다. 때로 직분을 감당하는 것은 힘들고 어려운 일이기 때문에 하나님께서는 은혜로 이를 감당하게 하신다. 바울은 이러한 경험을 하였기에 12절에서 '나를 강하게 하신 그리스도 예수께' 감사를 드린 것이다.

15절 15절은 '믿음직한 말씀'이라는 형식으로 선포하는 교훈이다. 개역개정판은 '미쁘다 모든 사람들이 받을 만한 말이여'로 번역했다. 헬라어의 '삐스또스'는 '믿음직한'이란 뜻으로 이를 잘 지킬 때에 믿음이 더해진다는 의미를 내포한다. 하지만 원문의 '믿음직한 말씀'(πιστὸς ὁ λόγος)은 일종의 인용형식(formula)으로 독자들의 관심을 끌기 위하여 사용되었다. 인용형식은 이제부터 설명하는 내용이 더 나은 믿음을 갖는 데 중요하다는 주의를 부추기는 것이다. 일부 학자들은, 이 형식이 가리키는 내용(여기서는 '예수께서 죄인을 구원하러 오셨다'는 선포)은 교회가 확고하게 인정한 '교리적 교훈'이라고 주장하지만, 이는 과한 해석으로 보인다. 그보다는, 아직 교리적 전통(tradition)으로 고정된 가르침은 아니지만, 누구든지 받아들인다면 유익한, 바른 교훈을 소개하는 형식으로 보면 적절할 것이다(Towner, 2006: 144).

목회서신에는 이 형식으로 제시하는 교훈이 총 5회 나온다(딤전 1:15; 3:1; 4:9; 딤후 2:11; 딛 3:8). 이렇게 다섯 번 반복적으로 사용되고 있는 인용 형식이 제시하는 내용 속에서 공통점을 찾으려고 시도하는 학자들이 있었다. 이들 중 일부는 '구원'이 공통적인 주제라고 주장하면서, 이 다섯 개의 가르침이 목회서신을 구성하고 있는 가장 중요한 기둥이라고 한다. 하지만 다섯 개의 믿음직한 말씀이 모두 구원과 관련되어 있음을 입증하는 것은 쉽지 않다. 앞서 언급한 것처럼, 이 다섯 개의 믿음직한 말씀이 이미 당시의 교회에서 널리 인정한 신학적인 주제를 다루고 있다고 보는 것도 과한 해석이다. 또 편지 전체의 구조와 주제를 살펴보면, 이 다섯 개의 '믿음직한 말씀'이 목회서신의 구조적인 핵심이라고 주장하기에는 이들이 사용되고 있는 장소가 논지의 핵심과 거리가 있다. 오히려 다섯 개의 가르침은 바른 교훈의 내용을 다양한 주제로 구체화하고 있을 뿐이다. 요약하면, 바른 교훈이 목회서신의 주제이기 때문에, 이 다섯 개의 '믿음직한 말씀'은 바른 교훈의 구체적인 내용을 포함하고 있다는 점에서 목회서신의 중요한 부분이라고 보면 적절할 것이다.

'그리스도 예수께서 죄인을 구원하시려고 세상에 오셨다'는 선포는 첫 번째 믿음직한 말씀이며, 또한 복음의 핵심이다(눅 19:10; 막 2:17; 요 18:37). 이는 바울이 이미 교회가 인정한 교리를 인용한 것이 아니라, 자신이 이해하고 있던 복음의 핵심을 인용형식을 빌려서 선포한 것이다(Towner, 2006: 146). 바울은 15절의 믿음직한 말씀을 통하여 11절에서 강조한 '영광의 복음'의 내용을 구체적으로 제시했다. 이러한 영광의 복음에 대한 반응으로, 바울은 자신을 '죄인 중에 괴수'라고 고백한다. 이는 로마서 7:24의 탄식("오호라 나는 곤고한 사람이로다. 이 사망의 몸에서 누가 나를 건져내랴?")과 비슷하며, 이사야의 탄식(사 6:5)과 베드로의 경험(눅 5:8) 속에서도 발견된다. 그런데 자신이 죄인 중에 괴수라는 탄식 속에는 은혜로운 역설이 담겨 있다. 죄인 중에 괴수는 그 누구보다도 예수가 절대적으로 필요한 사람이란 뜻이다. 또 죄인 중에 괴수는 그 누구보다 더 많이 하나님의 사랑에 감사하고 있는 사람이다.

'죄인 중에 괴수'라는 표현에는 네 가지 의미가 있다. (1) 하나님께서 죄인을 찾을 때 '가장 첫 자리에서 나를 발견하실 것'이라는 뜻이다. 이런 이해에 바탕을 두고 영어 번역본인 ESV는 '괴수'(πρῶτος)라는 단어를 '선두주자'(foremost)로 번역한다. 나는 죄를 짓는 일에 아주 빠르고, 예민하여 조그만 유혹에도 쉽고 빠르게 넘어지는 자임을 인정한다는 고백이다.

(2) 모든 죄인들 중에 내가 최고의 악질 죄인이라는 의미다(Knight, 1992: 102). 이는 영광의 복음의 강렬한 빛이 비추일 때에 자신의 진정한 죄성을 보게 되면서 터져 나온 외침이다. 원어로 15절을 보면, 예수가 이 땅에 오셔서 구원한 죄인 중에서 자신이 가장 나쁜 사람이란 뜻으로 보는 것도 가능하다. 이런 이해는 이렇게 구원받은 자들은 공동체를 더욱 성실하고 겸손하게 섬겨야 한다는 교훈을 강조하고 있다. (3) 죄인 중에 괴수라는 고백의 또 다른 의미는 모든 일에 철저히 자기중심적 성향을 갖고 있으며, 자기만을 위한 생각으로 가득한 사람이라고 인정하는 것이다.

16절 16절은 긍휼을 다룬다는 점에서 12-14절의 연속이며, 15절로부터의 반전이다. 따라서 12-16절의 전체의 주제가 '긍휼'임을 알 수 있다. 긍휼을 입은 것은 어두움 속에 있던 영혼이 빛을 받아 어두움을 제압한 상태를 말한다. 긍휼에 해당하는 헬라어는 크게 '스쁠랑크논'(σπλάγχνον, '공감', '연민')과 '엘레오스'(ἔλεος), 둘이 있다. 전자는 내장이 움직이는 듯한 깊은 감정의 변화를 의미한다. 후자는 종종 자비로 번역되며, 히브리어의 '헤세드'(חסד)에 가깝다. 본문에는 후자에 속하는 '엘레에오'(ἐλεέω)가 쓰인다. 긍휼에 대한 성경의 가르침은 다양하다. 팔복 중에는 긍휼히 여기는 자의 복이 있고(마 5:7), 하나님의 백성을 '그의 긍휼을 입은 자'라고 부르기도 한다(벧전 2:10). 하나님의 긍휼을 입었다는 의미는 하나님께서 우리를 좋게 여겨주신다는 것이다. 하나님께서 좋게 생각해 주시지 않으면 우리는 생존할 수 없고, 하나님의 백성이 될 가망도 전혀 없다. 따라서 하나님의 긍휼은 그분의 오래 참음과 연결되어 있다.

'먼저'(πρῶτος)는 15절에 나오는 '괴수'로 번역된 단어와 동일한 용어다. 같은 단어가 거의 반대의 개념과 연결되어 있다. 죄를 짓는 데 '먼저'였던 자를 하나님이 '먼저' 오래 참아 주셨다는 대조이다.

'모든'(ἅπας)을 NIV는 '무제한의'(unlimited)로 번역했는데, 이는 적절하다. 우리를 향한 하나님의 오래 참음은 제한이 없는 은혜이며, 하나님께서 먼저 일체 오래 참으심으로 자기 백성을 구원하는 기초를 세우신 것이다.

하나님의 오래 참으심은 무작정 기다림이 아니다. 오히려 택한 사람을 연단하여 변화를 일으켜서 다른 사람을 위한 본(사례)이 되게 하려는 목적을 가지고 있다. '본' 또는 '사례'란 뜻인 '휘뽀뛰뽀시스'(ὑποτύπωσις)는 목회서신에만 나오는데(딤후 1:13), 이는 다음 세대를 양육할 때 필요한 '바른 교훈'이 외부로 드러날 때 나타나는 모범된 모습이다. 바울은 어떤 면에서 '휘뽀뛰뽀시스'('본' 혹은 '사례')가 되었을까? 첫째, 자신과 같은 죄인을 구원하신 하나님은 구원하지 못할 죄인이 없음을 보여준다는 면에서 사례가 된다. 둘째, '휘뽀뛰뽀시스'(본)는 그가 하나님의 긍휼하심을 받고 있다는 사실을 보이는 것이지 자신이 변하여 훌륭하게 된 것을 자랑하는 것이 아니다. 바울은 자신의 삶이 뛰어나서 본이 되는 것이 아니고, 자신이 하나님의 큰 긍휼과 오래 참음을 계속 받고 있는 것 자체가 본이 된다고 교훈한다. 만일 누군가의 본이 되는 것이 자신의 탁월성에 근거한다면, 이는 쉽게 따를 수 있는 패턴이 될 수 없다. 우리가 탁월하게 되려는 의지로 본이 되려한다면, 우리는 낙심 또한 경험하게 된다. 설사 그 의지가 좋은 동기가 되어서 탁월성을 갖춘다 하더라도 자신의 공로로 착각하게 될 우려가 많아진다. 바울이 보여주는 본은 누구든지 자신처럼 긍휼을 받을 수 있기 때문에, 하나님의 풍성한 긍휼의 사례가 자신을 통해서 나타난다는 뜻이다.

12-16절을 요약하면, 영광의 복음에 근거하여서 바울은 긍휼을 입었으며(13절) 그것은 또한 그가 삶의 목적을 갖게 된 근거다(16절). 영광의 복음에는 하나님의 구원의 원리가 담겨 있다(딤전 1:15). 바울은 선택된 자들의 구원을 위하여 부름을 받았다. 이러한 직분은 영광의 복음에 반응

할 때 기쁨과 능력 가운데 감당하게 된다.

17절 바울은 자신에게 임했던 하나님의 긍휼과 이에 근거하여 받은 직분에 관하여 써내려 가다가, 갑자기 주님께 감격의 감사를 올려 드린다. 17절은 바울이 자신의 삶에 다가온 하나님을 영화롭게 하는 영성을 갖추고 있음을 보여준다. 17절의 골자는 '영원하신 왕 홀로 하나이신 하나님께 존귀와 영광이 영원무궁하도록 있을지어다'이며, 중간에 영원하신 왕을 수식하는 두 개의 표현이 끼워져 있다. 이와 유사한 구조가 디모데전서 6:15-16에 다시 나타나는데, 이것은 디모데전서 1:17에 근거하여 자신의 고백을 발전시킨 것으로 보인다. 후자의 골자 또한 하나님은 유일하시며, 영원하신 분임을 고백하는 것이다. 디모데전서 1:17에서는 하나님의 영원성을 설명하는 첫 번째 표현이 '없어지지 아니하고'이다. '없어지지 아니하고'의 헬라어인 '아프타르또스'(ἄφθαρτος)는 '죽지 않음' 혹은 '소멸하지 않음'을 의미한다. 이 단어는 스토아 철학에서 즐겨 사용하던 용어인데, 유대교에서 이를 인용하여서 하나님의 속성에 적용하였다(Marshall, 405). 두 번째는 '보이지 아니하고'인데, 이 또한 하나님의 속성이다. 이방인들이 신상을 만들어 눈에 보이는 신을 제시한 것과 달리, 유대인들은 자신들의 하나님이 눈에 보이지 않는 분임을 강조했다(Marshall, 405). 한편 사도 요한은 하나님에 관하여 눈으로 보았고 자세히 보고 손으로 만진 분이라고 주장한다(요일 1:1, "태초부터 있는 생명의 말씀에 관하여 우리가 들은 바요, 눈으로 본 바요 자세히 보고 우리의 손으로 만진 바라"). 그렇다고 요한의 주장과 바울의 주장이 상반된 것은 아니다. 요한은 육신의 눈에 보이지 않는 하나님을 영혼으로 보고, 그분과 친밀하게 동행할 수 있음을 말한다. 반면 바울은 하나님께서는 아무리 우리와 친밀하셔도 인간의 감각과 이해 속으로 제한될 수 없는 무한한 하나님이심을 밝히고 있다. 디모데전서 1:17은 하나님의 영원성과 함께 유일성을 고백한다. '홀로 하나이신'은 하나님의 유일성에 대한 선언이다. 신명기 6:4-5은 하나님의 유일성을 선포하는데, 이에 대해 예수께서는 하나님의 유일성을 인정하는 것을 첫째 계명이라 하셨다(마 22:36-38). 하나님은 유일하신 분이기에 우리 삶의 유일한 목적이 되신다.

18-19절 바울은 명령을 내린다. 이 명령 또한 영광의 복음과 관련이 있으며, 바른 교훈을 이루는 요소다. 헬라어 원문에서 '명령하다'는 하나의 동사로 표현된 것이 아니라, '명령을'(명사)과 '내린다'(동사)는 두 개의 단어로 되어 있다. 후자인 동사 '빠라띠테마이'(παρατίθεμαι)는 맡겨둔다는 뜻이다. 여기서 바울이 내린 명령(παραγγελία)은 군대식 용어로서 이미 디모데가 중요한 교훈(즉, 예언)으로 받은 바 있으며(딤전 1:3에 대한 주해 참고), 바울 또한 이전에 같은 내용의 교훈을 명령으로 받았던 것으로 보인다. 이 예언에 기초한 '명령'의 골자(또는 목적)는 디모데로 하여금 선한 싸움을 싸우도록 격려하는 것이다. 선한(καλός) 싸움이란 가치가 있는 싸움을 의미하며, 이는 바른 교훈과 영광의 복음을 위한 것이다. 디모데전서의 정황은 거짓된 교훈의 방해와 도전이 있었고, 이를 대항한 '싸움'에서 시작되었다. 여기서 싸움은 전투(στρατεία)를 의미한다(딤후 2:4). 군사는 전투를 위해서 고된 훈련을 오래 참으며 자신을 이기며 적군 앞에서 용감해야 한다. 바울서신에는 전투 모티프가 몇 차례 등장한다. 목회서신에서, 이곳 이외에도 디모데전서 6:12과 디모데후서 4:7에 선한 싸움에 대한 교훈이 나오는데, 후자에서 사용된 헬라어는 '아곤'(ἀγών)으로 18절의 '스뜨라떼이아'와는 다르다. 하지만 비록 어휘는 다르더라도 세 구절의 의미를 하나로 보아 목회서신이 제시하는 전투 모티프를 찾아볼 수 있을 것이다 (Marshall, 410).

18-19절은 선한 싸움에 대해서 비교적 자세하게 설명하고 있다. 첫째, 이미 받았던 예언에 따라 진행하는 싸움이다(18b절). 둘째, 믿음과 착한

양심을 가지고 싸우는 것이다. 선한 싸움을 싸우는 것과 믿음과 착한 양심을 가지는 것은 서로 평행 관계에 있고, 후자가 전자를 완수하는 방법이라고 볼 수 있다. 개역개정판은 1:5에서 '선한 양심'으로, 1:19에서는 '착한 양심'으로 각각 다르게 번역했지만 원어는 '아가토스'로 같은 단어다. 반면, 18절의 '선한' 싸움에서는 '깔로스'가 쓰이고 있다. 따라서 디모데전서 1:5에서도 '선한 양심'(개역개정) 대신에 '착한 양심'으로 통일하여 번역하면 좋을 것이다. 18절의 '선한'(καλός) 싸움은 적절한 번역이다. 선한 싸움이란 좋지 않은 상황 가운데서도 믿음과 양심을 지키는 싸움이다. 통상 싸움은 사람의 육체와 영혼을 핍절하게 만들지만, 선한 싸움은 싸우는 동안 믿음이 견고해지고 양심이 착해진다.

19절에서 바울은 파선한 믿음을 강조한다. 파선의 이미지는 바울서신에 자주 등장하는데, 바울은 파선의 이미지를 자신의 경험 속에서 생생하게 익혔다. "세 번 태장으로 맞고 한 번 돌로 맞고 세 번 파선하고 일주야를 깊은 바다에서 지냈으며"(고후 11:25). 바울은 유라굴로 사건을 제외하고도 생명을 위협하는 파선이 이미 최소 세 번이었음을 기록하였다. 파선의 이미지를 믿음에 적용함으로 믿음의 위기를 생생하게 묘사한다. 만약 믿음이 파선하면, 꼭 필요한 시기에 믿음이 작동하지 않는다. 믿음이 꼭 필요한 시기에 작동하지 않는 것은 마치 꼭 필요한 순간에 무기가 작동하지 않는 것과 같아서, 싸움 현장에서의 패배를 의미한다. 따라서 '믿음의 파선'은 상한 교훈이 만들어 내는 치명적인 결과를 은유적으로 표현한 것이다. 우리는 오직 믿음으로만 구원을 얻을 수 있는데, 그 믿음이 망가져서 가장 중요한 때 속수무책이 되어, 더 이상의 기회가 없게 된 상태를 생생하게 묘사한다.

믿음이 파선하게 되는 이유는 다른 교훈을 따르기 때문이다(1:3). 다른 교훈은 상한 교훈이기 때문에 그 교훈을 따르는 사람의 영혼은 망가지고 결국 아무 쓸모없게 되어 파멸에 이른다. 디모데전서의 논지는 바른 교훈을 따르게 하는 것이다. 이를 위해서 상한 교훈의 피해가 매우 심각하다는 사실도 바른 교훈의 필요성과 함께 교차적으로 언급한다. 우리의 믿음을 파선에 이르게 하는 상한 교훈은 성도들이 신화와 끝없는 족보에 몰두하게 하여서 하나님의 계획을 이루지 못하게 한다(딤전 1:4). 19절은 우리가 파선에 이르게 되는 이유를 제시하는데, 착한 양심을 버렸기 때문이다. 여기서 사용된 헬라어는 강한 어조를 담고 있는 분사 '아뽀사메노이' (ἀπωσάμενοι)로 '내쳐버렸다'는 의미다. 이는 소중한 것을 무가치하게 여겨서 어처구니없이 버린 모습을 묘사한다. 어떤 때에는 소중한 것을 무가치하게 다루는 형태로 내쳐버리며, 어떤 때는 소중하다고 말은 하면서 슬며시 구석에 처박아놓아 소중하게 다루지 않는(put aside) 양태로 나타난다(Knight, 1992: 109). 우리 중에 누군가의 믿음이 파선하기 시작하면 처음에는 슬며시 믿음과 양심을 밀어놓은 모습으로 보이는데, 실제로 그 진의는 내쳐버린 것이다. 그리스도인은 세상에서 세파에 시달릴 때에 그 믿음이 파선하는 것이 아니라, 오히려 믿음이 견고해지며 양심이 착해지는 기회로 삼아야 한다.

20절 20절에는 다른 교훈을 가르치던 사람 혹은 이들에 의해서 미혹되었던 사람들의 이름이 나오는데, 후메내오와 알렉산더이다. 바울은 이들이 하나님을 비방하였기 때문에 더 이상 공동체에 남겨 둘 수 없었다. '사탄에게 내어줌'이란 그들을 사탄이 자유롭게 활동하는 영역에 둔다는 뜻이다. 이는 교회의 권징을 의미하며(Knight, 1992: 111), 회개하지 않는 죄의 막중함을 보여준다(고전 5:2, 7, 11, 13). 그런데 바울이 후메내오와 알렉산더를 사탄에게 내어 준 것은 그들을 바로 잡기 위한 극약 처방이었지, 이들을 유기한 것이 아니었다. 하지만 후메내오는 쉽게 회복되지 않았다. 후메내오는 디모데후서 2:17-18에도 등장하는데, 그는 디모데후서가 기록될 때에도 바르지 않은 교훈에 사로잡혀서, 부활에 관하여 상한 가르침을 설파하였다.

3. 해설

디모데전서 1:12-20에서 바울은 먼저 영광의 복음과 바른 교훈이 자기 자신에게 어떻게 작용했는가를 설명하고(12-17절), 그 다음에 디모데에게 이를 따라 살 것을 명령한다(18-20절). 본문은 영광의 복음과 바른 교훈에 대한 다양한 설명이라고 볼 수 있다. 첫째, 바울은 12-16절에서 영광의 복음을 '믿음직한 말씀'을 통해서 드러낸다. 그는 영광의 복음이 제시하는 긍휼에 대하여 설명하고 성도가 이러한 긍휼에 반응함으로 바른 교훈을 따르게 된다고 하였다. 이어서 그는 '믿음직한 말씀'을 통하여(15절) 자신이 죄인 중에 괴수였음을 고백한다. 그런데 이런 처절한 자기 인정은 영혼을 어둡게 만들지 않았다. 그는 예수께서 죄인을 위하여 오셨고, 자신이 긍휼을 입은 죄인임을 알게 되었기 때문이다. 오히려 바울은 죄인 됨을 인정하면서 한량없는 은혜를 경험했으며 삶의 태도와 목적이 새롭게 되었다. 우리가 스스로 교만해지고 냉담해지는 이유는 내가 괜찮은 사람이라고 착각하기 때문이다. 나는 옳고 내가 주장하는 것은 정당하며 나는 내가 원하는 대우를 받는 것이 당연하다고 생각한다. 하지만 누구나 바울과 같이 자신이 죄인 중에 괴수임을 인정하며, 그 돌이킬 수 없는 죄인을 위해서 예수께서 이 땅에 오셨음을 알게 된다면, 그의 삶의 태도는 달라질 것이며 인생의 목적도 바르게 세워질 것이다. 영광의 복음은 죄인의 자리에 있는 자신을 발견하게 한다. 그리고 죄인에게 기회를 주신 하나님의 긍휼에 감격하게 한다. 이는 바른 교훈의 역할이다. 에베소 교회에는 바른 교훈이 필요했다. 상한 복음에서 비롯되는 거짓 교훈들이 교회를 뒤흔들고 있었기 때문이다. 둘째, 17절은 영원하신 하나님께 합당한 존귀와 영광을 돌려드리는 송영(doxology)이다. 하나님은 본질상 존귀와 영광을 받으셔야만 한다. 마찬가지로 그리스도인들은 하나님을 인정하고 존귀와 영광을 하나님께 드릴 때 행복해진다. 하나님을 인정하지 않으려는 문화가 팽배한 세상에서 하나님께 존귀와 영광을 돌리려면 바른 교훈과 믿음직한 말씀은 절대적으로 필요하다. 셋째, 18-20절도 영광의 복음과 바른 교훈에 관한 것이다. 바른 교훈을 따르는 것은 믿음과 착한 양심을 유지하면서 선한 싸움을 싸우는 것이며, 반대로 상한 교훈에 빠지면, 믿음이 파선하게 된다.

제4장
디모데전서 2:1-7
모든 사람을 위한 기도

디모데전서 2:1-7은 바른 교훈을 지키며 살게 하는 첫 번째 권면이며, 주제는 기도다(1절). 그런데 기도를 열심히 하라는 명령이 아니라, 기도의 지경이 넓어져야 한다는 교훈이다. 우리가 기도로 품어야 할 대상은 모든 사람이라는 것과, 또 이를 위하여 다양한 기도의 방법을 가르쳐준다(1절). 성도가 기도해야 하는 대상에는 임금들과 높은 지위에 있는 사람들이 포함되어 있다(2a절). 사실 당시의 성도들은 왕과 높은 사람들을 위해서 기도할 형편에 있지 않았다. 이들은 교회를 핍박했기 때문이다. 이어서 바울은 모든 사람들을 위하여 기도해야 하는 당위성을 설명한다(3-6절). 3절에서는 모든 사람을 위한 기도는 하나님이 받으시는 것이라고 한다. '이는 선하고 받으실 만한 것'이다. 4절은 하나님의 뜻에 합한 것이라고 한다. "하나님은 모든 사람이 구원을 받으며 진리를 아는 데 이르기를 원하시느니라." 5-6절은 하나님은 모든 사람이 구원을 받길 원하시며, 모든 사람을 위한 기도는 그 사람이 모두 구원 받기를 원하시는 하나님의 뜻을 실행하는 방법이라고 한다. 한 분이신 하나님을 위한 중보자 또한 한 분인데, 그분은 모든 사람을 위하여 자신을 대속물로 주셨다고 선언한다. 마지막 7절에서 바울은 모든 사람을 구원하기 원하시는 하나님의 뜻을 받들기 위하여 이방인의 스승이 되었다고 한다. 모든 사람 안에 이방인이 포함되어 있기 때문이다. 본문의 핵심 논지는 바울 자신이 이방인의 사도가 되었음을 변증하려는 것이 아니라, 바른 교훈에 서서 하나님의 기준과 뜻에 맞는 삶을 산다면, 누구나 모든 사람을 구원하려는 하나님의 계획에 참여해야 하며, 이를 수행하는 방법이 모든 사람을 위한 기도라는 것이다. 요약하면, 바울은 이방인을 위한 기도를 시작함으로 이방인을 구원하는 일에 참여해야 한다고 도전한다.

1. 번역

1 그러므로 나는 무엇보다도 먼저 그대에게 모든 사람을 위해서 간구와 기도와 탄원과 감사기도를 드리라고 권합니다. **2** 왕들과 높은 지위에 있는 모든 사람을 위해서 하십시오. 이는 우리가 경건함과 단정함 가운데 평안하고 조용한 생활을 하기 위함입니다. **3** 이것은 우리 구주 하나님이 보시기에 선하고, 받아들일 만한 것입니다. **4** 하나님께서는 모든 사람이 다 구원을 얻고 진리의 지식에 이르기를 원하십니다. **5** 하나님은 한 분이시요, 하나님과 사람 사이의 중보자도 한 분이시니, 곧 사람이신 그리스도 예수입니다. **6** 그분은 모든 사람을 위하여 자기를 대속물로 주셨는데, 이는 그분이 자신을 위하여 정해 놓은 시간에 주신 증거입니다. **7** 이를 위하여 나는 선포자와 사도로 세움을 받았습니다. 나는 참말을 하고 있습니다. 거짓말을 하고 있지 않습니다. 나는 이방인을 위한 교사로도 세움을 받았습니다.

2. 주해

1절 본문에서 바울은 기도의 지경을 넓히는 방법과 그렇게 해야 하는 이유를 설명하고 있다. 성도는 모든 사람을 위하여 기도를 해야 하기에 다양한 기도의 방법을[3] 알고 있어야 한다. 1절에 언급된 기도의 네 가지 종류는 간구, 기도, 탄원(도고) 그리고 감사기도다. 헨드릭슨(William Hendriksen)은 이 넷을 다음과 같이 구별하는데, 간구란 급한 일에 대한 것, 기도는 일반적인 필요를 구하는 것, 도고는 억울한 일에 대한 것, 감사는 축복된 일에 대한 것이라고 한다(Hendricksen, 91-94). 물론 네 단어가 이렇게 간단명료하게 구별되는 것은 아니다. 바울이 네 종류의 기도를 소개한 목적은 모든 사람을 위한 기도, 특히 이방인을 위한 기도가 필요했기 때문이지 믿는 자들이 드리는 기도를 네 종류로 엄격하게 분류해 보려는 것은 아니었을 것이다.

간구(δεήσεις)는 긴급한 것에 대한 기도로, 필요한 것이 있어 절실히 원하지만, 내 힘으로 얻기 어려울 때에 시작된다. 우리에게 꼭 필요한 것이 있어서 간절히 구하는 것은 가장 보편적인 기도의 동기다. 성도의 기도는 절실한 것이 있을 때 시작되며, 그 기도에 절실함이 담겨 있어야 한다. 언뜻 보면, 기도자의 절실함이 하나님의 마음을 움직인 것처럼 보이기도 하지만, 실제로 기도자의 절실함은 하나님의 뜻을 발견하게 하고 결국 하나님의 뜻에 합한 기도를 드리게 한다. 하나님의 뜻에 합한 기도를 절실하게 하면 응답을 받는다. 이런 예는 예수의 겟세마네 기도와 밤에 찾

---

3.   기도에 대한 정의를 목회적으로 내리면, 피조물인 인간이 '성령'의 도우심을 힘입어 '중보자이신 예수 그리스도'로 말미암아 창조자요, 섭리자이신 '하나님'께 나아가 그의 도움을 구하거나 그와 더불어 대화하는 행위라고 할 수 있다. 이 정의는 딤전 2:1의 '간구'와 '기도'를 적절하게 설명한다.

아온 벗을 위해서 먹을 것을 구하는 강청기도 등에서 찾아 볼 수 있다(눅 11:5-8). 성도의 강청기도는 자기가 원하는 것을 얻기 위하여 떼를 쓰는 것이 아니다. 성도는 오히려 강청기도를 통해 하나님의 뜻을 이해하고, 이에 순종하려는 의지를 갖게 된다. 네 가지 기도 중에서 간구가 제일 처음으로 언급되는 이유는 우리가 기도를 하는 첫 번째 이유가 삶의 필요에 대한 절실함이기 때문이다. 나에게 어떤 구체적인 필요가 없는 것처럼 보일 때도 막상 하나님 앞에 서게 되면, 절실하게 필요한 것들이 많이 있음을 인식하게 된다. 기도의 사람들은 기도할 제목이 많아서 기도하는 시간이 길어지는 것도 있지만, 기도의 자리에 있다 보니 기도할 내용들이 더 많이 생각나서 기도를 지속하게 된다.

기도(προσευχή)는 일반적인 것에 대하여 하나님께 알리고 구하고 대화하는 것이다. 특별히 갈급한 구체적인 어떤 일이 없을 때에도 기도는 하나님과의 대화로 또는 영혼의 호흡으로 삶에서 정기적으로 드려져야 한다. 이런 기도를 통해서 우리는 하나님과 동행한다. '쁘로세우케'에는 삶의 현장에서 형식 없이 수시로 드리는 기도가 포함되어 있는데, 심지어 하나님을 자주 생각하면서 신실하게 생활하는 것도 '생활의 기도'라고 볼 수 있다. 누가복음은 예수의 기도 생활과 예수가 가르쳐 주신 기도의 교훈을 가장 많이 담고 있다. 예수께서는 기도 생활에 신실하셨고, 특히 사역의 중요한 고비마다 기도에 전념하셨다(한규삼, 2007: 62). 또 예수께서 가르쳐 주신 기도의 중요성은 하나님의 뜻을 깨닫고 이를 실현하는 것이며(눅 11:2) 낙망하지 말고 지속적으로 기도하는 것이다(눅 18:1-8). 기도가 지속되는 동안 성도는 하나님의 뜻을 알게 되며, 진리에 대한 지식을 배워 갈 수 있다(참고, 엡 3:19).

'도고(탄원) 기도'의 헬라어인 '엔떼우크세이스'(ἐντεύξεις)는 '억울한 일에 대한 기도' 혹은 '남을 위한 기도'를 의미한다. 영어 성경들은 이를

'인터세션'(intercession)으로 번역한다. 한글개역과 개역개정은 '도고'로 번역했는데, 이 단어는 어떤 국어사전에는 없을 정도로 드물게 사용되는 어휘다. '도고'는 기도하면서 자신 또는 남의 사정을 하나님께 호소한다는 뜻이다. 성경에 나오는 도고의 대표적인 예는 아브라함이 소돔과 고모라의 멸망에 관해 롯을 위하여 하나님께 드렸던 기도다(창 18:23-33). 아브라함은 롯에게 일어날 재앙에 대해서 하나님의 자비를 구할 때 하나님의 이치가 이해되지 않아서 하나님께 겸손하게 질문한다. 기도하는 자가 바른 이치에 관해서 질문하다 보면, 하나님의 진정한 뜻을 배울 수 있게 된다. 창세기 18:27에는 아브라함이 롯을 위해서 '도고'를 드리던 겸손한 자세에 대하여 기록하고 있다. "아브라함이 대답하여 이르되 나는 티끌과 재와 같사오나 감히 주께 아뢰나이다." 아브라함의 도고는 의인 10명이 있을 경우 여호와의 계획에 대하여 묻고 끝난다. 더는 숫자를 줄이지 않는다. 이는 아브라함이 도고하는 중에 여호와 하나님의 마음을 이해하게 되어서 도고를 중지하였음을 알 수 있다.

세상에서 일어나는 일에 대하여 여호와 하나님께 '호소'(appeal)하는 '도고'는 시편에 많이 나온다. 한 예로 시편 기자는 악인이 이 땅에서 잘 된다면 성도가 굳이 의롭게 살기 위하여 애써야 하는 이유가 무엇이냐는 질문을 한다(시 73:1-9). 도고의 기도는 다른 사람을 위하여 드리는 기도도 포함되며, 겸손하게 그 사람의 형편에 대해서 하나님께 호소하고, 그들에게 일어난 일의 의미를 질문하는 것이다. 이런 과정에서 기도자는 기도 대상자를 향한 하나님의 뜻을 깨닫기도 한다.

감사기도(εὐχαριστία)는 하나님께서 내리신 축복에 대하여 감사를 올리는 것이다. 감사기도에 관해서 알아야 하는 것은 감사한 일이 인식되는 시점에서 지체 없이 드리면 좋다는 것이다. 하지만 시간이 지난 후에 미처 깨닫지 못했던 감사해야 했던 일이 생각나서 감사기도를 드리는 것 또한 영혼을 풍성하게 하는 방법이다. 성경에 나오는 감사기도 중에는 사람에 대한 것이 많다. 또 하나님께서 행하실 것을 확신하면서 미리 드리는 감사기도의 예는 빌립보서 1:3(참고, 1:6); 4:6; 골로새서 3:17에 나온다. 본문의 감사기도와 비슷한 것으로 신약성경에 단 1회 사용된 기도의 형식이 있는데, 병이 낫기를 구하는 기도이다. 야고보서 5:15은 '믿음의 기도(감사/축복)는 병든 자를 구원하리니 주께서 그를 일으키시리라'고 한다. 개정개역판에서 '기도'로 번역된 헬라어의 단어는 '에우케'(εὐχή)이다. 이는 본문의 '감사기도'를 의미하는 '에우카리스띠아'와 같은 단어 군에 속하며 종종 기도를 의미하는데(*TLNT*, 2: 153-54), 성경에서는 오직 야고보서 5:15에만 나타난다. 헬라 문화에서 사람들은 '에우케'를 종종 헌물과 함께 드렸다(Spicq, 154).

2절 바울은 모든 사람을 위하여 다양한 기도를 드리라고 권면한 후에, 2절에서 이 모든 사람 중에서 특별히 '임금과 높은 지위의 사람'들을 위해서 기도하라고 한다. 1세기 로마 문화의 맥락에서 임금들과 높은 사람을 위한 기도는 쉽지 않았다. 이들은 대부분 그리스도인들을 핍박하는 사람들이었기 때문이다. 따라서 본문의 권면은 예수께서 가르쳐 주신 원수 사랑의 정신이 담겨 있다고 볼 수 있다. 모든 사람 가운데 기도해 주고 싶지 않은 사람들의 예를 들고, 그들을 위해서도 기도해야 하는 이유를 제시한 것이다. 그런데 이는 결국 그리스도인들 자신을 위한 것이었다(2b절). 그리스도인들, 곧 교회가 '고요하고, 평안한 생활'을 하기 위함인데, 기도를 통하여 하나님께서 임금과 높은 지위의 사람들을 통치하셔서 그리스도인들로 고요하고 평안한 생활을 하게할 뿐 아니라, 기도를 통하여 그리스도인들이 경건함과 단정하여 존경받을 만한 품성을 갖추게 하려는 것이다.

'경건함'과 '존경받을 만함'(개정개역, '단정함')은 목회서신에서 매우 중요한 단어들이다. 바울은 이 둘을 바른 교훈 위에 선 성도들이 반드시

갖추어야 하는 것으로 제시한다. 경건함(εὐσεβεία)은 신앙의 진정성을 가
늠하는 요소인데, 목회서신은 이를 자주 언급한다.[4] 목회서신에서 사용된
'에우세베이아'는 그리스도인이 이 땅에서 사는 동안 삶을 통하여 드러내
야 하는 모습을 한 단어로 요약한 것이다. 바울이 사용한 '에우세베이아'
의 유래에 관해서는 많은 논쟁이 있지만, 구약 유대인들의 전통이 헬라화
된 유대인들에게 계승되어 바울에게 전해졌다는 주장은 설득력이 있다
(Marshall, 138-42). 바울이 이 단어를 목회서신에서 많이 사용한 것은 그
레데와 에베소의 성도들이 헬라화된 사람들이라 경건함의 중요성이 친숙
했기 때문일 것이다. 구약성경 및 유대인들의 문서에 나타나는 '에우세베
이아'의 용례는 크게 셋으로 요약할 수 있다.[5] 첫째는 여호와의 언약에 대
한 충성심이 삶으로 나타나는 것이다. 두 번째는 하나님에 대한 참된 지식
에서 비롯된다. 하나님에 대한 지식이 없는 경건함은 겉만 치장한 껍데기
거나 인간 기준의 윤리가 만든 불완전한 것이다. 셋째, 구약의 '경건함'에
는 여호와에 대한 건강한 두려움을 강조하고 있다. 이 두려움의 본질은
하나님께 가까이 가고 싶은 갈증이다. 보통의 두려움은 그 대상으로부터
멀어지게 하는데, 경건함이 생성하는 두려움은 하나님을 경외함으로 오

---

4. 명사인 εὐσεβεία는 바울의 편지 중에는 오직 목회서신에서만 나온다(총 10회). 바
    울의 글 이외에 명사는 사도행전에 2회, 베드로후서에 4회 사용된다. 동사는 신약
    전체에서 목회서신에만 1회 쓰였고, 부사는 목회서신에 2회, 사도행전과 베드로후
    서에 각각 1회씩 사용되었다.
5. 70인경에는 εὐσεβεία가 총 59회 나오는데, 절대 다수는 마카비4서에 나오며(47회),
    마카비3서에도 3회 쓰인다. 정경에는 오직 4번 나오는데, 잠 1:7과 사 11:2와 33:6
    뿐이다. 이 용례를 종합하면, εὐσεβεία는 언약에 대한 충성심과 율법에 반응하는 적
    절한 행위, 그리고 하나님에 대한 지식(특히 이사야서의 용례)을 중심적인 개념으
    로 삼고 있음이 드러난다. 또한 εὐσεβεία의 용례가 가장 많은 마카비4서에서 세 가
    지 의미가 두드러지게 나타난다. (1) 하나님께 대한 두려움 혹은 충성심, (2) 이에
    걸맞은 행위 그리고 (3) 하나님을 아는 지식이다(Towner, 2006: 172-73).

히려 가까이 가게 한다. 정리하면, 신약의 '에우세베이아'는 구약의 중심 사상인 언약에 대한 충성, 곧 하나님께 대한 바른 지식 및 하나님에 대한 올바른 신적 두려움에서 비롯되어, 더욱 강한 충성과 더 깊은 지식을 갖게 하며, 하나님께 가까이 나아가게 한다. 이러한 경건함은 중보자이신 예수 와 인격적인 연합을 통하여 얻게 된다. 구약의 중심 사상들이 예수 그리 스도 안에서 완성되어 이를 따르는 믿는 자들에게 경건함(εὐσεβεία)으로 나타나는 것이다. 따라서 경건함은 신앙생활 그 자체라고 볼 수 있다. 마 샬(Marshall)은 목회서신에서 '경건함'은 그리스도인의 진정한 삶을 드러 내는 방식이며, 이를 통해서 성도는 그리스도인으로서 역동적인 삶을 살 수 있기 때문에 적극적으로 그리고 사려 깊게 경건함을 따르도록 결정하 여야 한다고 한다(Marshall, 143). 특별히 경건함은 기독교의 참됨을 세상 에 보여주는 변증의 방식(polemic)이기도 하다. 이를 통해서 그리스도인 들은 세상을 향하여 그들이 붙들고 있는 믿음의 실체를 알린다(Quinn, 289).

경건함과 짝을 이루고 있는 단어가 '셈노떼스'(σεμνότης, '존경할 만 함', '우아함', '단정함')이다. '셈노떼스'는 우리말 번역에서는 한 단어로 바꾸기가 쉽지 않다. '셈노떼스'는 존경받을 만한 모습인데, 위엄이 있고, 품격이 있는 사람의 품성이다(*TLNT*, 3:248; Josephus, *Ant*. 6.332; Philo, *Embassy* 296). '셈노떼스'는 존경받고 품격 있는 사람의 내면의 모습으로, 이들은 마음이나 태도 혹은 가치관에 어두움이나 불분명한 것이 없다. 70 인경에서는 '셈노떼스'가 예배와 관련하여 사용될 경우 '에우세베이아'와 동의어로 쓰인다(LXX 잠 8:6; 15:26). 이 경우 '셈노떼스'는 성도가 여호 와로부터 부름을 받아 그 앞에 나아갈 때 취하는 자세와 행동을 묘사한 다. 하나님께로부터 부름을 받은 진정한 예배자들의 경건하며 단정한 행 위와 인생은 다른 사람들에게 존중받기에 합당하다(Towner, 2006: 175).

셋째, 바울은 빌립보서 4:8에서도 '셈노떼스'를 그리스도인들이 추구해야 하는 덕목으로 제시한다.[6] 사람에게 덕으로 나타나는 '셈노떼스'는 간소한 단정함이 우아함으로 드러나는 모습을 표현한다. 이때 간소함은 빈약함이 아니라 잘 절제되어 있어 상황에 매우 적절한 상태를 의미한다. 이는 외부로 드러나는, 눈에 띄는 화려함이 아니면서도 우아한 모습인 것이다(ESV의 'dignified').

평안하고 조용한 생활은 불안정한 사회 속에서 경험하는 복잡한 생활과 대조를 이룬다. 후자의 상황에서는 신앙생활도 쉽지 않다. 바울은 성도가 기도의 지경을 넓혀서 임금들과 높은 지위에 있는 자들, 곧 기도의 대상으로 삼고 싶지 않았던 세상의 권력자들도 포함할 것을 권면한다. 그런데 이는 결국 성도 자신들을 위한 것이라고 한다. 이렇게 기도의 영역이 확장됨으로 성도는 결국 이방인들도 기도로 품을 수 있게 된다.

3절 3절의 주어인 '이것'이 가리키는 내용은 네 종류의 기도 모두이며(1절), 임금과 높은 사람들을 위한 기도(2절)가 아니다(Roloff, 119; Fee, 1984: 64). 모든 사람을 위한 다양한 기도와 이를 통해서 기도의 지경이 넓어지는 것은 '선하며, 하나님께서 기뻐 받으시는 것'이다. 선함은 하나님 앞에서 항상 나타나는 것이며, 또한 하나님의 속성이기도 하다. 우리가 하나님 앞에 설 때에 선해지며, 동시에 선함이 없이는 하나님 앞에 설 수 없다. 3절은 우리가 다양한 기도를 통하여 모든 사람을 위하여 기도할 때에 하나님의 기준에 맞는 삶을 사는 것임을 보여준다. 하나님 앞에 선하며, 하나님께서 기쁘게 받아 주시는 것의 특징은 하나님의 기준에 합한 것이다. 모든 사람을 위한 기도는 하나님의 기준에 합한 것이다.[7] 디모데

---

6.   개정개역판에서는 '경건하며'로 번역했다.
7.   하나님의 기준이 선포되는 구약의 전통은 신명기에서 비롯된다. LXX 신 12;28; 13:19(13:18); 21:9은 딤전 2:3과 흡사한 표현을 관용구로 반복해서 쓰고 있다(τὸ

전서 1:1부터 2:3까지 '선하다'는 네 번 사용되었다. 선한 양심(딤전 1:5), 율법은 선한 것이다(1:8), 선한 싸움(1:18), 하나님 앞에 선하고 받으실 만한 것이다(2:3). 네 용례는 모두 '선하다'를 기준으로 보고 있다.

4절 4절은 모든 사람을 위하여 기도해야 하는 이유를 신학적으로 밝힌다. 하나님은 모든 사람이 구원을 받고 진리의 지식에 이르게 되길 원하시기 때문이다(4절). 3절이 하나님의 기준을 제시한 것이라면, 4절은 하나님의 뜻을 제시한다. 하나님이 '원하신다'의 헬라어는 '텔레이'(θέλει)로 선하며 기쁘게 받아들이는 것보다 더욱 적극적인 의미라고 할 수 있다. 모든 사람의 범위에 대해서는 학자들 사이에 의견이 일치하지 않지만, 네 가지 견해로 요약할 수 있다. (1) 예외 없이 모든 사람들 (2) 극악한 인간을 제외한 모든 사람들 (3) 모든 종류의 사람들, 하지만 개개인 모두가 대상은 아님 (4) 선택받은 모든 사람들이다(Marshall, 426). 개혁신학의 입장은 네 번째다.[8] 네 번째 견해에 의하면, 모든 사람이 구원 받기를 하나님은 원하시지만, 실제로 구원을 받는 사람은 선택된 사람들뿐이며, 선택된 사람들은 모든 사람을 위한 증거자가 되어야 한다(7절).

4절은 구원과 '진리를 아는 데 이른 것'을 관련짓는다. 이런 개념은 목회서신의 다른 부분에도 나타나는데, 디도서 1:1은 '진리의 지식'을 바울의 소명인 '영생의 소망'(2절)과 연결한다. 바울이 디도서의 서두에서 믿음을 통한 영생과 진리의 지식을 연결하는 것은 구약의 선지자 전통에 입각한 것이며, 목회서신의 목적이 바른 교훈을 가르치는 것이기 때문일 것이다(Marshall, 425-28). 목회서신의 '진리' 개념에는 구약 선지자 전통이 담겨 있는데, 진리의 의미는 진정성이 드러나 사실의 참됨을 확증하는 것이다. 따라서 하나님이 보내신 일꾼이 참된 인물인가의 여부는 그가 전하

καλὸν καὶ τὸ ἀρεστὸν ἐναντίον κυρίου τοῦ θεοῦ σου).

8. Augustine, *De Corr. et gr.* 44 (Marshall, 426, 각주 38에서 재인용).

는 진리의 진정성을 통하여 드러난다. 구약의 선지자들은 자신들의 진정성을 보여주는 성품으로 신실함(faithfulness)와 진실함(truthfulness)을 드러내었다(Marshall, 435). 나아가서 성도들의 삶에서 나타나는 진정성은 그들이 바른 교훈을 따를 때에만 가능함을 교훈한다. 따라서 선지자들의 진정성은 그들의 말을 따르는 성도들을 통해서 입증된다고 할 수 있다.

5-6절 바울은 이런 하나님의 계획을 초대교회 성도들이 고백하던 신앙고백의 일부를 인용하여 설명한다(5-6절). 5절은 오직 한 분이신 중보자에 관한 고백인데, 하나님과 사람 사이에 계시지만, 사람이신 그리스도 예수라고 한다. 이는 예수의 인성을 강조하고 있는 표현으로 보이는데, 인성만을 강조하려는 것이 아니라, 예수의 중보 사역이 인간의 편에 서서 인간을 변호하기 위한 것으로 인간의 형편을 잘 알고 있음을 보여준다. 예수의 대속적인 고난을 예수의 인성과 연결하는 것은 초대교회부터 널리 통용되던 기독론의 일부였다.[9] 오직 한 분이신 하나님은 구약 신명기에 잘 나타나는데(신 6:4) 세상 전체를 독점적으로 통치하시는 유일하신 주인이심을 의미한다(비교, 딤전 1:17; 6:15).

중보자(5절)에 대한 구약의 예는 모세에게서 찾을 수 있다. 모세는 옛 언약의 중보자로 예수의 그림자였다(히 8:6; 9:15; 12:24). 하지만 바울이 사용한 중보자의 개념은 유대적인 전통일 뿐 아니라, 헬라 문화에서도 널리 통용되던 개념이었다(Marshall, 429). 특히 외교, 법률, 상업 분야에서는 어떤 인물이 중간에 있느냐가 일을 성사시키는 관건이 되었다. 1세기 디모데전서의 독자들에게 중보자는 직접 당사자끼리 진행하기에 껄끄러운 일을 두 당사자 사이에서 조율하는 전문가였다. 나아가서 헬라 문화에서의 중보자는 인간과 신을 연결하는 역할도 했다.[10] 따라서 디모데전서

---

9. 빌 2:7이하; 갈 4:4이하; 롬 8:3; 히 2:14. Martin, 165-228; Dunn, 38-42.
10. Marshall, 427-28. 각주 43과 44 참고.

2:5의 중보자 개념에는 구약 전통과 헬라 문화가 가지고 있는 중보자 개념이 모두 포함되어 있다. 인간 사이에 존재하는 각종 중보의 역할들은 결국 예수의 중보 사역에 대한 그림자라고 할 수 있다. 예수의 중보 사역의 유일성과 탁월성은 자신을 대속물로 드린 것에 있다. 대속은 상응하는 값을 실제로 지불한 것을 의미한다. 예수의 대속은 아버지와 아들 사이에서 있었던 사건이지만, 형식상 혹은 명목상의 행위가 아니라 하나님께서 실제로 자원해서 값을 지불하신 것으로 희생적이었다. 하나님께서 희생으로 지불한 아들의 가치가 너무 크기에, '모든 사람'을 대속하기에 충분했다. 하나님의 아들 예수는 자신을 희생하여 드림으로 하나님과 사람들 사이의 중보자가 되신 것이다. 인간의 죄는 창조주 하나님과 죄인들 사이에 특별한 중보자가 없이는 해결될 수 없는 매우 무거운 것이었다.

예수의 중보 사역은 언약에 기반한 통치 행위다(Marshall, 430). 언약에는 두 종류가 있는데, 구속 언약과 은혜 언약이다. 구속 언약이란 하나님 아버지와 아들 예수 그리스도 사이에서 맺은 언약으로 인간을 구원하기로 한 신적인 작정이다. 이 때에 예수는 언약의 당사자였다.[11] 또 우리가 하나님의 자녀가 될 때에 우리는 하나님과 언약을 맺는데, 이를 은혜의 언약이라고 부른다. 은혜 언약에서 예수는 언약의 당사자가 아니라 중보자다. 이 언약을 통하여 하나님은 우리에게 필요한 것을 공급하시고, 우리를 보호하시며 또 우리를 향한 계획을 세우시고 시행하신다. 우리는 하나님께 기꺼이 순종하며, 하나님을 사랑하고 그 계명을 지키며 살아야 한다.

---

11. 구속의 언약이 왜 맺어졌는지, 우리는 그 뜻을 다 알 길이 없고, 아주 적은 부분만을 깨달을 수 있다. 예를 들면, 요 3:16을 통하여 배우는 하나님의 무조건적인 사랑이다. 이 선포는 요한이 70년 가까이 예수를 신실하게 따른 후에 성령께서 주시는 영감을 통하여 하나님과 예수님 사이에 맺은 구속 언약의 의미를 조금 깨달은 것에 불과하다.

언약의 중보자이신 예수는 언약의 공증인이며, 또 우리를 위한 대언자(변호사)로 일하신다. 예수의 중보 사역이 없다면 언약은 성립될 수 없을 것이다. 중보자 예수는 우리가 은혜 언약의 당사자로 살아가는 것이 소중한 것임을 알려 주고, 우리로 하여금 언약 안에 머물러 있게 한다. 나아가서 예수의 중보사역은 통치 행위로 볼 수 있다. 신약성경은 승천하신 예수의 하늘 보좌 통치는 중보 기도사역을 통하여 이루어진다고 한다.

6절 6절은, 예수의 대속 사역에 대한 메시지는 '특별히 정한 때'에 하나님의 계획을 드러내기 위한 증거로 나타난다고 말한다. 개역개정판은 '기약이 이르러'라고 번역했지만, 원문을 문자적으로 보면 아주 적절한 때에 이루어졌다는 뜻이다. 헬라어로는 이런 시간을 '까이로스'(καιρός)로 표현하는데, 이는 하나님께서 예정하신 일이 어김없이 발생하는 지정된 시간(appointed time)을 의미한다. 6절은 이런 시간을 복수형으로 사용하고 있어서, 예수의 대속 사역을 수행하던 골고다의 시간뿐 아니라, 그 의미가 선택된 사람에게 개별적으로 나타나는 시간도 가리킨다고 보아야 한다. 이와 동일한 용례가 디도서 1:3에도 나타난다. 예수의 죽음이 구속사의 관점에서 볼 때에 가장 적절한 시간에 이루어졌듯이, 각 사람을 위한 대속의 효과 또한 그 사람을 위하여 예정된 바로 그 시간에 증거로 나타난다. 여기서 '증거'는 바로 앞에 나오는 디모데전서 2:4-6a의 내용을 가리키며, 이는 기독교의 핵심 메시지다(Marshall, 432). 예수의 대속의 메시지가 적절한 때에 성도들에게 다가올 때 이 메시지가 '증거'가 되는 이유는 이 메시지가 진리에 대한 확증으로 전인격을 설득하기 때문이다(Marshall, 432).

7절 7절은 1-6절의 중심적인 논지에서 벗어나 보인다. 7절은 1-6절의 결론이 아니기 때문이다. 바울은 1-6절에서 모든 사람을 위한 기도의 당위성을 설명한 후에 7절에서는 이 당위성을 이방인을 위한 기도의 필요성으로 발전시키고 있다. 바울에게 이방인을 섬기는 것은 사도로 부름 받은 목적이었다. 하지만, 목회서신에서는 다른 편지들에서처럼 이방인을 위한 부르심을 자주 언급하지 않는다. 7절은 목회서신에서 이방인을 향한 소명을 언급하는 몇 안 되는 구절 중 하나이다. 바울은 예수의 대속사역을 깨달은 성도들은 모든 사람을 위해서 기도해야 하며(6절), 모든 사람 안에 이방인이 당연히 포함된다고 선언한다. 왜냐하면, 이방인에 대한 관심은 예수께서 모든 사람을 위하여 자기를 대속물로 주실 때에 드러난 하나님의 관심이기 때문이다. 바울은 바른 교훈에 입각한 성도의 기도가 모든 사람을 품어야 함을 가르치면서, 그 연장선에서 자신의 소명인 이방의 구원 문제에 대해서 언급한 것이다. 바울은 유대인들이 관심을 두지 않았던 이방인을 위한 선생이 되었음을 밝힌다. 그 이유는 하나님께서 예수를 대속 제물로 사용하여 구원한 '모든 사람' 안에는 이방인도 포함되어 있기 때문이다. 바울은 디모데에게 교회를 바로 세워서 이방인들을 위한 사역을 감당하라고 권면한 것이다. 바울 시대의 유대인들은 이방인들을 권력자들보다 더 경멸하였다. 왜냐하면 이들은 율법대로 살지 않았기 때문이다. 이런 상황에서 바울은 이방인을 위하여 사도와 교사로 부름을 받았다고 한다. 여기서 교사는 그리스도의 일꾼 전체를 가리키는 일반적인 용어일 것이다(딤후 1:11; 참고, 딤전 3:2; 5:17; 딤후 4:2).[12]

3. 해설

기도의 지경을 넓히는 것은 모든 그리스도인의 책무다. 성도들은 네

---

12. 설교하는 것과 가르치는 것은 모두 사도의 직무인데, 바울은 둘을 명확하게 구별하지 않는다(Marshall, 435).

가지 기도에 친숙해짐으로 기도 생활을 더욱 균형 있게 할 수 있을 뿐 아니라, 다양한 기도를 통하여 더 많은 사람을 품을 수 있다. 특히 본문은 도저히 기도로 품을 수 없을 것 같은 사람들을 위해서도 기도하라고 한다. 바로 권력자와 이방인들이다. 기도의 지경이 넓어지는 것은 기도의 대상이 되는 리스트가 길어지는 것이기도 하지만, 모든 사람을 대하는 나의 마음과 태도가 달라지는 것을 뜻한다. 기도의 리스트에 열 사람이 추가되는 것이 중요한 만큼, 내 마음에서 제외되었던 사람 한 사람이 회복되는 것도 필요하다.

바울은 기도의 지경을 넓혀야 하는 이유를 두 가지로 제시한다. 첫째는 그리스도인들과 교회의 평온한 신앙생활을 위한 것인데(2절), 결국 자신들을 위한 것이다. 둘째는 하나님의 뜻에 합하기 때문이다(4절). 본문 3-6절에서 바울은 권세자를 위하여 기도해야 하는 신학적인 이유를 설명하면서 복음의 핵심을 제시한다. 이에 근거하여서 바울은 자신이 받은 이방인을 위한 소명을 기도와 연결한다. 본문에서 바울은 기도를 신학적으로 설명한다. 신학적인 관점에서의 기도는 모든 사람을 구원하려는 하나님의 계획을 드러내며, 그리스도인들은 이를 실천해야 한다고 도전한다. 기도의 지경이 넓어짐으로 모든 사람을 구원하려는 하나님의 계획과 예수의 대속 사역에 참여할 수 있다. 요약하면, 본문에서 바울은 기도의 지경을 넓히는 것에 관해서 세 단계로 설명한다. (1) 모든 사람을 위하여 기도하라. (2) 임금들과 지위가 높은 사람을 위해서 기도하는 것을 잊지 말라. 마지막으로 (3) 이방인을 위해서 기도해야 함을 강력하게 권한다.

제5장
디모데전서 2:8-15
교회 안에서 남자와 여자의 역할

　　디모데전서 2:8-15은 남녀로 구분하여 권면한다. 8절에서 바울은 남자들의 책무가 기도임을 언급하면서 디모데전서 2:1-2에서 시작한 기도에 대한 교훈을 이어간다. 한편 여자들의 책무는 선한 행실이라고 한다(딤전 2:9-10). 디모데전서 2:8-10은 앞선 1-7절과 두 가지 공통적인 주제로 연결되어 있다. (1) 모두 기도로 시작하며 (2) 모든 사람의 구원 문제(9-10절)를 다루고 있다는 점이다.

　　디모데전서 2:11-15은 해석상 수많은 논쟁을 낳은 구절로 교회 안이나 믿는 가정에서 여성의 위치에 관련된 논의의 중심에 있었다. 바울은 9-10절에서 여성의 책무에 관해서 다룬 후에 11-15절에서는 다소 독립적으로 하나님의 창조 질서 속에 있는 여성의 위치에 대해서 말한다.[1] 바울은 여

1.　본문 전체를 묶는 언어적인 장치가 있다면, 9절과 15절에 각각 쓰이고 있는 σωφροσύνη로 볼 수 있을 것이다(참고, Towner, 2006: 212). 이 단어는 목회서신에서 매우 중요한 단어로 개역개정판에서는 문맥에 따라 다르게 번역한다. 딤전 2:9에서는 '정절'로 15절에서는 '정숙함'으로 딤전 3:2, 딛 1:8, 2:2 등에서는 '신중함'

자가 가르치거나 남자 위에 권위를 행사하는 것을 허락하지 않는다고 하며, 조용함 가운데 있으라고 한다. 디모데전서 2:11-15을 이해하기 위해서 염두에 두어야 하는 것이 세 가지 있다. 첫째, 문맥을 살펴야 한다. 문맥의 강조점은 바른 교훈을 통하여 교회와 성도들이 모든 사람을 구원하는 일에 전념하도록 하는 것이다(딤전 2:1-7). 둘째, 당시의 상황이다. 바울은 편지를 쓸 때에 실제적으로 여성 교우들이 교회의 질서를 어지럽히는 잘못된 가르침에 노출되어 있음을 염두에 두고 있었다. 따라서 바울은 당시에 실제로 발생한 다른 교훈의 피해를 바로 잡기 위하여 디모데전서 2:11-15을 기술한 것이다. 셋째, 적용의 보편성이다. 비록 바울이 당시에 발생한 구체적인 문제를 다루기 위한 교훈을 제안하였지만, 이는 보편적으로 교회의 질서와 목적을 이루기 위한 원리를 제공하고 있다고 보아야 한다.

1. 번역

8 그러므로 나는, 남편들이 화를 내거나 말다툼을 하는 일이 없이, 모든 장소에서 거룩한 손을 들고 기도하기를 바랍니다. **9** 아내들도 마찬가지로 단정한 옷을 입고 소박하고 정숙하게 자신들을 꾸미기 바랍니다. 머리 모양을 지나치게 하거나 금이나 진주나 값비싼 옷으로 치장하지 말고, **10** 하나님을 공경한다고 밝힌 여자답게 선한 행실로 치장하기 바랍니다. **11** 아내는 평온함과 온전한 순종 가운데 배우도록 합시다. **12** 나는 아내가 가르치거나 남편 위에 권세를 부리는 것을 허락하지 않습니다. 아내는 평온함 가운데 있어야 합니다. **13** 아담이 먼저 지음을 받고, 그 다음에 하와가 지음을

으로 번역한다.

받았기 때문입니다. **14** 아담이 속임을 당한 것이 아니라, 그 아내가 속임을 당하여서 범죄자가 된 것입니다. **15** 그러나 아내는 아이를 낳는 일로 치유함을 받을 것입니다. 그가 신중함으로 믿음과 사랑과 거룩함 가운데 머물러 있다면 말이지요.

2. 주해

8절 바울은 남편들에게는 기도를, 아내들에게는 선행을 강조한다. 이는 서로 호환되는 것이라고 보아야 한다. 즉, 기도는 남자만 하는 것이고 선행은 여자만 하는 것이 아니라, 남녀 모두 기도와 선행에 힘써야 모든 사람들을 구원으로 이끌 수 있다는 뜻이다. 남편들은 기도가 막히지 않기 위해서 분노와 다툼을 없애야 하며, 아내들은 선한 행실이 드러나기 위해서 겉치레적인 꾸밈으로써의 단장을 지양해야 한다. 남편들이 각처에서 기도할 것을 강조하면서 모든 사람을 위한 기도를 특별히 남편들에게 적용한다(딤전 2:1, 8). 기도에 관하여 남편들에게 준 권면은 첫째 '손을 들고' 하라는 것이다. 구약에서도 기도할 때 손을 들고 하는 모습이 여러 차례 나온다(출 9:29; 17:11, 12; 왕상 8:22, 54; 느 8:6; 시 28:2; 63:4; 141:2; 143:6; 사 1:15; 애 2:19; 3:41; 합 3:10). 손을 드는 것은 자연스러운 몸의 반응인데, 손을 들고 하는 기도는 구약의 이스라엘뿐 아니라 이방 사람들도 하던 것이다. 본문에는 '거룩한 손'이라는 표현이 나온다. 손과 거룩함이 관련이 있는 것은 사람의 행위는 손으로 가장 많이 이루어지기 때문이다. 이와 비슷한 생각이 에베소서 4:28과 야고보서 4:8에 나타난다. 따라서 행위의 거룩함은 상징적으로 '거룩한 손'으로 표현할 수 있다. 거룩한 손을 드는 것은 순결한 행위로 구별되겠다는 의지를 표현한 것이다. '거룩한'의 헬라어는 '하기오스'(ἅγιος)가 아니라 '호시오스'(ὅσιος)인데, 이는 '구별되어진'(distinguished from) 혹은 '정화된'(purified)의 의미로 '하기오스'와 대동소이한 것으로 보이지만, 쓰임새에는 구별이 있다. '호시오스'는 예배의 상황을 암시하는 단어이다.

둘째, 분노와 말다툼이 없어야 한다. 분노와 다툼은 죄를 짓게 하며, 기도를 막아 버린다. 분노를 뜻하는 헬라어의 '오르게'(ὀργὴ)는 감정을 다스리지 못하여 폭발한 화를 의미한다. 말다툼을 의미하는 '디알로기스모스'(διαλογισμός)는 아무런 소득이 없는 변론이나 논쟁이란 뜻이다. 대부분의 남자들은 분노와 말다툼은 무익하며 해로운 것임을 알지만, 이것을 다스리는 것은 더욱 어려운 것임을 알고 있다. 그래서 남자 교우들은 기도로써 분노와 말다툼을 이기는 모습을 보일 때에 주변에 미치는 효과가 크다. 분노와 말다툼은 디모데전서에서 자주 언급하는 상한 교훈의 대표적인 열매다(딤전 1:4; 5:13; 6:4).

9-10절 이 두 절에서 중심적으로 다루는 것은 '단장'이다. 여인들은 단장하는 특권을 가지고 있는데 당시의 신세대 여성들은 이런 특권을 남용하는 경향이 있었다.[2] 지나친 단장과 이에 대한 동경은 하나님과 멀어진 마음의 모습이다. 바울은 여자들이 단정한 옷을 입고, 간소하고 정숙하게 단장하여야 한다고 교훈한다. 특히 지나친 머리 장식 혹은 금이나 진주 등의 악세사리에 대한 집착 그리고 값진 옷으로 단장하려는 성향을 책망한다.[3] 9절은 단정하게 옷을 입는 모습을 묘사하는 데 중점을 두고 있는데, 이를 통하여 소박함과 정숙함의 중요성을 드러낸다. 소박함은 '아이도스'(αἰδώς)인데, 정신이 잘 다듬어진 모습으로 복음을 증거하는 유용한 조

---

2.   자세한 토의는 Winter, 2003: 17-37과 97-119를 참고하라.

3.   여성들의 치장에 관련된 디모데전서 2:9을 당시의 문화 배경 속에 다룬 해석은 Winter, 2003: 103-8을 참고하라.

건이다. 특히 '정숙함'의 헬라어는 '소프로쉬네'(σωφροσύνη)이며, 이는 바른 교훈으로 무장한 교회의 일꾼들이 갖추고 있어야 하는 모습을 표현한다. 남성 리더들에게 적용하여 사용할 때에는 '신중함'으로 번역하였다(딤전 3:2; 딛 2:2, 6, 12). 헬라 문화에서 '신중함'은 생각과 외모가 잘 정돈되고 절제되어 있어서 어떠한 상황에도 알맞게 행동하도록 훈련된 상태를 가리키며, 이를 가장 수준 높은 꾸밈으로 여겼다.[4] 바울이 디모데에게 제시하는 바른 교훈은 어떤 사람의 내면뿐 아니라 외모도 상황에 꼭맞게 가꾸는 지혜를 갖추도록 한다. 옷으로 번역한 '까따스똘레'(καταστολή)는 평상복이 아니라 제대로 차려입은 의복이다. 보편적으로 단장은 좋은 옷으로 한다. 화려하고 비싼 옷으로 단장하면 대체로 멋지게 보인다. 하지만 바울은 믿는 여인들이 정장을 할 때에도 단정해야 하며, 진정한 단장은 좋은 옷이 아니라 내면에 갖춘 소박함과 정숙함으로 해야 한다고 교훈한다.

　　로마 귀족 여성의 지나친 머리치장은 당시 문화에서는 보편적인 것이었다. 현존하는 로마시대의 조각품 중 여성의 모습을 보면 한결같이 현란하게 치장한 머리 모습이 나타난다. 이들은 현란하게 머리를 땋기 위해서 많은 시간이 들었다고 한다.[5] 당시에 땋은 머리는 여성의 화려한 단장에 있어 단연 으뜸인 품목이었다. 요즘으로 말하면 단순한 머리치장만이 아니라, 화려한 화장과 잘 가꾸어진 몸매 등 시간과 돈과 노력이 아주 많이 들어간 것으로 보면 된다. 당시의 문화는 이런 꾸밈을 숭배하도록 만들고

4.　σωφροσύνη인데, 어원이 되는 σώφρων 계열의 단어는 목회서신에서 바른 가르침이 맺은 인품의 열매를 표현하는 중요한 단어다. 본 주석에서 σώφρων은 주로 '신중함'으로 번역했다. 이 단어의 의미에 대한 논의는 딤전 3:2의 주해를 참고하라.

5.　Hurley, *Man and Women in Biblical Perspective*, 199. 그는 이렇게 멋지게 단장할 수 있는 여인들은 많은 수는 아니었지만, 당시 사회에는 큰 영향을 미치는 부유한 여인들이었다고 주장한다.

있었다. 금과 진주와 값진 옷은 요즘으로 말하면 온갖 보석과 명품이라고 할 수 있다.[6]

여자들을 향한 권면(10절)은 복음과 그리스도를 증거해야 하는 모든 교우들에게 적용된다고 볼 수 있다. 복음을 전도하는 여자(훌륭한 복음 증거자)의 첫 번째 특징은 '테오세베이아'(θεοσέβεια, '경건함', '하나님을 두려워함')다. 이 단어는 신약성경에서 여기에만 쓰이는데, 하나님과 경건함의 합성어다. 성도의 진정한 단장은 하나님을 경외하는 것, 곧 하나님을 지극 정성으로 모시는 것이다.[7] 세상에서 여인들이 단장하는 목적이 아름답게 보이려 하는 것이라면, 성도의 단장은 하나님께 예쁘게 보이기 위함이다. 두 번째는 자신의 신앙을 공개적으로 밝히고 선언하여 그리스도인임을 숨기지 않는 것이다. 이를 표현하는 헬라어가 '에빵겔로마이'(ἐπαγγέλλομαι, '선언하다', '주장하다')다. 자신의 신앙을 밝히기 위해서는 신앙의 확실함이 필요했다. 셋째, 이들이 나타내는 증거는 선한 행실을 통한 것이다. 말로 하는 증거가 아니라 온전한 행실로 하는 것이었다.

---

6. 꾸밈의 문제점에 대한 성경의 교훈을 찾아보면, 출애굽기에 나오는 장신구를 묻었던 사건이다(출 33:5, 6). 금송아지를 만든 범죄 이후 모세의 인도로 회개하던 이스라엘 백성은 장신구를 떼어 땅에 묻었다. 장신구는 하나님 앞에 나가는 데에는 도움이 안 되는 물건이었다. 하나님이 기쁘게 보는 사람의 단장 재료는 장신구나 외모가 아니다. 이스라엘 백성들은 몸에서 장신구를 모두 없앰으로 하나님 앞에 겸비함과 상한 심령으로 단장하고 나가는 것을 상징적으로 표현한 것이다.

7. 성경에 나타나는 지극 정성의 예는 옥합을 깨뜨린 여인의 이야기와 베드로를 맞이하던 고넬료의 이야기에서 찾아 볼 수 있다. 이 예들에 θεοσέβεια가 쓰이지는 않는다. 고넬료의 경우 '그가 경건하여 온 집안과 더불어 하나님을 경외하며 백성을 많이 구제하고 하나님께 항상 기도하더니'(행 10:20)라고 한다. 여기서 사용된 단어는 εὐσεβής이다. 개역개정판이 '경외하다'로 번역한 동사는 φοβέω(두려워하다)이다.

11-12절 이 두 절에는 9-10절과는 상당한 폭의 단절이 보인다.[8] 9-10절
은 그리스도인의 삶의 모습을 특히 여인(특히 부인)에게 적용하고 교회
생활과 연결하는 것이 초점이었다면, 11-12절은 다소 독립적으로 창조 질
서 가운데 있는 아내의 위치에 대하여 논한다(Moo, 182). 이 두 절의 의미
를 파악하기 위해서 먼저 이 두 절의 구조를 이해하는 것이 필요하다. 이
두 절에는 다섯 가지 제안이 나오는데, '평온함 가운데'(ἐν ἡσυχίᾳ)로 시작
하고 끝맺는다. 그 중간에 (1) 온전한 순종함으로 배울 것, (2) 남편을 가르
치려하지 말 것, (3) 남편 위에 권세를 부리며 군림하려 하지 말 것을 제안
한다.

이 중에 가장 큰 논쟁이 되는 것은 세 번째이다. 이것은 여자가 남자
위에 권위를 행사하려 하지 말라는 제안으로 해석되기도 한다.[9] 여자의
헬라어인 '귀네'(γυνή)는 한 남자의 아내라는 해석도 가능하지만 여기서
는 여성을 전체적으로 가리킬 수도 있다(Marshall, 452). '권위를 행사하
다'에 해당하는 헬라어는 '아우텐떼오'(αὐθεντέω)인데, 그 의미를 명확하
게 규명하는 것이 쉽지 않다(참고, Baldwin, 65-80; Knight, 1992: 143-57;
Kroeger, 87-104; Wilshire, 131).[10] '아우텐떼오'는 다양한 뜻을 함의하며,
그 내용도 긍정적인 것부터 부정적인 것까지 폭넓은 뉘앙스를 갖고 있다.
'아우텐떼오'(권위를 행사하다)의 의미에 관하여 크게 세 가지 견해가 제

---

8. 9-10절과 11-12절을 비교하면서 발견하게 되는 첫 번째 특징은 '여자들'(복수)에서
    '여자'(단수)로 바뀐 것이다. 이 변화는 11절부터 나오는 교훈은 여성들에게 대한
    보편적인 원칙을 제시하는 것으로 보면 된다(Towner, 2006: 213).

9. 딤전 2:12은 본문 및 교회의 여성 리더십에 관련하여서 학자들 사이에서 가장 세밀
    하고 많은 양의 연구가 이루어지고 논쟁이 오고간 구절이다(Blomberg, 168).

10. 윌셔(Wilshire)는 αὐθεντέω의 용례를 거의 모든 헬라 문헌에서 찾아 분석하였
    는데, 그는 성경 이전까지 이 단어가 항상 부정적인 뜻으로 사용되었고(주관자
    [domineer] 혹은 살인자[murderer]), 기독교 문서에서 비로소 긍정적으로 사용되기
    시작한다고 주장한다(Wilshire, 131).

시되었다. 첫째, 당시에 새로이 여자가 부적절하게 남자 위에 권위를 행사하려는 성향이 나타났으며, 바울은 본문에서 이를 금지한 것으로 이해하는 견해다. 이 주장에 의하면, 본문의 '아우텐떼오'가 어떤 구체적인 이단의 가르침에 근거하여 여성들이 자신의 위치를 남용하는 모습을 전제하고 있으며, 바울은 구체적으로 이를 금한다고 해석한다(Kroeger, 87-104).[11] 두 번째 견해는 첫째와는 달리 12절의 '아우텐떼오'는 제대로 권위를 사용하고 있는 경우를 의미하며, 바울은 심지어 이런 경우에도 여자가 남자 위에 바른 권위를 행사하는 것조차 금했다는 주장이다.[12] 이 견해에 의하면, 본문은 당시 교회의 리더십 구조 안에서 여성들의 위치에 관하여 다루고 있다고 주장한다. 셋째, 권위 행사를 금지한 것은 바로 앞에서 언급한 것인 '가르침을 통한 권위 행사'로 좁게 한정해야 한다는 견해이다(Marshall, 460). 이는 평온함 가운데 배우는 것을 강조하고 이에 반하여 가르치는 것을 금하는 것으로 문맥과 잘 조화를 이룬다고 주장한다. 세 번째 견해에 근거하면 11-12절의 구조 분석과 그 의미 해석의 방향은 다음과 같이 간추려진다.

    a 평온함 가운데 있으라.

      b 순종함으로 배우라.

---

11. 이 견해에 입각하여, 하와에 대한 잘못된 해석을 하는 상한 교훈을 가르치는 사람들이 있었고, 이들의 신학적 성향은 이미 부활이 이루어져서 그리스도인들은 자유는 남용할 수 있다는 극단적으로 실현된 종말론(over realized eschatology)이었다는 주장이다(Schlarb, 93-131; Towner, 1987: 95-124).

12. 쾨스텐버거(Köstenberger)는 헬라어 구문에 입각하여 '가르치는 것'과 '권위를 행사하는 것'은 모두 정당하게 이루어진 것이거나 혹은 부당하게 이루어진 것이라고 주장한다. 하나는 정당하고 다른 하나는 잘못된 것으로 볼 수 없다는 것이다(Köstenberger, 1995: 81-103).

b' 가르치거나 남자 위에 권위를 행사하려 하지 말라.

a' 평온함 가운데 있으라.

이 구조는 여자는 배우는 자리에 있어야 하며, 가르치지 않아야 함을 드러낸다. 후자는 모든 가르침이라기보다는 남자 위에 권위를 행사하는 가르침에 국한된다. 그리고 외적으로는 항상 조용함 가운데 있어야 한다. 11-12절의 문맥은 모든 사람을 구원하려는 목적을 이루기 위함인데, 교회 안에 여성들이 남성을 가르치는 문제로 혼란을 야기했다. 바울은 모든 사람을 구원하려는 궁극적인 목적을 이루기 위해서 이런 구체적인 상황에 잘 적용되는 가르침을 제시한다. 이 가르침은 구체적인 문제를 해결하기 위함이지만, 보편적인 원리에 입각한 것으로 시대와 상황을 초월하여 적용되는 일반적인 원리가 담겨 있다. 위의 구조 분석에서 보듯이 바울이 강조하는 것은 '배움'과 '가르침'이다. 배움을 수식하는 것이 '순종'이라면 가르침을 수식하는 것은 '남자에게 권위를 주장하지 않는 것'이다.[13] 그리고 가르치려는 것을 강조하면서, 평온함 가운데 있어야 할 것을 반복하여 (11, 12절) 교훈의 틀로 삼고 있다.

'평온함 가운데'(ἐν ἡσυχίᾳ)는 열등하지 않으면서도 공손하며 수용적인 태도를 의미한다. 이렇게 여성들의 평온한 모습은 복음이 효과적으로 전파되어 각계각층의 사람들이 구원을 얻게 하는 데 꼭 필요한 방편이었다. 때로는 평온하게 있음이 최선의 효과를 거둘 때도 있다. '헤쉬키아'

---

13. 페인(Payne)은 딤전 2:12의 οὐδέ가 두 개의 동사를 하나로 엮는 역할을 하는 접속사임을 증명했다. 그는 '가르치는 것'과 '남자 위에 권위를 행사하는 것'이 한 가지 개념이라고 주장한다. 헬라어에서는 이를 '헨디아디스'(hendiadys)라고 부르는데 직역하면 'one through two'의 개념으로 주로 두 번째 것이 첫 번째 것을 수식함으로 둘이 뗄 수 없는 하나의 개념임을 보여주는 문학적 기법이다(Payne, ETS Paper, 1986; Mounce, 128-29에서 재인용).

('조용함', '평온함')의 해석은 두 가지로 나뉜다. 첫째는 침묵(silence)으로 해석하는 것인데, 이는 문자적으로 "말을 하지 않는 것"으로 이해하는 견해(Kelly, 68; Grudem, 244)다. 둘째는 조용함(quiteness) 가운데 평안한 심령으로 말하고 듣는 것으로 해석하는 견해다(Blomberg, 167). 본문의 문맥에서 첫 번째 견해인 '헤쉬키아'를 침묵으로 해석하는 것은 부적절해 보인다. 본문의 '헤쉬키아'는 실제로 말을 하였는가 아닌가에 초점을 맞추고 있지 않기 때문이다. 본문의 '헤쉬키아'는 가르치는 자의 교훈을 경청하는 모습일 뿐, 실제로 말을 하였는지 여부는 함의하지 않는다. 가르침이 잘 이루어지도록 그 가르침에 온전히 참여하는 것이다(Marshall, 453). 이를 위하여 침묵이 좋은 방법이지만, 항상 침묵하도록 명한 것은 아닐 것이다. 당시 보편적으로 여성들이 공공연하게 가르치는 자리에 있지 않았던 것은 분명하다. 여성들에게 기대되는 역할은 배움의 자리에서 복음이 잘 증거되도록 이에 합당한 태도를 취하는 것이었다.

바울이 여성(아내)들에게 요구한 것은 잘 배우는 것이다. '배우다'에 해당하는 헬라어 '만타노'(μανθάνω)는 바른 교훈을 전제로 한다. 따라서 여성들에게 바른 교훈을 잘 배우도록 요구한 것이지, 무슨 교훈이든 분별력 없이 받아들이라는 뜻이 아니다. 바른 교훈은 바른 스승에 의해서 전달되기 때문에(참고, 딛 3:14), 배우는 자는 교훈을 전하는 자들의 정체에 대해서도 관심을 두어야 한다. 그리스도인들은 배움에 충실해야 하는데 서로가 서로에게 배움으로써 공동체가 견고해진다(참고, 롬 16:17; 고전 14:31, 35; 엡 4:20; 빌 4:9; 골 1:7). 특별히 목회서신은 이를 위하여 바른 교훈이 절대적으로 필요하며, 바른 교훈이 뿌리를 내리기 위해서는 전달자 못지 않게 이를 배우는 자의 태도가 중요함을 언급한다(눅 10:39; 행 10:24-25, 33). 바울은 잘 듣고 배우며 알맞게 반응하는 것은 하나님께서 창조 질서를 통하여 여성(아내)들에게 준 책무라고 한다.

11절에서 '배우라'는 명령을 설명해 주는 또 하나의 전치사구가 '온전한 순종함(ὑποταγή)으로'다. 신약성경은 종종 아내가 남편에게 순종할 것을 가르친다. 그런데 11절의 순종은 남자에 대한 순종이라기보다는 메시지에 대한 순종이라고 보는 것이 타당하다(Marshall, 454).[14] 메시지가 선포될 때에 순종적인 태도와 자세로 임하는 것은 복음의 전파를 위해서 대단히 중요하다.[15] 바울은 여성이 이런 순종의 자세를 취하는 것은 하나님께서 여성을 창조한 질서에 합하는 것이라고 한다. 복음의 메시지 앞에 보이는 온전한 순종은 여성들만의 몫이 아니다. 이는 말씀 전하는 자를 포함하여(고전 16:16; 갈 6:6) 모든 공동체의 리더와 공동체원들도 같은 태도를 취하여야 한다.

12절에서 여성들이 가르치는 것을 금하였는데, 바울이 염두에 두었던 '가르침'은 무엇이었을까? 여기서 가르침은 회중들에게 공식적으로 전하는 권위 있는 교훈으로(Marshall, 455), 목회서신에서 사도들이 보전해 온 복음을 가리킨다. 따라서 특별히 다른 교훈으로 골머리 썩던 에베소에서 바른 교훈을 강조하던 바울은 이 복음을 전하는 사람들의 자격에 대해 엄격했었다. 3장에서 감독/장로에 대한 직분을 중요하게 다룬 것은 가르치

---

14. "여기서 순종은 배움에 적절한 자세와 태도를 표현한다. 순종은 선생님의 가르침과 그의 권위를 받아들이고 있음을 알리는 것이다"(Marshall, 454). 디모데전서 2:11-12은 예배 중에 선포되는 메시지에 대한 순종을 암시한다고 볼 수 있다.

15. 윈터의 분석에 의하면 당시 로마의 대도시에는 '신여성'들이 등장하면서 만찬 등의 공개적인 자리에서 남자들과 논쟁하는 새로운 문화가 유행하고 있었는데, 이에 역작용으로 이런 여성들을 맹렬히 비난하는 문화도 함께 생겼다고 한다(Winter, 2003: 65-66, 74). 따라서 그리스도인 여성들은 이와 반대로 덕을 세워 모든 사람들을 전도하기 위해서(혹은 예배의 자리 혹은 공공연한 자리에서) 고상하고 열린(attentive) 조용함(ἡσυχία)을 갖추고 있는 것이 필요했다. 윈터는 12절은 모든 여성들이 남성에게 순종할 것을 가르친 것이 아니라, 경건한 아내들이 교회의 가르침에 따르는 것에 관한 것이라고 본다(Winter, 2003: 114).

는 권한을 이들에게로 한정시키기 위함이었다('잘 가르치며', 3:2). 마샬 (Marshall)은 12절에서 가르침을 금한 것은 가르치는 행위만 아니라 "가르치는 직분"까지도 포함한다고 주장한다(Marshall, 455). 당시 교회에서 여성들은 복음을 공개적으로 가르치는 직분을 받지 못했다는 해석이다.

13-14절 바울은 창세기에 기록된 아담과 하와의 창조 이야기를 인용하되, 남녀의 창조 순서를 강조한다. '먼저'(πρῶτος)와 '그 다음'(εἶτα)은 시간적인 순서를 제시한다. 이를 통하여 바울은 여자가 평온해야 하고, 순종함으로 배워야 하며, 남자에게 권세를 부리며 가르치려 드는 일을 하지 않아야 하는 이유에 대한 성경적인 근거를 제시했다. 하지만 바울이 어떤 논리로 13-14절을 11-12절의 근거로 사용하였는지에 대한 이해는 다양하다. 첫 번째 견해는 바울이 13-14절에서 유대교의 일반적인 해석을 받아들여서, 하와는 아담에게서 비롯되었음으로 여자는 자신들의 근원이 되는 남자들을 마땅히 존경해야 한다고 해석하였다는 주장이다. 둘째, 당시 교회를 어지럽히던 잘못된 교훈에서는 여성들이 남성의 위치를 위협하도록 가르치고 있었고, 실제로 여성들 중에는 이렇게 행하는 자들이 생겼기 때문에 이를 바로 잡기 위함이라는 해석이다. 세 번째 견해는 두 번째 견해를 발전시킨 것으로, 당시 잘못된 교훈을 가르치던 자들이 창세기를 왜곡하여, 성경이 인정하는 남성의 마땅한 위치를 흔들었고, 여성들이 이에 현혹되었다는 것이다. 하지만 이들이 제시한 그릇된 해석이 구체적으로 어떤 내용이었는지를 온전히 파악하는 것은 불가능하다. 다만, 13-14절을 통하여 추정할 수 있는 부분은 거짓 교사들은 아담이 먼저 지음 받고 다음에 하와가 지음 받았다는 사실을 성경과 다르게 해석하였던 것으로 보인다. 또 이들은 하와가 아니라 아담이 먼저 속았다고 주장하는 왜곡된 논리를 펼쳤던 것으로 보인다. 따라서 세 번째 견해에 의하면, 바울이 13-14절을 쓴 이유는 잘못된 교훈이 창세기를 자의적으로 해석하여, 남성

과 여성의 지위에 대하여 발생시킨 혼란을 바로 잡기 위한 것이다(Mar-shall, 462-63).

바울이 13-14절에서 아담과 하와 이야기를 언급한 것이 첫 번째 견해처럼 일반적인 유대인의 생각을 근거로 여자의 권위를 전면적으로 금지하는 것이라고 보기는 어렵다. 반대로 당시 교회에서 문제를 일으킨 여자들이 있었고, 이들이 주장이 창세기 1-3장에 대한 왜곡된 해석에 근거하고 있었다고 보는 것이 자연스럽다(딤전 4:3도 같은 맥락의 문제를 반영하고 있다고 볼 수 있다). 상한 교훈은 일부 여성들을 잘못된 교훈에 빠지게 하여 여성들도 교회에서 공공연히 남성들을 가르칠 수 있는 권한이 있다고 부추겼고, 이를 뒷받침하기 위하여 성경을 그릇되게 해석한 것이다. 바울은 이렇듯 바르지 못한 교훈에 의해 미혹되어서 교회의 질서를 파괴하는 여성들에게, 창세기 1-3장에 관해 바른 해석을 제시한다. 이를 뒷받침하는 단어가 14절의 '속임을 당하다'의 헬라어인 '아빠따오'(ἀπατάω)인데, 이는 창세기 3:13(70인경)에서 언급된 단어다.

15절 아이를 낳는 일로 구원을 얻는다(σωθήσεται)는 주장은 바울의 신학과 다르게 보인다. 헬라어 원문을 문법적으로만 해석하면, 아이 낳는 일을 구원 얻는 방법으로 볼 수 있어 독자들을 다소 혼란스럽게 만든다.[16] 그런데 원문을 이해하는 또 다른 방법은 구원을 얻는 과정 속에 아이를 낳는 것이 포함되어 있다고 보는 것이며,[17] 이 표현은 육신의 출산을 영적인 생명을 얻는 구원을 이해하기 위한 상징으로 해석하는 것이다(Marshall, 468, 각주 189). 이러한 바울의 주장에는 배경이 있다. 14절과 마찬가지로 당시 잘못된 교훈이 엉터리 성경 해석을 하였기 때문에 이를 교정하는 것

16. 구원을 얻다(σωθήσεται)의 주어는 하와가 아니라 여자들이다.
17. 목회서신에서 '구원'은 하나님이 계획한 이상적인 상태로 우주를 회복시키는 과정의 일부라고 이해할 수 있다(Blomberg, 172).

인데, 상한 교훈이 아이를 낳지 않는 것이 성경의 가르침이라는 주장을
펼치고 있었기 때문에 이를 교정한 것으로 볼 수 있다. 헬라어의 '떼끄노
고니아'(τεκνογονία, '아이를 낳음')는 아이를 임신하여 낳고 키우는 모든
과정을 포함한다(Calvin, 219). 따라서 이는 출산 자체를 통하여 구원을 얻
는다는 의미가 아니라, 여성으로서 마땅한 위치에 서 있고 필요한 역할을
잘 감당함으로 사탄의 시험을 이기고 구원의 완성을 향하여 인내하며 나
가는 것을 의미한다(Marshall, 470).

3. 해설

디모데전서 2:9-15은 전통적으로 여성들이 교회에서 리더십을 갖는
문제에 대해서 부정적인 근거로 사용되어 왔다. 그러나 역사적으로 교회
안에서 여성 사역자들은 항상 존재하였고, 교회를 세우고 전도하는 일에
많은 기여를 해왔다. 디모데전서 2:9-15은 교회 내에서 여성들은 아무런
사역도 할 수 없고, 어떤 형태의 리더십도 발휘할 수 없으며, 늘 침묵해야
만 한다는[18] 명령은 아니다. 그렇다고 이 본문이 당시의 특별한 상황에만
적용될 뿐이고, 지금 우리 시대에는 아무런 효력이 없다는 주장도 받아들
일 수 없다. 전통 교회는 본문을 통하여 두 가지를 일관성 있게 견지하여
왔다. 첫째, 교회는 교회 안에서 여성들이 기독교의 핵심 교리를 남성들에
게 가르치는 직분을 허락하지 않았다. 둘째, 교회는 여성들이 교회 안에서
공식적으로 남성들 위에 권위를 행사하는 일을 허락하지 않았다. 19세기
에 이르러 이런 해석에 반대하는 수많은 견해들이 제시되었지만, 어떤 견

---

18.   이런 주장에 관해서는 Giles, 151-67, 195-215을 참고하라.

해도 전통적인 견해를 바꾸어야 할 정도로 설득력이 있지는 않았다(Moo, 180).

　디모데전서 2:9-15를 이해하기 위해서 목회서신 전반에 나타나는 여성에 관련된 문제의 배경을 추적해야 한다. 바울은 목회서신에서 잘못된 가르침의 피해에 대해서 역설하고 바른 교훈 위에 서야 함을 누누이 강조한다. 하지만 잘못된 교훈의 구체적인 내용을 일목요연하게 정리한 본문이 없어서, 목회서신 이곳저곳에 흩어져 있는 내용을 중심으로 재구성하여야 한다. 목회서신에는 여성을 중심으로 일어난 문제들을 기록한 구절이 적지 않아서, 다른(상한) 교훈을 가르치던 사람들이 여성을 중심으로 교회와 가정을 흔들고 있었음을 알 수 있다. 목회서신 전체에서 다루고 있는 다른 교훈의 내용은 다음의 네 가지로 요약할 수 있다. 첫째, 다른 교훈은 분쟁과 다툼을 일으킨다(딤전 1:4-6; 6:4-5; 딤후 2:14, 16-17, 23-24; 딛 1:10; 3:9-11). 둘째, 다른 교훈은 금욕주의를 영성의 근간으로 삼고 육체를 단련하여 마치 영성이 탁월한 것처럼 가장하려 했다(딤전 4:1-3, 8). 셋째, 다른 교훈은 여성들을 파고들어 가정을 흔들었다(딤전 5:15; 딤후 3:6-7). 넷째, 다른 교훈은 여성들을 부추겨서 전통적인 여성의 역할을 거부하고 새로운 모습으로 사회생활을 하도록 현혹했다(Moo, 181). 특히 세 번째와 네 번째는 연결되어 있었다. 다른 교훈은 여성들이 결혼하지 않을 것을 권하면서 대신 사회와 교회에서 이전의 여성들과는 아주 다른 역할을 하여야 한다고 가르쳤는데, 남성들에게 인정된 전통적이며 성경적인 권위를 위협하는 결과를 낳았다. 신학적으로는 이미 부활이 이루어졌다는 극단적으로 실현된 하나님 나라(extremely realized eschatology)를 가르침으로 여성들이 어떤 것에도 구속되지 않고 자유를 만끽할 수 있다는 그릇된 교리도 설파하였다(딤후 2:18).

　디모데전서 2장 전체를 통하여, 바울은 교회가 모든 사람을 위한 구원 사역에 참여하는 방법에 대해서 제시하고 있다. 특히 본문은 여자가 이런 목적을 어떻게 수행할 수 있는가의 주제를 다루고 있다. 비슷한 예가 베드로전서 3장에도 나온다. 이렇게 여자의 전도 책무를 자세히 다룬 것은 하나님께서 남자와 여자를 구별하여 창조한 분명한 이유가 있기 때문이다. 하나님의 창조 목적과 인간의 타락이란 관점에서 여성의 역할이 분명하게 있었다면, 구원 문제에 있어서도 여자들은 중요하고 고유한 역할을 감당해야 한다는 교훈이다. 여성의 구원받음이 결국 남성이나 가정 구원의 원동력이 된다는 것을 암시한다. '해산함으로 구원을 얻는다'는 문자적으로 아이를 낳음으로 구원을 획득한다는 뜻이 아니라, 여자들이 출산의 심한 고통을 경험한 것이 전도를 통하여 다른 영혼을 거듭나게 하는 데 유익하다는 뜻으로 여성이 출산을 위하여 들인 수고가 버려진 영혼을 구원에 이르게 하는 수고와 유사점이 있다고 설명한 것이다.

　듣는 태도는 그 사람의 인격이다. 그리고 말하는 자에 대한 예의다. 전하는 자는 예수의 '발치 아래서' 그의 말씀을 경청하던 마리아를 필요로 한다(눅 10:39). 만약 복음 전도자에게 베드로를 기다리던 고넬료와 그의 가정 같은 청중이 있다면(행 10:33), 이는 복음이 확증되는 일에 커다란 힘이 될 것이다. 단아한 모습으로 앉아서 애정과 감동의 모습으로 메시지를 받는 사람들은 그 장소에 불신자가 있더라도 그들조차 메시지를 경청하게 할 수 있게 만들 수 있을 것이다. 구원의 가능성은 메시지를 잘 들을 때 높아진다(롬 10:17). 여성은 창조의 질서상 남의 이야기를 남성보다 더 잘 듣는 기능이 있다. 그래서 하와가 먼저 속임의 대상이 되었고 그녀가 먼저 속아 넘어간 것이다. 하지만 반대로 여성은 복음을 듣는 일에도 남성들보다 더 나은 은사를 갖고 있다.

제6장
디모데전서 3:1-13
장로와 집사의 자격

A. 디모데전서 3:1-7 (장로의 자격)

1. 번역

1 이 말씀은 믿음직합니다. 만약 어떤 사람이 감독의 직분을 받고 싶어 한다면 그는 훌륭한 임무를 바라는 것입니다. **2** 그러므로 감독은 책망할 것이 없으며, 한 아내의 남편이며, 깨어 있으며, 신중하며, 단정하며, 나그네를 잘 대접하며, 가르치기를 잘하며, **3** 술을 즐기지 아니하며, 난폭하지 아니하고 대신 너그러우며, 다투지 아니하며, 돈을 사랑하지 아니하며, **4** 자기 가정을 잘 다스리며, 항상 위엄을 가지고 자기 자녀들을 순종하게 하는 사람이어야 합니다. **5** (만약 어떤 사람이 자기 가정을 돌볼 줄도, 다스릴 줄도 모른다면, 그가 어떻게 교회를 돌볼 수 있겠습니까?) **6** 새로 믿은 자도 안 됩니다. 그렇게 되면 그는 교만해져서 마귀가 받을 심판에 떨어질 위험이 있습니다. **7** 또 감독은 교회 밖의 사람들에게도 좋은 평을 받아야 합니다.

그래야 그는 망신을 당하지 않고, 마귀의 올무에 빠지지 않을 것입니다.

2. 주해

1절 1절은 두 번째로 언급되는 믿음직한 말씀이다. 믿음직한 말씀은 인용 형식으로 이미 어록처럼 보전되어 있던 교훈을 인용한 것이다.[1] 디모데전서 3:1의 믿음직한 말씀은 그 내용이 앞에 언급된 구원에 관한 것인지(딤전 2:15) 아니면 바로 뒤에 나오는 감독에 관한 것인지(딤전 3:1) 불분명하다. 디모데전서 3:1 이외의 다른 4회의 용례는 모두 구원과 관련된 내용이다. 만약 모든 믿음직한 말씀이 구원과 관련되었다면, 디모데전서 2:15이 믿음직한 말씀의 내용일 것이다. 그러나 디모데전서 2:15은 보전되어 오던 말씀으로 보기는 어렵고, 바울 자신의 성경 해석 혹은 성경의 적용으로 보아야 한다(Knight, 1992: 152-53). 반면 디모데전서 3:1은 독립적으로 보전되어 있던 말씀으로 보기에 손색이 없다(Marshall, 475; Fee, 1984: 79; Towner, 2006: 248; Guthrie, 94; Ellingworth, 443-45).

'받고 싶어 하다'의 헬라어인 '오레게따이'(ὀρέγεται)는 자신의 유익을 채우려는 욕심 없이 또 남과 경쟁하지 않는 상태에서 직분을 받고 싶어 하는 모습을 표현한다. 그리고 이 단어에는 간절함이 담겨 있다. 얻고 싶은 것이 손에 닿을 듯한 거리에 있는데 이를 취하기 위하여 최대한 몸을 뻗어 보는 것이다. 그런데 이러한 노력에 자신의 야망이 담겨 있지는 않다(Knight, 1992: 154). 감독의 직분을 받고 싶어 하는 것은 훌륭한 임무를

1.　하지만, 초대교회가 교리처럼 널리 받아 들여 통용되던 신학적인 요약이라고 볼 수는 없다. 인용 형식에 관해서는 첫 번째 믿음직한 말씀을 기록한 딤전 1:15의 주해를 참고하라.

사모하는 것이며, 감독의 직분은 하나님의 사람들이 받고 싶어 해야 하는 것이다. '바라다'는 '에삐튀메오'(ἐπιθυμέω)인데, 원하는 것이 마음에 정해져 있어 이에 대한 열정이 타오르는 모습이다. 직분에 대한 바람은 명예 때문이 아니라, '노블(noble) 태스크(task)'를 '험블(humble) 태스크(task)'로 받드는 것이다(Towner, 2006: 249).

2-3절 감독은 책망할 것이 없어야(ἀνεπίλημπτος) 한다.[2] 객관적이고 상식적인 눈으로 볼 때, 문제가 될 만한 요소가 없어, 교회 안팎에서 공격의 대상이 되지 않아야 한다. 특별히 다른 교훈들이 교회를 흔들고 있는 상황에서 리더들의 삶과 신앙이 온전해야 하는 것은 절실하다. 책망받을 것이 없음은 일반적인 자격이며, 다음에 나오는 내용은 책망받을 것이 없는 모습에 대한 구체적인 설명이다. 내적으로는 자기를 다스릴 줄 아는 것이 필요하고, 외적으로는 사람들과 관계를 잘하고 남을 잘 돌보며 또 잘 가르쳐야 한다(Knight, 1992: 156).

한 아내의 남편이어야 한다는 조건은 평생 한 번만 결혼해야 한다는 해석과 중혼이 아니어야 한다는 해석으로 나뉘는데, 후자가 옳다. 다만, 법적으로 중혼이 아니어야 함은 물론, 부부 관계가 튼실하여야 함을 포함한다.

'깨어있다'의 원어 '네팔리온'(νηφάλιον)는 술 취하지 않은 상태도 의미하지만, 문맥에서는 윤리적으로 깨어있는 삶을 통하여 '인터그리티'(integrity, '무결함')가 나타나는 모습이다(Towner, 2006: 251). 한 분야에는 윤리적으로 철저한데, 다른 분야에서는 도덕 불감증처럼 행동하는 사람들이 있다. 개역개정판이 '절제'로 번역한 '네팔리온'은 윤리적으로 모든

---

2. 딛 1:7과 딤전 3:10에 나오는 ἀνέγκλητος는 딤전 3:2의 ἀνεπίλημπτος와 동의어다 (Knight, 1992: 155).

영역에서 균형 잡힌 삶을 사는 것이며, 이는 깨어 있어야만 가능하다. 여기서 '절제'는 자신의 욕구를 억제하는 의미보다는 윤리적으로 깨어 있음으로 인해 해서는 안 되는 행위를 하지 않는 것이다. (비교, 딛 2:2의 '절제'도 같은 원어이며 같은 의미다.)

'신중하다'는 헬라어로 '소프론'(σώφρων)이다. 이는 목회서신이 중요하게 생각하는 성도의 미덕이다. 믿는 자가 영광의 복음을 받고, 바른 교훈 위에서 양육을 받으면 '소프론'(신중함)이 나타난다. 헬라어의 '소프론'과 그 계열의 단어들은 다양한 의미를 가지고 있어, 우리말로 번역하는 것이 쉽지 않다. 따라서 '소프론'은 문맥에 따라, 의미가 상당히 달라 보이는 여러 단어들로 번역된다(예, '절제', '훈련', '신중함'). 본 주석에서는 주로 '신중함'으로 번역한다. 신중함(σώφρων)은 당시 헬라 철학에서도 중요하게 다루던 인간이 갖추어야 하는 기본적인 덕목이었다. 목회서신의 '소프론'이 함의하는 '신중함'은 생각할 때와 결정할 때와 행동할 때를 분별하는 능력이다. 결정은 조심스럽게 하지만 실행은 과감하게 한다.[3] 첫째, '신중함'의 첫 번째 요소는 분별력이다. 때에 대한 분별력을 포함하여 상황에 대한 분별력이라고 할 수 있다. 둘째, '신중함'은 훈련된 절제로 나타난다. 이 때 절제는 훈련이 되어 정돈이 된 모습에 초점을 맞추고 있으며 따라서 과하지도 덜 하지도 않고, 균형을 이루고 있는 상태다. 성경의 절제는 (1) 억제 (2) 깨어 있음 (3) 훈련을 통해서 얻게 된다. '신중함'으로서의 절제는 (3)번과 같이 훈련을 통하여 얻은 것을 의미한다. 디모데후서 2:3-7은 세 가지 훈련에 대해서 설명한다. 군사 훈련, 운동선수 훈련 그리고 농부의 훈련인데, 훈련의 결과는 총명을 얻는 것이다(7절). 훈련을 통

---

3.   마샬은 σώφρων의 의미를 크게 네 가지로 설명한다. (1) 자제력(self-control), 곧 자신에 대한 통제력, (2) 훈련 혹은 단련되어 있음(discipline), (3) 깨어 있음, 분별력 (sobriety), (4) 품위 있음(dignity), 고상함이다(182-91).

하여 자신을 억제할 수 있고 깨어 있을 뿐 아니라, 상황을 잘 판단하고 그 상황에 알맞은 행동을 할 수 있는 총명을 얻는다. '신중함'의 세 번째 요소는 품위 있음이다. 신중한 사람에게는 품위가 나타난다. 신중한 분별력, 신중한 자제력은 내면에서 발산하는 품위를 보여준다. 이 품위는 상대를 압도하기보다는 상대에게 안정감을 준다.[4] 단정하며(κόσμιος)는 외모가 잘 정돈되어 있는 모습이다.[5] 이는 불필요한 치장을 없애는 것이 중점이지 화려하게 꾸미는 것이 아니다.

나그네를 잘 대접하는 것은 감독뿐 아니라 모든 성도들이 지켜야 하는 것인데, 특별히 선교를 위해서 필요한 것이다(Towner, 2006: 252). 왜냐하면 당시의 선교는 선교사들을 맞아주고 이들에게 필요한 것을 제공해 주는 각 곳에 흩어진 성도들의 도움이 없이는 진행되기 어려웠기 때문이다. 잘 가르치는 것은 감독의 중요한 자격 조건이다. 계속해서 3절에 나오는 네 가지 요건은[6] 모든 성도들에게 요구되는 것이지 특별히 감독에게만 요구되는 것이 아니다. 이런 일반적인 것들이 감독의 자격 요건으로 제시된 이유는 감독은 기본적인 것들을 두루 잘 갖추고 있어 책망받을 것이 없어야(ἀνεπίλημπτος) 하기 때문이다.

4-6절 감독들은 자녀들을 위엄 있게 대하여 자녀들이 순종하게 하여야 한다. '위엄'은 헬라어로 '셈노떼스'(σεμνότης)다. 아버지로서의 위엄이

---

4. σώφρων에 관한 논의는 딛 2:2, 5, 6의 주해를 참고하라. 또 딤전 2:9의 정절과 2:15의 정숙함도 σώφρων 계열에 속한다.

5. 목회서신에서 '단정함'으로 번역된 헬라어는 주로 σεμνός다. 개역개정판의 딤전 2:2을 참고하라.

6. 개역개정판은 언뜻 다섯 가지로 보이나, '구타하지 아니하며 오직 관용하며'는 하나의 요건으로 보아야 한다. 본 주석에서는 '구타하지 아니하며 대신 너그러우며'로 번역하였다.

나타나서 자녀가 그를 존경하여, 자연스럽게 순종(ὑποταγη)하는 것이다.[7] 5절은 4절에 대한 부연 설명이어서 괄호 안에 넣었다. 자녀 교육에 관하여 감독이 갖추어야 하는 요건은 자녀들이 모두 훌륭하게 되어야 한다는 뜻이 아니다. 자녀들이 순종할 수밖에 없는 아버지로서의 '위엄'(σεμνότης)을 갖추고 있으면 된다. 이 위엄은 아버지가 가정을 잘 다스리는 것에서 비롯된 것이다. 자녀를 통하여 드러나는 부모에 대한 평가는 속일 수 없다. 6절은 새로 믿은 자들이 너무 빨리 감독이 될 경우 교만해 질 수 있다고 경고한다. 이 요건은 디도서에는 없는데, 그레데의 교우들은 대부분이 믿은 지 얼마 되지 않았었기 때문이다. 따라서 그레데의 장로 장립은 믿은 지 얼마 되지 않은 교우들도 대상이 되었다. 흥미로운 것은 교만은 마귀의 모습이라는 선언이다. 그리고 마귀의 교만은 심판의 대상이다. 마귀는 그리스도인이 직분에 관련하여서 교만해지도록 계략을 부린다.

7절 7절의 시작은 헬라어로 '데이'(δεῖ)인데, 이것은 이미 2절에서도 사용한 표현법이다. 이를 통하여 바울은 감독의 자격을 논하면서 2절과 7절에 무게를 싣고 있기에, 두 구절을 연결하여 해석하여야 한다. 따라서 감독의 자격에 대한 가르침의 요지는 감독은 책망받을 것이 없으며(ἀνεπίλημπτος) 또 믿지 않는 자들에게 좋은 평가를 받는 것이다. 그래야 교회가 세상으로부터 공격을 받지 않고, 세상을 바르게 이끌 수 있다.

헬라어의 '에크소텐'(ἔξωθεν)은 문자적으로는 외인(outsider)이지만 문맥에서는 믿지 않는 사람이란 뜻이다. 감독은 교회 밖의 믿지 않는 사람들에게도 좋은 평가를 받아야 한다. 믿지 않는 사람들이란 가치 체계가 다른 사람들이다. 다른 가치로 사는 사람에게 좋은 평가를 받으려면 참으로 균형 잡힌 인격과 삶이 있어야 한다. 어떤 사람이 교회 안에서는 훌륭

---

7. σεμνότης에 관해서는 딤전 2:2의 '단정함'에 관한 설명을 참고하라.

해 보이지만 세상에서는 흠을 잡히는 삶을 살고 있는데, 그가 교회의 리더가 된다면 이는 하나님 나라에 손해를 끼친다. 감독에게 책망받을 것이 생겼을 때의 결과는 우선 그는 개인적으로 망신을 당하게 된다. 나아가 교회의 권위가 실추된다. 망신으로 번역한 헬라어는 '오네이디스모스' (ὀνειδισμός)로 '비방', '부끄러움' 등 다양한 의미가 있다. 바울이 디모데전서를 쓸 때는 교회가 잘못된 가르침을 전하는 자들과 상한 복음으로 인해 타격을 받고 있었다. 이런 상황에서 교회 리더는 엄격한 자격을 갖추고 있어야 했다. 마귀의 올무에 관해서 잠언 12:13과 전도서 9:3이 배경일 것이다. 마귀가 사용하는 올무의 본질은 교만과 헐뜯는 말이라고 볼 수 있다.[8] 마귀는 리더를 교만하게 만들며, 실족시킨다.

3. 해설

바울은 거짓 선생들이 나타나서 성도들을 유혹하고 그들이 전파하는 상한 교리에 사람들이 귀를 기울이는 것을 보면서, 디모데에게 교회를 잘 세울 것을 권면한다. 디모데전서 2장부터 시작된 교회에 관한 교훈은 3장에 오면서 직분을 세우는 문제로 전환된다. 바울이 장로(감독) 세우는 것을 교회 개척의 근간으로 본 것은 이미 1차 전도여행 때였다. 사도행전 14:23에 기록된 각 교회에 장로를 세운 것을 살펴보면, 바울과 바나바가 더베에서 진로를 다소 쪽으로 잡지 않고 온 길을 되돌아가기로 작정한 것과 관련이 있다. 처음 갔던 길로 되돌아오면서 이미 교회가 세워졌던 루스드라, 이고니온, 비시디아 안디옥에 장로를 세웠다(행 14:21-23). 사도행

---

8. '헐뜯음'(모함 혹은 험담)이 마귀와 관련되어 있음은 딛 2:3의 주해를 참고하라.

전 14:23의 '각 교회'는 바울과 바나바가 1차 전도여행을 통하여 개척했던 각 도시의 교회를 가리킨다. 따라서 바울과 바나바는 더베에서 처음으로 장로를 세우고 그들이 이미 개척한 교회들을 재차 방문하면서 각 교회마다 장로를 세워 교회를 굳건히 한다. 사도행전 14:23은 디모데전서 3:1-7에 언급되지 않은 장로의 자격이 나오는데, 장로의 믿음은 어떤 경우에도 변함이 없을 것으로 확인되어야(πεπιστεύκεισαν) 한다. 그들의 신앙이 예수께 온전히 의탁되어 있고, 예수를 위해 헌신되었음이 확인될 때에 장로로 임직하였다.

바울은 3차 전도여행 중에 에베소에 장로를 세웠다(행 20:17). 그리고 약 7년 뒤에 디모데가 에베소에서 목회를 하고 있는데, 새롭게 세워질 감독의 자격 요건을 편지에 쓰고 있다.[9] 특히 교회가 내부적으로 거짓된 가르침에 의해서 흔들리고 있는 상황에서 감독을 세우는 것은 무척 중요했다. 바울은 감독의 자격을 여러 가지로 제시한다. 이 중 적지 않은 부분은 일반 교우들도 지켜야 하는 것이다. 이는 감독은 기본이 두루 잘 되어 있어야 한다는 뜻으로 보면 된다. 감독의 자격을 요약하면, 책망받을 것이 없어야 한다. 감독의 자격에는 교회 밖의 불신자들에게 좋은 평가를 받는 것이 포함되어 있다.

---

9. 감독과 장로의 차이에 대해서는 딛 1:7의 주해를 참고하라.

B. 디모데전서 3:8-13 (집사의 자격 요건)

1. 번역

8 마찬가지로 집사들도 존경받을 만하며, 한 입으로 두 말을 하지 않으며, 술에 중독되지 아니하며, 부정한 이익을 추구하지 아니하며, **9** 깨끗한 양심 가운데 믿음의 비밀을 가진 자라야 합니다. **10** 이들을 먼저 시험하여 보고, 책망할 것이 없다면 직분을 맡기십시오. **11** 여자들도 이와 같이 존경 받을 만하며, 뒤에서 헐뜯지 않으며, 깨어 있으며, 모든 일에 충성되어야 합니다. **12** 집사들은 한 아내의 남편이며, 자녀들과 자신의 식구들을 잘 다스려야 합니다. **13** 집사의 직분을 감당한 자들은 자신들을 위하여 좋은 지위를 얻게 되며 또 그리스도 예수 안에 있는 믿음으로 큰 담력을 얻게 됩니다.

2. 주해 및 해설

8절 8절은 집사의 자격요건이다. 집사와 감독의 요건 중에 일치하는 것은 책망받을 것이 없음(2절, 10절)과[10] 존경받을 만함(4절, 8절)이다.[11] 후자의 헬라어는 '셈노스'(σεμνός)인데, 다양한 번역이 가능하며 어떤 번역도 원어의 의미를 모두 포함하기는 어렵다. 대표적인 번역은 '존경받을 만함'인데, 그 속에는 품위가 있고(dignified) 또 행동에 진지함(seriousness)

---

10. 개역개정판은 2절과 10절에서 반복해서 '책망받을 것이 없음'으로 번역하지만, 헬라어로는 각각 ἀνεπίλημπτος와 ἀνέγκλητος가 쓰이고 있다. 이 둘은 앞서 언급했듯이 동의어다.

11. 헬라어로는 각각 σεμνός 혹은 σεμνότητος가 쓰인다. 둘은 같은 계열의 단어다.

이 담겨 있다. 다음 단어인 '디로고스'(δίλογος)는 한 입으로 두 말을 하는 것이다. 개역개정판이 선택한 '일구이언'도 괜찮지만, '한 입으로 두 말을 하다'(double-tongued)라고 직역해도 좋을 것이다. 헬라어에서는 '디로고스'보다 '디글로쏘스'(δίγλωσσος)를 더 자주 사용한다. 이는 의도적으로 두 가지 다른 말을 하여 상대를 속이는 것으로, 망가진 인격을 묘사한다 (LXX 잠 11:13; 전 5:9, 14; Marshall, 489). 특히 신앙의 사람들은 상황이 어려워졌다고 해서 말이 바뀌거나, 상황에 압도되어서 마음과 다른 말을 해서는 안 된다. 그러기 위해서 내면의 안정과 생각이 단정하게 정돈되어 있어야 한다. '셈노스'는 이런 상태에 있음을 보여주는 단어라고 할 수 있다(참고, 딤전 2:2). 네 번째 요건은 부정한 이익을 추구하지 않는 것인데, 헬라어로는 '아이스크로께르데스'(αἰσχροκερδής)이다. 이 단어는 디도서에서는 감독에게도 요구한 것이다(딛 1:7, 11). 당시의 거짓 교사들은 자신들의 가르침을 통하여 부당한 이득을 취하려 했다. 이는 또한 디모데전서 3:3의 '돈을 사랑하지 말라'(ἀφιλάργυρος)는 요건과 같은 맥락에 있다 (*TLNT*, 1:45). 교회의 리더들은 일상의 삶에서 일어나는 모든 경제 행위에 있어 부정직한 것이 없어야 한다(Marshall, 490).

9-10절 집사에게는 믿음의 비밀이 있어야 한다. 믿음의 비밀이란 하나님의 구원 계획에 대한 깨달음 위에 서 있는 믿음이다. 문맥에서 믿음의 비밀은 바른 교훈 및 영광의 복음을 의미하며(딤전 1:11) 그 내용은 디모데전서 3:16에서 찾을 수 있다. '비밀'의 헬라어는 '뮈스떼리온'(μυστή-ριον)인데 현대어의 용례와는 많이 다르다. 현대어에서는 '비밀'이 잘 이해가 되지 않는 내용 혹은 사건을 가리키는데, 신약성경에서는 이해가 되지 않아 의미가 숨겨진 상태보다는 오히려 숨겨졌던 의미가 드러나 밝히 알려지는 모습을 부각한다. 하나님의 계획과 관련하여서 전에는 감추어져 있던 것이 때가 되어 예수 그리스도를 통해서 드러난 것이다. 특별히

예수께서 하나님의 뜻을 따라 육신을 입고 세상에 오셨고, 세상에서 하나님의 뜻을 가르치셨고, 십자가를 통하여 하나님의 구원 계획을 이루심으로, 우리는 그 전에는 알 수 없었던 숨겨졌던 진리를 밝히 깨달을 수 있게 된다. 이것이 '뮈스떼리온'(비밀)이다.

바울은 여기서도 믿음과 깨끗한(καθαρά) 양심을 연결한다(비교, 딤전 1:5, 19). 개역개정판은 '깨끗한 양심에 믿음의 비밀을 가진 자'로 번역하여 깨끗한 양심에 믿음의 비밀이 추가된 것처럼 보인다. 하지만 원어 본문은 깨끗한 양심 가운데 있는 '믿음의 비밀'이 있다고 한다. 목회서신 전체에서 믿음과 양심은 밀접한 관계가 있다. 어느 것이 다른 것을 압도하는 관계가 아니라 서로 어우러지는 관계로 사용된다(Marshall, 491).[12] 교회는 집사를 세우기 전에 먼저 검증하는 과정을 거쳐야 한다(10절). 검증해야 하는 범위는 행위와 믿음 전반이다. 그런 후에 책망받을 만한 것이 없으면 집사로 임직해야 한다.

11-12절 여기서 '여자'(γυνή)는 크게 여자인 집사라는 해석과 집사의 아내라는 견해로 구분되며 두 해석이 모두 가능하다.[13] 둘은 비슷한 정도의 강점과 약점을 가지고 있지만, 후자의 견해가 문맥의 흐름상 좀 더 타당하다(Knight 2006: 171; Mounce, 204). 전자는 감독의 경우 아내에 대한 조건이 없다는 점에서 불일치를 보이기 때문에 집사의 아내가 아니라 여성(집사)으로 보는 것이다(Fee, 1984: 88; Marshall, 494; Towner, 265).[14]

---

12. 믿음은 양심을 바르게 하며, 믿음이 양심을 바르게 하면 양심이 삶에서 작동하여 일상의 생활이 어긋나지 않게 한다. 양심은 성도의 믿음이 잘 작동하지 못할 경우에도 여전히 작동하여서 믿음을 다시 세울 수 있는 기반이 된다.

13. 헬라어 γυνή는 목회서신에서 '여자'로 쓰이기도 하고(딤전 3:2, 12; 5:9; 딛 1:6) '아내'로 쓰이기도 한다(딤전 2:9, 10, 12, 14). 전자로 해석하면 여성 집사가 된다.

14. 여성 집사를 선호하는 근거로는 (1) '이와 같이'는 새로운 그룹에 관한 설명이라는 주장과 (2) 헬라어는 여성형 집사(deaconness)를 가리키는 단어가 없어서 γυνή를

후자는 다음 절(12절)에서 집사의 부부관계를 다루고 있는데, 다소 독립적으로 보이는 11절은 12절과의 균형 속에서 해석되어야 한다고 본다. 즉 집사의 요건을 언급하는 중에 집사의 아내는 집사들과 한 몸으로써 동역해야 하기에 집사에 준하는 요건을 갖추어야 함을 선언하고, 이에 상응하여 남편 집사들은 아내와의 관계에 충실(fidelity)해야 함을 언급하여 균형을 이룬다는 해석이다(Knight 2006: 172; Mounce 203-4). 또 헬라어의 '귀네'는 '여자인 집사'라는 직분의 개념으로 발전하기에는 무리가 따른다.[15] 후자의 견해를 받아들이면, 집사의 아내들도 남편처럼 존경받을 만해야 한다(σεμνός). 남을 헐뜯지 않아야 하며, 깨어 있고, 충성되어야 한다. 집사(남편)의 사역은 아내의 조력 없이는 수행될 수 없으며, 아내의 자격 조건은 집사의 조건과 한 '꾸러미'(parcel) 속에 있다(Knight 2006: 172). 다만, 아내의 자격 요건이 집사에게만 요청되었다는 사실을 통하여 감독은 아내의 도움 없이 감당해야 하는 직분이란 뜻은 아닐 것이다. 감독의 아내에게도 남편과 동역하고 남편을 조력할 만한 충분한 요건이 갖추고 있었다고 보아야 할 것이다.

13절 집사의 직분을 잘 감당한 성도에게 주는 두 가지 보상이 기록되어 있다. 첫째는 좋은 지위를 얻는 것이다. '좋은 지위'란 직역하면 높은 평점(grade)을 받거나 랭킹(ranking)이 높아지는 것이다. 그러나 이는 세상적인 지위의 향상이 아니라 영적인 발전을 의미한다. 구체적으로는 하나님을 더 잘 알게 되어 하나님과 친밀해지는 복을 가리키며, 나아가 공동체가 그를 존경하는 복도 포함할 것이다. 두 번째 보상은 큰 담력

___

사용했다는 것과 (3) 롬 16:1의 뵈뵈와 같이 여성 집사(διάκονος)가 있었다는 주장이다(참고, Marshall, 493-94).
15. 퀸(Quinn)과 워커(Wacker)는 여성 집사는 아니지만, 여성 중에서 사역을 하고 있는 사람으로 해석한다(286).

(παρρησία)을 얻는 것이다. 담력 혹은 담대함이란 단어에는 다양한 의미가 포함되어 있어, 자신감을 얻는 것, 크게 외치는 것, 행동에 있어 주저함이 없는 것, 말에 있어 솔직하며 용기가 있는 것 등이다. 신약성경은 종종 담대함은 믿음에서 비롯된다고 한다(히 4:16; 13:6). 그리스도 예수 안에 있는 믿음이란 예수가 믿음의 대상이며 목적이란 의미는 물론 그리스도와 연합하여 그 안에서 예수의 믿음과 신실함에 강력한 영향을 받고 있는 상태를 말한다(Marshall, 497). 예수 안에서 우리는 예수의 의를 덧입게 되어 하나님 앞에 설 수 있는 지위, 곧 담력을 얻게 된다. 목회서신은 믿음이란 내 안에 있는 것이라기보다는 내가 예수 안에 거할 때에 예수 안에 있는 믿음을 나의 것처럼 사용할 수 있음을 가르쳐 준다(딤전 1:4, 14; 2:7; 딛 1:1; 3:15).

제7장
디모데전서 3:14-16
교회와 경건의 비밀

　　본문은 디모데전서의 중심에 있다. 바울은 3장에서부터 본격적으로 교회를 어떻게 세워가야 하는가를 다루면서 감독과 집사의 자격 요건을 다룬다. 이렇게 시작한 가르침은 교회란 무엇인가에 관한 원리를 제시하는 것으로 정점에 이르는데(15절), 교회는 예수의 사역 위에 세워졌음을 선포한다(16절). 본문에는 교회론과 기독론이 결합되어 있다.

　　본문은 앞뒤에 위치한 내용들과 긴밀하게 연결되어 있다. 16절의 '경건의 비밀'은 '믿음의 비밀'을 언급한 디모데전서 3:11과 연결되며, 15절의 교회에 대한 설명은 디모데전서 3:1-13의 직분론의 기초를 제공한다. 또 16절의 두 번째 줄인 '육체로 나타나셨다'는 디모데전서 4:3에서 다루고 있는 혼인을 금하고 음식을 폐하는 등 창조 질서에 어긋난 거짓 가르침에 대하여 반박하는 근거다. 또 구원이 모든 사람들에게 제공되었음을 찬양하는 16절의 4번째와 5번째 줄은 디모데전서 4:10에서 결론으로 내릴 구원이 모든 사람들에게 열려 있음("모든 사람 특히 믿는 자들의 구주시라")을 선언하는 신학적인 토대가 된다(Towner, 2006: 271).

1. 번역

14 나는 속히 그대에게 가기를 바라면서, 이것을 씁니다. **15** 만약 내가 가는 것이 지체되면, 그대는 하나님의 집에서 어떻게 행하여야 하는지를 알려야 합니다. 하나님의 집은 살아계신 하나님의 교회이며 진리의 기둥과 터입니다.[1] **16** 고백하건대, 경건의 비밀이 큽니다.

그는 육신으로 나타나셨고,

영으로 의롭다 하심을 받으셨고

천사들에게 보이셨고,

민족들에게 전파되셨고

세상에서 믿은 바 되셨고

영광 가운데 올려지셨습니다.

2. 주해

14-15절 바울은 편지를 쓰게 된 정황을 밝힌다. 그는 디모데가 있던 에베소로 속히 가고 싶지만 당시 그가 머물고 있었던 마케도니아의 상황이 여의치 않았다. 자신이 직접 갈 수 없는 상황 속에서 에베소에 불거지고 있는 거짓 가르침의 문제가 다급해지자 편지로 의견을 전한다. 바울은 편지를 통하여 교회의 핵심과 본질에 관하여 설명한다. 이 두 절을 통하여 디모데는 바울로부터 받은 편지의 내용대로 성도들을 일깨울 권한과 책임을 위임받았음을 알게 된다.[2] 바울은 사도적 직무의 일부를 디모데에게

---

1. 혹은 '기초'
2. 바울이 쓴 대부분의 편지는 배달인에 의해서 각 교회로 전달되었다(골 4:7; 엡

이양하는 것을 함의한다(Towner, 2006: 272). 15절은 바울이 디모데에게 위임하는 바를 기록하는데, 성도들이 어떻게 교회에서 바르게 행할 것인가를 가르치는 것이다. 이는 편지의 중요한 목적 중 하나다. '행한다'의 헬라어는 '아나스뜨레포'(ἀναστρέφω)이며, 이는 교회 안에서의 행동 지침뿐 아니라 꼭 지켜야 하는 인생의 원리들을 의미한다(Epictetus 1.9.24; Josephus, *Ant.* 15.190; Towner, 2006: 273에서 재인용).

15b절은 교회에 관련된 세 가지 개념을 제시한다. 첫째, 교회는 하나님의 집(οἶκος)이다. 통상 '하나님의 집'은 하나님께서 거주하는 장소로써 통치자의 임재가 있는 곳이다. 하지만 '오이꼬스'가 가리키는 '집'은 거주지의 개념 못지않게 같은 공간에서 살고 있는 가족의 개념을 강조한다. 그런데 이곳에서 언급한 '집'은 집합적 멤버로서의 가족 개념보다 일꾼 개념이 더 강하다(Towner, 2006: 270). 바울은 디모데 및 집의 일꾼들이 이 집을 하나님의 계획과 목적에 따라 잘 경영해야 함을 표현하기 위해서 이 단어를 사용한 것이다. 참고로 디모데전서 1:4은 이와 동일한 모습을 제시할 때에 '오이꼬스'가 아니라 '오이꼬노미아'(οἰκονομία)를 사용한다. '오이꼬노미아'는 청지기 또는 경륜으로 번역된다. 두 개념은 서로 상이해 보이지만, 실제로는 긴밀하게 연결된 개념이다. 청지기의 사명은 주인의 경륜(혹은 계획)을 이루도록 그들의 권한 아래 있는 책무들을 주인의 뜻에 정확하게 맞도록 최선을 다해서 경영하는 것이기 때문이다.

둘째, 교회의 주인은 하나님이며, 하나님은 살아계신다. 교회의 본질

6:21). 이런 경우 배달인이 교회의 성도들에게 직접 편지를 읽으며 때로는 간단한 해설을 붙였다(비교, 행 15:31). 디모데전서의 경우 배달인에 대한 언급이 없다. 이는 디모데 한 개인에게 전달되었기 때문에 배달자가 해설할 이유가 없었을 것이며, 따라서 배달자를 밝힐 이유가 없었다. 디모데는 바울의 편지를 혼자 받아 읽고 그 내용을 숙지하여서 교회의 성도들을 권면하고 명령하였던 것이다.

을 파악하는 것은 하나님께서 살아 계심에 기초한다. 교회를 의미하는 '에 끌레시아'(ἐκκλησία)는 '불러내어 모으다'의 의미를 가지며, 이렇게 모인 공동체는 그 안에 임재하시는 하나님의 살아계심을 인식하고, 그분을 높이며, 즐기는 것이다. 따라서 여기서 '살아계신'(ζῶντος)은 교회 안에 계시며, 교회를 다스리시며, 교회를 통해서 온 세상에 자신의 뜻을 이루시는 하나님의 속성을 표현한다.

셋째, 교회는 진리의 기둥(στῦλος)과 터(ἑδραίωμα)이다. 바울은 종종 교회를 건축물에 비유한다. 건축물이 기둥과 터를 통하여 견고하게 세워지듯이 교회를 든든하게 세우기 위한 기둥과 터는 '진리'이다. 그런데 이 유비에는 진리가 각 교회를 지지하는 기둥과 터라는 의미도 있지만, 교회는 세상에서 확장되고 있는, 하지만 눈에 보이지 않는, 건축물인 하나님 나라의 기둥과 터라는 의미도 있다. 교회 자체가 세상에 세워지는 하나님 나라의 기둥이요 터란 의미이다. 기둥(στῦλος)은 종종 구름과 함께 사용되면서 하나님의 임재를 의미하는데, 이 의미가 확장되어서 교회의 리더를 가리키는 상징적 표현으로도 사용된다(갈 2:9; 비교, 계 3:12). 교회의 리더는, 비유로 말하면, 건물을 세워 가는 데 필요한 기둥과 같이 눈에 보이는 중요한 요소란 뜻이다. 반면, 터(ἑδραίωμα)는 건물이 유지되는 데 필요한 눈에 보이지 않는 지지물이다. 특히 진리가 세워지도록 지지하는 구조임을 상징한다. 흥미로운 점은 고린도전서 3:11과 에베소서 2:20에서는 '터' 혹은 '기초'를 뜻하기 위해서 '테멜리오스'(θεμέλιος)란 단어를 사용하고 있어서, 본문의 '헤드라이오마'와 구별된다. 전자의 터(θεμέλιος)는 큰 건물로의 확장을 위한 기반을 의미한다. 반면 후자인 터(ἑδραίωμα)는 '흔들리지 않음'(immovability) 또는 '영원함'(permanence)을 표현한다.[3] 이렇

3.　ἑδραίωμα는 보통 기초(foundation) 혹은 터의 개념이지만 단순히 잘 다져져서 건축

게 바울이 다른 단어를 선택한 이유는 상황이 달라졌기 때문일 것이다. 바울은 새로운 상황에 맞는 용어를 선택하였는데, '헤드라이오마'는 이단 으로부터 복음을 수호하여 교회가 흔들리지 않고 견고하게 서 있도록 하 는 것에 초점을 둔다(Towner, 2006: 275).

16a절 부사인 '호몰로구메노스'(ὁμολογουμένως)는 다양한 번역이 가 능하다. 직역하면 '고백하건대'이다. 대부분의 영어 번역은 직역하지 않고 강조를 표현하는 '참으로' 정도로 번역한다. '크도다'(μέγα)에 관하여 주석 가들은 당시 에베소에서 널리 성행하던 아데미 여신에 대한 경배를 배경 으로 하고 있다고 주장한다(행 19:28, 34). 이런 견해가 맞다면, 에베소 성 도들이 전에 아데미 신을 경배할 때에 외치던 구호를 예수를 향한 신앙고 백으로 바꾸어 사용한 것이다(Towner, 2006: 277).

'비밀'로 번역된 헬라어 '뮈스떼리온'(μυστήριον)은 디모데전서 3:9의 주해에서 밝힌 것처럼, 현대어의 용례와는 많이 다르다. 반복하면, 현대어 에서는 이해할 수 없는 내용 혹은 사건을 가리키는데, 신약성경에서는 이 해가 되지 않은 측면보다는 이것이 드러난 상태를 강조한다. 하나님의 계 획과 관련하여서 전에는 감추어져 있던 것이 때가 되면서 예수 그리스도 를 통해서 드러난 놀라운 사실을 가리키는 특별 용어다. 요약하면, 예수의 성육신, 하나님 나라의 전파, 십자가의 고난과 죽음으로 부활을 통하여 하 나님의 구원 계획을 이루는 것 등을 가리킨다. 경건은 이러한 비밀, 곧 예 수의 구원 사역이 이루어 놓은 신앙의 핵심이다. 경건에 관해서는 아래 '해설'과 디모데전서 2:2과 디도서 1:1의 주해를 참고하라.

16b절 16절 후반부는 여섯 줄로 된 찬양(Christ-hymn)으로 예수의 구

물의 기초가 되는 장소의 개념이 아니라 전투를 위한 요새와 같이 견고하게 하나 님의 뜻을 보전하고 고수하는 개념으로 볼 수 있다(Guthrie, 100).

원 사역을 노래한다. 이 노래의 첫 단어는 관계대명사 '호스'(ὅς)인데, 이
는 이 노래가 바울 이전 성도들이 영감을 받아 지은 찬송이었으며 바울이
이를 자신의 편지에 인용한 것임을 알려주는 단서가 된다(Marshall, 523).
'호스'는 남성 단수 관계대명사인데, 주절에 남성 단수 명사가 없다. 본문
에서는 중성인 '뮈스떼리온'을 수식하는 것으로 보아야 하는데, 이는 저자
가 '뮈스떼리온'을 남성으로 보았기 때문이다(Towner, 2006: 278). 따라
서 '뮈스떼리온'은 예수를 가리키되 특히 예수의 전 생애를 통하여 드러
난 하나님의 구원 계획을 보여줌을 가리킨다.

16b절는 두 줄이 한 쌍을 이루어서 모두 세 쌍으로 되어 있다. 하지만
세 쌍 사이에는 어떤 분명한 주제의 발전이 보이지 않는다. 예수께서 하
신 일에 대하여 나열해 놓은 것 같다. 첫째 줄은 예수의 성육신을 설명하
지만 성육신만을 가리키는 것이 아니고 예수 생애 전체 혹은 생애 중에
몇 가지 중요한 사건들도 포함한다. 특히 무조건적인 사랑으로 십자가에
달리신 사건이 포함되어 있다(Towner, 2006: 280). 그러나 예수께서 부활
후에 활동한 사건은 포함되지 않는다(Marshall, 524). 헬라어의 '에파네로
테'(ἐφανερώθη, '드러나다')는 비밀(μυστήριον)과 관련하여 감추어진 비
밀이 드러나는 모습을 표현한다. '에파네로테'(드러나다)는 과거(aorist)
수동태로 쓰이고 있어서, 하나님께서 주권적으로 이루신 확정적인 사건
임을 보여준다. 둘째 줄은 첫째 줄과 한 쌍을 이루는데, 처음 두 줄은 서로
대조를 이루며 동시에 서로 보완적이다. 첫째 줄은 육체(σάρξ)의 영역에
서, 둘째 줄은 영의 영역에서 일어난 일의 대조를 다루고 있다.[4] 둘째 줄이
언급하는 예수께서 의롭다고 인정된(vindicated) 사건은 부활을 가리킨다

4.　헬라어 ἐδικαιώθη는 하늘의 영역이 아니라 땅의 영역에서 예수의 사역에 대해서 하
　　나님께서 의롭다고 인정해주심을 의미한다.

(Marshall, 525). 예수는 부활을 통하여 이 세상 권세와 악의 세력에 대항하여서 승리를 확정지었으며 하나님께서 그의 의로움을 인정한 것이다. 따라서 첫 줄은 예수의 성육신에서 십자가까지, 둘째 줄은 예수의 부활을 의미하기 때문에 서로 보완적이다(Marshall, 527).

셋째와 넷째 줄 또한 서로 대조를 이루며, 동시에 보완적이다. 대조가 되는 요소를 살펴보면, 셋째 줄은 하늘의 영역에서 넷째는 땅의 영역에서 있었던 사건이다. 셋째 줄의 '보이셨고'의 원어는 '오프테'(ὤφθη)인데, 천사들에게 예수께서 자신을 보여주신 것(self-exhibition)을 가리킨다. 이 사건이 발생했던 시기는 예수께서 높임을 받아 천군에게 영적인 영역에서 나타나셨던 때로 보아야 한다(Marshall, 526). '그리스도의 승리하심이 천상에서 높여지고 예수의 승리가 그곳에서 펼쳐지는 장면'을 말한다(Towner, 2006: 282). 넷째 줄에서는 관점이 지상으로 옮겨져서 선교의 중요성을 선포한다. 넷째 줄의 중심 내용인 만국에 예수가 전파되는 것은 하나님의 구원계획의 핵심이다(참고, 딤전 2:1-7). 여기서 만국(ἔθνος)에는 유대인도 포함되었다(Marshall, 528; Towner, 2006: 283). 선교는 우주적 영역에서 벌어지고 있으며 교회가 이에 전폭적으로 참여하여야 함을 선포한다. 이 두 줄이 서로 보완적인 것은 예수께서 하늘과 땅에 있는 모든 것으로부터 인정되고 있기 때문이다.

다섯 번째 줄은 네 번째 줄과 연결되어 있다. 따라서 다섯 번째 줄은 땅에서 있었던 일에 관한 것이다. 예수가 만국에 전파됨으로 온 세상의 사람들이 예수를 믿게 되었음을 노래한다. 예수가 전파되었고(네 번째 줄), 그 예수를 세상이 믿게 된 것이다(다섯 번째 줄).

여섯 번째 줄은 내용 파악이 쉽지 않다. '영광 가운데 올려지셨다'에서 사용된 동사인 '아넬렘프테'(ἀνελήμφθη)는 과거(aorist) 수동태형이다. 이 단어가 예수와 함께 쓰일 때는 늘 예수의 승천을 의미한다(Guthrie, 204;

Towner, 2006: 284). 그렇다면, 찬양 전체는 시간의 순서에 따른 설명이 아닌 것이다. 넷째와 다섯째 줄의 내용인 '민족들에게 전파되셨고, 세상에서 믿은 바 되었음'에는 승천 이후의 사건이 포함되어 있기 때문이다. 여섯째 줄의 '아넬렘프테'도 승천의 그 순간을 의미하는 것이 아니라, 승천이란 상징을 통하여 예수께서 영광의 자리에 계신 상태를 찬양하는 것으로 볼 수 있다(Marshall, 528). '영광 가운데'(ἐν δόξῃ)는 예수께서 하늘에서 영광으로 가득한 특별한 장소에 계시다는 뜻이며(Kelly, 92), 영광은 예수의 승리하심에 대한 확증이다. 따라서 찬미의 노래가 영광으로 끝나는 것은 적절하다(딤전 1:11, 17).

3. 해설

본문에는 디모데전서의 저술 목적이 담겨 있다. 교회를 세우기 위하여 다른 교훈에 대항하여서 바른 교훈을 가르칠 것을 알려준다. 이를 통하여 참 신앙을 세우는 것인데, 그 중심에 경건(εὐσέβεια)이 있다. 그리고 바울은 성도들이 경건에 이르기 위하여 예수 그리스도의 생애와 사역을 알고 따르는 것이 필수라고 한다. 그러나 본문에서 '경건의 비밀'의 의미를 찾아내는 것은 쉽지 않다. '비밀'(μυστήριον)은 앞서 주해에서 언급한 대로 숨겨진 하나님의 뜻이 예수 그리스도의 생애와 사역을 통하여 드러난 것을 의미한다. 따라서 9절에서 리더에게 요구했던 '믿음의 비밀'과 같은 맥락의 표현이다(Marshall, 523).

경건은 그리스도인의 대표적인 특징이며, 그리스도인들은 경건으로 세상과 구별되어야 한다.[5] 특히 하나님을 알게 됨으로 이에 반응하면서 살아가는 완전히 새로워진 삶의 특징은 경건함이다. '경건의 비밀'은 예수를 통해서 알게 되었고 얻게 된 '진리의 지식'(딛 1:1)의 핵심이며, 목회서신이 강조하는 바른 교훈의 주춧돌이다. 참 경건은 오직 바른 교훈(곧 영광의 복음)을 통해서만 얻을 수 있다.

---

5.   경건은 그리스도인의 진정한(authentic) 존재(existence) 모습이다(Towner, 2006: 277-78).

제8장
디모데전서 4:1-16
바른 교훈을 가르치기 위하여

디모데전서 2-3장은 바울이 디모데에게 교회를 세우기 위해서 준 명령과 권면이었다. 반면 디모데전서 4장은 디모데 자신이 어떻게 해야 하는가에 관한 권면이다. 디모데전서 4장은 세 가지 주제를 다루는데, 언뜻 보면 이들은 서로 긴밀하게 연결되어 있지 않은 것처럼 보인다. 첫 번째 단락(딤전 4:1-5)의 요지는 이단의 가르침이 일어날 것을 예견하면서, 이를 감사함으로 바로 잡으라는 것이다. 바울은 상한 교훈이 속이는 영과 귀신의 가르침을 통하여 크게 공동체를 어렵게 할 것이며, 사람들이 이에 몰두할 것이라고 예언한다. 특히 상한 교훈은 혼인과 음식물의 문제로 믿는 자들을 미혹할 것이다. 두 번째 단락(딤전 4:6-10)의 주제는 경건함이다. 6-7절은 4-5절의 교훈을 디모데 자신에게 적용한 것으로, 디모데 자신이 먼저 잘 간직하고 다음에 교우들에게 가르치게 되면 디모데 자신도 이 교훈을 통하여 건강하게 양육될 것이라고 한다. 바른 교훈을 힘써 가르치는 것은 이 교훈으로 자신도 성장하는 비결인 것이다. 7b-10절은 경건에 관한 구체적인 가르침이며, 목회서신이 강조하는 경건의 의미를 파악할 수 있는 중요한 대목이다. 바울은 경건에 관한 교훈을 '믿음직한 말씀'의 형식을 사용하여서 강조하며(8절), 이어서 9-10절에서 그는 믿음직한 말씀의 중요성에 대해서 설명한다. 세 번째 단락(딤전 4:11-16)은 나이가 어렸던 디모데가 갖추어야 하는 영적인 전문성에 관한 것이다.

디모데전서 4장에 나오는 3개의 단락은 언뜻 보기에 서로 관련이 긴밀해 보이지 않지만, 실제로는 유기적으로 구성되어 있어 서로의 관계 속에서 해석해야 한다. 특히 디모데전서 4:6을 통하여 첫 번째 단락(4:1-5)의 '감사'에 대한 교훈과 두 번째 단락(4:6-10)의 '경건'에 대한 교훈이 연결된다. 감사와 경건은 디모데가 교우들에게 가르쳐야 하는 중점적인 내용인데, 서로 긴밀하게 연결되어 있다. 감사는 경건을 훈련하는 로드맵의 첫 자리에 있기 때문이다. 또 세 번째 단락(4:11-16)은 디모데 자신이 어떻게 스스로를 훈련해야 하는지를 보여준다. 특히 13절에서 '읽는 것과 권하는 것과 가르치는 것에 전념하라'는 교훈은 경건을 연마하는 데 뺄 수 없는 요소다. 요약하면, 4장 전체는 바른 교사(혹은 목회자)가 보여 주어야 하는 패러다임을 제시한다. 바른 리더는 먼저 자신이 바른 교훈을 익히고 바른 교훈의 본이 되어서 바른 교훈으로 다른 사람을 깨우쳐야 한다. 따라서 독자들은 디모데전서 4장을 통하여 리더의 필수 요건들에 대해서 배울 수 있다. 이 단락에 나오는 주절의 동사들은 모두 명령형이다. 이를 통해 바울이 디모데에게 강하게 권면하고 있음을 알 수 있다.

A. 디모데전서 4:1-5 (바른 교훈의 첫째 요건: 감사)

1. 번역

1 그러나 성령께서 밝히 말씀하시기를 후일에 어떤 사람들이 믿음에서 떠나 속이는 영과 귀신의 가르침에 몰두할 것이라고 하셨습니다. **2** 이런 일은 거짓말쟁이들의 위선을 통하여 발생할 것인데, 거짓말쟁이들은 양심에 불도장을 찍은 사람들로 **3** 결혼을 금하고 음식물을 먹지 말라고 할 것입니다. 하지만 음식물은 하나님께서 믿는 사람들과 진리를 아는 사람들이 감사함으로 취하라고 만드신 것입니다. **4** 하나님이 만드신 것은 모두 선하기 때문에 감사함으로 받는다면 버릴 것이 하나도 없습니다. **5** 이는 하나님의 말씀과 기도로 거룩해지기 때문입니다.

2. 주해

1절 바울은 성령께서 자신에게 후일에 일어날 일을 밝히 알려주셨다고 한다.[1] 이는 바울이 계시를 받았음을 의미한다(Marshall, 537). '밝히'가 이러한 사실을 보여준다. '밝히'는 헬라어로 '흐레또스'($\dot{\rho}\eta\tau\tilde{\omega}\varsigma$)인데, 그가 받은 계시가 참된 것임을 선포하는 형식이다. 또 그가 받은 계시를 다른 사람에게 알릴 때 그들의 마음을 밝혀서 그 내용이 참됨을 선명하게 증거하는 것을 의미한다. '후일'의 해석에 관하여 두 가지 견해가 있다. 단순한

---

1.   이 구절은 디모데전서에서 유일하게 성령께서 교회의 사역과 연관되어 일하심을 나타낸다. 딤전 3:16에 성령이 언급되지만, 교회 안에서 사역하는 것이 아니라, 예수의 구속 사역과 관련이 되어 있다.

미래라는 주장과(*TLNT*, 3:431) 마지막 때를 가리킨다는 것이다(Marshall, 537). 후자의 의미가 더 강하지만, 이를 종말이 오기 직전에 나타나는 필연적인 징조로 보는 극단적인 해석은 피해야 할 것이다.

믿음에서 떠난 사람들은 속이는 영과 귀신의 가르침에 몰두할 것이다. '몰두하다'는 원어는 '쁘로세코'(προσέχω)인데, 마음과 정신을 어떤 곳에 쏟아서 그것에 빠져있는 상태를 뜻한다.[2] 다른 어떤 힘에 의해 홀린 모습이 아니라, 자기 스스로가 그곳으로 빠져들어 가서 그것에 마음을 두고 있는 상태다.

2절 위선은 거짓말쟁이의 전형적인 모습이며, 바르지 못한 교훈에 몰두할 때에 생기는 상한 열매이다. 디모데후서 1:5에서 바울이 편지를 쓴 목적이 거짓 없는(ἀνυπόκριτος) 믿음에서 나오는 사랑이라고 하였다(참고, 딤후 1:5). 거짓말쟁이의 위선과 거짓 없는 믿음은 대조를 이루고 있다. 바울은 매우 강한 표현을 사용하여 거짓말쟁이를 지적하는데, 이들이 양심에 화인을 맞았다고 직격탄을 날린다. '화인 맞다'(καυστηριάζω)는 우리말에서는 전쟁포로나 노예에게 낙인을 찍는 것을 의미하지만, 헬라어에서는 외적으로 식별되는 표식이라기보다는 내면이 영구적으로 마비된 상태를 가리킨다(Marshall, 540). 양심은 의사 결정을 하는 기준을 가리키는데, 이를 통하여 믿음이 양심 가운데 있다(딤전 3:9). 양심은 행동으로

---

2. 목회서신에서 προσέχω(몰두하다)는 성도가 갖추고 있어야 하는 것과 함께 사용되며, 동시에 성도가 피해야 하는 것과도 사용된다. 사람은 어딘가에 몰두하도록 되어 있는데, 바른 교훈에 몰두할 것인가 아니면 상한 가르침에 몰두할 것인가를 선택해야 한다. 딤전 4:13은 전자의 경우이며 딤전 1:4; 3:8; 4:1; 딛 1:14은 후자의 경우다. 전자로서의 '전념하다'는 깨어서 지속적으로 노력하는 모습이다. 반면, 후자로서의 '몰두하다'는 자기도 모르는 사이에 빠져들어, 잘못된 가치를 맹목적으로 붙들고 있는 모습이다.

전환된다(Towner, 2006: 292).³ 이런 기준이 작동하지 못하여서 선한 것을 분별하지 못하는 상태를 의미한다.

3절 이 절은 잘못된 교훈이 주장한 것을 둘로 요약한다. 혼인을 금하고 음식에 관련하여 까다로운 규정을 적용하는 것이다. 이는 극단적 금욕주의로, 외적으로 드러난 몇 가지 행동을 유별나게 지킴을 통하여 자신들의 우월함을 보이려는 것이다. 특히 음식을 통하여 정함과 부정함이 결정된다는 주장은 극단적 율법주의의 모습이다. 3b절은 음식에 관한 바른 교훈을 제시한다. '하지만 음식물은 하나님께서 믿는 사람들과 진리를 아는 사람들이 감사함으로 취하라고 만드신 것'이다(참고, 창 9:3). 이 구절은 문법적으로는 음식물에 관한 문제를 다루지만 실제적으로는 혼인에 관한 바른 교훈도 함의한다(Towner, 2006: 296). 바울에 의하면 하나님께서 음식을 창조한 목적은 사람들이 이것을 감사함으로 취함으로(μετάλημψις) 하나님의 창조 질서 속에 거하도록 하는 것이다.⁴ '취함'에는 음식을 먹는다는 의미도 있지만, 넓게는 하나님의 창조 질서와 통치하심에 참여한다는 뜻도 있다(Towner, 2006: 296).

4절 4절은 3b절에서 언급한 감사함으로 취하는 원리에 대한 설명이다. 바울은 하나님의 창조 질서를 받아들이는 방법을 간략하게 선포하는데, 이는 감사함으로 받는 것이다. 하나님이 만드신 것은 선하여서(καλός) 버릴 것이 없다. 하나님의 창조 속에는 하나님의 선함이 담겨 있는데(창 1:31) 이 선함은 하나님의 질서 속에 있는 '샬롬'(평강)을 경험하는 것이다. 선함은 또한 하나님이 받아 주시는 것을 가늠하는 기준이다. 하나님은 선한 것만 받으신다. '버릴'(ἀπόβλητος) 것이란 폐기 처분의 의미보다는 거

---

3. 양심에 관해서는 딤전 1:5의 주해를 참고하라.
4. 바울은 음식물에 관한 교훈을 창조 질서를 유지하는가, 아니면 파괴하는가를 살펴 보는 테스트 케이스로 삼고 있다.

절의 의미가 더 강하다. 하나님이 창조하신 모든 것은 하나님의 질서대로 또 하나님의 선물로 사용하면, 손해인 듯 보이는 것도 거절할 것이 없다. 하나님이 만드신 원형대로의 창조 질서 속에서는 어떤 것도 그 자체로 더럽지 않다(Towner, 2006: 299).

5절 5절은 4절에 대한 추가 설명이다. 문맥에서는 식탁 앞에서 일어나는 상황을 염두에 둔 것이다. 창조의 질서가 회복되면, 음식은 그 자체로 음식을 섭취하는 사람을 부정하게 만들지 못한다. 오직 감사함으로 받으면 된다(4절). 만약 그래도 마음에 거리낌이 있으면 식탁에서 드리는 기도와 하나님의 말씀으로 거룩함이 회복된다. 그런데 5절의 교훈은 식탁에 놓인 음식물의 거룩해짐에 관한 것만은 아니다. 하나님의 질서 속에는 거룩함이 있고, 하나님의 말씀을 통해서 하나님의 질서는 확립된다. 하나님의 말씀은 피조물을 선하게 한다(창 1:4, 10, 12, 18, 21, 25, 31).

'기도'의 원어는 디모데전서 2:1에서 사용한 '엔떼우크시스'(ἔντευξις, '도고')이다. 이 단어가 여기서 일반적인 의미인 '기도'로 사용되었는지, 아니면 특별한 의미인 '도고(탄원) 기도'로 사용되었는지는 분명하지 않다. 디모데전서 2:1의 네 가지 기도의 종류는 서로 구별되는 요소를 가지고 있기는 하지만, 바울의 생각 속에서 이들이 엄격하게 구별된 것은 아니고 서로 호환되는 부분들이 있다고 보아야 한다. 그리고 헬라어의 '엔떼우크시스'는 도고기도의 의미도 있지만, 하나님의 주권을 인정하면서 이해가 되지 않는 현상을 하나님께 질문하거나, 다른 사람의 어려움을 놓고 하나님께 겸손하게 청원하는 기도를 의미한다. 기도(ἔντευξις)는 본질상 하나님께 의문을 제기하고 자신이 알고 있는 하나님의 질서대로 되기를 청원하는 것이 포함되어 있지만, 결국 이를 통하여 하나님이 주신 것들을 모두 감사함으로 받아들이는 과정인 것이다.

3. 해설

감사에 대한 교훈은 잘못된 가르침이 대세를 이루는 당시의 상황에서 이를 바로 잡는 방법으로 제시되고 있다. 상한 교훈은 하나님의 창조 질서를 거스르는 것이며 반대로 감사는 창조질서 속으로 들어가는 것이다. 5절은 4절에 대한 추가 설명이다. 감사함으로 받으면, 음식물은 하나님의 말씀과 기도를 통하여 하나님이 허락하신 것이다. 이는 기도에 마술과 같은 힘이 있어 기도하는 순간 부정한 것이 정하게 되는 것이 아니라, 하나님의 말씀을 통해 창조의 선한 것이 회복되고 기도를 통하여 선한 하나님의 질서 속으로 들어갈 수 있기 때문이다(비교, Mounce, 242). 문맥에 좁게 제한하여 보면, 5절의 말씀과 기도는 식탁 앞에서 나누는 말씀과 이때 드리는 기도라는 의미로 한정된다(Marshall, 545-47). 하지만 5절이 언급하는 말씀과 기도를 통해 거룩해지는 원리는 좁은 의미로만 해석할 것이 아니라 하나님의 창조 질서, 곧 선한 것에 참여하는 보편적인 방법이라고 볼 수 있다. 4절에 언급된 감사함으로 하나님의 선한 것에 참여하는 원리를 확대하여, 하나님의 말씀과 기도는 음식물에 관해서뿐 아니라, 일반적인 사안들에서도 하나님의 거룩함에 참여하게 하는 통로인 것이다. 디모데후서 2:21은 자기를 깨끗하게 함으로 귀히 쓰는 그릇이 될 수 있다고 한다. 같은 맥락에서 디모데전서 4:5은 자신을 깨끗케 하는 방법으로 감사와 기도를 통해서 거룩하게 되는 원리를 제시한다.

B. 디모데전서 4:6-10 (두 번째 요건: 경건)

1. 번역

6 만약 그대가 이런 것들을 형제들에게 잘 제시하면, 그대는 그리스도 예수의 좋은 일꾼이 될 것이며, 그대 또한 믿음의 말씀과 지금까지 좇아왔던 좋은 교훈으로 양육될 것입니다. **7** 따라서 그대는 망령되고 허탄한 신화를 멀리 하십시오. 반대로 경건에 이르도록 자신을 연마하십시오. **8** 육체를 연마하는 것은 약간의 유익이 있으나 경건은 범사에 유익하기 때문입니다. 경건은 지금과 다가올 세상에서 얻을 생명의 약속을 포함하고 있습니다. **9** 이것은 믿음직한 말씀이며 전적으로 받아들이기에 마땅합니다. **10** 우리는 이를 위하여 수고하며 애쓰는데, 우리는 살아계신 하나님께 소망을 두고 있기 때문입니다. 그분은 모든 사람들의 구주시며 특히 믿는 자의 구주십니다.

2. 주해

6절 '이것들'(ταῦτα)은 '감사함으로 취하는 교훈'을 가리킨다(딤전 4:3b-5).[5] 디모데의 임무는 교우들이 하나님이 창조하신 것들을 감사함으로 받아들이도록 제시하는 것이다. 여기서 '제시하다'의 헬라어인 '휘뽀띠테미'(ὑποτίθημι)는[6] 위험을 무릅쓰면서 분명하게 드러내는 것을 뜻한다.

---

5. 다수의 학자들은 딤전 4:1-5로 보지만(Oberlinner, 188; Marshall, 548), 일부 주석가들은 딤전 2:1-4:5로 넓게 보기도 한다(Fee, 1984: 110).
6. 개역개정, 개역한글 그리고 새번역은 모두 '깨우치다'로 번역한다.

따라서 '제시하다'는 담대함을 전제로 하는데, 이는 그가 제시하는 내용에 대한 확신 때문에 생긴 것이다.[7] 이를 통하여 하나님의 일꾼으로 인정이 된다(비교, 딤후 2:15). 또 디모데 자신 또한 좋은 영적인 양분을 공급을 받는다. 양분을 공급하다의 헬라어는 '엔뜨레포'(ἐντρεφω)는 '영양을 공급하다'(nourish)는 뜻으로 스토아 철학자들이 자주 사용하던 용어였다 (Epictetus 4.4.48; Hanson, 89에서 재인용). 개역개정판은 '양육받다'로 번역하였는데, 이 번역은 '빠이데우오'(παιδεύω)와 혼선을 일으킬 우려가 있다.

7a절 바울은 잘못된 가르침을 신화라고 부르며, 이를 멀리하라고 한다. 신화에 관해서는 이미 디모데전서 1:4에서 주해하였다. 요약하면, 신화는 육체적인 사랑과 질투와 강한 자의 지배의 이야기로 양육강식이 그 중심에 있다. 또 신화는 듣는 사람들로 하여금 기적과 같은 힘에 매료되게 하며, 흥미만을 자극하는 이야기다. 따라서 신화에는 인간의 근본적인 고난이나 죄의 문제를 해결하는 사랑이나 긍휼 그리고 평안에 관한 교훈은 쉽게 찾을 수 없다. 헬라어의 '멀리하다'(παραιτέομαι)는 강한 어조의 단어다. 개역개정판은 이것을 '버리고'로 번역하였다. 바울이 강한 어조로 '멀리하라'(버리라)고 명령한 이유는 당시 많은 사람이 신화에 매료되는 현상이 현저하게 있었기 때문이다. '멀리하다'로 번역한 '빠라이떼오마이'는 목회서신에는 총 4회 사용된다(딤전 4:7; 5:11; 딤후 2:23; 딛 3:10).[8] 이

---

7. 하지만 이 단어 속에 사도로서의 권위가 담겨있다고 확증할 수는 없다(Marshall, 548). 영어의 suggest(제안하다)보다는 훨씬 강한 의미가 있다. 중요 영어번역은 point out(NIV; NASB; Towner, 2006: 301), put before(ESV)이다.

8. 강한 어조의 '멀리하라' 혹은 '거절하라'의 용례를 살펴보면 다음과 같다. 첫 번째는 망령되고 헛된 신화를 멀리하는 것이다(딤전 4:7). 이는 경건을 연마하는 데 방해가 되는 것들은 단호히 멀리하라는 의미로 해석하면 좋다. 두 번째는 젊은 과부는 과부의 명부에 절대로 올리지 말라는 금지의 의미다(딤전 5:11). 교회에서 귀

네 가지 용례를 종합하면, 바울이 '멀리하다'(παραιτέομαι)를 사용한 것에
는 공동체의 순수성을 보전하려는 의지가 분명하게 나타난다. '멀리하다'
는 먼저 나쁜 교훈의 영향력을 철저하게 차단하는 것이다. 나쁜 교훈은
연기와 같은 침투력을 가지고 있기 때문에 이를 차단하여야 한다. '멀리하
다'는 이러한 필요를 보여주는 용어다. 또 '멀리하다'는 이미 침투한 나쁜
교훈의 영향력을 말끔하게 청소하는 것도 포함한다. 건강한 공동체는 바
른 교훈에 서야 하며, 동시에 멀리해야 할 것을 단호하게 차단해야 한다.

7b-8절 바울은 경건에 이르도록 자신을 연마하라고 한다. 여기서 경
건을 연마하라는 교훈은 다른 사람에게 가르치기 전에 자신이 먼저 실행
해야 하는 교훈이다. 바울은 디모데전서 4:6에서부터 디모데가 자신을 위
해서 먼저 해야 할 일을 알린다. 디모데전서 4:6에서 바울은 감사의 교훈
(1-5절)을 디모데 자신에게 먼저 적용해야 한다고 알린다. 이어서 바울은
상한 교훈을 이기는 방법으로 경건을 연마할 것을 제시한다(딤전 4:7b).

'경건'(εὐσέβεια)은 목회서신에서 가장 중요한 단어 중 하나다. 바른 교
훈은 반드시 경건을 낳지만, 상한 교훈은 절대로 경건에 이르도록 할 수
없다. 즉, 경건은 바른 교훈과 상한 교훈을 구별하는 기준이다. 바른 교훈
에는 경건이라는 열매가 따르기 때문이다. 경건에 관해서는 디모데전서
2:2의 주해를 참고하라. 이를 요약하면, 경건은 신앙의 가장 중요한 요소
로, 다음 세 가지 내용을 포함하고 있다. (1) 언약 안에서 하나님을 섬기는
것이며, (2) 하나님을 아는 지식에 근거하며, (3) 하나님을 두려워하는 것

하게 여기는 위치에 덕이 되지 않는 사람은 절대로 허락해서는 안 된다는 의미다.
세 번째는 어리석고 무식한 논쟁은 철저히 멀리하라는 교훈이다(딤후 2:23). 공동
체 안에서 분란과 다툼을 일으키는 말싸움은 철저하게 피해야 하며 단호하게 거
부해야 할 것이라고 한다. 네 번째는 이단에 속한 사람을 멀리하라는 명령한다(딛
3:10). 이단은 가까이 하면서 변화시켜야 할 대상이 아니라, 한두 번 권한 후에 멀
리해야 한다는 것이다.

이다. 경건한 사람은 하나님을 아는 일에 열심을 낸다. 경건은 하나님에
대해서 아는 것에 열심을 내게 할 뿐 아니라, 하나님의 뜻을 세상에 드러
내는 데 힘쓰게 한다. 또한 경건한 사람들은 하나님께서 만들어 놓은 창
조의 질서 속에서 조화를 이루며 살기 위해서 애쓴다(딤전 4:4-5).

'연마하다'의 헬라어는 '귐나조'(γυμνάζω)인데, 문자적으로는 육체를
훈련하는 것을 의미하지만, 헬라 문화에서의 '귐나시아'(γυμνασία)는 음
악과 수사학까지를 포함하여 훌륭한 시민이 되도록 종합적으로 연마하는
프로그램이었다. 특히 육체의 단련을 위해서 서로 심하게 경쟁하게 하였
다.[9] 육체를 연마하는 것은 헬라 문화에서는 최선의 교육이고 중요한 가
치였다.[10] 그 안에는 종합적인 인간으로서의 실력을 함양하도록 지성과 표
현력과 예술적인 훈련이 포함되어 있었다. 그런데 바울은 이런 육체의 단
련이 약간만 유익하다고 도전한다. 당시 사람들이 크게 가치를 두던 것을
평가 절하한 것이다. 이는 영적인 단련의 중요성을 부각하기 위한 수사학
적 표현이었다. '경건의 연마'는 영적 단련으로, 하나님의 사람으로 세워
지기 위해 유익한 훈련이기 때문이며, 그 안에는 성품을 갖추는 것도 포
함되어 있었다(참고, Marshall, 551). '약간'으로 번역된 헬라어의 '쁘로스
올리곤'(πρὸς ὀλίγον)은 중요성의 정도가 조금만 있다는 뜻도 되지만, 유
익함의 기간이 짧다는 의미가 더 강하다(Marshall, 551). 육체의 연마는 이

---

9. 켈리(Kelly)는 육체의 연마를 은유적으로 보아서 당시 헬라 사람들이 힘쓰던 문자
   적 의미의 육체의 단련이 아니라, 딤전 4:3에 언급된 금욕주의적인 경향이라고 해
   석한다(Kelly, 100). 하지만 문맥에서 보면 3절의 금욕주의적인 가르침은 약간의 유
   익도 없다고 바울이 주장한 것으로 보아야 한다.
10. 이러한 헬라 문화는 고대 그리스의 문화에서 유래되었다. 고대 그리스의 교육은
    학문, 육체 단련, 예술 등이 균형을 이루는 전인 교육이라고 할 수 있다. 따라서 그
    리스 문화에서 '귐나지움'(체육관), '스타디움'(운동시합장), '히포드롬'(대전차 경
    기장), '팔라이스트라'(레슬링 훈련장) 등은 사회와 뗄 수 없는 교육 시설이었다.

세상에서만 유익한데, 그 기간은 유한하며 짧다. 지금과 다가올 세상에서 얻을 생명의 약속은 오직 미래에만 효능이 있는 것이 아니라, 이 땅에서 이미 미래에 누릴 것을 미리 맛보며 완성될 약속을 사모하게 한다. 이 약속은 반드시 이루어지기 때문이다(Towner, 2006: 308). 범사에 유익한 것은 그 기간이 금생에만 한정된 것이 아니다. 지금부터 영원까지 유익한 것이어야 한다.[11] 또 바울이 제시하는 영적인 훈련으로써의 경건은 6절에서 보듯, 자신이 먼저 연마하고 그것으로 다른 사람들을 깨우쳐야 한다. 이 과정은 자신에게도 큰 유익이 된다. 경건이 범사에 유익한 이유는 자신이 먼저 경건함으로 유익을 얻고, 또한 그것으로 남을 세우기 때문이다.

9절 본문의 '믿음직한 말씀'(πιστὸς ὁ λόγος)은 바울이 당시 교회에서 널리 고백하던 말씀을 인용하는 형식인데, 목회서신에 총 5회 사용된다. 본문은 이 중 세 번째 용례다. 그런데 믿음직한 말씀의 내용이 무엇이냐에 관해서는 학자들 사이에 견해가 일치하지 않는다. 가장 설득력 있는 견해는 8절로 보는 것이며, 10절은 8절에 대한 보충설명이라고 보는 것이다(Marshall, 554).[12] 바울은 디모데에게 믿음직한 말씀은 전체를 그대로 받아들여야 한다고 강조한다. 개역개정판은 모든 사람이 받을 만하다고 번역하나, 원어 본문을 직역하면 사람들이 '믿음직한 말씀'을 일체의 가감 없이 받아야 한다는 의미(full acceptance)가 더 강하다(ESV, NIV, NASB).

---

11. 참고, 하이델베르크 요리문답 1문과 1답은 다음과 같다. 1문: "살아서나 죽어서나 당신의 유일한 위로는 무엇입니까?" 답: "살아서나 죽어서나 나는 나의 것이 아니요, 몸도 영혼도 나의 신실한 구주 예수 그리스도의 것입니다." 하이델베르크 요리문답에 의하면, 금생과 내생에 약속이 있는 것은 '우리가 하나님께 속해 있다'는 것이다.

12. 다른 견해는 믿음직한 말씀을 8b절로 보는 견해(Kelly, 101; Fee, 1984: 104-5), 혹은 10절로 보는 견해(Roloff, 240), 혹은 10b절로 보는 견해(NIV), 8절과 10절로 보는 견해 등이다.

10절 '이를 위하여'는 앞에 언급한 내용을 가리킨다(특히 8절). 바울은 경건을 위하여 수고하고 애쓴다고 기록하는데, '수고'와 '애씀'은 모두 복음을 전하며 교회를 세우는 과정에서 감수해야 하는 것들이다(Marshall, 555; 참고, 골 1:29). '수고하다'(κοπιάω)는 목적을 위해서 열심히 노력하는 모습이다. '애쓰다'는 헬라어로 '아고니조마이'(ἀγωνίζομαι)인데(Knight, 1992: 111), 디모데전서 6:12과 디모데후서 4:7에도 쓰이며 개역개정판은 '힘쓰다'로 번역한다. 헬라 사람들의 생각에 '아곤'(ἀγων) 혹은 '아고니조마이'(ἀγωνίζομαι)는 도덕성을 지키기 위해 자신과 씨름하는 내면의 갈등(conflict)을 표현한다(Marshall, 555). 하지만 신약성경에서 '아곤'은 도덕성을 위한 씨름을 넘어서 적대자들로 둘러싸인 환경에서 믿음의 공동체가 믿음과 복음을 지키면서 난관을 헤쳐나가는 과정을 묘사한다(빌 1:30; 살전 2:2; 골 1:29). 또 이를 위하여 열심히 기도하는 것도 씨름에서 뺄 수 없는 필수 요소였다(롬 15:30; 골 4:12).

바울은 경건을 위하여 수고하고 애쓰는 삶을 살아야 한다고 권면한다. 여기서 경건이란 신앙생활 자체를 의미하는 것으로 보아야 한다(참고, '경건의 비밀', 딤전 3:16; 비교, 약 1:26-27). 이어서 바울은 이렇게 수고하고 애써야 하는 이유를 제시한다. 이는 하나님께 소망을[13] 두었기 때문이다(딤전 5:5; 딛 1:2; 2:13; 3:7). 우리가 소망을 두는 하나님은 살아 계시며 모든 사람의 구원자이며 특히 믿는 자를 구원하시는 분이다. 이러한 하나님 이해는 바울 신학의 중심에 위치하고 있다. 하나님의 구원 계획은 살아계신 하나님의 주권적인 통치이며, 그런 하나님은 모든 사람을 구원에 이르게 하는 열린 계획을 가지고 계시기 때문이다. 물론 이는 모든 사람

---

13. 소망에는 세 가지 요소가 동시에 내포되어 있다. 미래에 대한 기대감, 미래에 좋은 일이 일어날 것에 대한 신뢰 그리고 이를 기다리고 인내하는 것이다(Bultmann, *TDNT*, 2:531).

이 구원을 위해서 선택되었다는 뜻이 아니라, 구원의 계획이 모든 사람에게 유효하다는 뜻이다. 구원에는 보편성(universal nature)과 특별성이 모두 나타난다.

3. 해설

본문의 교훈은 디모데에게로 집중된다. 바울은 디모데를 좋은 '일꾼'(διάκονος)으로 세우기 위해서, 적대자들과 바르지 못한 교훈이 팽배한 환경 속에서 교회의 젊은 리더가 무엇에 집중해야 하는지를 제시한다. 6절은 첫 단락(4:1-5)의 가르침인 감사와 두 번째 단락(4:6-10)의 가르침인 경건의 교훈을 이어준다. 둘 다 좋은 일꾼이 익히고 가르쳐야 하는 바른 교훈의 핵심으로 제시된다. 6절은 좋은 일꾼이 되는 길을 세 가지로 제시하는데, 이는 첫 단락에 기반을 둔 것이며 두 번째 단락에도 적용된다. 첫째, 디모데 자신이 먼저 양육되어야 한다. 바울은 디모데가 바른 교훈을 전할 때에, 디모데 자신도 자신이 전하는 교훈을 통하여 양분을 얻게 될 것을 알고 있었다(참고, 고전 9:27). 좋은 일꾼은 다른 사람을 가르치면서 자신 또한 끊임없이 성장한다. 바른 교훈은 전하는 자와 배우는 자 모두에게 영적인 영양분이 공급되기 때문이다. 자신의 성장이 없는 일꾼은 좋은 일꾼이 아니다. 좋은 일꾼은 바른 교훈으로 사람들을 깨우치는 역할을 감당하기 때문에 자신이 먼저 깨어있어야 한다. 그럴 때 바른 교훈을 제시(ὑποτίθημι)할 수 있다. 둘째, 좋은 일꾼은 감사함으로 하나님이 주신 것을 취하는(μετάλημψις) 원리(딤전 4:3)를 잘 익히고 있어야 한다. '잘 익히고 있다'는 뜻은 감사의 삶이 외적으로 식별될 정도로 나타나야 한다. 셋째, 디모데 자신이 지금까지 좇아왔던 교훈을 제시하는 것이다. 자신의 삶

속에서 충분히 검증된 것을 자신 속에 녹아들게 한 후에 전하는 것이다. 노트나 메모를 보고 간신히 기억해낸 내용을 전한다면 상대에게 깊은 깨달음을 줄 수 없다. '좇아오다'의 헬라어는 분사형으로 '빠레꼴루테까스' (παρηκολούθηκας)이다. 이는 자유롭고 유연하게 리듬을 타면서 따라가는 모습인데, '마음으로 따르다' 혹은 '이해가 되어서 좇아가다' 혹은 '자기 것으로 만들면서 따르다' 등을 함의한다(Knight, 1992: 195). 시제는 완료형인데, 이제까지 잘 좇아왔고 그 결과가 너무 선명하여서 앞으로도 계속 따를 것을 의미한다. 이렇게 예수의 가르침을 따를 때 그리스도와의 연합이 이루어지는 것이다.

이어서 바울은 경건에 관하여 가르치면서 목회서신에서 세 번째로 '믿음직한 말씀'을 제시한다. 경건이 얼마나 유익한가를 보이기 위해서 이를 육체를 연마할 때 얻는 유익과 비교한다. 당시에 육체를 연마하는 것은 대단히 유익한 것으로 여겨졌다. 이를 지금에 적용해 보면, 운동으로 단련된 선수들이 만들어 내는 경제 가치는 어마어마한 것에 비유할 수 있다. 이런 경제 원리를 제외하더라도 잘 단련된 몸은 자기 자신에게 자신감을 줄 뿐 아니라 보는 사람에게도 신뢰를 준다. 잘 가꾸어진 몸매는 많은 사람에게 선망의 대상이며, 육체의 건강은 어느 시대이든 가장 중요한 가치 중 하나다. 그런데 바울은 이런 육체의 연마보다 훨씬 유익한 것이 경건을 연마하는 것이라고 선언한다. 충격 요법을 사용한 것이다. 만약 바울이 21세기에 경건에 대해서 설교한다면, 연예인처럼 육체를 가꾸거나 프로 운동선수들처럼 육체를 훈련하여서 얻는 막대한 경제적 수익과 인기는 대단해 보여도 역시 한순간의 것이며, 영원한 가치가 있는 경건의 가치를 최우선으로 두어야 한다고 역설할 것이다. 하지만 현대인들은 여전히 육체를 통한 커다란 경제적 수익과 인기를 한 몸에 얻는 것을 영원한 가치처럼 여길 것이다. 실제로 육체를 연마하여 세상의 이목을 끄는 수준에 오르려면, 타고난 것과 피나는 노력이 있어야 한다. 참 성도들은 경건의 소중함을 절감하여서, 경건에 이르기를 연마하는 것을 육체를 연마하여 성공을 추구하는 사람들보다 더욱 열심히 수행해야 할 것이다.

C. 디모데전서 4:11-16 (바른 리더의 패러다임)

1. 번역

11 그대는 이것들을 명하고 가르치십시오. **12** 그 누구도 그대가 어리다고 쉽게 보지 못하게 하여야 합니다. 오히려 그대는 말함과 행실과 사랑함과 믿음과 정절에 있어서 믿는 사람들의 본이 되어야 합니다. **13** 내가 갈 때까지 읽는 것과 권하는 것과 가르치는 것에 전념하십시오. **14** 그대는 그대 속에 있는 은사를 소홀히 다루지 말아야 합니다. 이는 장로회가 안수할 때에 예언을 통하여 그대에게 주신 것입니다. **15** 그대는 수고가 따르더라도 이에 몰두하십시오. 그렇게 하면 그대의 발전함이 모든 사람들에게 드러날 것입니다. **16** 그대 자신과 가르침을 살펴보십시오. 그리고 그 일을 계속하십시오. 이렇게 행함으로 그대는 그대 자신과 그대의 가르침을 듣는 사람들을 구원할 것입니다.

2. 주해

11-12절 바울은 디모데가 집중해야 할 것을 가르쳐 주고 있다. 바울은 디모데에게 명하고 가르치라고 한다. '명하다'(παραγγέλλω)는 권위 있는

교회리더가 가르침을 명령의 형식으로 전하는 모습이다(Marshall, 558-59). 12절에는 바울의 우려가 담겨 있는데, 디모데의 나이가 연소했기 때문이다.[14] 바울은 누구보다도 디모데가 목회를 하던 에베소 교회에 서려있던 어려움을 잘 알고 있었기 때문에, 나이가 어리고 경험이 적은 디모데가 감당하기에 벅찰 것으로 예측하였다. 이런 상황에 처한 디모데에게 바울은 좋은 리더십에 관하여 설명한다. 좋은 리더십은 본을 보이는 것이며 이는 나이나 경력을 초월하여 영향력을 발휘한다. 12절에서 '본'의 헬라어는 '뛰뽀스'(τύπος)인데, 이 단어는 후에 영어에서 '타입'(type)으로 발전한다. 다른 사람이 따르고 싶은 '타입'이 되는 것이다. 이는 명확하게 예(determinative example)를 제시하는 것을 통하여 드러난다(Spicq, 513). 이렇듯 '타입'이 되기 위해서는 확고한 신앙이 자리 잡고 있어야 가능하다. 확고한 신앙의 본질은 복음이다. 본이 되는 사람은 복음에 의해서 형성된다(*TDNT*, 3:249-50). 믿음의 공동체에는 따라가야 할 본(타입)이 있어야 한다. 이렇게 본이 되는 사람들을 통하여 공동체원들의 믿음의 질이 향상된다.

12절에서 바울은 본이 되어야 하는 영역을 다섯 가지로 제시하는데, 말함과 행실과 사랑함과 믿음(충성됨)과 순결함(정절)이다. 이들은 신앙의 모든 주제를 거의 다 포함한다. 그런데 이들 다섯 사이에 공통적인 요

---

14. 디모데가 당시 몇 살 정도였을까? 이에 대한 주석가들의 추론은 다양하다. 적게는 25세(Easton, 146)에서 많게는 40세이며, 대부분은 30대 초반으로 본다(Marshall, 560). 예레미아스(Jeremias)에 의하면 디모데가 주후 49년에 부름을 받았음으로 디모데전서가 쓰일 무렵 나이는 30대였다고 본다(Jeremias, 34; Marshall, 560에서 재인용). 한편 신약성경에서 연소함에 해당하는 헬라어 νεότητος는, 충실하게 여호와를 섬겨 온 사람들은 어려서부터 여호와의 법을 지켰음을 확인하는 문맥에서 사용된다. 따라서 이 단어가 함의하는 바는 연소함이 연약함의 이유가 되기도 하지만, 어려서부터 탄탄하게 신앙의 기반을 닦아 온 모습도 된다. 어쩌면 주석가들의 생각보다 디모데의 나이가 조금 더 어렸을 수도 있다(막 10:20; 눅 18:21; 행 26:4).

소는 없고 모범적인 신앙으로부터 비롯되는 행동 양식들을 나열해 놓은 것으로 보인다. 다섯 번째인 정절(순결함)은 '하그네이아'(άγνεία)인데, 사람의 성품 혹은 동기를 말할 때는 순결함(purity)을 의미하고, 이러한 순결함에서 비롯되는 행동 양식을 가리킬 때는 '정절'로 번역할 수 있다.

13절 바울은 디모데가 전념해야 하는 것을 제시한다. 이는 읽는 것과 권하는 것과 가르치는 것이다. 리더는 기본이 충실하게 갖추어져 있어야 다른 사람들에게 본이 될 수 있다. 읽는 것과 권하는 것과 가르치는 것은 영적인 리더가 갖추어야 하는 기본이다. 이 셋은 서로 긴밀하게 연관되어 있다. 읽는 것은 기초 중의 기초이며, 읽는 것에서부터 권하는 것은 자연스럽게 나오게 된다. 권하는 것과 가르치는 것의 차이는, 전자는 삶의 스타일에서 자연스럽게 묻어나며, 후자는 비성경적인 가르침을 예리하게 지적하면서 바른 교훈을 제시하는 것이다(Marshall, 563). 요약하면, 리더는 깊고 넓게 읽어야 하며, 설득력 있게 권해야 하며, 정확하게 가르쳐야 한다. '전념하다'의 헬라어는 '쁘로세코'(προσέχω)인데, 이는 어떤 일에 자신의 영혼을 집어넣어서 행하는 모습을 묘사한다. 그 일에 애착을 가지고 있어 쉽게 중단하지 않을 것 같은 상태를 가리킨다. 따라서 13절의 '전념하다'는 읽는 것과 권하는 것과 가르치는 것이 몸에 자연스럽게 배어 있음을 의미할 뿐 아니라 이것들을 즐거이 계속해서 수행하는 것을 의미한다.

14-15절 이 두 절에는 해야 할 것과 하지 말아야 할 것에 대한 명령이 교차하고 있다. 14절에서 바울은 디모데에게 은사를 소홀히 여기지 말라고 한다. 바울은 디모데가 효과적으로 사역할 것으로 확신하고 있었는데, 이는 그에게 은사가 있었기 때문이다. 바울은 디모데가 그 은사를 잘 사용한다면, 누구도 그를 쉽게 생각할 수 없다고 믿었다. 바울이 여기서 언급한 '은사'(χάρισμα)는 크게 두 가지 의미로 쓰인다. (1) 하나님이 주신 선물인 성령이 곧 은사이며, 또 성령과 관련되어서 그리스도인들에게 보편

적으로 나타나는 성품이나 덕 또한 은사라고 부른다.[15] (2) 그리스도인 각
자에게 개별적으로 주신 다양한 재능 또한 은사다(Marshall, 564).[16] 그런
데 목회서신에서 '카리스마'(은사)는 하나님께서 일꾼에게 구체적인 임무
를 수행할 수 있도록 공급하시는 영적인 선물이지, 개인의 자랑을 위하여
준 것이 아니다.

　'소홀함'(ἀμελέω)은 소명을 수행하는 과정에 나타나는 대표적인 내적
방해물이다. 바울이 우려했던 것은 소홀함으로, 이것은 디모데가 받은 은
사를 사용하지 않는 것이었다(참고, '은사를 불일 듯 일으키는 것', 딤후
1:6). 바울은 디모데가 은사를 소홀히 대하지 않게 하기 위하여 그가 받은
은사는 안수하는 동안에 수여된 것임을 강조한다. 안수하는 '동안'(μετὰ)
안수라는 특별한 의탁과 함께, 이 의탁을 감당할 은사가 주어진 것으로
보아야 한다. 본문에는 은사와 예언이 깊게 연결되어 있지만,[17] 은사는 꼭
예언이라는 수단을 동반하는 것은 아니다. 은사는 사명을 감당하도록 수
여된다. 장로회의 안수는 디모데에게 소명을 확인해 주는 예식이었는데,
이때 그는 성도들을 바로 세우라는 예언을 받으면서, 이를 감당할 은사도
받은 것이다. 다만, 이 은사가 예언과 같은 시간에 수여된 것은 아닐 수도

---

15. 성령 자신이 선물인지 성령으로부터 비롯되는 어떤 것들이 선물인지 구별하려는
시도가 있었지만, "이런 구별은 인위적"이다. "적어도 목회서신에서 성령 자신은
하나님의 선물로 이해되고 있다. 그분의 영향이 다양한 신령한 요소들 속으로 스
며든 것이다"(Marshall, 654).
16. 은사에 관련된 대표적인 구절은 다음과 같다. 롬 12:6; 고전 7:7; 12:4, 9, 28, 30, 31;
딤후 1:6; 벧전 4:10.
17. 또 은사는 '예언으로' 주어졌다고 한다. '예언으로'의 원문은 '디아 쁘로페떼이아
스'(διὰ προφητείας)인데, 전치사 '디아'는 목적격 혹은 소유격과 함께 쓰인다. 문제
는 예언을 의미하는 '쁘로페떼이아스'는 목적격 복수로 볼 수도 있고 소유격 단수
로 볼 수도 있다. 전자의 경우는 동반(with accompanying prophecies)의 의미로 후자
는 수단(by means of prophecy)의 의미로 보아야 한다. 문맥에서는 전자로 보는 것
이 자연스럽다.

있다. 또 여기서 예언은 묵시적 방법으로 바울 혹은 디모데에게 직접 계
시된 것일 수도 있고, 당시의 모임 가운데 누군가가 공적으로 선포한 말
씀에 모두가 공감하여 그 내용이 하나님이 주신 것으로 인정하는 것일 수
도 있다.

15절은 디모데가 해야 할 것에 관한 명령이다. 개역개정판은 원문의
두 개 문장을 한 단어로 압축하여 '전심전력하여'로 번역하였다. 원어로는
'고통스럽도록 연습하라'와[18] '그 속에 빠져 있으라'이다.[19] 이를 통하여 헬
라어가 제시하는 전심전력의 모습을 헤아려 볼 수 있다. 전심전력이란 고
된 연마 과정에 빠져 있는 상태인 것이다. 리더가 은사를 가지고 전심전
력하면 반드시 '진보'가 나타난다. 진보는 리더가 바른 교훈을 붙들고 있
을 때에 나타나는 열매다. 진보의 헬라어는 '쁘로꼬뻬'(προκοπή)인데, 개
역한글판은 진보라고 번역하였지만 개역개정판은 성숙함으로 바꾸었다.
새번역은 '발전하는 모습'으로 풀어서 번역하였다. '쁘로꼬뻬'가 강조하는
것은 발전하는 과정을 포함하여서 그 결과에서 모두 발전하는 모습이 드
러나는 것이다. 리더가 전심전력하며 꾸준히 발전하는 모습을 보여 주는
것은, 그가 붙들고 있는 것이 바른 교훈임을 입증하는 매우 효율적인 방
법이다.

16절 '성찰하다'의 헬라어인 '에뻬코'(ἐπέχω)는 꼭 붙잡고 있는 모습

---

18. 원어의 '멜레따오'(μελετάω)는 다양한 의미를 내포하는데, 육체적 혹은 생각의 훈
련을 의미하거나 어떤 것을 중요하게 다루는 것을 가리킨다. 어떤 것을 소중하게
다루는 것도 훈련인 것이다. 리더가 갖추어야 하는 훈련에는 육체훈련, 생각훈련
그리고 소중히 다루는 훈련이 골고루 잘 되어 있어야 한다.
19. 원어는 '에이미'(εἰμί)의 2인칭 단수 현재 명령형이다. 의미는 '몰입하다'인데, 전
투적이라기보다는 사명에 이끌려 어떤 일에 집중해서 빠져 있는 상태. ESV의
immerse는 적절한 어휘선택이다. 헬라어의 현재 명령형은 시제라기보다는 행동의
양태인데, 지속 혹은 반복을 의미한다. 따라서 '계속 그 속에 머물러 있게 하라'는
의미이며, 좋은 일에 건강한 몰입 상태를 묘사한다.

(빌 2:16) 혹은 자신의 관심을 어떤 곳에 고정해 놓은 상태를 가리킨다(눅 14:7; 행 3:5). 그리고 계속 그 관심 속에 머물러 있는 모습을 보여주기 위해서 '에삐메노'(ἐπιμένω)도 함께 사용되고 있다. 이는 중단 없이 지속하는 것을 보여준다. 바울은 디모데에게 자기 자신 뿐 아니라 전수받은 가르침을 면밀하게 성찰하고, 이렇게 성찰하는 것을 끈질기게 계속하라고 명령한다. 개역개정판의 번역은 다소 불분명하다. 마치 15절의 전심전력하는 것 혹은 진보를 이루는 것을 계속하라는 것처럼 보이나, 16절이 말하는 계속할 것은 '성찰하는 것'이다. 자신을 성찰하고, 또 자신이 붙들고 있는 가르침을 성찰하고 나아가서 자신이 가르치는 내용을 성찰하는 것이다. 따라서 가르침을 성찰하는 방법은 그것을 자신에게 엄격하게 적용하면서 열매가 나타나는지를 살피는 것이다.

3. 해설

디모데전서 2-3장은 바울이 디모데에게 교회를 세우기 위해서 준 명령과 권면이었다. 반면 디모데전서 4장은 디모데 자신이 어떻게 해야 하는가에 관한 권면이다. 이는 세 가지 주제로 구성되어 있는데(딤전 4:1-5; 6-10; 11-16), 주제는 느슨하게 연관되어 있지만 디모데에게 적용하는 방식에서는 논리적인 발전이 나타난다. 복음에 대한 적대가 팽배해지며, 다른 교훈이 판을 치는 상황에서 디모데가 갖추어야 할 것을 세 가지로 다룬다. 감사함(딤전 4:1-5)과 경건함(딤전 4:6-10) 그리고 영적인 전문성이다(11-16절). 본문에서는 리더가 일반적으로 갖추어야 하는 패러다임을 디모데에게 제시하며 이를 먼저 자신이 익히고 본이 되어서 다른 사람을 깨우치라고 권한다. 따라서 독자들은 디모데전서 4:11-16을 통하여 리더의 필수 요건들에 대해서 배울 수 있다.

첫째, 바울은 13절에서 전념(προσέχω)해야 할 것을 보여준다. 리더는 기초적인 것에 전념해서 기초를 충실하게 다져야 한다. 리더가 사용하는 힘과 시간은 기본을 충실하게 하는 것에 할당되어 있어야 한다. 즉 꾸준하게 학습하고(ἀνάγνωσις, '읽기'), 열심히 설교하고 설교한 대로 살려 하며 (παράκλησις, '권하기'), 기회가 열리는 대로 교우들을 훈련하며, 말씀을 가르치는 일(διδασκαλία, '가르치기')에 전념하는 것이다.

둘째, 리더는 자신에게 있는 은사를 사용하여서 전심전력하면서 시간이 지날수록 발전하는 모습을 보여주어야 한다(14-15절). 하나님께서 주인이신 공동체는 생명력이 있고, 생명력이 있는 공동체 안에서는 성장이 일어난다. 이 성장은 리더를 통해서 더욱 구체적으로 드러나야 한다. 리더 자신이 누구보다 더 깊고 넓은 성숙을 체험하고 있어야 한다. 바울은 만약 디모데가 이미 받은 은사를 제대로 사용하기만 한다면, 공동체를 이끌기에 충분한 발전을 보일 수 있다고 확신한다. 이때 발전을 가리키는 헬라어 단어 '쁘로꼬뻬'(진보)는 다른 사람의 눈에 보일 정도로 발전을 보이는 것을 말한다(빌 1:12, 25). 바울에 의하면, 리더의 임무는 교우들이 사역을 할 수 있도록 준비시키는 것이며, 이를 통하여 온 교회는 다 함께 영적인 성장을 이루게 된다고 주장한다(엡 4:11-16; 빌 3:12-16; 골 2:6-7, 19). 리더가 자신의 성장과 성숙을 경험하지 못한다면 공동체는 머지않아 역동성을 잃게 될 것이다. 리더의 발전은 그가 바른 교훈 위에 서 있다는 결정적인 증거다.

셋째, 리더는 자신을 살피는 임무를 계속할 수 있어야 한다(16절). 헬라어의 '에삐메노'는 '머물러 있다'를 의미하는 '메노'에 '에삐'가 추가된 단어다. 바울은 예수의 가르침을 따라, 부르심을 받은 대로 사역에 머물러 있으면, 하나님 나라는 그를 통하여 끊임없이 확장되며 그 어떤 세력도 이를 막을 수 없음을 거듭 확인한다. 따라서 어떤 고난도 복음의 진보를 묶을 수 없다. 일꾼의 임무는 충성되게 맡은 직무를 수행하는 것이며, 이는 은혜 아래서 수고하는 것이어야 한다. 바울은 디모데에게 계속 머물러 있으라고 교훈한다. 이는 자신과 가르침을 계속 성찰하는(ἐπέχω) 것이다. 지속력은 리더가 갖추어야 하는 것인데, 리더가 지속해야 하는 것 중에 자신에 대한 성찰이 빠질 수 없다. 기초를 닦는 일과 진보를 이루는 일은 어느 수준에 이르면 뚜렷하게 드러나지 않을 수도 있다. 기초가 튼튼해지는 일과 진보를 이루는 것은 자신을 잘 성찰하여서 이미 습득한 것이 변질되지 않도록 하는 것과 그것을 심화하는 과정을 통해서도 나타날 수 있다.

제9장
디모데전서 5:1-6:2
교회 안의 다양한 그룹들을 위한 교훈

디모데전서 5:1-6:2에서 바울은 디모데에게 다양한 그룹의 교우들을 어떻게 목양할 것인가에 관해 조언한다. 네 부분으로 되어있는데, 디모데전서 5:1-2에서는 나이와 성별을 중심으로 구별하여 권면할 것을 언급하고, 5:3-16에서는 나이 많은 여자들 중에 과부와 관련한 문제를, 이어서 5:17-25에서는 나이 많은 남자 중에 장로와 관련한 문제를 다룬다. 마지막으로 6:1-2에서는 종에 관련하여 발생한 문제에 대해서 조언한다. 이 세 가지 문제는 당시 에베소에서 실제로 발생하고 있었던 것들로 추정된다. 디모데전서 5:1-6:2에서 사용된 교훈 방법은 디도서 2장에서 더욱 체계적으로 발전하여서, 교회 안의 그룹을 연령과 성별에 따라 네 그룹으로 나누고(늙은 남자, 늙은 여자, 젊은 여자, 젊은 남자), 각 그룹에게 일관성 있는 주제를 비슷한 분량의 교훈으로 제공한다(딛 2:1-8). 디도서에서도 종에 대한 교훈을 빠뜨리지 않는다(딛 2:9-10). 이에 반해 디모데전서 5:1-6:2에 기록된 교회 안의 다양한 그룹을 위한 교훈은 분량 면에서나 주제의 일관성이란 측면에서, 조직적이라기보다는 당시의 실제로 발생한 문제를 형식에 치우치지 않고 필요한 만큼의 분량으로 다루고 있다. 예를 들어, 바울은 나이 든 여성 중 과부의 문제만을 매우 길게 다루고 있는데, 이는 나이든 여성 전반에 관한 것이 아니라 당시 과부와 관련하여서 실제로 문제가 되었던 사안을 구체적으로 다루고 있는 것이라고 볼 수 있다. 마찬가지로 '늙은 남자'에 대한 교훈은 언급조차 하지 않으며(비교, 딤전 5:2), 과부에 관한 문제 해결책을 논한 후에 바로 장로에 관련된 문제를 구체적으로 다룬다. 관심을 두어야 하는 부분은 종에 관한 교훈이다. 이 교훈이 첨가된 것은 당시 그리스도인이 주인인 가정에서 종이 기독교 신앙을 갖게 된 경우, 오히려 이 종들이 예수 안에서 평등함이나 하나됨을 주장하면서 육신의 상전을 따르지 않으려는 문제가 발생한 것이 배경이 되었다.

A. 디모데전서 5:1-2 (교회의 각 계층에 대한 권면 요약)

1. 번역

1 그대는 나이 든 남자를 질책하지 말고 아버지에게 하듯 권하며, 젊은이에게는 형제에게 하듯 하며, **2** 나이 든 여자에게는 어머니에게 하듯 하며 젊은 여자들에게는 온전한 순결함으로 자매에게 하듯 하십시오.

2. 주해 및 해설

1-2절 본문은 바울이 디모데에게 제시하는 목양의 일반적 원리이며,

그 중심에 가족 관계와 같이 교우를 목양하라는 가르침이 깔려 있다. 아버지에게 하듯 하는 것은 존경심을 가지고 대하라는 것이다. 특히 젊은 여자들에게는 온전한 순결함으로 하여 이성 문제가 발생할 틈을 주지 말라고 권한다. 목양의 대상을 나이와 성별로 구분하고 각각에게 다른 원리를 제시하는 것은 디도서 2:1-8에 자세히 나온다. 디도서에서는 젊은 여자 교우들을 나이 든 성숙한 여자들이 훈련하라고 한다(딛 2:4-5). '순결함'의 헬라어인 '하그네이아'(άγνεία)는 성적인 깨끗함을 가리키며, 이에 관련하여서 어떤 불필요한 의심의 여지를 주지 않을 것을 강조한다(참고, 딤전 4:12). 바울이 이렇게 명시한 이유는 당시 교회의 젊은 남자 리더들 사이에 젊은 여자 교우와 문제를 일으킨 경우가 있었기 때문일 것이다(Fee, 1984: 112; Marshall, 574. 비교, 딤전 5:11; 딤후 3:6-7).

B. 디모데전서 5:3-16 (과부에 관련된 문제)

1. 번역

3 참 과부인 과부를 존대하십시오. **4** 만약 어떤 과부에게 자녀들이나 손주들이 있다면, 그들은 먼저 자신의 가족들을 신앙으로 보살피는 것과 어버이에게 보답하는 것을 배우게 해야 합니다. 이것은 하나님께서 기쁘게 받으시는 것입니다. **5** 참 과부는 혼자가 된 후로 하나님께 소망을 두고 밤낮으로 간구와 기도를 드리는 자리에 있어야 합니다. **6** 향락에 빠져 사는 과부는 살아 있는 동안에도 죽은 것입니다. **7** 그대는 이것들을 명하여 과부들이 책망받을 것이 없도록 하여야 합니다. **8** 그리고 누구든지 자기 친족 특히 가족을 돌보지 않는다면, 그는 믿음을 부인한 자요 불신자보다 더 못한

자입니다. **9** 과부로 명부에 오를 자는 예순 살이 덜 되지 않았고, 한 남편의 아내였던 자며, **10** 착한 행실의 증거가 있어야 하는데, 혹은 자녀를 잘 기르거나, 혹은 나그네를 잘 대접하거나, 혹은 성도들의 발을 씻어주거나, 혹은 어려움 당한 사람을 도와주거나, 혹은 모든 선한 일에 몸을 사리지 않는 사람이어야 합니다. **11** 젊은 과부가 명부에 오르는 것을 거절하십시오. 그들은 정욕에 이끌려 그리스도로부터 멀어질 때에 결혼하고 싶어 할 것이며 **12** 첫 믿음을 저버렸기 때문에 정죄를 받을 것입니다. **13** 동시에 빈둥거리는 것을 배워서 이집 저집을 돌아다니면서 빈둥거릴 뿐 아니라 쓸데없는 험담을 하며, 일거리를 만들며, 해서는 안 되는 말을 할 것입니다. **14** 그러므로 젊은 과부는 재혼을 해서, 아이를 낳고, 집을 다스려서 (집안일을 잘하여), 적대자들에게 비방할 기회를 조금도 주지 말기를 바랍니다. **15** 어떤 과부들은 이미 곁길로 빠져서 사탄을 따라갔습니다. **16** 만약 어떤 믿는 여자의 친척 중에 과부가 있다면, 그녀가 그 과부들을 도와줄 것이며 교회에게 짐을 지우지 않아야 합니다. 그래야 교회는 참 과부를 도와줄 수 있을 것입니다.

2. 주해

3절 3절은 참 과부에 대해서 언급하면서, 이들을 존대하라고 명한다. 참 과부의 조건은 9-10절에 나오는데, '참'에 해당하는 헬라어인 '온또스'(ὄντως)는 '진짜' 혹은 '분명하다'는 뜻으로 외적 조건이 아니라 실제의 상태를 의미한다. 바울은 교회가 마땅히 돌보아야 하는 대상으로서 과부를 참 과부라고 규정하는데, 당시 과부들 중에는 모범이 되지 않는 사람들도 많았고 그래서 교회가 이들도 돌보아야 하는가에 관련하여 문제가 제기되었다. 바울은 참 과부를 존대하라(τίμα)고 한다. 이 명령은 본문 전체를 이끄는 중심적인 원리이다. 구약성경은 물론 신약성경도 과부를 잘 돌보는 것은 교회와 성도가 마땅히 해야 할 바임을 가르치고 있다(출 22:22-23; 신 10:18; 14:29; 24:17-21; 시 68:5; 잠 15:25; 행 6:1; 9:36-42; 약 1:27).

4절 1차적으로 과부의 경제적 어려움을 도울 책임은 직계 자손에게 있다. 그렇다면 자손이 있는 경우에도 당시 교회가 존경하던 참 과부가 될 수 있었을까? 16절에 근거하면 참 과부는 경제적 도움을 받을 자손이나 친척이 없는 경우로 제한한 것으로 이해하는 것이 타당할 것이다. 따라서 본문의 참 과부는 신앙의 모범이 되는 나이 든 과부라는 조건 및 그들을 돌볼 가족이나 친척이 없는 두 가지 조건을 모두 갖춘 교우로 보아야 할 것이다.

자손들이 가족들을 우선적으로 책임지는 것은 신앙의 마땅한 도리다. 바울은 자손들이 이를 배워야 한다고 가르친다. 바울은 가족들의 신앙을 돌보는 것을 설명하는 용어로 '에우세베인'(εὐσεβεῖν)을 사용한다. 직역하면, '경건함을 보여주는 것'이다. 당시의 교우들 중에는 교회에 드리는 물질 및 시간의 헌신은 모범적인데, 가족을 봉양하는 데 사용하는 시간이나 물질은 상대적으로 미약한 경우가 있었다(예, '고르반', 막 7:11). 바울은 이는 참된 신앙의 모습이 아니라고 지적한다. 특히 믿는 자손들은 어버이에게 보답하는 것을 배워야 한다.[1]

5-7절 5-7절은 참 과부와 그렇지 않은 과부의 차이점을 보여준다. 이들의 차이는 외로운 상황을 어떻게 맞이하느냐에 달려 있다. 참 과부는

---

1.   바울은 이를 강조하기 위해서 '보답하다'는 의미가 담긴 동사(ἀποδιδόναι)와 부사(ἀμοιβή)를 함께 사용하고 있다. 새로운 세대가 전 세대에 보답하는 것은 헬라 문화와 성경 모두가 중요시하는 윤리였다(Marshall, 586).

혼자 남겨진 상황에서 하나님께만 소망을 두며, 기도에 전념하는 신앙을 가진 사람이다(비교, 안나의 기도[눅 2:36-38]). 이는 늘 하나님과 동행하는 삶을 통하여 바른 신앙생활을 익히고 있음을 의미한다. 이렇게 하나님께만 소망을 둔 사람은 자신의 생활에 필요한 도움은 오직 하나님께로부터 공급됨을 알고 있다. 따라서 이들은 사람의 도움을 무작정 바라보거나 필요 이상으로 사람에게 의존하지 않는다(*TDNT*, 9:456). 이런 참 과부의 모습을 표현하는 단어가 개역개정의 '외로운 자'인데, 헬라어로는 '모노오'(μονόω)다. '모노오'는 혼자 남겨져 있음을 의미하며, 심리적 외로움뿐 아니라 경제적 어려움도 표현하는 단어다(BAGD, 528). 5절의 '모노오'는 수동태 완료형 분사(μεμονωμένη)로 쓰이고 있는데, 이러한 용례는 혼자 남아 있는 모습이 확정적이며 지속적임을 보여준다. 반대로 6절은 향락을 즐기는 과부에 대해 서술한다. '향락'의 원어인 '스빠딸라오'(σπαταλάω)는 사치스런 생활은 물론 퇴폐적인 것을 즐기는 습관도 포함한다. 7절은 디모데가 과부들이 책망받을 것이 없도록 지도하여야 한다고 쓴다. 그런데 디모데가 가르쳐야 하는 대상으로서의 '그들'은 과부들뿐 아니라 과부의 가족들도 포함한다(참고, 8절). 과부들은 자신의 행실에서 책망받을 것이 없어야 하며, 과부의 가족들은 과부를 돕는 책무를 피하려 하여서 지탄받는 일이 없어야 한다.

8절 8절은 4절을 반복하면서 더 강하게 과부의 경제적 필요에 대한 책임이 1차적으로 가족에게 있음을 명시한다. 이 명령 가운데 '돌보다'는 헬라어로 '쁘로노에오'(προνοέω)인데 생각에 있어 우선순위를 두고 필요한 것을 공급하는 것이다. 명사로는 '쁘로노이아'(πρόνοια)인데, 특정한 돌봄을 다른 것보다 앞에 둔다는 뜻이다. 이는 라틴어에서는 '프로위덴띠아'(*providentia*)로 발전하였는데, '돌봄'은 통치자가 백성들을 위하여 갖추고 있어야 하는 덕으로 제시되었다(Marshall, 590). 요약하면, 성도는 과

부인 가족 혹은 친척을 돌보는 것을 우선순위로 두어야 하며, 최소한의 필요뿐 아니라 그들의 형편을 널리 돌아보아야 한다. 바울은 이런 책무를 하지 않는 것은 신앙을 저버리는 것이며 믿음이 없음을 증명하는 것이라고 규정한다. 이는 불신자보다 못한 모습이라고 경고한다. 배교는 아니지만 도덕성의 심각한 결여를 보여주는 것이다(Marshall, 591).

9-10절 이 두 절은 참 과부 명부에 올라갈 자들의 조건을 제시하고 있다. '명부에 오르다'의 원어인 '까따레고'(καταλέγω)는 '선정되다' 또는 '인정되다'는 뜻이다. 참 과부의 첫 번째 조건은 나이인데, 60세가 넘어야 한다. 하지만 왜 60세로 정하였는지는 알 수 없다. 두 번째는 한 번만 결혼하였어야 한다. 로마 사회에서는 여성이 한 번만 결혼하는 것을 높게 평가했다(Marshall, 593). 반면 그리스 문화에서는 여성의 재혼도 보편적이었다(Marshall, 593). 세 번째는 착한 행실의 증거가 있어야 한다. 원문을 정확하게 이해하면, 착한 행실이 증거로 나타나는 영역이 있어야 한다는 뜻이다. 바울은 이를 다섯 가지로 제시한다. 네 가지는 선한 행실의 구체적이면서도 전형적인 예들이며, 마지막은 모든 것을 아우르는 내용이다. (1) 자녀를 잘 키우는 것이다. 여기서 자녀는 친자녀일 수도 있지만, 고아와 다른 사람의 자녀일 수도 있다(Marshall, 595; Dibelius and Conzelmann, 75; Kelly, 116-117, 비교, Towner, 2006: 347). 참 과부는 자신을 지원해 줄 자손이 없는 경우이기 때문이다. 또 나머지 예들이 남을 섬기는 것과 관련되어 있기 때문이다. (2) 나그네를 잘 대접하는 것이다. 당시의 복음 전파는 순회하며 선교하는 일꾼들에 의해서 이루어졌는데, 이들은 지역 교회의 교우들이 대접해 주는 도움을 힘입어 복음전파의 일을 계속할 수 있었다(딤전 3:2; 딛 3:13-14). (3) 성도들의 발을 씻어 주는 것이다. 이는 주로 노예들이 하던 것이며 이따금 여자들도 남편의 발을 씻어 주었다(Str-B 2.557; 3.653). 여기서 보여주는 것은 겸손한 섬김이다(Marshall,

596). 이는 태도가 겸손한 것뿐 아니라, 그녀에게는 다른 사람을 섬길 수 있는 수단은 오직 육체노동뿐이라 이를 통하여 섬기고 있다는 애절함도 담겨있다(Marshall, 596). (4) 어려움을 당한 사람을 도와주는 것이다. 여기서 도와주는 것은 상대가 필요한 것을 제공해 주는 것을 의미한다(비교, 5:16). (5) 모든 선한 일에 헌신하는 것이다. 이 내용은 넓다. '헌신하다'의 헬라어인 '에빠꼴루테오'(ἐπακολουθέω)는 몸을 사리지 않고 일하는 모습이다.[2] 이는 선을 행할 수 있는 기회를 찾는 사람이며 이런 기회가 왔을 때에 주저하지 않고 행하는 것이다.

11-13절 이 세 절은 젊은 과부들이 일으키는 문제를 다룬다. 이러한 문제로 인해 젊은 과부들을 참 과부 명부에 올리지 않아야 한다. 젊은 과부들은 정욕에 이끌려서 그리스도로부터 멀어질 수 있기 때문이다(11절). 나아가 첫(πρῶτος) 믿음을 저버리기 때문에 정죄(κρίμα)를 받을 것이다. '믿음'(πίστις)은 서약(oath)을 의미할 수 있다(Dibelius and Cozelmann, 75, 각주 17). 하지만 바울이 '삐스띠스'를 첫 남편과 했던 결혼 서약으로 제한하여 쓰고 있다고 보기에는 문맥상 어색하다. 문맥에서 '삐스띠스'는 믿음을 의미하며(Fee, 1984: 121), 젊은 과부 중에는 믿음에서 떠나는 경우가 발생하였음을 뜻한다. 과부들이 정욕에 빠지는 것은 예수의 신부가 되는 것을 거부하면서, 믿음에서 떠나는 것이다(Marshall, 601). 13절은 잘못된 젊은 과부들이 일으킨 물의에 대해서 쓰고 있다. 13절은 헬라어의 부사인 '하마'(ἅμα)로 시작하는데, '동시에' 혹은 '이와 함께'란 의미다. 12절의 내용

2.　이 단어(ἐπακολουθέω)가 사용되고 있는 또 다른 예는 벧전 2:21인데 제자도를 보여주는 구절이다. 예수의 자취(footstep)을 '따라가는' 모습을 표현한다. 예수를 따라가는 것은 기회만 있으면 그렇게 하려는 열심이 있어야 한다. 이렇듯 선한 일에 헌신하는 것은 예수의 자취를 따르는 것과 같이 기회만 되면 시행하려는 열정이 있어야 한다.

과 동시에 일어나고 있는 또 다른 모습으로 젊은 과부들 중에 일부는 게
으름을 익혀서 일하지 않고 빈둥거리며(ἀργός) 이 집 저 집을 돌아다니면
서, 험담(φλύαρος)을 즐기는 것이다.³ 이들은 해서는 안 되는 말도 서슴없
이 함으로 공동체 내의 관계들을 파괴하는 일을 자행한다.

14-15절 바울은 젊은 과부들을 향한 자신의 생각과 이들이 나아가야
할 방향을 제시한다(Marshall, 604). 젊은 과부들은 재혼해서 아이를 낳고
집안 경영을 잘하여서 공동체의 본이 되는 것이다. 그래야 적대자가 하는
비방을 면하게 된다. 여기서 '비방'은 심한 비판의 말을 의미한다. 이는 듣
는 사람들의 기분이나 감정을 상하게 함은 물론 인격에도 손상을 주려는
언사다. 적대자가 누구인가에 관해서는 세 가지 견해가 있다. (1) 복음을
반대하는 사람들, (2) 복음에 적대적인 세상과 세상의 가치, (3) 믿는 자를
고소하는 사탄이다. 대다수는 (1)번 견해를 지지하지만, 다른 두 가지 견
해도 참고할 만하다.

15절은 13절에서 다룬 당시 문제를 일으켰던 과부들에 관한 설명인데,
이들 중에 일부는 이미 신앙의 길을 벗어나서 사탄을 따르고 있었다. 이
들이 바른 길에서 이탈했음을 표현하는 헬라어는 '에끄뜨레뽀마이'(ἐκ-
τρέπομαι)다. 이 단어는 디모데전서 1:6에서도 사용되었는데, 잘못된 가르
침에 현혹된 사람들에게 일어난 현상을 묘사한다.⁴

16절 16절은 본문의 결론이다. 바울은 과부의 경제적인 어려움을 돕
는 첫 번째 책임이 교회에 있지 않다고 밝힌다. 특별히 가족 중에 믿는 여

---

3. φλύαρος의 사전적인 의미는 말을 많이 하는 동안 누군가에 대해서 험담(gossip)을
   하는 것이다. 이는 일하지 않고 빈둥거리는 여인들에게 필수적으로 따르는 현상이
   다. 피(Fee)는 이들을 빈둥거리기 위해서 "바쁜 몸"(idle busybodies)이라고 비꼰다
   (Fee, 1984: 63, 125-26).
4. 반대로 딤전 6:20에서 ἐκτρέπομαι는 나쁜 것에서 벗어나는 것을 표현하는 긍정적
   인 의미로 사용된다.

자가 있는 경우 그녀가 우선적으로 과부를 도와주어야 한다. 하지만 왜 여성도가 이런 책임의 우선순위를 가지고 있는지는 분명하지 않다. 또 어디까지 책임을 져야 하는지도 분명하지 않아 해석상의 어려움을 낳는다. 분명한 것은 당시 교회에 과부를 돕는 것과 관련하여서 필요 이상으로 교회에게 부담을 지우려는 현상이 있었고, 바울은 이 문제를 바로잡기 위해서 본문의 지침을 제시한 것이다.

3. 해설

교회의 임무는 마땅히 존경할 사람을 잘 선별하여 이에 합당한 존경을 드리는 것이다. 당시 에베소 교회에는 과부를 돕는 일에 관하여 어려움이 발생했다. 교회는 수많은 과부들 중에 참 과부를 잘 선정하여 존대하며 또 물질적인 도움을 드려야 했다. 교회의 리더는 이런 일을 공평하게 처리해야 했다(딤전 5:21). 그런데 교회에서 과부를 돕는 문제로 분쟁이 생겼다. 과부의 문제는 당시에 만연하던 사회의 부조리 현상이 교회에 침투하여 발생한 것이다(Mounce, 275-77). 세속 가치가 교회 안에 스며들어, 과부를 돕는 문제에 있어 공동체를 분열시키는 몇 가지 양상으로 발전된 것이다. 따라서 본문을 이해하기 위해서 과부에 관련된 당시의 제도와 관행을 살펴보면 다음과 같다(Marshall, 576).

그리스-로마 제도에 의하면 여성들이 결혼을 할 때에 지참금을 가지고 와야 했다. 이는 남편이 보관하며 대신 남편은 아내가 필요로 하는 경제적인 것을 제공할 책임이 있었다. 남편이 먼저 죽는 경우 아내는 새로운 주인(κύριος)을 찾아 그에게 소속되어서 죽은 남편 집에 머무는 것이 보통이었는데, 이 경우 새로운 주인은 아들이 되는 것이 보편적이었다. 아니면 부모의 집으로 되돌아가는 것이었다. 이럴 경우 결혼 지참금은 돌려주어야 했다. 주전 9년에 제정된 로마의 법에 의하면 과부의 재혼은 가능했을 뿐 아니라, 보편적이었다(*Lex Papia Poppaea*). 여자가 경제적인 도움을 받을 수 있는 연줄 없이 혼자가 된 경우, 도시나 국가가 책임을 졌다. 이 법은 과부가 된 여자들과 재혼할 남자들이 충분히 있었음을 전제하고 있는데 이는 현대 사회와는 다른 양상이었다.

과부의 문제가 교회를 어렵게 한 이유는 참 과부가 아닌 과부들이 명부에 올라, 한편으로는 교회의 재정을 축내고 다른 한편으로는 이들의 부덕함이 교회의 질서를 어지럽혔기 때문이다. 리더들이 과부 명부에 올릴 자와 이들에 대한 교회의 지원 정책을 신중하지 못하게 처리하여 문제로 야기된 경우도 있었다(참고, 딤전 5:21). 바울은 심지어 과부를 돕는 것과 같은 당연한 교회의 사역에서도 리더는 신중하고 지혜롭게 진행할 것을 교훈한다(Marshall, 577). 본문이 강조하는 과부 문제의 핵심은 자손이나 친척이 있는 경우 그들이 먼저 과부들의 경제 문제에 책임을 져야 한다는 것이다. 친척이 책임을 지는 경우, 믿는 여자들이 있을 경우 이들에게 우선적 돌봄의 책무가 있다고 한다. 교회는 참 과부만을 책임지며 오직 참 과부만 존대할 자로 인정하라고 권한다.

바울이 당시의 과부 문제를 다루던 원리를 우리 시대의 교회에 잘 적용하면 유익한 교훈을 찾아낼 수 있다. 교회 안팎으로 경제적인 도움이 필요한 사람의 수는 넘치도록 많다. 반면 교회의 자원은 늘 부족하다. 따라서 구제 사역의 경우 이를 잘못 시행할 경우, 교회에 오히려 논쟁과 분열을 야기할 수도 있다. 교회가 과부를 도와야 하는 것은 구약부터 내려온 전통이며, 피할 수 없는 교회 사역의 본질이었기에, 교회가 도와야 할 참 과부의 기준은 선명해야 했다. 하지만 교회의 재정이 불의하게 선정된 과부들을 돕는 일에 과도하게 사용되지 않도록 해야 했다. 반대로 참 과부가 정확하게 구별되어서 마땅히 존대를 해야 하는 경우로 판명이 되면, 교회는 이들을 돕는 일을 중요한 사역으로 여겼다. 바른 교훈은 과부를 돕는 문제에 있어서도 꼭 필요한 것이었다. 교회의 자원을 어려운 지체들을 위하여 바른 방식으로 나누면서 덕을 세우면, 이는 선한 영향력을 발휘하는 것이었다.

C. 디모데전서 5:17-25 (장로들을 향한 교훈)

디모데전서 5:17-25은 세 부분으로 나뉜다. 첫째, 공동체 안에서의 장로와 관련된 문제이다(딤전 5:17-20). 바울은 구체적으로 장로가 받아야 하는 존경과 장로가 조심해야 하는 책무에 관해서 알린다. 둘째, 본문(딤전 5:17-25)의 핵심인 21절에서 바울은 강력한 명령 형식을 사용하여 '편견'과 '불공평'이 발생하지 않도록 명령한다. 마지막 부분(딤전 5:22-25)은 다른 부분과 다소 느슨하게 연결되어 있다. 디모데 개인에게 준 교훈으로 보이며(22-23절), 지혜의 말을 인용하여 위로와 도전을 한다(24-25절).

1. 번역

17 잘 다스리는 장로들은 두 배의 존경을 받아야 합니다. 특히 말씀 선포와 가르치는 일에 수고하는 장로들은 더욱 그러하여야 합니다. **18** 성경에 이르기를, '곡식을 밟아 떠는 소의 입에 망을 씌우지 말라.' 하였고, '일꾼이

자기의 삯을 받는 것은 마땅하다.' 하였습니다. **19** 장로에 대한 고발은 두세 증인이 없이는 받지 마십시오. **20** 계속 죄를 짓는 자(장로)들에 관해서는 이들을 모든 사람들 앞에서 꾸짖어야 합니다. 이렇게 하여 나머지 사람들도 두려워하게 하십시오. **21** 하나님과 그리스도 예수와 택함을 받은 천사들 앞에서 내가 엄히 명합니다. 그대는 편견 없이 이것들을 지키고, 아무 일도 불공평하게 행하지 마십시오. **22** 누구에게도 경솔하게 안수하지 마십시오. 또 남의 죄에 끼어들지 말고, 자기를 깨끗하게 지키십시오. **23** 더 이상 물만 마시지 말고 그대의 위장과 자주 생기는 병을 위하여 포도주를 조금씩 드십시오. **24** 어떤 사람들의 죄는 밝히 드러나서 죄가 그들보다 먼저 재판의 자리에 나아가고, 어떤 사람들의 죄는 그들의 뒤를 따를 것입니다. **25** 이와 마찬가지로 착한 일도 밝히 드러납니다. 곧바로 밝히 드러나지 않는다 하더라도, 영원히 감추어져 있지 않을 것입니다.

2. 주해와 해설

17절 장로의 직분은 존경을 받을 자격이 있는 지위다(딤전 3:1). 직분 자체가 존귀한 면도 있지만, 그 직분을 바르게 수행하는 것은 곧 주님의 일을 하는 것이기 때문이다. 바울은 장로의 역할을 다스리는 것과 가르치는 것으로 구분한다. 잘 다스리는 장로는 두 배로 존경하여야 한다고 하며, 말씀을 전하는 장로는 더욱 존경해야 한다. 이런 강조의 이면에는 존경을 받을 수 없는 장로들도 있었다는 뜻이다(Towner, 2006: 361).[5] 앞서 과부의 문제를 다룰 때에도 모든 과부가 다 존대의 대상이 아님을 규명한

---

5. 주석가 중에는 장로들 중에 특히 재정을 잘못 다루어서 공동체에 물의를 일으킨 경우가 있었다고 추론한다. 이에 따르면, 딤전 5:17은 바울이 장로들에 대한 사례

것과 같다.

잘 다스리는 것은 장로의 기본적인 책무에 속한다. 이를 표현하기 위하여 '가르치다'를 완료형 분사인 '쁘로에스또떼스'(προεστῶτες)로 표현한다. 이는 공동체를 잘 다스리며 이끄는 효과가 이미 나타나고 있으며, 지속될 것을 보여준다. 장로들이 교회를 잘 이끌어야 하는 분야에는 말씀의 선포와 말씀을 가르치는 것이 포함되어 있다. 말씀 선포는 원어로는 '엔 로고'(ἐν λόγῳ)인데, 직역하면 '말씀으로'이다. 거짓 교사들과 상한 교훈이 사람들의 관심을 끌던 당시 상황에서 장로들이 바로 서서 공동체를 잘 다스리고, 말씀이 잘 선포되도록 하며, 바른 교훈을 가르치는 것이 절실했다. 가르침(διδασκαλία)은 디모데전서 4:13에서 다루었듯이 교훈의 정확성이 중요하게 여겨졌다. 곧 정확한 교훈을 통하여 성도들이 바른 교훈과 상한 교훈을 구별할 수 있도록 구비시켜야 하는 것이다.

18절 18절은 구약 인용으로 보이며, 인용한 성경은 신명기 25:4일 가능성이 크다. 그런데 히브리어 성경과 70인경 모두 바울이 인용한 것과 완전히 일치하지 않는다. 바울은 신명기 25:4을 인용하면서 누가복음 10:7을 추가한 것으로 보인다("일꾼이 삯을 받는 것이 마땅하다"). 신명기 25:4은 그 자체가 신명기 25장의 전체 흐름과 잘 어울리지 않는 구절이다. 신명기 25장에는 악인에게 태형을 가할 때에 40대까지 하라는 명령 뒤에 '곡식 떠는 소에게 망을 씌우지 말라.'는 교훈이 나온다. 악인에게 가하는 태형을 40대로 한정한 것은 너무 잔인하게 하지 말라는 규정이다. 따라서 신명기 25:4은 소의 입에 망을 씌우는 것은 악인이라 할지라도 너무 잔인하게 다루지 말라는 교훈에 대한 설명으로 보아야 한다. 소가 곡식을 밟아 알곡을 추려내는 일을 하다보면 흩어진 낱알을 먹을 수 있을 것이다.

에 있어서 철저하고 까다롭게 시행하라고 명한 것으로 해석한다(Johnson, 2001: 286-88).

이를 금하기 위해서 소의 입에 망을 씌운다면, 참으로 잔인하다는 의미의 속담을 인용한 것이다. 마찬가지로 바울은 디모데전서 5:18에서 수고한 사람들에게 마땅한 것이 제공되지 않는 것은 무척 잔인한 것이라고 한다. 예수께서도 일꾼이 삯을 받는 것은 당연하다고 하셨다(눅 10:7). 역할을 잘 감당한 장로들은 마땅히 존경을 받아야 한다. 이는 바른 교훈을 가르치기 위해서 생업을 마다하고 이에 몰두하는 장로(말씀 사역자)들은 마땅한 존경과 그에 합한 삯을 받아야 한다는 뜻이다. 하지만 참 과부의 경우처럼, 누가 존경받을 일꾼인지를 잘 분별하는 것이 필요했다. 바른 교훈에 서지도 않고, 바른 교훈을 가르치지도 않는 장로들이 인간적인 처세술을 통하여 사람들의 존경을 가로채는 사례들이 있었던 것이다. 이는 공동체의 순수성과 하나됨을 파괴하는 현상이었다.

19-20절 장로에 대한 고발(κατηγορία)은 신중해야 한다. 하지만 범죄 사실이 드러나면 더욱 엄하게 다스려야 한다. '계속해서 죄를 짓는 자'의 원어는 '하마르따논따스'(ἁμαρτάνοντας)다. 원어가 현재형 분사이므로, 그 의미를 살리려면 '계속해서'에 악센트를 주어야 한다. 이 표현은 당시의 모습을 드러내고 있다. 장로들 중에 계속해서 죄를 짓는 자들이 있었고 이들 때문에 교회가 어려움을 겪고 있었다(Towner, 2006: 370). 장로의 잘못은 가볍게 다루어서는 안 된다. 장로는 영향력 있는 위치에 있음으로 죄가 드러날 경우 더욱 엄하게 다스려야 한다. 두세 증인의 원칙은 신명기 19:15에서 비롯된다("사람의 모든 악에 관하여 또한 모든 죄에 관하여는 한 증인으로만 정할 것이 아니요. 두 증인의 입으로나 또는 세 증인의 입으로 그 사건을 확정할 것이며"). 바울은 이 원칙을 고린도후서 13:1에서 사용하였다("내가 이제 세 번째 너희에게 가리니 두세 증인의 입으로 말마다 확정하리라").

21절 21절은 리더가 교회에서 복잡하고 예민한 문제를 다루는 데 있어

꼭 기억해야 하는 핵심 원리를 보여준다. 리더는 어려운 문제를 해결하려 할 때에, 편견이나 선입견을 없애고 어떤 편에도 서지 않는 확고한 중심을 가지고 있어야 한다. 바울은 이런 원리를 가르쳐주기 위해서 '디아마르뛰로마이'(διαμαρτύρομαι)라는 엄한 명령의 형식을 사용한다. 디모데 및 독자들이 한 치의 어김없이 이 원칙을 지켜야 함을 강조한 것이다. 바울은 공정함을 두 가지로 강조하는데, 편견(혹은 선입견)과 불공정함이다. 첫째는 편견이 없어져야 한다. '편견'의 헬라어인 '쁘로끄리마'(πρόκριμα)는 법률 전문 용어로, '편견'뿐 아니라 '선입견'의 의미도 가지고 있다. 이는 어떤 일을 처리하기 전에 이미 정해지고 굳어진 입장을 취하고 있다는 뜻이다. 또 이러한 견해가 심지어 굽어진 견해일 때에도 이를 고집하는 모습을 묘사한다(Marshall, 620). 둘째는 개역개정판이 '불공평'으로 번역한 '쁘로스끌리시스'(πρόσκλισις)다. 이는 어떤 편에 속해서 그 편을 무조건 돕는 모습이다. 주석가 나이트(Knight)는 이 두 단어가 19절과 20절을 해설하고 있다고 본다. '쁘로끄리마'(편견)는 19절에서 장로를 고발하는 것 같은 예민한 문제를 다루는 일과 관련된다. 이 때 편견은 반드시 없어야 하는 것이다. 또 '쁘로스끌리시스'는 만약 계속 죄를 짓는 장로를 엄히 다루지 않고 그냥 방치하면 이는 파당을 만드는 것임을 지적하기 위해서 사용된 것이다(Knight, 1992: 237). 바울은 교회의 리더인 장로와 관련하여, 한편으로 공동체 안에는 장로들을 지나치게 비판하려는 성향의 편견(πρόκριμα)이 생길 수 있으며, 다른 한편으로는 장로들이 지나친 특혜를 누리는 불공정함(πρόσκλισις)이 생길 수 있는 양면성이 있는데, 이를 모두 경계하고 있다. 21절이 제기하는 편견/선입견의 문제와 불공평 또는 파당의 문제는 신앙에서뿐 아니라, 어떤 사회나 공동체에서도 없어져야 하는 것이며, 이를 위해서 훈련된 성도들이 본이 되어야 한다.

22절 바울은 디모데가 경솔한 안수를 하지 않도록 명령한다. 이는 21

절에 기록한 엄히 명한 것의 연속이다. '경솔한'의 헬라어는 '따케오스' (ταχέως)인데, 이는 시간의 신속성을 가리키는 '급히'란 뜻이다. 하지만 문맥에서는 안수하는 시간을 짧게 하지 말라는 의미는 아닌 것이 분명하다. 대다수 주석가들은 여기서 언급한 안수는 교회의 지도자에게 직분을 위탁하는 안수를 의미한다고 해석한다(Fee, 1984: 127; Marshall, 621; Towner, 2006: 373; Knight, 1992: 239). 따라서 바울은 성급하게 직분자를 세우지 말라고 명하는 것이다. 하반절에서 '남의 죄에 끼어든다'는 것은 개역개정판이 다소 모호하게 번역하였다. 남의 죄에 간섭하는 것은 다른 사람이 짓는 죄에 상당한 수준으로 참여하는 것을 의미한다. 처음에는 남의 죄를 바르게 하려는 의도로 참여하였다가 오히려 물들어 버린 경우일 수도 있고, 겉으로는 죄를 비판하는데 실제로는 자신도 내심 그 죄의 결과를 동경하는 경우일 수도 있다. 죄는 다양한 방법으로 전염된다(갈 6:1-2).

23절 디모데는 포도주를 전혀 마시지 않았는데도, 몸이 약했었다. 특히 위장이 약했고 몸에 자주 병이 났던 것으로 보인다. 바울은 디모데에게 약용으로 약간의 포도주를 사용하라고 권한다. 포도주가 약용으로 사용되었던 예는 당시 문헌에서 광범위하게 나타난다(Marshall, 624, 각주 173; TLNT, 3:298). 우리가 본문을 통해서 알 수 있는 것은 여기까지다. 예를 들어, 디모데가 지나치게 금욕주의적인 성향이 있어 오직 물만 마심으로 자신의 의를 드러내려 한 것을 바울이 지적했다거나, 당시의 거짓 교사들이 금욕주의자들이어서 디모데가 어쩔 수 없이 물만 마셨다는 등의 해석이 불가능한 것은 아니지만 입증할 수는 없다(참고, Towner, 2006: 376). 문맥 안에서 23절의 역할은 다소 독립적으로 보인다. 하지만 갑작스런 삽입이 아니라, 22절에 언급한 '자기를 깨끗케 지키는 방법'에 관한 추가 설명으로 보면 된다. 디모데의 경우 지나치게 자신의 삶을 규율하였던 것으로 보인다. 바울은 이런 디모데에게 건강을 위한 융통성을 제안한다.

따라서 본문이 교우들에게 음주를 권장하는 구절로 해석해서는 안 된다.

24-25절 바울은 장로에 대한 교훈을 마무리하면서 진실은 반드시 밝혀질 것이라고 쓴다. 존경받아야 하는 장로와 책망받아야 하는 장로가 실제로 존재하고 있었다. 때로 교회는 이들을 정확하게 구별하지 못하는 것이 문제였고, 그 배경에는 편견과 불공평함이 있었기 때문이다. 교회가 장로를 엄격하게 책망해야 하는 경우에도 그렇게 시행하는 일을 불편해 하거나 두려워했다. 24절의 '사람'은 장로 혹은 장로와 같은 위치의 리더로 보아야 한다(Kelly, 129). 죄가 죄인보다 먼저 심판의 자리에 이르는 경우가 있다. 이 표현은 일종의 속담으로(Marshall, 624), 그 죄가 밝히 드러나서 죄과를 피할 수 없음을 의미한다. 새번역은 '어떤 사람들의 죄는 명백해서, 재판을 받기 전에 먼저 드러나고 어떤 사람들의 죄는 나중에 드러납니다'로 번역한다. 직역은 아니지만 문맥을 잘 이해한 번역이라고 볼 수 있다. 착한 일도 마찬가지다. 반드시 드러날 것이다. 혹 지금 다 드러나지 않은 것도 언젠가는 모두 드러날 것이다. 코람데오의 신앙 혹은 하나님의 절대 주권을 인정하는 신앙의 근간에는 이러한 매우 공정한 심판이 전제되고 있다. 하나님의 통치가 온전하시기 때문에 하나님의 심판에는 편견이나 불공정함이 조금도 있을 수 없다.

D. 디모데전서 6:1-2 (종을 향한 교훈)

1. 번역

1 멍에 아래 있는 종들은 누구든지 자기 주인을 온전히 존경할 분으로 여겨야 합니다. 그렇게 하여야, 하나님의 이름과 가르침이 비방을 받지 않을 것

입니다. **2** 믿는 주인을 가진 종들은 그 주인이 믿는다고 해서 가볍게 여겨
서는 안 됩니다. 오히려 더 철저하게 종으로서 섬겨야 합니다. 이런 섬김으
로 이익을 얻는 이들이 믿는 자들이며 사랑하는 자들이기 때문입니다. 그
대는 이것을 가르치고 권하십시오.

2. 주해

1-2절 당시의 교회는 가정에서 모였다. 그래서 교회가 가족이라는 개
념이 더 확실하게 뿌리내릴 수 있었다. 디모데전서 5:1-6:2의 교훈은 교회
를 가족의 개념으로 접근한다(5:1-2). 교회가 다른 교훈의 도전을 받으면
서, 조직을 정비하여 더욱 견고해지려는 시도를 하면서 교회 각 구성원에
게 교훈이 필요했다. 특히 교회는 사회의 일부이기 때문에 과부의 문제와
노예의 문제가 교회 안에서도 이슈가 된 것이다.[6] 특히 노예인 교우들은
복음 안에서 계층이 없음을 알게 되면서(갈 3:28), 이를 남용하여 믿는 주
인들로부터 자신의 편리함을 취하려는 사례들이 발생하였다(2절). 바울은
믿는 주인을 가진 종들이 신앙을 근거로 주인을 쉽게 대해서는 안 된다고
쓴다. 종의 섬김으로 이익을 얻는 자가 믿음의 동료일 때는 더욱 자신의
임무에 충실해야 할 것이다.

바울은 1절에서 종들을 '멍에 아래 있는 자들'이라고 부른다. '멍
에'(ζυγός)는 동물을 묶어 두는 장치인데, 이를 사람에게 적용할 때는 짐
을 지고 있다는 뜻으로 노예를 가리키는 상징이었다(사 14:25; 58:6; 렘
2:20; 27:2). 나아가서 멍에는 그리스도인들이 책무를 짊어지고 있는 모습

---

6.   당시 가정교회의 모습과 조직 그리고 과부와 노예의 문제에 관해서는 Hubbard,
     199-200; 205-18; 223-25를 참고하라.

에도 적용된다(마 11:29). 그리스도인들의 정체성은 자유함을 얻은 노예라고 할 수 있다. 사회적 신분이 자유인이든 노예든 영적인 신분은 똑같다. 따라서 디모데전서 6:1-2은 실제적인 당시 사회의 종들, 특히 믿음의 가정에 소속된 그리스도인 노예들에게 주는 교훈이지만, 현대를 살아가는 우리들에게도 적용할 수 있다. 우리는 먼저 우리의 주인이신 예수를 공경하는 자세를 갖추고, 삶에서 만나는 사람들을 대하여야 한다. 로마 시대의 종에 관한 것은 디도서 2:9-10의 주해를 참고하라.

3. 해설

신약성경에 나타나는 종의 의미를 성경신학적으로 살펴본 해리스 (Murray J. Harris)는 다음과 같이 이야기하였다(Harris, 18).

> 21세기 문화에는 절대적인 것이 없어져버렸다. 성경적이며 고전적인 단어들의 의미가 현대적인 의미와 만나면서 성경 원어의 의미는 현대 필요에 민감한 어휘로 바뀌었고, 그 의미도 다소 손상되었다. 고전적인 어휘 대신 현대인들이 쉽게 반응할 수 있는 단어를 찾아내어 사용하는 것은 일면 바람직하다. 하지만 이런 적응적 변화가 원어의 무게감 넘치는 의미를 인간 중심의 편리한 언어로 바꾸면서 의미의 손상도 생긴 것이 현실이다. 대표적인 것이, servant(섬김이)가 slave(노예)를 대신한 것이며, commitment(헌신)이 total surrender(완전 굴복)를 대신한 것이다. 앞의 단어들에는 자기가 중심이 된 드림의 뉘앙스가 많다.

노예(slave)와 자유민의 지위는 당시 로마 사회에서는 완전히 배타적

이었지만, 노예상태(slavery)와 자유는 완전히 배타적이지 않았다.[7] 신약성
경은 후자의 입장에 충실하며, 노예제도의 문제점을 다루기보다는 노예
상태의 진정한 의미를 다루고 있다. 노예(혹은 종)에 관련된 성경의 교훈
은 크게 세 가지다. 첫째, 바울은 기독교 신앙을 설명하면서 종을 빗대어
교훈한다. 이는 외적 멍에인 종의 신분을 벗어나는 것보다 더욱 중요한
것이 영적 노예 상태인 죄의 지배에서 벗어나야 함을 강조하기 위해서다
(갈 5:1). 구원의 신앙은 노예 혹은 종의 상태에서 자유함을 얻는 것이다
(freedom from slavery). 이는 사회적인 신분이 자유인이든 종이든 모두 가
장 먼저 이루어야 할 것이다. 그리고 이 상태가 이루어지면, 실제적인 사
회적 신분이 무엇이든 큰 문제가 되지 않을 것이다. 왜냐하면 진정한 주
인을 찾은 사람들은 비록 그들의 사회적 신분이 노예라 하여도 실제로는
노예상태에 있는 것이 아니라 자유하기 때문이다. 반대로 사회적 신분이
자유민이라도 '인생의 주인'을 찾지 못하면 실제로는 노예상태에 있기 때
문이다. 둘째, 신앙으로 얻은 자유함은 자신을 위해서 쓰는 것이 아니라

---

7.   해리스(Harris)는 '노예상태와 자유'의 관계에 관한 성경적인 가르침을 다음 네 가
지 영역으로 구분하였다(Harris, 69-86). (1) 자유와 노예상태(freedom and slavery),
(2) 노예상태로부터의 자유(freedom from slavery), (3) 노예상태를 위한 자유
(freedom for slavery), (4) 노예상태 안에 있는 자유(freedom in slavery). 해리스는 세
번째 범주, '노예상태를 위한 자유'에 관하여 이렇게 말한다. "신약성경의 가장 독
특한 가르침은 성도가 노예상태에서 자유를 얻었으며, 동시에 노예가 되기 위하여
자유를 얻었다는 점이다. 두 가지 노예를 말한다. 죄에 대한 노예로부터 벗어나서
의로움을 위한 새로운 노예상태에 들어가는 것이다"(Harris, 82). "만약 성도에게
이 두 가지 노예 상태의 조화가 없다면 쉽게 방종으로 빠져들 것이다"(Harris, 84).
성도가 얻은 자유는 그 자유를 다시 구속시키는 절제가 있어야 한다. 네 번째 범주
인 '노예상태 안에 있는 자유'에 관하여는 이렇게 말한다. "성도가 그리스도의 노
예가 될 자유를 누린다면, 성도는 새로운 노예 상태에 들어간 것이다. 새로운 주인
인 그리스도의 노예가 된 것이다. 이런 과정을 지나면, 실제로 우리의 육체가 심하
게 매이는 상황에서조차 우리는 진정한 자유를 즐길 수 있게 된다"(Harris, 85-86).

주인을 위하여 이 자유함을 드리는 것이다. 따라서 본문이 말하는 종이
마땅히 주인을 공경하는 것과 믿는 주인을 더 잘 섬겨야 하는 이유는 그
리스도 예수 안에서 얻은 자유를 바르게 사용하는 것이기 때문이다. 이는
죄의 노예에서 벗어나서 주 안에서 자유를 누리는 종들이 마땅히 취할 자
세다. 셋째, 그리스도인이 성숙해지면, 그리스도의 종(slave of Christ)이 된
다.[8] 이는 그리스도 예수를 위한 삶이 온전해진 모습이다. 처음에는 삶의
일부를 예수를 위해 드리지만, 성화되어가면서 더욱 많은 부분을 주님의
것으로 헌신하게 된다. 이런 과정이 지향하는 최종 목적은 '그리스도의
종'이 되는 것이다. 자유로 얻게 된 나의 더 많은 부분이 그리스도의 것이
되어가는 것이다. '그리스도의 종'이 될 때에, 바울이 소망한 것처럼 모든
사람을 위한 노예도 될 수 있을 것이다. '그리스도의 종'은 종으로 하나님
과 이웃을 섬기는 가운데 '온전한' 자유함을 터득한다.

8.　κένωσις는 예수의 종 되심을 표현한다(빌 2:7). 바울은 이런 예수의 κένωσις가 자신
으로 하여금 '스스로 종이 된 리더'(enslaved leader; 원어의 표현은 slave of all, 고전
9:19-23)가 되게 하였으며, 이를 통하여 낮은 신분의 사람들을 얻으려 했고, 동시
에 회심한 사회적 엘리트층에 속한 성도들에게는 그리스도인들의 하나 됨(unity)
과 함께 세워지는(upbuilding) 모델을 제시하려 했다(Harris, 18).

제10장
디모데전서 6:3-10
거짓 교사 및 거짓 교훈에 대한 대처 방법

　　디모데전서 6:3-10은 다른 교훈(ἑτεροδιδασκαλέω)에 대한 것이다. 디모데전서는 세 차례에 걸쳐서 다른 교훈에 대한 경고와 대처 방법을 제안하는데(딤전 1:3-7 4:1-3; 6:3-10), 본문은 상한 교훈이 남긴 상처라는 큰 그림의 일부로 이해하여야 한다. 디모데전서 1:3-7에서는 다른 교훈이 율법교사 혹은 율법주의적인 가르침과 관련되었다고 하며, 디모데전서 4:1-4에서는 다른 교훈이 외식(위선) 및 금욕주의와 관련되어 있음을 밝힌다. 본문은 상한 교훈이 신자의 경건한 삶을 파괴하며 물질을 따르는 삶을 부추긴다고 경고한다. 이러한 세 본문이 공통적으로 제시하는 상한 교훈은 다툼을 일으키며 헛된 것을 쫓게 한다.

　　디모데전서 6:3-10은 세 부분으로 되어 있는데, 3-5절과 6-8절 그리고 9-10절이다. 이 세 부분은 다른 교훈이 발생시킨 결과를 드러내며, 그 핵심에 교만이 있다고 한다. 바울은 다른 교훈이 교만을 낳으며, 교만은 많은 문제를 일으키되(4-5절), 경건에서 멀어지게 하며(3절), 경건을 이익의 수단으로 삼아(5b절), 경건의 능력을 잃어버리게 함을 주지시킨다(5절).

다른 교훈은 바른 교훈의 핵심인 경건을 공격의 목표로 삼는다. 바른 교훈은 내적으로 경건을 이루고, 외적으로는 선한 일을 하게 한다. 그런데 만약 경건이 이익의 수단으로 전락한다면, 이러한 삶에서는 어떤 선한 영향력도 나타나지 않게 된다.

바울은 6-8절에서는 경건의 유익에 대해서 설명을 하는데, 특히 자족과 함께 하는 경건에는 큰 유익이 있다. 이러한 경건은 교만을 이기게 하며, 9-10절에 언급된 교만이 낳은 또 다른 나쁜 열매인 돈을 사랑하는 성향도 극복하게 한다. 9-10절의 '돈 사랑'은 결국 탐심이며, 이는 거짓 교훈의 열매인데, 탐심은 신앙에서 이탈하게 하며, 결국 탐심은 자신을 공격하여, 찌를 것이다(10절).

1. 번역

3 누구든지 다른 교훈을 가르치며 우리 주 예수 그리스도의 건강한 말씀과 경건에 관한 교훈을 가까이 하지 아니하면 **4** 그는 교만해져서, 아무것도 알지 못하며, 논쟁과 말다툼을 일삼는 병든 사람입니다. 이런 것들로부터 시기와 분쟁과 비방과 악한 의심이 생깁니다. 사람들 사이에서 끊임없는 알력도 생기는데, **5** 이들은 마음이 부패하였고, 진리를 왜곡시키며, 경건을 이익의 수단으로 생각합니다. **6** 그러나 경건이 자족함과 함께 하면 큰 유익이 있습니다. **7** 우리는 아무것도 세상에 가지고 오지 않았으며, 아무것도 가지고 갈 수 없습니다. **8** 우리가 먹을 것과 입을 것을 가지고 있다면 그것으로 만족해야 할 것입니다. **9** 반면 부자가 되고자 하는 사람은 유혹과 올무와 여러 가지 어리석고도 해로운 욕망에 떨어지게 되는데, 이런 것들은 사람을 파멸과 멸망에 빠지게 합니다. **10** 돈을 사랑함이 모든 악의 뿌리입

니다. 몇 사람들은 이것을 탐하다가 믿음에서 떠나 헤매기도 하고 많은 근심으로 자신을 찌르기도 합니다.

2. 주해

3-5절 3-5절은 한 문장이며, 다른 교훈의 결과에 대한 분석이다. 여러 가지 복잡한 내용이 한 문장으로 얽혀 있어서 구조가 복잡하다. 요지는 다른 교훈은 교만을 낳고, 교만은 무지와 분쟁을 낳는다. 교만의 악한 영향력은 커서 이는 다시 시기와 분쟁과 비방과 악한 의심을 낳는다. 다른 교훈이 역사하는 방법은 3절에서 보듯 건강한 말씀과 경건에 관한 교훈을 가까이 하지 못하게 하는 것이다. 3절이 제시하는 다른 교훈의 반대는 '건강한 말씀'이다. 여기서 '건강한'의 헬라어는 '휘기아이노'(ὑγιαίνω)인데, 교훈과 함께 쓰일 때는 '건강한'보다는 '바른'으로 번역하여도 좋다. 따라서 건강한 말씀(λόγος)은 바른 교훈의 다른 표현이다. '가까이 하다'로 번역한 헬라어는 '쁘로세르코마이'(προσέρχομαι)인데, 신적인 존재에게 가까이 다가가는 모습을 묘사할 때도 사용된다(히 7:25; 벧전 2:3). 개역개정판과 새번역은 모두 '따르다'로 번역했다. 다른(상한) 교훈은 사람들을 하나님에게서 멀어지게 하며, 교만하게 한다. 헬라어로 교만은 '튀포오마이'(τυφόομαι)이다. 이는 부풀려서 속이는 '허세' 혹은 '그릇된 자만'을 의미하는데, 단순한 허풍이나 부풀어진 상태를 넘어 실제로는 바보스런 어리석음(blind foolishness)을 묘사한다(Marshall, 640). 또 이런 교만이 낳은 결과는 무지와 병든 것이다. '병들다'의 헬라어(νοσῶν)는 어떤 일을 하고 싶은 욕망을 절제할 수 없어 안달난 것을 병든 모습으로 표현한

것이다(Marshall, 640). 여기서는 논쟁과 말다툼에[1] 중독되어 안달난 상태다. 4절 후반부에는 교만에서 파생된 나쁜 것들을 기록하는데, 시기와 분쟁과 비방과 악한 의심이다. 이는 하나 같이 파괴적인 것들로, 시기와 분쟁은 도덕적인 악이며, 비방은 언어로 짓는 악이다. 의심은 그 자체만으로는 나쁜 것이 아니라 중립적인데, 바울은 '악한'을 덧붙여서 파괴적인 의심으로 한정하였다. 목회서신에서 바른 의미의 의심은 '신중함' 혹은 '단정함' 안에 포함하였다. 따라서 경건은 악한 의심을 멀리하게 한다. 성도는 신뢰를 바탕으로 삶을 살아야 하며, 바른 분별력으로 속임에서 벗어나야 한다. 5절은 끊임없이 마찰(혹은 알력)이 일어나는 모습을 묘사하는데, 마찰은 교만이 낳은 나쁜 열매다. 원문의 문장 구조에서 마찰은 시기, 분쟁, 비방, 악한 의심과 평행되는 위치에 있다. 그러면서도 마찰은 다른 네 가지가 낳은 결과를 뜻한다. 이어서 바울은 끊임없이 마찰을 일으키는 사람들을 세 가지로 설명한다. (1) 이들은 마음이 부패하였고 (2) 생각이 왜곡되었으며 (3) 신앙을 물질적인 이익을 얻는 수단으로 생각한다.[2]

다른 교훈이 일으킨 모든 피해 중에서 가장 심각한 것은 경건을 멀리하게 하는 것이다(3절). 다른 교훈은 바른 교훈의 핵심에 타격을 가한다. 경건은 신앙의 꽃이며, 헛된 자아를 바른 교훈으로 채워가는 수단이다. 다른 교훈은 경건이 나쁘다거나 필요 없다고 주장하지 않는다. 그들도 겉으

---

1. 말다툼(λογομαχία)은 말로 하는 전쟁으로 상한 교훈이 만들어내는 것이다. 이는 대립적인 말이 오고가는 것을 넘어서 서로를 파괴할 목적으로 언어로 전투하는 것이다(딤후 2:14; 참고, 딤후 2:23; 딛 3:9).
2. 다른 교훈이 어떻게 신앙을 변질시켜서 이익을 위한 수단으로 삼는가에 관하여 네 가지 해석이 있다. (1) 신앙은 잘살기 위해서 갖는 것이라고 가르침 혹은 (2) 경건한 척하여서, 이런 경건함을 보고 헌금하도록 속이거나 (3) 다른 교훈을 가르치는 사람은 다른 사람의 참 경건을 사용(악용)하여서 금전적인 이익을 챙기는 것이다. (4) 다른 교훈은 경건한 사람은 부유해지는 것이 당연하므로(부는 하나님의 축복이다), 부유한 사람만이 교회의 리더가 될 수 있다고 가르치는 것이다.

로는 경건이 중요하다고 하지만, 그들이 가르치는 상한 교훈은 경건의 의미를 왜곡시켜 경건을 신앙의 중심에 두지 못하게 한다. 바울은 이런 모습을 보면서, 경건을 이익의 수단으로 전락시켰다고 통탄한다. 따라서 참 경건이 있는가 여부는 다른 교훈과 바른 교훈을 구별하는 기준이 된다.

6-8절 6-8절은 왜곡된 경건과 참된 경건을 대조시킨다. 특별히 왜곡된 경건이 물질에 관한 타락을 부추긴다면, 반대로 참 경건은 진정한 자족을 가르쳐준다. 6절에서 바울이 '유익'(πορισμός)이란 단어를 사용한 것은 앞서 기록한 다섯 절에서 언급한 대로, 상한 교훈이 경건을 자신의 이익(πορισμός)을 위한 도구로 사용한 것에 맞대응하기 위함이다.

6-8절에서 가장 중요한 단어는 '자족'이다. 헬라어로 '자족'은 '아우따르께이아'(αὐτάρκεια)인데, 이는 특정한 목적을 위해서 자원을 적절한 만큼만 사용하는 것이다. 이 단어가 사람에게 적용될 때는 다른 사람의 도움 없이 살 수 있는 만큼의 수입이나 재원을 확보하고, 이것 한도 내에서 살아가는 모습을 가리킨다. 헬라 사람들은 자족을 낭비가 없는 삶으로, 헬라 철학자들은 자족을 고상한 삶의 방식으로 여기며 이를 추구했다. 자족은 삶을 간소하게 사는 것에서 시작하여서, 더 나아가 삶에 필요한 자원에 관하여 다소 모자란 양으로 만족하도록 훈련을 하는 것이다.[3] 인간의 욕심은 끝이 없으므로 스스로 이런 욕심을 제한하지 않으면 결코 행복할 수 없기 때문이다.[4] 인간이 행복해지려면, 먼저 더 많이 갖고자 하는 마음

---

3. 대표적인 철학은 스토아학파와 견유학파(Cynic)이다. 후자에 속한 디오게네스(Diogenes Laertius)는 소크라테스를 αὐτάρκεια와 σεμνός를 소유한 대표적인 인물로 이해했다(Marshall, 644-45).

4. 스토아학파의 가르침에 의하면, 만족이란 많은 것을 소유하는 것이 아니요, 욕심을 적게 내는 데 있다고 한다. 따라서 행복을 얻는 길은 많이 갖는 것이 아니라 욕심을 줄이는 것이다. 소크라테스는 '누가 가장 부한 인간이 되는가?'는 질문에 '가장 적은 것으로 만족하는 자이다'라고 말했다.

을 없애야 한다(참고, LXX 잠언 24:30).

바울이 자족을 언급한 것은 한편으로는 인간의 속에 자리 잡고 있는 끝없는 욕심의 문제를 다루려는 목적도 있었지만, 다른 한편으로는 헬라 철학의 영향으로 치우쳐진 자족(self-sufficiency)의 미덕을 하나님의 진리로 바로 잡기 위함도 있었다. 헬라 철학자들은 인간의 욕심을 억제하는 방법으로 자족을 얻을 수 있다고 주장했다. 이는 거짓된 교훈이 제시하는 인간의 욕심을 부추기는 것과 반대였다. 다른(상한) 교훈은 헬라의 자족 개념으로 마음에 불편함이 있는 교우들에게 방종의 의미로서의 풍요를 제시하여서 그들을 미혹한 것이다. 한편 바울은 헬라 철학이 제시하는 자족의 길은 경건과 함께 하지 않으면 별로 유익이 없다고 선포한다. 또 상한 교훈이 가르치는 그릇된 풍족함의 교훈도 교정한다. 바울은 헬라 철학의 자족에 대한 교훈과 상한 교훈이 자족에 반하여 부추긴 그릇된 풍요에 대한 가르침 모두를 바로 잡으려 했는데, '경건이 자족함과 함께 하면 큰 유익'있다고 선포한다(6절). 죄의 결과는 만족이 없어진 것이다. 반대로 죄의 극복은 예수 안에서 만족하는 것이다.

자족과 경건이 함께 하는 것은 어렵지 않다. 자족은 경건한 사람의 삶에서 나타나는 지혜로운 삶의 방식이다(비교, Knight, 1992: 253). 사람에게 경건이 생기면, 이 경건은 그 사람으로 하여금 세상 방식과 다른 방법으로 만족을 얻게 한다. 세상이 알 수 없었던 방법이다. 헬라 철학자들은 욕심을 부리지 않음으로 만족을 얻을 수 있기 때문에 자신을 억제한다고 가르쳤다. 하지만 경건으로 얻는 만족은 자신을 억제하여서 얻는 충족(self-sufficiency)이 아니라, 예수로 인해 채워지는 충족(Christ-sufficiency)이다(Fee, 1984: 143; Marshall, 645).[5] 반대로 다른 교훈은 돈을 사랑하고

---

5. 헬라 철학자들이 사용하는 αὐτάρκεια는 스스로 만족하여서 더 갖고 싶은 욕심을 이기는 것이지만, 바울에게 αὐτάρκεια는 자기 절제나 어떤 이치를 깨달아서가 아니라

탐해도 된다고 부추겼지만, 바울은 인간은 결코 탐욕으로 만족에 이르지 못한다고 경고한다. 바울이 제시하는 만족은 '이 세상'에 한정된 것이 아니라 영원히 보장된 것이다(7절, 비교, 딤전 4:8). 이는 디모데전서 3:16에서 언급한 경건의 비밀, 곧 예수로 채워지는 것과 관련되어 있다. 예수로 채워지는 것이 진정한 만족인 이유는 첫째, 예수는 자신을 모든 사람을 위하여 내어주셨기(self-giving) 때문이다. 둘째, 예수께서 주신 영생은 풍성하기 때문이다(요 10:10). 셋째, 예수로 채워지는 것은 예수와 연합하여서 그 안에 거하는 것인데, 그 안에 온갖 좋은 것이 있어 이를 예수와 공유하게 되기 때문이다. 예수 안에 있는 것들은 믿음(딤전 3:13), 은혜(딤후 1:9), 생명의 약속(딤후 1:1), 구원(딤후 2:10) 등이다.

7절은 인용으로 보아야 한다.[6] 그 이유는 '우리'라는 복수가 갑자기 나타났기 때문이다. '공수래공수거'는 불교만의 가르침이 아니다. 구약성경의 욥기 1:21과 전도서 5:15에도 나타나며, 1세기의 그리스-로마 문화에서도 널리 알려진 이치였다. 이 이치에 따르면 인간은 이 세상을 시작할 때에 아무것도 가지고 온 것이 없지만, 만족스럽게 삶을 시작했다(Knight,

---

예수로 꽉 채워져서 얻게 되는 것이다. 이런 바울의 생각은 빌 4:11-13과 고후 9:8에 잘 나타난다. 바울이 선포하는 자족에 대한 교훈은 인간이 타락과 함께 죄로 인하여 물들어 버린 궁핍과 왜곡된 만족을 위한 집착을 극복하여 하나님의 통치, 곧 하나님의 나라를 경험하는 원리로써 제공되고 있다. 만족은 천국의 풍성함을 이 땅에서 경험하는 것이다. 고후 9:8은 이런 천국의 풍성함(개역개정판에서는, '넉넉하여 … 넘치게 하다')이 사람에게 진정한 만족을 준다고 한다. 자족이란 단어는 신약성경에 자주 나오지 않지만 '만족'이란 주제는 인간의 삶에서 반드시 알고 있어야 할 원리다. 만족은 행복과 깊은 관련이 있기 때문이다. 불만족은 사람들을 핍절 상태로 몰아가는데, 핍절은 죄가 만들어 놓은 결과이며 또한 올무이다. 만족은 인간이 죄의 문제를 해결 받는 과정에서 반드시 경험한다.

6. 주석가들은 후반부의 접속사 ὅτι를 이해하려면 생략된 것을 첨가해야 하는데, 첨가할 경우 번역은 "우리는 아무것도 세상에 가지고 오지 않았기 때문에 아무것도 가지고 갈 수 없음이 분명합니다"가 된다(Knight, 1992: 254).

1992: 254). 그런데 바울은 하나님 나라는 우리가 이 세상에 오기 전에 있었으며, 이 세상을 떠난 후에는 실제로 들어갈 나라인데, 이 세상의 것들을 그곳으로 가지고 갈 수 없다고 한다. 이 세상과 하나님 나라 사이의 연속과 단절이 동시에 나타난다. 이 세상이 끝나면 바로 영원한 하나님 나라가 시작된다는 의미에서 연속적이다. 하지만 이 세상 것은 하나님 나라의 영원한 것과 섞일 수 없다는 점에서 단절이 나타난다. 이러한 단절의 이유는 영원한 하나님께 속한 것은 이 세상으로 가지고 들어오지 못하고 이 세상의 것은 하나님의 통치 속으로 가지고 갈 만큼 쓸모 있는 것이 없기 때문이다. 불교에서도 이 세상의 것은 다음 세상으로 가지고 갈 수 없는 분명한 단절이 있음을 알고 있지만 그 결과는 성경과 다르다. 불교는 이 단절 때문에 다음 세상이 삭막한 것으로 이해하지만, 성경은 이 세상에서 아무리 좋은 것도 다음 세상에 있는 하나님의 영광 속에서는 아무런 쓸모가 없다고 한다. 아무것도 가지고 갈 수 없음은 다음 세상에는 이 세상 것이 전혀 필요 없을 정도로 좋은 것이 많기 때문이다.

8절에서 '먹을 것'과 '입을 것'에 해당하는 원어는 '디아뜨로페'($\delta\iota\alpha$-$\tau\rho\circ\phi\acute{\eta}$)와 '스께빠스마'($\sigma\kappa\acute{\epsilon}\pi\alpha\sigma\mu\alpha$)인데 이 두 단어의 특징은 아주 넓은 범위의 먹을 것과 입을 것을 가리킨다. 먹어서 에너지를 만들어내는 모든 것과 몸에 걸칠 수 있는 모든 것을 가리킨다. 후자는 옷뿐 아니라 거처도 포함한다. '족하다'는 헬라어로는 '아르께오'($\grave{\alpha}\rho\kappa\acute{\epsilon}\omega$)인데, 6절의 자족과 다른 어원을 갖고 있다. '아르께오'는 마음에 동의가 되어 불편이나 부족함을 느끼지 않는 상태를 말한다. 영어와 우리말 번역은 대개 '충분하다'(enough)로 하는데, 신약성경에서는 종종 예수로 만족된 상태를 설명하는 데 사용한다. 고린도후서 12:9a에서 바울은 예수의 은혜가 자신에게 족하였음을 고백한다. 그런데 이 고백은 바울이 한 것이 아니라, 예수께서 그에게 말씀하신 것이다. '나에게 이르시기를 내 은혜가 네게 족하도다.

이는 내 능력이 약한 데서 온전하여 짐이라.' 이 구절에서 '족하다'는 '아르께오'다. 바울서신 외에는 요한복음 14:8과 누가복음 3:14의 용례를 주목해 보아야 한다. 전자는 빌립이 예수께 드리는 청이다. '빌립이 이르되 주여 아버지를 우리에게 보여 주옵소서, 그리하면 족하겠나이다.' 후자는 세례 요한이 곧 다가올 메시아의 시대를 준비하는 방법에 관한 선언이다. "군인들도 물어 이르되 우리는 무엇을 하리이까 하매 이르되 사람에게서 강탈하지 말며 거짓으로 고발하지 말고 받는 급료를 족한 줄로 알라 하니라." 이렇듯 자신의 것으로 족할 수 있는 이유는 예수께서 신자의 삶을 채우시기 때문이다.

9-10절 자족에 대한 교훈은 부에 대한 왜곡된 가르침(9-10절)을 바로잡는 것으로, 또한 후에 나오는 부에 대한 바른 가르침(17-19절)으로 발전한다. 바울은 부자가 되고자 하면 유혹과 올무 그리고 여러 가지 욕망에 떨어지게 된다고 경고한다. 이는 다른 교훈이 신자들을 미혹하는 방법이었다. 유혹과 올무 그리고 욕망은 이들이 이르게 될 피할 수 없는 결과다. 욕망에 관하여 9절은 비교적 자세하게 설명한다. 첫째, 욕망은 어리석고 해로운 것임을 지적한다. '어리석음'(ἀνόητος)은 사람과 사물 모두에 대해서 바른 이해력이 없는 상태다. 사람의 경우, 그 사람이 선한 사람인지 악인이지를 구별 못하는 것이며, 물건에 관해서는 취해도 되는 것인지 취할 수 없는 것인지를 분간하지 못하는 상태다(Marshall, 650). '해로운'(βλαβερός)은 문자 그대로 자신에게 스스로 손상을 입히는 것을 의미한다. 둘째, 욕망은 사람들을 파멸과 멸망에 빠지게 한다. '빠지다'(ἐμπίπτω)는 사람이 늪이나 깊은 물에 빠져서 가라앉는 모습이다(비교, 딤전 3:6-7). 9절의 파멸과 멸망은 같은 의미를 다른 단어로 반복한 것으로, 사람이 심하게 파괴되는 것을 표현한다.

10절은 실제로 교회에서 벌어졌던 일에 대한 회상이라고 볼 수 있다

(Marshall, 644). 바울은 실제로 돈을 탐하다가 믿음에서 떠난 사람들을 기억하고 있었고, 이들의 결말도 알고 있었다. 돈을 사랑한다는 뜻은 돈에 대하여 탐욕을 가지고 있다는 의미인데, 바울이 인간의 탐욕을 가리킬 때 주로 사용하는 단어는 '쁠레오네크시아'(πλεονεξία)다(Marshall, 652). 유대교에서 인간의 탐심은 성적 부도덕함 및 우상숭배와 연결되어 있다.[7] 그런데 10절은 탐욕을 '돈-사랑'(φιλαργυρία)과 '사모하다'라는 의미의 '오레고마이'(ὀρέγομαι)로 표현한다. '돈-사랑'은 신약성경에서는 여기에서만 쓰이지만, 신약성경 밖의 교부들의 글에는 종종 등장한다.[8] '사모하다'는 디모데전서 3:1에서는 긍정적인 의미로 쓰이는데, 이는 '직분을 사모하라'는 명령이었다. 돈을 사랑하는 것이 모든 악의 뿌리라고 하는데, 뿌리는 그곳으로부터 자라나서 큰 식물이 되는 근원을 상징한다(마 13:21; 눅 8:13; 롬 11:16-18). 악은 그 뿌리가 제거되어야 근본적으로 문제가 해결된다. 요약하면, 다른 교훈은 경건에 손상을 입히며, 교만과 돈에 대한 탐욕을 부추겨서 경건에서 더욱 멀어지게 한다. 이렇게 되면, 결국 믿음에서 떠나게 되며, 그 결과 더욱 많은 근심에 시달리게 되는데, 이는 자신이 자초한 결과다. '자기를 찌르다'는 표현은 자기 스스로를 고통스럽게 하는 모습인데(비교, 행 26:14, "가시 채를 뒷발질하기가 네게 고생이라"), '찌르다'는 깊은 상처를 주는(wound deeply) 것이어서 쉽게 치료되지 않는다(롬 9:2; 마 24:8; 눅 2:48). 이렇게 쓴 뿌리가 생긴다(비교, Mounce, 348).

---

7. *T. Dan* 5.5-7; *T. Jud.* 19.1; Philo, *Spec.* 1.23-25; CD 4.17이하; 비교, 살전 4:3-6. Marshall, 652, 각주 57에서 재인용.
8. *2 Clement* 7.4; Polycarp 2.2; 4.3; 6.1. Marshall, 651에서 재인용.

3. 해설

본문은 다른(상한) 교훈이 발생시킨 여러 가지 문제를 보여준다. 다른 교훈의 대표적인 나쁜 결과물은 교만과 부유하려는 마음이다. 이는 바른 교훈이 경건과 선한 일에 대한 사모함을 만들어 내는 것과 정반대의 모습이다. 본문을 이해하는 좋은 방법은 이 세상과 성도의 삶을 다른 교훈과 바른 교훈의 전투 현장의 이미지로 보는 것이다. 에베소서 2:2과 6:12에 언급된 영적인 전투의 모습이 성도들의 삶에서 구체적으로 나타나는 것이다. 다른 교훈이 바른 교훈을 파괴하려 할 때에, 다른 교훈은 교만과 부유해지려는 마음을 무기로 삼아서 성도들로 하여금 경건에서 멀어지게 하고, 경건 자체에 대한 이해를 혼미하게 할 뿐 아니라 심지어 경건을 이익의 수단으로까지 삼게 한다. 경건이 작동하지 않는 신자들에게 다른 교훈이 부유해지려는 마음이라는 무기로 공격하면 그 파괴력은 상당히 클 것이다(9-10절). 요약하면, 다른 교훈은 첫째로, 사람들을 교만하게 만든다. 그리고 교만은 다양하고 복잡한 많은 문제들을 야기한다(무지, 논쟁과 말다툼, 시기, 분쟁, 비방, 악한 의심, 알력). 교만은 특히 다툼과 분열을 낳는다. 둘째로, 다른 교훈은 돈을 사랑하게 하는 탐욕을 갖게 하며, 탐욕은 파멸을 낳는다.

다른 교훈이 생산하는 두 가지 악의 근원(곧, 교만과 탐욕) 사이에 경건함에 관한 교훈이 끼워져 있다. 이는 바울이 경건으로 교만과 탐욕의 문제를 모두 극복할 수 있다고 보았기 때문이다. 특히 경건이 자족과 함께 할 때에는 교만과 탐욕이 자리할 곳이 없다. 마치 교만이 부하려는 마음과 함께 하면 그 힘이 증폭되는 것과 같이, 경건과 자족이 함께 하면, 그 힘으로 교만과 탐욕을 물리칠 수 있다. 경건과 자족이 함께 할 때에 외적인 삶은 간소하며 단정해진다. 경건과 함께 하는 자족은 극단적인 자기

부인이나 금욕적인 절제가 아니라, 예수로 꽉 채워진 만족을 경험하게 한다. '내'(주님의) 은혜가 '네게'(우리에게) 족한 것이다(고후 12:9).

제11장
디모데전서 6:11-19
마지막 교훈

마지막 교훈(딤전 6:11-19)은 두 부분으로 되어 있다. 첫 부분은 디모데에게 한 것이며(딤전 6:11-16) 둘째 부분은 모두에게 한 것이다(딤전 6:17-19). 첫 부분(딤전 6:11-16)은 두 단락으로 구성되어 있는데, 11-14절과 15-16절이다. 둘째 부분은 다소 독립적인 내용인데, 디모데전서 6:3-16의 교훈을 요약한 메시지라고 볼 수 있다. 특히 선한 싸움을 싸우는 자들은 부를 바르게 사용해야 함을 보여준다. 경건한 삶은 물질생활을 통하여 드러난다. 경건한 삶에는 바른 물질관이 함께 하기 때문이다.

어떤 학자는 디모데전서 6:17-19이 문맥의 흐름과 잘 어우러지지 않아서 이 부분은 후에 추가된 것이라고 주장하기도 한다(Spicq, 575). 하지만 디모데전서 6:17-19이 문맥의 흐름에서 다소 어색하게 보이는 이유는 앞의 15-16절 때문이다. 이는 디모데전서 1:17에서처럼 바울의 감동이 하나님을 찬미하는 노래가 송영(doxology)과 아멘으로 마무리되어 마치 편지가 끝난 것 같기 때문이지 후에 추가되었기 때문이 아니다(Kelly, 147). 두 번째 부분(딤전 6:17-19)은 교회 안에 있던 부유한 교우들을 향한 권면인데, 이는 다른 교훈이 교만과 이 세상에서 부하려 하는 자들을 통하여 만들어 놓은 영적인 무질서를 바로 잡기 위한 것이다.

A. 디모데전서 6:11-16 (디모데를 위한 마지막 교훈)

디모데전서는 디모데가 가르쳐야 할 교훈과 디모데 자신에게 준 교훈으로 구성되어 있다. 본문은 디모데에게 준 교훈이며, 이런 종류 중 마지막 주제는 선한 싸움이다. 디모데전서 6:11-14은 이제까지 썼던 모든 교훈을 피할 것과 따를 것으로 요약하고 이를 근거로 두 가지 명령을 한다. 첫째, 선한 싸움을 싸울 것, 둘째 영생을 취할 것이다. 15-16절은 디모데전서 1:17과 비슷한 역할을 한다. 바울은 디모데에게 가장 소중하게 지켜야 할 교훈을 명령하면서 자신의 신앙고백을 추가한다.

1. 번역

11 오 너 하나님의 사람아, 그대는 이것들을 피하고 의와 경건과 믿음과 사랑과 인내와 온유를 따르십시오. **12** 믿음의 선한 싸움을 싸우십시오. 영생을 취하십시오. 이것을 위하여 그대는 부르심을 받았고, 또 많은 증인들 앞에서 훌륭하게 신앙고백을 하였습니다. **13** 나는 만물에게 생명을 주시는 하나님 앞에서 그리고 본디오 빌라도에게 훌륭하게 증언하신 그리스도 예수 앞에서, 그대에게 명합니다. **14** 그대는 이 명령을 흠도 없고 책망받을 것도 없이 지키되, 우리 주 예수 그리스도께서 나타나실 때까지 하십시오. **15** 정한 때 하나님께서 그의 나타나심을 보이실 것입니다.

하나님은 복되시고 유일하신 통치자시며,

만왕의 왕이시며,

만주의 주십니다.

16 오직 그분만 죽지 않으시고

가까이 할 수 없는 빛에 거하시며,

아무도 그를 본적이 없고 볼 수 없으며,

그에게 존귀와 영원한 주권이 있습니다. 아멘.

2. 주해

11절 11절은 디모데를 하나님의 사람이라고 부르면서, 깊은 애정을 표현한다. '오'(ὧ)는 감탄사로 바울은 이를 통하여 그가 디모데에게 가지고 있었던 만감을 표현한다(비교, 6:20, '[오] 디모데여!'). 바울은 디모데를 하나님의 사람이라고 부르는데, 구약 70인경에서 하나님의 사람은 주로 정치적인 리더 혹은 선지자를 가리키는 용어였고 모세와 엘리야에게 자주 적용하였다.[1] 나아가서 한 특정인 아니라, 집단으로서 유대인들이 예배자로 쓰임 받을 때에 이들을 하나님의 사람이라 부르기도 했다(*Ep. Arist.* 140; Marshall, 656에서 재인용). 한편 필론(Philo)은 '하나님을 위해서 태어난 사람'이란 용어를 제사장과 선지자를 부르는 데 사용하였다. 그는 이들이 세상을 등지고 하나님의 편에 선 모습을 보여야 함을 강조하면서 이 표현을 사용한다. 구체적 인물로는 모세를 가리켜 하나님의 사람이라고 하면서 그가 하나님의 온전한 것을 추구했던 모습에 초점을 맞춘다(Philo,

---

1. 모세(신 33:1; 수 14:6; 대상 23:14; 대하 30:16; 스 3:2; 시 89:1), 다윗(대하 8:14), 사무엘(삼상 9:6), 엘리야(왕상 17, 18, 24장; 왕하 1:9-13)

Gig. 61, *Mut.* 125-28; Marshall, 656에서 재인용). 한편 바울은 디모데에게 하나님의 사람이란 표현을 적용하면서, 디모데에게 구약에서 인정한 리더 및 선지자와 같은 부르심이 있음을 암시한다.

11절에서 바울은 피할 것과 따를 것에 대해서 쓴다. 그런데 여기서 바울은 피할 것에 관한 구체적인 내용을 제시하지 않고, 따를 것에 관해서는 구체적인 리스트를 제공하는데 의, 경건, 믿음, 사랑, 인내, 온유다.[2] 리스트의 마지막에 온유를 두었는데, 온유의 헬라어는 '쁘라위빠티아'(πρα-ΰπαθία)로 신약성경에서 온유를 표현하는 대표적인 헬라어 '쁘라위떼스'(πραΰτης)와 동의어다(Marshall, 659; 딤후 2:25; 딛 3:2; 고전 4:21).

12절 12절에서 바울은 두 가지를 명령한다. (1) 선한 싸움을 싸우고 (2) 영생을 취하라는 것이다. 선한 싸움에 대한 가르침은 개역개정판을 기준으로 목회서신에서 총 3회 나온다. 바울은 디모데전서 1장에서 디모데전서를 쓴 목적을 설명하면서 선한 싸움을 싸워야 함을 제시하였고(딤전 1:18-19), 디모데전서 6:12에서 디모데전서를 마무리하는 교훈으로 사용한다. 그리고 이 주제는 디모데후서 마무리로 다시 사용된다(딤후 4:7). 디모데전서 6장과 디모데후서 4장의 싸움에 해당하는 헬라어는 '아곤'(ἀγών)이지만, 디모데전서 1:18의 싸움은 '스뜨라떼이아'(στρατεία)다. 비록 단어는 다르지만 넓은 의미에서 같은 주제를 다룬다. 한편 원어로 보면, 디모데전서 4:10에도 싸움을 의미하는 '아곤' 계열의 동사가 나오는데, 개역개정판은 이를 '싸우다'로 번역하지 않고 '힘쓰다'로 번역했다. '아곤' 계열의 단어 사용에 관해서는 디모데전서 4:10 주해를 참고하라.

12절에는 '아곤'(싸우다) 계열의 명사와 동사가 모두 나타난다. '아

---

2. 목회서신에서 바울이 가장 많이 힘쓸 것으로 제시한 것은 '경건' 외에도 신중함(σώφρων)과 단정함(σεμνός)이 있다.

곤'(싸우다)은 운동경기에서의 승리를 위해서 최선을 다하는 모습이지만, 12절에서는 자신과 가족의 생명을 건 전투의 이미지로(비교, 딤후 2:3-4), 상당히 치열한 상황을 묘사한다. 이는 바로 앞서 설명한 '다른 교훈'과 '바른 교훈'이 격전을 벌이는 영적인 전투 상황을 염두에 둔 표현이다(딤전 6:3-10). '믿음의 선한 싸움'에서 소유격 '믿음'은 싸움의 목적으로 볼 수도 있고, 싸우는 방법으로 볼 수도 있다. 선한 싸움은 믿음을 지키기 위해서 싸우는 것이며, 또 믿음으로 싸우는 것이다.

따라서 믿음은 그리스도인으로서 인생을 살아가는 과정에서 끝까지 유지하고 있어야 하는 그리스도인의 목적과 품격을 의미하지, 특정한 대상과 싸우는 데 필요한 신념을 의미하지 않는다(Marshall, 659). 바울이 여기서 믿음의 선한 싸움을 강조한 것은 리더들 중에는 선한 싸움에서 실패할 수도 있음을 암시한다(Marshall, 660).

바울은 디모데가 영생에 관하여 많은 증인들 앞에서 훌륭하게 신앙을 고백했음을 밝힌다. '신앙고백하다'는 동사의 시제가 과거(aorist)인 것을 감안하면 바울은 특별한 사건을 연상하고 있었던 것으로 보인다. 이것이 어떤 사건이었는지 알 수 없으나, 그때에 디모데가 신앙을 고백하면서 하나님의 부르심 앞에 자신을 드렸다. 또한 바울은 이런 과거를 기억하면서 이 신앙고백을 가능하게 한 믿음으로 계속 선한 싸움을 싸우되, 입술로만이 아니라 삶과 행위로 고백하는 신앙으로 싸우라고 권면한다(Calvin, 277).

13-14절 바울은 강한 어조로 디모데에게 앞서 언급한 두 가지의 명령을 지키라고 하는데, 맹세 수준의 엄숙함이 담겨있다. '흠도 없고 책망받을 것도 없이 지키라'고 명한다. 바울은 이 명령의 준엄함을 확인하기 위해서 '하나님 앞에서' 그리고 '예수 그리스도 앞'에서 명한다. '앞에서'는 바울의 명령이 하나님과 예수 그리스도의 마음과 일치하고 있음을 보여

준다. 따라서 '선한 싸움을 싸우고 영생을 취하라'는 명령은 바울이 체득한 신앙과 사역의 진수를 담고 있는 요약인 것이다. 하나님은 만물에게 생명을 주시는 분이다. 여기서 '생명을 주다'는 '조오고네오'(ζωογονέω)인데 의역하면 '생명을 보전하다'이다.[3] 특히 예수께서 하신 일 중에서 '빌라도에게 하신 증언'을 언급한 이유는 예수의 수난을 선한 싸움과 영생 취하기의 모델로 제시하기 위함이다. 신약성경이 빌라도의 이름을 언급할 때에는 예수의 수난과 연결되어 있다.[4]

바울이 디모데에게 제시한 명령을 힘써 행하여야 하는 기간은 예수 그리스도께서 나타나실 때까지며, 이를 흠도 없고 책망받을 것도 없는 높은 수준으로 지켜야 함을 강조한다. 그리스도의 나타나심은 재림을 의미한다(Marshall, 665). 하지만 이는 우주적 종말일 수도 있고, 개인적으로 죽음을 통하여 심판의 보좌에 서는 것일 수도 있다. 심지어 이생에서 경험하는 매우 강렬한 계시의 순간으로 보는 것도 가능할 것이다. 어떤 경우이든, 그리스도의 나타나심은 바른 교훈을 따라 사는 사람들에게는 그들의 수고를 보상받는 시간이다. 반대로 상한 교훈을 따랐던 사람들에게는 그 값을 치르는 처벌의 시간이다(비교, 딤전 5:24). 바울은 디모데가 명령을 흠 없고 책망받을 것 없이 지킨다면, 그의 삶이 순결하게 되어서 윤리적으로 흠도 없고 책망받을 것도 없이 될 수 있음을 확신하고 있었다.

15-16절 바울은 사명자가 받은 사역을 감당해야 하는 기간은 예수 그리스도께서 나타나실 때까지라고 한다. 이는 1차적으로 예수의 재림을 의미하지만, 동시에 죽음을 통하여 의로우신 재판장인 예수 앞에서 설 때를

---

3. Fee, 1984: 151과 Marshall, 662를 참고하라. 의역에는 '순교에 직면'했던 경험이 포함되어 있다고 한다. 하나님께서 순교보다는 더 오랜 사역을 위하여 그의 생명을 보전하셨음을 함의한다.
4. 비교, 사도신경의 '본디오 빌라도에게 고난을 당하사'

가리킨다(딤후 4:8). 재림의 의미로 예수께서 다시 오실 시간은 하나님의 주권에 아래 있다(15절). 예수의 나타나심을 선언하면서, 바울은 감격한다. 그의 감격은 이어지는 16절의 신앙고백을 통해서 하나님께 올려진다. 하나님을 고백한다는 것은 하나님을 아는 것이다. 하나님을 친밀하게 알아갈수록 고백이 깊어진다. 하나님을 고백하는 신앙은 하나님의 통치에 순응하고 그 자체를 온몸으로 살아내는 방법을 깨닫는 것과 궤적(trajectory)을 같이 한다. 예수의 나타나심과 하나님의 절대 위대하심에 대한 고백을 통하여 바울이 알리고 싶었던 것은 모든 인간은 하나님과 함께 할 수 없는 처지인데, 예수를 통하여 그리고 믿음의 고백을 통하여 하나님과의 교통이 가능하게 되었다는 것이다. 15절의 '나타나심'은 16절의 '아무도 그를 본적이 없고 볼 수 없으신' 하나님과 대조를 이루면서, '나타나심'의 영광이 얼마나 멋진 것인지를 노래한다.

본문에 기록된 하나님께 대한 찬미의 내용 중, 다섯 번째인 '가까이 할 수 없는 빛에 거하시며'는 구약 시편 104:2의 인용이다. 이 시편에 나타나는 '빛'은 하나님의 옷으로 표현된다(Marshall, 667). 이러한 빛에 거하는 하나님에 대한 시편의 개념은 에녹1서를 통하여 발전된다(에녹1서 14.8-25). 한편, 신약성경은 천국에는 하나님 자신이 빛이어서 등불이 필요 없다고 한다(계 22:5). 하나님이 빛이시기 때문이다(요일 1:7). 시편 104:2의 '하나님의 옷'이란 표현에는 인간이 하나님의 빛을 가까이 할 때에 죽음을 당하지 않도록 보호하는 장치 개념이 함의되어 있다. 옷은 인간이 하나님의 빛을 직접 받을 수 없도록 차단하면서도, 그 일부는 경험하도록 하는 장치란 의미다. 그런데 예수 그리스도 안에서 신약의 성도들은 이 빛을 직접 경험할 수 있으며(요 1:4-5), 완성된 천국에서는 누구나 직접 이 빛에 거하게 된다는 의미다.

3. 해설

본문은 선한 싸움에 대한 교훈이며, 디모데전서의 마지막 교훈이다. 바울은 다른(상한) 교훈에 대항하여서 선한 싸움을 싸우라고 명령한다. 선한 싸움이란 바른 교훈을 성실하게 지키면서 신앙으로 살아가는 것이다. '선한 싸움을 싸우라,' '영생을 취하라'는 명령은 누구나 쉽게 기억할 수 있다. 이는 바울이 디모데와 성도들이 기억하기 쉽도록 구호처럼 만든 것이기 때문일 것이다(Towner, 2006: 410-11). 본문을 중심으로 선한 싸움을 싸우는 것에 대한 가르침들을 정리하면 다음과 같다. 첫째, 선한 싸움은 피할 것과 따를 것을 잘 구별하여서 힘써 지키는 싸움이다(11절). 여기서 피할 것은 다른 교훈이며, 따를 것은 바른 교훈이다. 둘째, 선한 싸움은 믿음을 지키면서 싸워야 하며, 믿음으로 싸우는 것이다(12a절). 그 결과 믿음이 견고해진다. 셋째, 선한 싸움의 목적은 영생을 취하는 것이다(12b절).

본문은 영생에 관하여 자세하게 설명한다(12b-16절).[5] 하나님께서 이 영원한 생명을 위하여 디모데를 부르셨고, 디모데는 이 영원한 생명을 위하여 헌신하겠다는 고백을 했으며, 이 고백은 예수께서 나타나실 때까지 지켜야 할 것이다. 하나님께서 이런 고백을 신실하게 지키려 하는 사람을 (11절) 지켜주실 것이다(13-14절). 바울은 영원한 생명을 예수 그리스도의 나타나심과 연결하여 설명한다. 그리고 이런 기약이 있는 때를 주관하시는 하나님 아버지에 대하여 찬미한다(15-16절). 선한 싸움은 선한 사람이 싸우도록 되어 있다. 다시 말하면, 선한 싸움을 싸우는 동안 선한 사람들은 더욱 선해질 것이다. 바울은 선한 싸움에 대한 교훈을 주기 전에 이 싸

---

5. 영생을 취하지 못한다면, 믿음의 싸움은 결정적인 승리를 얻은 것이 아니다. 믿음의 싸움은 영원할 수 없다. 오직 믿음으로 얻는 생명만이 영원하다(Kitchen, 274).

움을 싸울 디모데를 먼저 '하나님의 사람'이라고 선포한다. 15-16절에 언급한 하나님은 11절에서 디모데를 '하나님의 사람'이라고 부른 것에 기초를 두고, 디모데가 '어떤' 하나님의 사람인지를 자세히 설명한다. 이어서 바울은 부한 자에 대하여 한 번 더 교훈함으로 선한 싸움을 싸우는 일에는 부에 대한 바른 교훈이 꼭 필요함을 보여준다.

　선한 싸움에 대한 권면은 디모데후서를 마무리할 때에 한 번 더 나온다(딤후 4:7). 따라서 바울은 디모데에게 쓴 두 편의 편지 모두를 같은 주제로 마무리하고 있다. 선한 싸움을 통해서 선한 영향력을 미치는 것과 세상이 아니라 영생을 추구하는 것은 바른 교훈이 낳는 가장 중요한 열매이다. 디모데전서에서 바울은 디모데에게 선한 싸움을 싸우고 영생을 취할 것을 엄히 명령한다. 그리고 디모데후서에서는 자신의 인생을 선한 싸움을 싸우고, 의의 면류관을 바라면서 경주한 인생이라고 요약한다(딤후 4:7-8). 또 그리스도의 '나타나심'이 바울이 바라보던 이 땅에서의 삶과 그가 끝까지 소망했던 것임을 디모데전서(딤전 6:14)와 디모데후서의 결론에서 공통적으로 기록한다(딤후 4:8). 한편, 디도서에서 바울은 편지의 마지막이 아니라, 첫인사에서 영생의 소망을 언급한다. 이는 바울이 사도로 부름 받은 이유였다(딛 1:2). 요약하면, 선한 싸움과 영생은 목회서신 전체에 나타나는 일관된 주제라고 할 수 있다. 따라서 선한 싸움을 싸우고, 영생을 취하는 것은 목회서신의 배경이 되고 있는 4차 전도여행을 통해 바울이 일관성 있게 견지했던 선교의 동력이었다고 볼 수 있다. 이 두 가지 동력은 목회서신을 통일성 있게 이해하는 관점을 제공한다.[6]

6.　이에 관한 자세한 논의는 〈부록 1: 바울의 4차 전도여행 경로〉를 참고하라.

B. 디모데전서 6:17-19 (부자들을 위한 교훈)

1. 번역

17 그대는 이 세대에서 부유한 자들에게 명하여 마음을 높이지 말고, 덧없는 재물에 소망을 두지 말며, 오직 우리에게 모든 것을 풍성히 공급하셔서 즐기게 하시는 하나님께 두며, **18** 선을 행하고, 좋은 일에 부요하며, 너그러우며, 기꺼이 나누어주도록 하십시오. **19** 이는 그들이 자신들의 앞날을 위하여 좋은 기초를 쌓는 것이며, 이렇게 하여 참된 생명을 붙잡게 될 것입니다.

2. 주해

17-18절 부유한 자들이 주의해야 할 것과 행할 것이 나뉘어져 있다. 부유한 자들이 복수형으로 쓰일 때에는 부유한 계층을 가리킨다(눅 6:24; 21:1; 약 2:6; 5:1; 계 6:15; 13:16). 부자는 많은 자원을 가진 사람이라고 정의할 수 있다. 좀 더 정확히 말하면 실제로 많은 수입이 있는 사람이다(Marshall, 671, 각주 116). 부유한 자가 주의해야 하는 첫 번째는 마음이 높아지는 것이다. 이렇게 마음이 높아진 부자의 문제는 물질이 적은 사람을 깔보는 경향이다. 또 부를 중심으로 사회의 계층을 나누고, 특권을 누리며, 이를 제도화하려는 것이다(Oberlinner, 305; Marshall, 671). 두 번째 주의 사항은 소망을 재물에 두지 않도록 하는 것이다. 재물에 소망을 두는 것은 '덧없다'(ἀδηλότης). 신약성경에서 '덧없다'는 단어는 고린도전서 9:26에도 나오는데, 이때 '달음질하기를 향방 없이 하는(ἀδήλως) 것을 의미한다. 사람들은 당황이 되면 급한 마음에 어디론가 달려가려 하는데, 갈

팡질팡하는 모습이다. 재물에 소망을 둔 사람의 상태를 비유한 것이다. 소망은 확실한 것에 두어야 하는데, 재물은 불확실한 것이기 때문이다. 재물이 많다는 사실은 영원한 세계를 위하여 아무런 도움이 되지 못한다(딤전 6:7). 재물의 힘이 미치는 곳은 오직 이 세대 안에서뿐이다. '이 세대'는 헬라어로 '뉜 아이오니'(νῦν αἰῶνι)로 표현되는 한정된 시간을 의미한다. 하나님의 나라에서 재물은 아무런 힘이 없다.

반대로 부자가 힘써야 할 것은, 첫째, 하나님께 소망을 두는 것이다. 하나님은 모든 것을 풍성히 주시는(παρέχω; 비교, 딛 2:7) 분이다. 하나님이 공급해 주시는 것은 그것을 자신의 것으로 사유화하여서 나만의 독점물로 좌지우지하여서는 안 된다. 하나님의 공급은 무한하며 중단되지 않지만, 이는 또한 오직 하나님께 철저하게 순종하며 그 안에 거할 때에만 효력이 나타난다. 하나님께 소망을 두면, '즐기게 하는' 하나님을 만나게 된다. '즐기다'를 위해서는 헬라어 '아뽈라우시스'(ἀπόλαυσις)가 쓰인다. 이 단어는 좋지 않은 것을 즐기는 것으로 표현할 때에도 사용될 정도로(히 11:25) 포괄적인 의미를 가지고 있어, '즐김'은 누가 어떻게 사용하는가에 따라 결과가 크게 달라진다. 성도는 하나님을 즐기며, 하나님이 주신 것들을 즐기는 것이 필요하다. 당시의 정황에서 바울과 디모데는 두 종류의 정반대 가르침과 싸워야 했다. 두 가지 모두 상한 교훈이었다. 하나는 금욕주의를 부추기는 거짓 교훈으로 육신이 편안한 것은 일체 추구해서는 안 된다는 주장이다. 다른 하나는 물질주의적 세속주의였는데, 소유에 대한 욕심을 부추겨서 자신을 위하여 물질을 취하고 이를 독점적으로 즐기면서 살라는 가르침이었다(Marshall, 672). 종종 이 두 가지 생각은 한 사람 안에 혼합되어 있어 더욱 복잡한 문제를 일으켰다.

바울은 계속해서 18절에서 부자들이 힘써야 할 것을 네 가지로 설명한다. (1) 선을 행하며, (2) 좋은 일에 부요하며, (3) 너그러우며, (4) 기꺼이 나누는 것이다. 개역개정판은 세 번째와 네 번째의 번역을 바꾸어 놓은 듯하다. 바울은 부자인 교우들에게 물질은 하나님께서 공급해 주신 것이므로 하나님 안에서 즐기라고 한다. 네 가지로 구분하였지만, 크게 보면 둘로 구분된다. 곧 선행과 나눔이다. 첫째, 선을 행하는 것은 하나님의 행위다. 세상에 열매가 생기도록 비를 내리신 것은 하나님의 선한 행위이다. 이를 통하여 인간은 음식과 기쁨을 얻게 된다(행 14:17). 둘째, 나눔은 (1) 너그러운 것과 (2) 기꺼이 나누는 것으로 구성된다. 이 둘은 실제적으로는 동의어라고 볼 수 있지만, 세밀하게 살피면 구별도 가능하다. 너그러운 것은 넓은 범위의 사람들에게 실제적으로 눈에 보이게 행하는 것이며, 기꺼이 나누는 것은 가까운 친구들에게 행하는 것으로 내적 동기와 마음가짐을 강조한다(Marshall, 672-73).

19절 만약 부자들이 17-18절의 교훈을 따라 산다면, 그것은 자신의 물질로 영원한 세계를 준비하는 것이다. 물질은 본질상 이 세대에서만 힘을 발휘하지만, 잘 사용된 물질이 남긴 결과는 다음 세대를 준비하는 데 유익하다. 바울은 물질이 인생을 파괴할 수도 있고 인생을 선도할 수도 있다고 생각했다. 후자에 관하여 바울은 재물을 잘 사용하여 앞날을 위하여 좋은 기초를 쌓으라고 권면한다.[7] 부의 바른 사용을 통하여 참된 생명을 붙잡을 수 있다. '붙잡다'(ἐπιλαμβάνομαι)와 '참된'(ὄντως)은 '생명'(ζωή)과 관련하여서 자주 사용하지 않는다. 따라서 다소 어색한 듯한 19절의 내용('장래에 자기를 위하여 좋은 터를 쌓아 참된 생명을 취하는 것')은 이 세대 안에서 맞이할 미래의 모습이라고 볼 수 있다. 하지만 디모데전서 6:12에서 바울은 이미 '영생을 취하라'는 명령을 디모데가 가장 잘 붙들어야 하는 것으로 선포하였다. 12절의 '취하라'의 헬라어는 19절의 '취하

---

7.   기초는 비유로 사용되고 있다. 딤후 2:19의 주해를 참고하라.

는'(ἐπιλαμβάνομαι)과 같은 단어이다. 19절은 영생을 취하기 위하여 믿음
으로 선한 싸움을 싸우는 교우들이 이 땅에 있는 동안 그들의 부를 어떻
게 사용해야 하는지를 보여주는 권면이다.

3. 해설

17절의 부유한 자는 '이미' 믿기 전부터 부자였던 교우를 의미한다. 따
라서 디모데전서 6:9에서 언급한 부유해지고 싶어 하는 자와 다른 사람들
이다. 어휘로 보면, 부유한 자는 실제로 자원을 많이 소유한 사람이지만,
본문에서는 물질 자원을 현실적으로 소유한 사람만이 아니라 바른 교훈
을 붙들고 사는 구원받은 성도를 의미한다고 볼 수 있다. 디모데와 같이
헌신된 성도로서 영생을 취하는 선한 싸움을 싸우는 성도들이 17절의 부
유한 자라고 해석할 수 있다. 따라서 본문은 이 세상 속에 있는 참 성도들
이 갖추고 있어야 하는 물질관을 보여주며, 신약성경의 다른 곳에 있는
재물에 관한 교훈과 함께 다루면 좋다. 예를 들어 17절에 덧없는 재물에
소망을 둔 어리석은 사람들의 모습은 예수의 어리석은 부자 비유 속에서
도 잘 나타난다(눅 12:16-21).[8] 18절에 언급된 너그러운 나눔은 선한 사마
리아인의 비유와(눅 10:25-37) 잘 연결된다.

본문의 내용은 첫째, 참 부요한 자들에게 주는 기본 지침(17절), 둘째,
구체적인 행동 강령(18절), 셋째, 이들이 얻을 보상에 관한 것이다. 여기서
는 첫 번째 내용에만 집중하여 본다. 참 부요한 자들이 가지고 있는 기본
지침은 소망을 하나님께 두는 것이다. 여기서 '소망'은 현재를 인도하는

---

8. 또 약 4:13-16을 참고하라.

길잡이와 같다. 즉 미래에 종말적으로 실현될 하나님 나라를 바라보면서 이에 근거하여 현재를 사는 모습인 것이다. 실천적으로 '소망'은 관심을 바꾸는 동인(cause)이라 할 수 있다. 사람이 변화할 때에 관심이 변한다. 우리의 관심이 세상 물질이 주는 풍요함에서 하나님이 주시는 풍요함으로 바뀌는 것은 소망에 대한 바른 교훈을 배웠기 때문이다. 소망을 하나님께 두게 되면, 하나님의 성품을 더욱 분명하게 알게 되는데, 하나님은 후히 주시며, 누리게 하시는 분이다. 후히 주시는 하나님을 아는 것은 지혜이며 야고보서 1:5에도 나타난다. 디모데전서 6:17과 야고보서 1:5이 사용한 어휘들은 서로 다르지만 의미는 상통한다. 먼저 동사를 비교해 보면, 전자는 '제공하다'(ἐπέχω)로 구체적인 의미를 가지며, 후자는 일반적인 의미의 '주다'(δίδωμι)이다. 다음으로 부사를 비교해 보면, 전자는 '쁠푸시오스'(πλουσίως)를 사용하고 후자는 '하쁠로스'(ἁπλῶς)를 사용한다. 아마도 전자는 풍요함을 일반적으로 묘사하고 후자는 균형이 갖추어져 꽉 채워짐으로 모든 면에서 풍성한 상태를 의미한다. 마지막으로 목적을 비교해 보면, 전자는 구체적인 것들을 풍성한 제공함으로 성도가 이를 즐기게(εἰς ἀπόλαυσιν) 하는 것이다. 후자는 넓은 의미에서 모든 것을 후히 공급하심으로 성도가 부족함이 없고, 부끄러움이 없도록 하는 것이다. 요약하면, 디모데전서 6:17은 하나님께서 제공하시는 풍요함(πλουσίως)은 재물만으로 얻을 수 없는 참된 것임을 보여주는 구체적인 교훈이고, 야고보서 1:5은 지혜가 알려주는 하나님의 속성인 풍성함(ἁπλῶς)을 알려주는 일반적인 가르침이다.

제12장
디모데전서 6:20-21
끝맺음과 인사

1. 번역

20 오, 디모데여, 망령되고 헛된 말과 거짓된 지식으로 된 반대 이론을 피함으로 그대에게 의탁한 것을 지키십시오. **21** 어떤 사람들이 이 반대 이론을 주장하다가 믿음에서 벗어났습니다. 은혜가 여러분에게 있기를 빕니다.

2. 주해

20-21a절 바울은 다시 감탄사(Ω, '오')를 사용하여서 디모데를 부른다 (비교, 딤전 6:11). 디모데를 친근하게 부를 때에, 그를 향한 여러 가지 감정이 교차하고 있다. 바울은 마음을 다하여 디모데에게 의탁되어진 것들을 지키라고 명한다. 의탁의 헬라어는 '빠라테께'(παραθήκη)로 디모데후서 1:12, 14에도 사용된다. 이 단어는 의탁을 받는 자의 신뢰성과 신실함을

부각시키는 용어이다. 바울이 디모데에게 의탁한 바 자신의 사역을 디모데에게 위임한다는 뜻이다. 헬라어의 의탁은 법률용어로 의탁한 것의 실제 소유권은 원래 주인에게 있지만, 주인에게 의탁 받은 사람은 그것을 제3자에게 다시 의탁할 수 있는 권한이 있었다(Oberlinner, 46). 바울은 이런 법적인 권한을 염두에 두고, 자신이 예수께로부터 의탁받은 것을 디모데에게 다시 의탁하고 있는 것이다. 따라서 의탁하는 내용은 여전히 주인이신 예수께 속한 것이지 바울의 것이 아니다.[1] 바울이 디모데에게 의탁한 것은 사도로서 그가 행하던 가르침 전체로 보아야 할 것이다(Marshall, 675). 디모데가 이를 특별하게 지키고 수행해야 할 구체적인 책무를 의탁한 것이다(Fee, 1984: 161).

바울은 디모데가 의탁받은 것을 잘 지키기 위해서 피해야 할 것 두 가지를 언급한다. 망령되고 헛된 말과 반대 이론이다. 이 둘은 잘못된 가르침의 핵심적인 요소이다. 특히 반대 이론은 이를 주장하는(ἐπαγγέλλομαι) 사람들이 믿음에서 벗어나 목적을 잃고 방황하게 된다(ἀστοχέω).

21b절 목회서신에 나오는 바울의 인사는 항상 짧다. 이렇게 짧은 형식의 인사는 목회서신 외에는 오직 골로새서에만 나온다(골 4:18). 디모데전서의 맺음에는 거명된 성도들의 이름이 없다. 디도서와 디모데후서가 이름을 언급하고 있는 것과는 차이가 있다. 하지만 이는 특이한 사항이 아니다. 디모데전서 내에 당시 에베소 교회와 관련된 교우들의 이름을 일부 기록해 두었기 때문이다(딤전 1:20).

---

1. 바울은 여기서 디모데에게 남긴 것을 언급하면서 παράδοσις를 사용하지 않았다. 하나님의 진리에 관하여 바울은 이 단어를 쓰지 않고 오직 인간의 전통을 의미할 때만 사용한다(Marshall, 675). 의탁한 것을 지킨다는 의미로는 늘 φυλάσσω가 사용된다(딤후 1:12, 14).

제3부

디모데후서

본문 주석

제1장
디모데후서 1:1-2
사도직에 근거한 인사

1. 번역

1 그리스도 예수 안에 있는 생명의 약속을 따라 하나님의 뜻으로 말미암아 그리스도 예수의 사도가 된 바울은 **2** 사랑하는 아들 디모데에게 편지합니다. 하나님 아버지와 우리 주 그리스도 예수로부터 오는 은혜와 긍휼과 평강이 있기를 빕니다.

2. 주해와 해설

1-2절 (발신자, 수신자, 인사말) 바울은 자신을 예수 그리스도의 사도라고 한다. 그리고 그가 받은 사도직의 특징을 두 가지로 설명한다. 첫째, 그는 하나님의 뜻을 통하여 사도가 되었다고 한다. 이는 디모데전서 및 디도서의 인사와 비교해 보면 미묘한 차이가 난다. 본문의 사도직은 신령한

뜻을 통하여(διά) 받은 것이며, 디모데전서와 디도서의 사도직은 구체적인 임무를 수행하기 위한 것이다. 이런 차이는 편지를 쓴 상황이 달라졌기 때문에 생긴 것이다. 디모데전서와 디도서는 공동체의 문제를 다루고, 디모데후서는 하나님의 구원 계획의 큰 그림을 이루려는 의지를 다룬다(Marshall, 685). 둘째, 본문에서 다루는 바울의 사도직은 예수 그리스도 안에 있는 생명의 약속에 따른 것이다. 이 표현 속에는 바울이 전하는 복음이 담겨 있다(참고, 딤전 4:8; 딤후 1:10). 바울은 순교를 앞두고 생명의 약속이란 주제에 더욱 집착하는데, 생명의 약속은 그리스도 예수 안에 있는 것이다. 사실 바울은 온갖 좋은 것이 모두 예수 안에 있다고 쓴다. 생명의 약속은 이것들을 대표하며, 구원도 예수 안에 있고(딤후 2:10), 은혜, 믿음, 사랑도 예수 안에 있다(딤후 1:9; 딤전 3:13).

제2장
디모데후서 1:3-5
기억으로 드리는 감사기도

디모데후서 1:3-5은 감사기도이다. 바울은 종종 편지의 서두에 감사기도의 내용을 적는다. 이는 헬라 문화권의 편지쓰기에서는 형식적인 것이었다.[1] 그러나 바울이 쓴 감사와 기도는 형식에 그치지 않고 실제적 의미를 담고 있는데, 편지 전체를 아우르는 주제를 내포한다.[2] 실제로 바울에게는 많은 감사의 조건이 있었다. 하나님은 그에게 감사의 대상으로 마땅한 분이었을 뿐 아니라 동역자들도 종종 감사의 대상이었다.[3]

본문의 기도는 한 문장이다. 바울의 편지에 나오는 기도는 대체로 문장이 길고 그 구조가 복잡하여 분석에 어려움을 겪는다(참고, 엡 3:16-19).

---

1. 목회서신에서는 오직 디모데후서에만 감사기도가 나오는데, 이것도 온전한 형식을 갖추고 있지 않다(딤후 1:3)
2. 바울의 편지에 나오는 감사기도에 관한 대표적인 연구는 O'Brien, *Introductory Thanksgiving*과 Aune, *Literary Environment*, 186-87을 참고하라.
3. 롬 1:8이하, 고전 1:4이하, 엡 1:15이하, 빌 1:3이하, 골 1:3이하, 살전 1:2이하, 살후 1:3이하, 몬 4절 이하. 디모데를 인하여 하나님께 감사를 드리는 것이 본문의 핵심이다. 디모데가 감사의 조건인 것이다(Marshall, 689).

디모데후서 1:3-5 또한 다소 긴 문장이다. 바울은 기도 중에 감사를 표현하며(3절), 4절과 5절은 각각 분사를 사용하여 그가 드리는 감사에 대해서 설명하고 있다.[4] 이러한 감사는 종종 디모데를 기억하는 중에 경험되었다. 바울은 밤낮 간구하였는데, 그의 기도 중에 쉬지 않고 디모데를 생각했다(3절). 특히 디모데의 눈물(4절)과 거짓 없는 믿음(5절)을 기억했고, 이런 순수함 때문에 바울은 그와 동역할 수 있음에 감사했다.

1. 번역

3 나는 밤낮으로 간구하는 중에 그대에 대한 생각을 끊임없이 하게 되면서 (내가) 조상 적부터 깨끗한 양심으로 섬겨 온 하나님께 감사를 드립니다. **4** 그대의 눈물을 기억하면서 그대 보기를 갈망합니다. 그리하면 나는 기쁨으로 충만해질 것입니다. **5** 나는 그대 안에 있는 거짓 없는 믿음에 대하여 회상합니다. 이 믿음은 먼저 그대의 외할머니 로이스와 어머니 유니게 속에 있었는데 그대 속에도 또한 이 믿음이 있다고 확신합니다.

2. 주해

3절 (바울의 감사) 바울은 기도하는 중에 하나님께 감사를 드린다. 그

---

4. 원어 본문 분석의 관건은 4-5절에 나오는 3개의 분사(ἐπιποθῶν, '갈망하다'; μεμνημένος, '기억하다'; ὑπόμνησιν λαβών, '회상하다')가 어떻게 3절의 중심 내용인 감사와 연결되는지를 파악하는 것이다. 이 분사들은 감사의 '결과'를 보여줌으로 주절의 흐름을 자연스럽게 이어가면서도 주절의 내용인 '감사'를 드리는 '이유'를 보여준다.

이유는 디모데에 대한 기억 때문이다. 바울은 자신의 믿음을 하나님을 섬긴 것과 연관 짓는다. 즉 조상들이 섬긴 그 하나님을 조상들과 같은 마음으로 섬기는 것이다. 신약성경에서 '섬기다'(λατρεύω)는 크게 세 가지 의미로 사용된다(Marshall, 690). (1) 공식적인 제사와 관련된 일을 수행하는 것(행 7:7; 롬 1:25; 히 8:5), (2) 기도, 찬양 그리고 예배를 드리는 것(마 4:10; 눅 2:37; 행 13:2), (3) 삶 전체가 하나님을 위한 것임을 설명할 때(눅 1:74) 사용된다. 본문의 용례는 (2)의 의미로, 바울은 이스라엘 백성들이 하나님을 신실하게 경배했던 그 전통에 자신도 포함 되어서 신실한 예배자로 살아온 것을 '섬긴다'라는 단어로 표현한 것이다. 특히 그가 끊임없는 기도를 통하여 디모데를 기억한 것도 이런 섬김의 한 부분이었다(Marshall, 691). 3절은 '라뜨레우오'(섬기다)를 현재형으로 쓴다. 헬라어의 현재형은 지금 일어나는 사건을 가리키는 것뿐 아니라, 이제까지 섬겨왔고 앞으로도 변함없이 섬길 것임을 보여준다. 직설법(indicative) 현재형 시제는 지금 '이 순간'이라는 시점의 개념보다는 '지속되는 현상'을 강조한다.

조상은 구약에 언급된 여호와를 신실하게 섬겨왔던 믿음의 선조 모두를 의미한다(Towner, 2006: 448). 물론 이들의 믿음은 예수의 십자가와 부활을 경험하지 못한 신앙이었지만, 바울은 자신이 조상들의 본을 따라서 여호와를 섬기며 따르고 있었다고 한다(참고, 행 24:14, '조상의 하나님을 섬기고'). 이를 통해서 바울은 자신의 믿음이 구약의 선조들이 가졌던 전통과 단절된 것이 아니라 이를 계승한 것임을 밝힌다.[5] 바울이 조상 때부터 섬겨 온 하나님을 언급하는 것은 그 하나님은 신실하셔서 디모데 또한 그분께 헌신할 것을 권하기 위함이다.

바울은 깨끗한 양심으로 하나님을 섬겨왔다. 깨끗한 양심은 선한 싸

---

5. 신약의 이런 전통은 히브리서 11장에 잘 나타난다.

움을 위해서 필요하다. 양심(συνείδησις)은 목회서신에 6번 나오는데,[6] 때로는 '깨끗한'(καθαρὰ)와 함께 쓰이고(딤전 1:3; 3:9) 때로는 '선한'(ἀγα- θός)과 함께 쓰인다(딤전 1:5). 깨끗한 혹은 선한 양심은 호환적이며, 이는 복음으로 하나님을 섬기기 위해서는 반드시 필요한 요소다(롬 1:9). 목회 서신에서 양심은 바른 것을 판단하는 근원이며, 이러한 판단을 통하여 특히 선함(또는 깨끗함)이 무엇인지 알게 하며, 이 판단에 따라 행위를 결정하는 것을 의미한다. 이렇게 양심은 내면에서 작동하여 행동으로 표현된다. (자세한 논의는 디모데전서 1:5의 주해를 참고하라.)

바울이 드렸던 감사기도의 특징은(3절) 세 가지 단어를 통하여 파악할 수 있다. 첫째, '끊임없이'(ἀδιάλειπτος)인데, 이는 바울이 예수의 본을 따라 기도 생활을 지속하였음을 보여준다. 바울은 예수께서 가르쳐주신 기도의 본을 따르고 있었는데, (1) 기도 생활을 지속하는 것과 (2) 특정한 기도 제목을 위하여 끊임없이 기도하는 것이다.[7] '끊임없이'는 오로지 기도와 관련하여서 사용되는 기도 전문용어다. 이는 빈도에 있어 자주 드리는 기도뿐 아니라 몰입하여 드리는 깊은 기도, 곧 시작된 기도가 끊어지지 않고 계속되고 있음을 묘사할 때도 사용된다(Marshall, 692). 나아가서 스삐끄(C. Spicq)는 '끊임없는 기도'란 의식하면서 기도하는 것뿐 아니라 형식을 갖추지 않고서도 마음이 하나님을 향하여 떠나지 않는 상태도 포

---

6. 목회서신에는 딤전 1:5, 19; 3:9; 4:2; 딤후 1:3; 딛 1:15에 나온다. 이 단어가 가장 많이 쓰인 편지는 고린도전후서인데, 10회 사용된다. 이외에는 로마서에서 3회 사용한 것뿐이다. 바울 편지 밖에서는 히브리서에서 5회, 베드로전서에서 3회 사용되고 있으며, 사도행전에 2회, 요한복음에 1회 나타난다.

7. 예수의 기도에 대하여 가장 분명한 기록을 담고 있는 것은 누가복음이다. 누가복음은 예수의 기도 생활에 대한 것과 예수께서 기도에 대하여 가르쳐 주신 것을 상세히 기록하고 있다. 예수께서는 자신의 삶을 통하여 또 교훈을 통하여 기도에 대하여 가르쳐 주셨는데, 이 중 끊임없이 드리는 기도의 중요성을 강조한다(눅 18:1-8)(Han, 690-91).

함한다고 주장한다(*TLNT*, 1:32-34). 두 번째 특징은 간구(δέησις)인데, 이는 기도 속에 간절함이 담겨 있음을 표현한다(딤전 2:1 주해 참고). 진정한 간구는 잠시 큰 목소리나 많은 에너지를 사용하면서 고집스럽게 자신의 뜻을 관철시키려는 기도가 아니라, 청할 것이 있어 이를 신뢰 가운데 의심하지 않고 구하는 기도를 의미한다(비교, 딤전 2:1; 엡 6:19). 끊임없는 간구는 하나님 앞에 순전하게 드려진 헌신의 또 다른 모습이기도 하다. 우리가 주님을 위하여 헌신한다면 주님의 뜻을 이루기 위한 끊임없는 기도가 드려져야 하기 때문이다. 셋째, 기도와 기억의 연결이다. 여기서 기억의 원어는 '므네이아'(μνεία)인데, 신약성경에는 총 7회 쓰이며, 모두 바울이 사용한다. 목회서신에는 오직 여기에만 쓰인다. 번역하면 '기억' 혹은 '언급'인데,[8] 기억은 그 내용을 언급함으로 이를 생각과 마음에 남아 있게 한다는 의미를 내포한다. 따라서 기억을 잘하는 것은 자주 언급하는 것이다. 특히 기억(μνεία)이 기도와 관련되어 사용될 때에, 기억은 기도 중에 자주 언급함으로 더욱 분명해지기 때문이다. 따라서 끊임없는 기도는 기도자의 마음에 대상자에 대한 좋은 기억을 남긴다. 기도 중에 기억한다는 것은 단순히 자신의 기억 속에 상대를 떠올리는 것이 아니라 하나님께 기도 대상자에 관하여 아뢰는 것을 의미한다. 기도 중에 기억을 통해서 대상자를 위하여 하나님과 소통을 하는 것이다. 이러한 기도의 대상이 되는 사람은 기도자의 마음에 좋은 모습으로 기억되며, 또 그와 영적으로 연결될 수 있다. 종종 기도 중에 어떤 인물이 기억나면, 그 대상을 위한 깊고 지속적인 기도를 하게 되며 이를 통해 그와 영적으로 연결된다. 이런 과정을 통해서 어떤 경우에는 대상자의 형편을 짐작할 수도 있다. 바울은 하나님 안에서 드리는 기도와 기억의 관계를 로마서 1:9에도 언급했다.

---

8.   BAGD, 524. 특히 '기억'의 의미로 쓰일 때는 소유격과 함께 사용된다.

"그의 아들의 복음 안에서 나의 심령으로 섬기는 하나님은, 내가 끊임없이 너희를 기억(μνεία)하고 있음에 관한, 나의 증인이십니다"(사역). 내가 누군가를 기도 중에 지속적으로 기억하고 있음의 증인이 하나님인 이유는, 그 대상자를 위하여 하나님께 간구를 드렸으며, 하나님과 소통하였기 때문이다.

4절 바울은 디모데 보기를 갈망했다.[9] 때때로 바울은 편지를 통하여 수신자에게 우정을 확인시키고 이를 계속 이어가려는 노력을 한다. 바울이 동역자들과의 관계를 소중히 다루고 있는 모습은 빌립보서에 잘 나타나는데,[10] 그는 종종 동역자를 보고 싶어 하는 소망을 표현한다.[11] 4절에서 바울은 디모데 만나기를 '갈망한다'(ἐπιποθέω)고 쓴다.

바울은 디모데의 눈물을 기억하였다. 바울은 그의 눈물을 기억하면서 디모데가 보고 싶어졌다. '기억하다'의 헬라어는 '밈네스꼬마이'(μιμνήσ-κομαι, '기억에 생생하다')인데, 보통의 기억을 표현하는 '므나오마이'(μνάομαι)보다 강렬한 단어다. '기억하다'(μιμνήσκομαι)는 완료형 분사(μεμνημένος)로 쓰이고 있는데, 이는 바울의 기억이 현재 작동하고 있으며, 앞으로도 계속 그러할 것임을 보여준다. 4절에 기록된, 바울이 누군가의 눈물을 생생하게 기억하면서 감사하였던 경험은 사도행전 20장에 기록된 에베소 장로들과 헤어질 때에 함께 흘린 눈물에서도 찾아볼 수 있다(엡 20:37). 홀츠만(Holtzmann)은 이때에 디모데가 그곳에 있었다고 주장한다(Holtzmann, 380; Towner, 2006: 452에서 재인용). 우리는 이 사실을

---

9. 원문에서 '갈망하다'로 번역한 분사는(ἐπιποθῶν) 감사의 결과 혹은 이유로 보면 자연스럽다. 끊임없이 기도하면서 감사를 드리게 되면 그 대상을 만나고 싶은 것은 자연스러운 것이다. 특히 4절에서는 3절의 기억에 대해서 더 자세하게 쓰고 있는데, 디모데가 흘리던 눈물이 기억 중에 선명해졌다.

10. 빌립보서를 우정의 편지로 보는 견해에 관하여는 Fee, 1995: 12-14을 참고하라.

11. 바울은 이런 갈망을 연합을 의미하는 접두어 σύν으로 표현한다.

증명할 수 없지만, 바울이 기억하고 있는 디모데의 눈물은 에베소 장로들과의 헤어질 때에 그들이 흘린 눈물에 대한 기억과 같은 수준의 생생한 것이었다. 에베소 장로들과 함께 흘린 눈물은 동역자들이 주님을 향하여 같은 마음을 갖고 서로의 심정을 통하면서 하나가 된 상태에서 앞으로 감당할 일들의 무게를 생각하며 안타깝고 안쓰러워 흘린 것이다. 바울이 디모데에게서 기억했던 눈물도 같은 이유에서 흘렸던 것으로 보인다. 동역자가 서로를 인정하고 아끼면서 서로 당할 고난을 생각하며 동지의 심정을 나누는 눈물은 '거짓 없는 믿음'으로 서로 동역하고 있음을 입증한다.

눈물의 성경적인 이미지는 씻는 것이다. 슬픔, 연약, 고통 등이 눈물의 원인이지만, 이 때 흘리는 눈물은 영혼을 맑게 씻는다. 눈물에 대하여 가장 많은 기록을 담은 성경은 시편이다. 특히 시편 56:8의 눈물은 하나님께서 잊지 않고 기억하시는 것이다("나의 눈물을 주의 병에 담으소서. 이것이 주의 책에 기록되지 아니 하였나이까", 개역개정). 하나님은 새 하늘과 새 땅에서는 하나님께서 성도의 눈물을 닦아 주심으로 확정적인 위로를 주신다(계 21:4). 눈물이 잘 기억되는 이유는 눈물은 약함의 상징이며 순수함을 지키는 청결제의 기능을 하기 때문이다. 눈물은 우리의 영혼의 더러운 것을 씻어낸다. 눈은 마음의 창이며 몸의 등불이어서, 눈이 밝아야 참된 것을 볼 수 있다(마 6:22-23). 눈물은 마음의 창을 닦는 수단이다.

5절 5절에는 바울이 디모데를 기억하며 감사했던 내용이 기록되어 있다. 디모데에게 거짓 없는 믿음이 있었기 때문이라고 밝힌다. '거짓 믿음'의 원어는 '아뉘뽀끄리또스'(ἀνυπόκριτος)이고, 직역하면 '위선적이지 않음'이다. 믿음의 사람들에게 거짓 없음이란, 단지 사실에 반하는 말을 하지 않는 것이 아니라 생각과 동기에도 이중성이 없는 것이다. 거짓 없는 믿음에 관해서 바울은 이미 디모데전서 1:5에서 언급하였는데, 이는 디모

데전서의 저술 목적이었다.[12] 바울은 디모데가 이런 거짓 없는 믿음을 소
유하고 있음을 확신하고 있었다. 그래서 바울은 디모데와 동역할 수 있었
고, 인생의 마지막을 예견하던 그는 자신의 사역을 디모데에게 위탁하려
한다. 이렇듯이 '거짓 없는 믿음'은 동역 및 사역의 전수를 위해서 꼭 필요
한 것이다. 믿음에 위선적인 부분이 있다면 복음을 위한 동역은 이루어지
지 않는다. 동기의 순수함은 동역을 위해서 필요조건이기 때문이다. 거짓
없는 믿음이란 불순하거나 건강하지 못한 동기가 섞이지 않아서, 그 믿음
이 유발하는 행위 또한 순전한 상태를 가리킨다. 성도는 거짓 없는 믿음
으로 서로 연합할 수 있고, 다음 세대와도 함께 할 수 있다. 거짓 없는 믿
음에서 비롯되는 행위는 다음 세대에게 본이 되며, 다음 세대에 선한 영
향력을 미친다.

　　바울은 디모데의 믿음이 바울 자신의 믿음처럼(3절) 조상들로부터 이
어져 온 것이라고 한다. 외할머니 로이스와 어머니 유니게에게 있었던 믿
음이 디모데에게 전수된 것이다. 모계를 중요시하는 것은 유대인의 전통
이다(참고, 행 16:1). 그런데 로이스와 유니게의 믿음이 3절에 언급된 '조
상 적부터 섬겨 온'과 같이 유대교에서 여호와를 신실하게 섬겼던 믿음인
지, 아니면 이들이 바울을 만나 알게 된 예수를 믿는 믿음이었는지는 불
분명하다. 바울은 1차 전도여행 중에 이 두 모녀에게 복음을 전했다. 그렇
다면, 로이스와 유니게가 참된 믿음을 소유하기 시작한 것은 바울이 디모
데후서를 쓰기 약 20년 전 쯤의 일이다. 바울은 디모데의 외할머니와 어

---

12. 문맥상으로는 바울이 '사랑'을 디모데전서의 목적이라고 한다. 이 사랑의 근원에
　　'청결한 마음', '선한 양심', 그리고 '거짓 없는 믿음'이라고 한다. 하지만 디모데전
　　서에 사랑에 관한 직접적인 교훈은 분명하게 논의되지 않는다. 반면, 디모데전서가
　　가장 많이 다루고 있는 것은 바른(건강한) 교훈이며 이에 반대되는 상하고 거짓된
　　교훈도 자주 언급한다. 따라서 디모데전서의 실제 주제는 '거짓된 믿음을 이기는
　　길'이라고 볼 수 있다.

머니에게 있었던 믿음을 표현할 때에 과거(aorist)시제를 사용한다
(ἐνῴκησεν). 헬라어에서 이 시제는 과거의 사건 사건이지만, 시점을 강조
하는 것이 아니라 지금은 종료(혹은 완성)되어 변하지 않을 것이며, 이를
현재의 독자들이 확인할 수 있을 정도로 분명한 것임을 보여준다. 따라서
이들이 예수를 믿는 믿음은 유대교 시절 여호와를 경외하던 신실함과 접
목되어 그 습관 위에 참된 '예수 신앙'으로 꽃피웠던 것이라고 볼 수 있다
(비교, 딤후 1:3).

3. 해설

본문의 특징 중 하나는 기억을 의미하는 세 개의 다른 단어가 사용되
고 있다는 점이다. 따라서 이 단어들의 쓰임새를 중심으로 본문을 파악해
볼 수 있다. 세 단어들은 각 절에 하나씩 나온다. '생각을 하다'(μνεία, 3
절), '눈물을 기억하다'(μιμνήσκομαι, 4절), 그리고 '회상'(ὑπόμνησις, 5절)
이다. 따라서 바울은 이러한 다양한 기능의 기억을 통하여, (1) 감사하며,
(2) 대면하여 보기를 바라며, (3) 믿음의 확신을 가졌다. 종합하면, 성령께
서 주관하시는 기억이 주는 유익을 서술하고 있다.

바울은 디모데에게 거짓 없는 믿음이 있었음을 기억하였다(5절). 거짓
없는 믿음이 중요한 이유는 동역을 위해서다. 바울은 디모데전서의 저술
의 목적을 밝힐 때에, 거짓 없는 믿음에서 비롯되는 사랑을 교훈하려 함
임을 밝혔었다(딤전 1:5). 그런데 몇 년 후에 디모데후서를 쓸 때에 바울은
디모데 안에 앞서 권면했던 대로 거짓 없는 믿음이 있음을 확인한 것이
다. 디모데에게 있던 거짓 없는 믿음은 외조모와 어머니에게도 있었던 것
이어서 더욱 신뢰할 만하며, 이를 통하여 디모데가 복음의 일꾼으로 검증

되었다고 쓴다. 따라서 바울은 디모데에게 복음 사역을 위탁하려고 결심한다(딤후 1:6).

본문에서 기억에 관련하여 사용된 3개의 단어는 2개의 명사와 1개의 동사다. 전자는 3절의 '므네아'와 5절의 '휘뽀므네시스'(회상)이며, 후자는 4절의 '밈네스꼬마이'다.[13] 개역개정판은 세 단어를 모두 '생각하다'로 번역하여서 원문이 다른 단어를 사용한 묘미를 살리지 못하였다. 기억은 신앙생활과 뗄 수 없는 인간의 작용이며, 경건 훈련의 도구다. 구약이 강조하는 기억의 대상은 여호와 하나님의 유일성과 하나님 되심을 잘 간직하는 것이다(신 6:4-9). 하나님이 이스라엘을 구원하신 구원의 이야기(특히 출애굽의 이야기)는 이를 기억할 때에 그 이야기 속에 자신이 마치 실제로 있는 것 같은 경험을 하게 한다. 예수께서는 최후의 만찬에서 떡과 잔을 가지시고 드시면서 '나를 기념하라'(ἀνάμνησις)고 하셨다(눅 22:19; 고전 11:24-25). 여기서 '기념하라'는 기억을 통하여 마치 그 당시의 현장 속에 있는 것 같은 경험을 할 수 있음을 암시한다. 오순절 이후 강림하신 성령은 성도의 기억을 관장한다. 요한복음의 보혜사 성령은 예수께서 아버지께로 돌아가신 후에 오셔서, 예수께서 제자들에게 가르치신 것을 기억나게 한다(요 14:26). 기억나게 할 뿐 아니라, 깨닫게 하고(요 14:17), 책망하고(요 16:8), 장래의 일을 알려준다(요 16:13).

성경은 기억의 특별한 기능을 소개하는데, 기억은 연합을 이루게 한다. 특히 바울은 기도 중에 기억하는 것을 통하여 기억의 대상과 하나님 안에서 연결되는 비밀에 대해서 언급한다. 바울에게 디모데는 이러한 대상이었다. 바울은 기도 중에 디모데를 기억함으로(3절) 하나님께 감사를 드렸다. 이렇듯 기도 중에 기억하는 것은 연결되는 것이다. 특히 바울은

---

13. μιμνήσκομι는 μναομαι를 늘여 쓴 형태이다. 중간태로 쓸 경우 '마음에 담아 둔다'는 의미로서 기억을 뜻한다.

디모데의 눈물을 기억하였고, 디모데가 보고 싶어졌다(4절). 디모데의 눈물이라는 이미지가 담고 있는 실체인 거짓 없는 믿음이 확인되고 있다는 것이다. 바울이 디모데를 보고 싶었던 이유는 얼굴 한 번 보고 정담을 나누는 것이 아니라, 디모데에게 자신이 감당하던 복음 전파의 사역을 위탁하고 싶었기 때문이었다. 디모데후서 1:3-5에 언급된 세 가지 다른 어휘의 '기억'은 바울이 디모데를 향하여 확신을 갖게 된 과정을 드러내는 표현들이다.

제3장
디모데후서 1:6-18
복음과 함께 고난을 받으라

　　본문은 세 부분으로 되어 있는데(6-8절, 9-14절, 15-18절), 언뜻 보면 서로 매끈하게 연결되지 않는다. 특히 세 번째 부분은 문맥의 흐름에 상관없는 첨언으로 보인다. 첫 부분인 디모데후서 1:6-8에는 디모데후서의 핵심 메시지가 나타나는데, 이는 복음과 함께 고난을 받으라는 것이다. 바울은 중죄인으로 투옥되면서(딤후 2:9) 자신의 생이 마감될 것임을 예측한 것으로 보인다. 그래서 그에게 디모데가 필요했다. 바로 직전인 3-5절에서 쓴 것처럼, 디모데 안에 있던 거짓 없는 믿음이 기억나면서 디모데를 불러 그에게 안수하고 싶었다(6절). 이를 통하여 디모데가 개인적인 부흥을 경험하게 하려는 것이었다(7절). 심령의 부흥을 경험한 자만이 복음을 위해서 고난을 받을 수 있다(8절).

　　9-14절은 복음에 대해서 설명한다. 여기서 복음에 대해 설명하는 이유는 8절에서 언급한 대로 복음과 함께 고난을 받으려면 복음이 무엇인지 알아야 하기 때문이다. 복음은 부르심과 밀접한 관계가 있다. 따라서 바울은 복음을 설명하기 위하여 부르심으로부터 시작한다. 부르심은 온

전히 하나님의 은혜에 의한 것이며, 이 은혜가 곧 복음이라는 논지를 펼친다. 우리가 부르심을 받게 된 근거가 복음이기에, 부르심의 소명은 복음을 드러내는 데에 있다(14절).

15-18절은 언뜻 보면 편지의 흐름을 방해하고 있는 것처럼 보인다. 앞서서 바울은 디모데에게 동역자로서 복음과 함께 고난을 받으라고 역설하였는데, 본문에서는 갑자기 아시아에서 받았던 아픈 경험과 반대로 자신을 선대하였던 오네시보로에 대한 감사와 축복에 대해서 쓴다. 하지만 문맥을 잘 살피면, 바울은 세 번째 단락(15-18절)에서 복음을 부끄러워했던 사람들의 예와 복음과 함께 고난을 당했던 사람의 예를 제시하고 있다. 전자의 대표는 부겔로와 허모게네이며, 후자는 오네시보로가 대표한다. 오네시보로의 역할을 바울이 복음에 대한 확고한 신념을 갖도록 격려해 준 것이다(16절).

A. 디모데후서 1:6-8 (편지를 쓴 이유)

1. 번역

6 이런 이유에서 나는 그대를 일깨워 그대가, 나의 안수함으로, 그대 속에 있는 하나님의 은사에 다시 불을 붙이도록 하려 합니다. **7** 하나님께서는 우리에게 두려워 떨게 하는 영을 주시지 않으셨고, 능력과 사랑과 절제의 영을 주셨습니다. **8** 그러므로 그대는 우리 주님을 증거하는 것과 또 그를 위해 갇힌 자인 나를 부끄러워하지 마십시오. 오히려 하나님의 능력을 따라 복음과 함께 고난을 받으십시오.

2. 주해

6절 바울은 디모데에게 안수하려는 계획이 있음을 알린다. 안수에[1] 관하여 종종 오해가 생기는데 이는 안수를 통하여 안수하는 자 속에 있는 하나님의 능력이 안수받는 자에게 전가될 것을 기대하기 때문이다. 성경에 나타나는 안수의 기능은 크게 둘로 나뉘는데, 특별한 직위나 사역을 위해서 특정한 인물을 공식적으로 임명할 때에 안수한다(행 13:3). 그리고 병 고침을 포함하여 축복을 위해서 안수하는 경우도 있다(참고, 행 8:17-18; 9:12, 17; 19:6).

목회서신은 안수와 관련된 사안을 세 차례 언급한다. 디모데가 장로회에서 안수를 받을 때, 그는 특별한 경험을 한 사실(딤전 4:14)과 또 그가 목회에서 종종 안수를 하였는데 경험 부족으로 때때로 경솔히 안수했던 것(딤전 5:22)과 마지막으로 안수를 통하여 디모데 속에 있는 은사를 불일 듯 일으킴에 관한 것이다(딤후 1:6). 본문의 안수는 죽음을 앞둔 바울이 자신의 사도직을 디모데에게 넘겨주려는 의탁으로서의 안수이지만, 이는 자신의 사도직을 공식적으로 이양하는 것은 아니다. 바울은 안수를 통하여 성령께서 디모데에게 내적 헌신을 유발하기를 바라고 있었다(Towner, 2006: 460). 따라서 바울이 디모데에게 안수하려는 것은 구약에서 나오는 모세가 여호수아에게 또 엘리야가 엘리사에게 자신에게 위탁되었던 권위를 승계시키기 위해서 한 안수와 차이가 있다(Towner, 2006: 460).

6절에서 안수의 목적은 하나님의 은사가 디모데 안에 다시 불일 듯 일어나는 것이다. 바울이 원했던 것은 디모데에게 심령의 부흥이 일어나

---

1. 원어는 διὰ τῆς ἐπιθέσεως τῶν χειρῶν(손들을 얹음)인데, 손들이 복수임이 흥미롭다. 하지만 이 복수가 두 손을 의미하는지, 여러 명이 안수한 것인지는 불분명하다.

는 것이었다. 이 부흥을 통하여 디모데가 복음과 함께 고난을 받을 수 있을 것이라고 생각했다. '다시 불을 붙이다'는 헬라어로 '아나조쀠레오'(ἀναζωπυρέω)인데, 이 단어는 신약성경 전체에서 오직 여기에만 쓰인다. 불(fire)만 다시 붙이는 것이 아니라 활활 타오르도록 부채질도 한다는 뜻이다.[2] 불이 붙는 것은 자신 안에 갑자기 에너지가 넘치는 느낌을 갖는 것이 아니라 하나님의 은사가 유감없이 발휘되는 것을 의미한다. 이런 해석은 원문에서 '아나조쀠레오'의 목적어가 하나님의 은사라는 사실과도 연계되어 있다. 모든 성도는 예외 없이 하나님의 은사(χάρισμα)를 가지고 있으며(엡 4:7), 은사는 하나님께서 사명을 감당하라고 주신 선물이다(Marshall, 697). 개인적인 부흥을 경험하는 것은 이 은사(χάρισμα)에 불이 붙는 것이며, 은사에 불이 붙으면, 건강한 사역을 계속할 수 있게 된다.

하지만 본문에는 디모데에게 어떤 은사가 있었는지 설명하지 않는다. 다만 죽음을 앞둔 사도 바울은 믿음의 아들에게 안수를 통하여 은사를 일깨워 디모데가 감당해야 하는 험난한 목회에 도움을 주려했다. 은사는 하나님께서 주시지만, 성령께서 은사의 사용을 관장하신다(행 2:38; 고전 12:4, 7). 토우너(Towner)에 의하면, "내주하는 성령께서는 인간의 생각과 동기 그리고 감정에 영향을 주고 이들을 잘 다듬어서 외부로 드러나게 하며 눈에 보이는 행위가 있도록 한다"(Towner, 2006: 458). 본문에 의하면, 안수를 통하여 심령에 불을 붙여야 하는 사람은 디모데 자신이며, 바울은 이를 돕는 자였다. 안수자 바울의 능력이 전가된 것이 아니란 의미다.

'일깨우다'의 원어는 '아나밈네스꼬'(ἀναμιμνήσκω)인데, '기억하다'는 의미의 단어인 '밈네스꼬'(참고, 딤후 1:4)에 접두어 '아나'(ἀνα)가 붙어 있

---

2.   그래서 ESV 번역은 'to fan into flame'(부채질하다)이다.

어 더욱 강한 의미로서 기억나게 하는 것을 뜻한다(Marshall, 696).[3] 심령에 불이 붙어 은사가 살아나면, 하나님에 대한 기억이 더욱 분명해지고 더 강렬해진다. 특히 하나님이 행하신 구속의 사건을 생생하게 기억하게 된다. '일깨우다'는 3-5절에서 3번 언급된 기억과 관련된 세 개의 단어들과[4] 밀접하게 연결되어 있다. 바울이 디모데에 대한 기억이 생생해진 것은 바울 안에 은사가 불일 듯 일어난 현상 중에 하나란 의미다. 은사가 살아날 때, 하나님에 대한 기억이 생생해진다. 요한복음 14:26에는 '성령 그가 내가 너희에게 말한 모든 것을 생각나게(ὑπομιμνήσκω) 하리라'고 기록되어 있다. 여기에서 '생각나다'는 또 다른 형태의 강조를 포함한 동사인데, 디모데후서 1:6에서와 같이 기억의 특별한 역할을 표현한다. 성령께서 성도의 기억을 관장한다.

7절 하나님의 은사가 성도 안에서 다시 불붙을 때 어떤 일이 일어날까? 두려워 떠는 겁쟁이의 영(πνεῦμα δειλίας)이 없어지고 담대해진다. 개역한글판과 개역개정판은 원어인 '쁘네우마 데일리아스'(πνεῦμα δειλίας)를 두려운 마음으로 번역했고 표준새번역은 '비겁함의 영'으로 번역하였다. '마음' 혹은 '영'으로 번역된 원문의 '쁘네우마'는 신약성경에서는 성령으로 번역되는 경우가 가장 많고 종종 사람의 영을 가리키기도 한다. 주석가들 사이에는 이곳의 '쁘네우마'를 성령으로 이해하는 그룹과(Fee, 1994: 785-89; Towner, 2006: 460-62; Marshall, 689) 사람의 영으로 해석하는 그룹으로 나뉜다(Bernard, 155; Mounce, 478). 전자를 대표하는 주석가는 피(Fee, 1984: 226)와 토우너(P. H. Towner)다. 토우너의 7절 번역

---

3. 딤후 1:4에서 쓰인 μιμνήσκομαι는 바울이 자신의 기도 혹은 감사 생활에서 디모데의 눈물을 기억한 것이다. 딤후 1:6에서의 '기억하다' 혹은 '일깨우다'(ἀναμιμνήσκω)는 보통의 기억보다는 생생한 것이다.

4. μνεία, μιμνήσκομαι, ὑπόμνησις

은 "하나님께서 우리에게 주신 성령은 두려워하는 영이 아니라 능력과 사
랑과 절제함의 영이라"이다(Towner, 2006: 460). 그는 이 표현 속에 바울
의 성령론이 담겨 있다고 주장한다. 그는 7절의 '쁘네우마 데일리아스'는
로마서 8:15에 나오는 '두려워하는 종의 영'과 동일한 내용으로 본다.

　　반대로 개역개정판은 확고하게 7절의 '쁘네우마'를 사람의 영으로 이
해하고 한걸음 더 나아가 '마음'으로 번역함으로 성령의 사역과 분리시킨
듯하다. 7절의 '쁘네우마'를 마음으로 번역한 것은 중국어 번역과 일치하
며, 이는 '쁘네우마'가 성령이 아니라 사람의 영이라고 단정했기 때문이
다. '쁘네우마'를 사람의 영으로 이해하는 것은 가능하다. 하지만, 설령
'쁘네우마'를 사람의 영으로 이해할지라도 이를 '마음'으로 번역한 것은
지지하기 어렵다. '쁘네우마'를 사람의 영으로 이해하는 것은 가능하나,
'쁘네우마'가 확정적으로 사람의 영만을 의미하는 예는 많지 않다. '쁘네
우마'가 사람의 영으로 쓰일 때에도 성령께서 그 사람의 영을 관장하시고
그 사람의 영에 영향을 주고 있기 때문이다. 성령께서는 어느 상황에서도
주권적으로 일하신다. 또한 성령께서는 성도 안에 내주하시면서 그에게
영향력을 발휘하셔서 성도에게 맺혀지는 열매를 통하여도 일하신다. 따
라서 성령의 영향으로 사람의 영이 성화된 모습은 성령께서 직접 일하시
는 모습과 명확하게 구별하기 어려울 때가 많다. 예를 들어 온유의 영 혹
은 온유한 심령(고전 4:21; 갈 6:1)은 성령께서 어떤 사람 안에 만들어 놓
은 성령의 열매일 수도 있고, 성령께서 직접 역사하시기 때문에 나타나는
것일 수도 있다. 따라서 '온유한 영'이 그 사람의 고유한 성품일 수도 있지
만, 이것조차 성령의 역사와 완전히 별개로 보기 어렵다. '쁘네우마'가 사
람의 영으로 쓰일 때에도 성령께서 그 사람의 영을 관장하시고 그 사람의
영에 영향을 주고 있기 때문이다.

　　7절에 언급된 능력, 사랑, 절제함은 성령께서 일하실 때에 그 사람에

게 나타나는 것으로 보아야 할 것이다. 그런데 성령께서 내주하는 사람들에게는 그들의 영이 성령의 오랜 영향력으로 인해 열매로써 능력, 사랑, 절제함의 덕을 갖추기도 한다.[5] 한편, 사람의 영은 성령 이외의 다른 힘의 지배를 받을 수도 있다. 이 때에 사람의 영은 잠시 두려움을 갖는 것과 달리 다른 영이 지배하는 영향권 아래 있는 것이다. 본문은 이 상태를 염두에 두고 있다. 이런 모습을 '두려워 떠는 영'(πνεῦμα δειλίας)이라고 표현한 것이다. 따라서 7절은 두려워 떠는 인간의 영은 하나님이 주신 것이 아니란 뜻이다. 즉, 인간의 영이 두려운 마음을 가질 수 있지만, 두려워 떠는 마음으로 완전히 지배받게 된 상태는 하나님이 주신 것이 아니다.

요약하면, 신약성경에서 성령과 사람의 영은 구별되어 사용되는 경향이 있지만, 언제나 명확하게 구별되지는 않는다. 따라서 7절의 '쁘네우마'에 대한 이해에서 성령의 사역을 배제하고 온전히 인간의 영이라고만 볼 수 없다. 특히 개역개정판처럼 이를 마음으로 번역한다면 인간의 마음에 두려움이 드는 현상 정도로 오해할 가능성이 생긴다. 만약 '쁘네우마'가 인간의 영을 의미한다면, 이는 '겁쟁이의 영'이라고 볼 수 있다. 이 영은 한순간 생긴 겁 때문에 두려운 마음이 일시적으로 발생한 것이 아니라, 겁과 두려움이 그 사람의 마음을 지배하여서 스스로의 힘으로 벗어나기 힘든 상태로 빠져든 것을 의미한다. 겁쟁이의 심령이 되어 버린 것이다. 겁쟁이의 영은 구원을 받지 못하고 성령께서 내주하시지 않는 사람들의 마음에 일어날 수 있는 현상이다. 성령께서 내주하는 사람들 안에서는 성령의 역사로 이런 두려워하는 영의 지배가 허락되지 않는다. 물론 이는 성령이 계신 사람들은 조금도 두려운 마음이 없다는 뜻이 아니다. 성령께

---

5. 이런 이해를 뒷받침해 주는 구절이 로마서 1:9에 나오는 '내 심령 안에'(ἐν τῷ πνεύματί μου)이다. 여기서 내 심령은 인간의 심령이며, 그 속에 성령께서 능력과 임재로 함께 하고 계심을 보여준다.

서 함께 하는 성도의 영은 두려워 떨게 하는 마음으로 완전히 지배받아 벗어나지 못하게 되는 상태에 빠지지 않는다는 뜻이다. 성도의 영도 두렵게 하는 영(인간의 영)의 영향을 받을 수 있다. 하지만 복음과 함께 고난을 받으려면 '두려워 떠는 영'의 지배를 받지 않아야 한다. 성령은 신자들 속에 생길 수 있는 두려움을 없애고, 이기게 하시는 분이다. 성령은 신자 안에 내주하면서 그 사람의 영을 통하여 일하신다(딤후 1:14).

헬라어 '데일리아스'는 신약성경에서는 여기에만 나타난다. 하지만 70인경에는 종종 사용된다. 70인경의 용례들을 종합하면 겁에 질려서 낙심하여서 해야 할 일을 포기한 상태를 의미한다(LXX 시편 54:5; 89:40; 1 Macc 4:32; 2 Macc 3:24; 3 Macc 6:19; 4 Macc 6:20; Sir 4:17; LXX 레 26:36; LXX 잠 19:15). 특히 전쟁터에서 두려워하는 모습을 묘사할 때 사용되는데, 용감한 사람들이 필히 멀리해야 하는 모습을 부각시키기 위해서다(Marshall, 699). 여호수아서 1:9("강하고 담대하라 두려워하지 말며 놀라지 말라")의 70인경에 '데일리아'의 동사형이 쓰인다. 여기서 '두려워하는 것'은 강하고 담대한 것의 반대 모습이다. 성령은 우리가 두려워 떨며 낙심하게 하지 않는다. 만약 우리가 두려워 떨며 낙심한 상태로 있다면 이는 우리가 성령의 지배를 받고 있지 않다는 증거다.

하나님께서 우리에게 주신 성령은 능력과 사랑과 절제를 준다. 이 셋은 성령의 속성이다. 따라서 성령과 함께하는 그리스도인들에게도 나타난다. '능력'은 성령께서 그리스도인들에게 증인이 되게 하기 위해서 주는 대표적인 은사다(행 1:8; 눅 4:14; 롬 15:13, 19; 엡 3:16). 성령은 능력을 주어서 그리스도인들이 그들에게 맡겨진 사역을 완수할 수 있도록 한다(Knight, 1992: 371). 사랑 또한 성령의 중요한 특징으로(롬 15:10), 사랑은 두려움과 공존하지 않는다(요일 4:18). 하나님께서 성령을 통하여 당신의 사랑을 택한 자에게 쏟아 부으시기에(롬 5:5), 사랑은 성령의 아홉 가지 열매 중 첫 자리에 위치하고 있다(갈 5:22). 절제로 번역된 '소프로니스모스'(σωφρονισμός, '절제함' 또는 '훈련')는 신약성경에는 유일하게 이곳에만 쓰이지만, '소프론'(σωφρον) 계열의 단어들은 목회서신이 제시하는 바른 교훈을 드러내는 대표적인 개념이다. 성령의 아홉 가지 열매 중에도 절제가 있는데, 이 절제는 헬라어로 '소프로니스모스'가 아니라 '엥끄라떼이아'(ἐγκράτεια)다. 이 두 단어는 의미적으로 연결되어 있지만 동의어는 아니다. 성령께서 절제(σωφρονισμός)하도록 역사하시기 때문에, 그리스도인에게 나타나는 열매로서의 절제(ἐγκράτεια)는 성령의 열매다. 열매로서의 절제는 신자의 영에 절제가 내재하도록 한다. 반면, 7절의 절제(σωφρονισμός)는 훈련을 통하여 통제되고 있는 모습(자제력)으로[6] 이는 건강한 판단력(sound judgment)이 잘 작동하고 있는 상태를 의미한다(참고, 롬 12:13과 딤전 3:2). 따라서 본문 7절의 절제는 성령의 열매라기보다는 성령께서 성도의 심령에서 직접 일하시는 모습이라고 보아야 한다.

　　8절 바울이 편지를 쓴 목적은 디모데가 복음과 함께 고난을 받을 수 있도록 하기 위해서였다. 복음에는 고난이 따르고 성도가 복음과 함께 고난을 받으려면, 은사가 불 일듯 하는 심령의 부흥을 경험해야 한다. 복음과 함께 고난을 받는다는 것은, 첫째, 복음을 조금도 부끄러워하지 않는 것이다. 바울 당시의 사회는 '명예와 수치'(honor-shame)로 많은 것들이 분류되는 사회-가치 구조(socio-value system)를 가지고 있었다. 덕스러운 행위는 '명예'에 해당하며, 그렇지 못한 것은 '수치'에 해당되었고, 후자는

6.　디모데후서에서 '신중함' 혹은 '절제'를 뜻하는 σωφρον 계열의 단어들은 그리스도인이 삶에서 드러내야 하는 것이다. 이는 당시 로마 사회에서도 윤리적인 생활을 위해서 꼭 필요한 것으로 제시된 덕이다. 신중함 혹은 절제는 사람의 행동과 생각을 잘 다스려서 충동적이며 거친 행실을 방지하고 상황을 균형 있게 파악하도록 돕는 것이다(Towner, 2006: 462, 206-8).

부끄러운 대상이었다. 당시 사회 가치 구조에서 십자가는 명백하게 부끄러운 것인데, 역설적으로 가장 명예로운 것이 되었다. 이를 '스캔들'(역설)이라고 한다. 복음과 함께 고난을 받기 위해서는 복음을 부끄러워하지 않고 명예롭게 여겨야 한다. 십자가가 부끄러움의 상징이던 당시 사회에서 십자가의 복음을 부끄러워하지 않는 것 자체가 용기였고, 은혜에 의해서 가능한 것이었다(딤후 1:9). 둘째, '복음과 함께'라는 표현은 원문에서는 전치사 없이 여격으로 표현되어 있다(τῷ εὐαγγελίῳ). 여기서 사용된 여격은 복음을 위하여 혹은 복음에 유익이 되도록 한다는 뜻이다.[7] 헬라어의 동사는 '함께 고난을 받다'는 뜻인 '쉰까꼬빠테오'(συγκακοπαθέω)이다. 이 단어에서 보듯 '함께'는 '고난받다'를 수식하는 부사가 아니라, 동사의 접두어다. 바울이 생각하는 복음과 함께 고난을 받는다는 이미지 속에는, 고난을 받는 사람은 고난을 마주보듯 하는 것이 아니라 고난을 자신의 일부로 여기라는 의미가 내포되어 있다. 고난과 하나가 되어서 복음을 위하라는 의미다. 즉, 고난을 복음을 위하여 사용하라는 뜻이며, 어떤 이유에서 고난을 받는가는 덜 중요하다는 사실을 함의한다. 우리에게는 복음과 함께 고난을 받으라는 도전이 멀게 느껴진다. 고난을 받기 싫어하는 성향도 있지만, 실제 우리의 삶에서 만나는 고난은 대부분 복음 때문에 받는 것이 아니다. 그런데 8절에서 바울은 고난의 원인이 무엇이든 성도는 그 고난을 자신의 일부로 받아서 이를 복음을 위하여 사용하라고 한다. 복음과 함께 고난을 받으라는 명령은 디모데후서의 주제이다.

---

7.   헬라어 문법에서 이런 용례를 이익의 여격(dative of advantage)라고 한다.

3. 해설

본문은 복음과 함께 고난을 받기 위해서 알아야 할 두 가지 교훈을 알려준다. 첫째, 개인적인 부흥을 경험하는 것이 필수다. 하나님의 은사에 다시 불을 붙여서 그 은사로 고난을 감당하는 것이다(6절). 둘째, 고난을 이기려면 성령의 도우심이 필요하다. 하나님의 은사가 다시 불붙을 때에 성령께서는 두려워 떨게 하지 않으며, 두려움을 능력과 사랑과 절제함으로 바꾸어 주신다(7절). 특히 7절은 두려워 떠는 심령(혹은 영)은 하나님이 주신 것이 아님을 강조한다. 하나님이 주신 것은 두려움이 없는 심령인 것이다. 인류는 에덴동산에서 쫓겨나면서부터 두려움을 극복해야 했다(창 4:4). 인간은 에덴동산 밖에서 안전을 보장받지 못했기 때문이다. 실제로 성도가 살아가야 하는 '이 세상'은 두려운 곳이다. 하나님을 두려워하지 않는 곳이기 때문이다. 하나님을 알지 못하는 인간들과 그들의 가치가 지배하고 있는 장소이기 때문에 두렵다. 두려운 세상에서 살다보면 두려운 마음이 드는 것은 당연하다. 하지만 두려워하는 심령으로 전락되어서 이에 지배를 받아서는 안 된다(비교, 창 4:5). 두려워하는 심령은 성령의 역사를 거부하는 사람들에게 나타나는 현상으로 두렵게 하는 영의 지배 아래 있을 때에 발생한다.

21세기의 그리스도인들은 복음과 함께 고난을 받으라는 교훈을 어떻게 실천할 수 있을까? 지금도 선교의 현장에서는 복음 때문에 받아야 하는 핍박이 계속되고 있다. 하지만 한국이나 북미 그리고 유럽 등 개신교 신앙이 보장받는 곳에 있는 교우들은 믿음 때문에 육체적인 핍박을 받지 않는다. 핍박이 없는 지역의 그리스도인들에게 복음과 함께 고난을 받으라는 교훈은 어떻게 적용되어야 할까? 복음에 대한 공개적인 도전이 없는 곳에는 종종 세속주의라는 무시무시한 마귀의 간계가 복음을 방해하고 있다. 이는 어떤 방법을 써서라도 그리스도인들 속에 있는 하나님의 은사를 사장시켜 녹슨 무기처럼 폐기 처분하려 한다. 편안함에 안주하게 하며, 무한 경쟁 사회에서 낙오자로 전락시켜 낙심한 상태에 빠지게 하며, 심한 두려움에 눌리게 한다. 또 사람들을 자기중심적으로 만들어서 자신의 작은 이익을 위하여 인간관계와 공동체의 하나됨을 파괴하도록 한다. 이런 상황에서 복음과 함께 고난을 받는 것은 작은 일부터 바르게 하는 훈련으로 시작해야 한다. 복음과 함께 고난을 받으려면 어떤 이유에서 고난이 시작되었든 그 고난에 반응해야 하며, 고난에 대처하는 방식도 복음적이어야 한다는 뜻이다. 우리가 경험하는 고난의 대부분은 복음 때문에 생긴 것이 아닐 것이다. 성경은 고난을 세 가지 종류로 구분하는데, (1) 자기의 잘못으로 고난을 받는 것 (2) 애매하게 고난을 받는 것 (3) 예수를 위하여 자처해서 고난을 받는 것이다. 우리가 받는 고난은 세 가지 이유 중 자기 잘못 혹은 애매하게 받는 것이다. 설사 고난이 나의 실수와 부족 때문에 발생했더라도 이러한 고난에 반응하고 고난을 이기는 방법은 복음적이어야 한다. 첨언하면, 복음과 함께 고난을 받는 것은 혼자서 감당할 수 없다. 삼위 하나님께 대한 절대적인 의존이 필요하며, 또 이를 함께 인정하는 공동체가 필요하다. 이 주제는 각각 디모데후서 1:9-14과 디모데후서 2:22에서 다룬다.

B. 디모데후서 1:9-14 (복음의 아웃라인: 부르심, 드러남, 의탁함)

1. 번역

9 그가 우리를 구원하시고 거룩한 소명으로 부르심은 우리의 행위를 따라

한 것이 아니라 자신의 계획과 은혜에 따라 하신 것입니다. 이 은혜는 영원 전부터 그리스도 예수 안에서 우리에게 주신 것인데, **10** 이제는 우리 구주 그리스도 예수의 나타나심을 통하여 환히 드러났습니다. 예수께서는 사망을 폐하시고 복음으로써 생명과 썩지 않는 것을 밝히 보이셨습니다. **11** 이 복음을 위하여 나는 선포자와 사도와 교사로 세우심을 받았습니다. **12** 이런 이유에서 나는 이 같은 고난을 받았지만 부끄러워하지 않습니다. 내가 믿어 온 분을 알기 때문이며 또 나는 그분께서 내가 의탁드린 것을 그 날까지 지켜주실 것을 확신하기 때문입니다. **13** 그대는, 그리스도 예수 안에 있는 믿음과 사랑으로써, 내게 들은 바른 말씀의 뚜렷한 본을 붙드십시오. **14** 그대는 우리 안에 거하시는 성령으로 말미암아 의탁된 아름다운 것을 지키십시오.

2. 주해

9-10절

9a 그가 우리를 구원하시고 거룩한 소명으로 부르심은

9b 우리의 행위를 따라 한 것이 아니라 자신의 계획과 **은혜**를 따라 하신 것입니다.

9c 이 **은혜**는 영원 전부터 그리스도 예수 안에서 우리에게 주신 것인데,

    10a 이제는 우리 구주 그리스도 **예수**의 나타나심 통하여 환히 드러났습니다.

    10b **예수**께서는 사망을 폐하시고

    10c 복음으로써 생명과 썩지 않는 것을 밝히 보이셨습니다.

주석가들에 의하면 9-10절은 바울 자신의 글이 아니라, 처음 교회를
이루었던 바울 이전의 성도들이 그들의 신앙으로 고백하던 것을 사용한
것이라고 한다.[8] 바울은 종종 믿음의 선배들이 예수에 관하여 고백하던 내
용을 중심으로 복음의 핵심을 제시하곤 한다(빌 2:5-10; 딤전 3:16). 특히
10절의 문장 형식과 운율은 이것을 바울이 쓴 것이 아님을 뒷받침해 준
다. 이 고백이 제시하는 복음은 우리의 구원은 부르심에 의한 것이며, 이
부르심은 은혜를 따라 베풀어 주신 것임을 강조한다(9절). 또 예수께서 이
은혜의 전모를 나타내셨다고 한다(10절).

9절은 구원의 주동자가 하나님이심을 알려준다. 원문에서 8절의 마지
막 단어인 '테우'(하나님)가 9a절에서는 주어가 되기 때문이다. 구원의 첫
단계는 거룩한 부르심이다.[9] 이러한 부르심은 전적으로 하나님의 계획과
은혜에 근거하며, 우리의 행위가 근거가 될 수 없다(9b절). 우리의 행위가
구원의 근거가 될 수 없기 때문에 오직 은혜가 복음의 기초인 것이다(8절,
11절). 따라서 본문에서 바울은 은혜가 곧 복음이라는 논지를 펼친다. 이
는 제유적(synecdoche) 표현으로 은혜가 복음의 가장 중요한 부분을 차지
하고 있으므로 은혜가 곧 복음이라고 표현하는 것이다. 하지만 은혜는 부
르심의 근거일 뿐, 은혜가 곧 구원을 베푸는 것은 아니다. 은혜가 우리에
게 다가오는 방식은 오직 예수 그리스도가 나타나는 것이다(9c-10a절).
10절은 이 사실을 둘로 설명한다. 첫째, 은혜는 예수 안에서 주신 것이며,
둘째, 예수의 나타나심으로 은혜가 목적한 것이 이루어진 것이다. 이어서

---

8. 9절은 원문의 8절 마지막 단어인 θεοῦ를 풀어간다. 복음과 함께 고난을 받되 하나
    님의 능력에 따라 그렇게 하라고 권하고(8절), 하나님이 하신 일에 대해서 설명하
    는데(9절), 그분께서 우리를 구원하시고 부르셨음을 선포한다.
9. 구원과 소명 그리고 생명과 은혜는 디도서의 중요한 주제다. 딛 1:1-3; 2:11; 3:5.

바울은 은혜를 복음과 동일시한다. 예수께서 나타내신 복음은 사망을 폐하고 생명과 썩지 않는 것을 드러낸 것이다. 결국 구원에 이르는 새로운 길이 나타났는데, 이것이 복음이다(9-10절). 요약하면, 복음은 우리가 은혜로 부르심을 받았으며, 생명과 썩어지지 않을 것을 스스로 찾은 것이 아니라 그리스도께서 나타나심으로 알게 된 것이라고 선포한다. 따라서 복음으로 구원에 이른 성도들은 8절에서 명령한 대로 복음과 함께 고난을 받아야 함을 변증하고 있다.

9절에 의하면 구원의 첫 단계는 '부르심'이다. 본문에서 '부르심'의 헬라어는 명사가 아니라 동사다. 이 동사가 '소명'이라는 명사와 함께 쓰이고 있다. 개역개정판은 '소명으로 부르심'($\kappa\alpha\lambda\acute{\epsilon}\sigma\alpha\nu\tau\sigma\varsigma$ $\kappa\lambda\acute{\eta}\sigma\epsilon\iota$)으로 번역한다. 성경에서 하나님의 부르심은 어둠에서 빛으로 부르시는 것($\kappa\alpha\lambda\acute{\epsilon}\omega$)과 그의 뜻을 이루기 위한 사역으로 부르시는 것으로 구분할 수 있다. 9절에서 사용되고 있는 소명의 헬라어 명사인 '끌레시스'($\kappa\lambda\tilde{\eta}\sigma\iota\varsigma$)는 이러한 두 가지 측면을 모두 포함하고 있다. 그런데 이 두 측면은 서로 명확하게 구분되지는 않는다(빌 3:14). 다만, 이해를 돕기 위한 구별로, 전자를 '구원을 위한 부르심'으로 후자를 '사명을 위한 부르심'으로 구별해도 좋을 것이다. 이 시대의 그리스도인들은 부르심을 단지 어둠에서 빛으로, 혹은 죽음에서 생명으로 불러주신 측면으로 한정하는 경향이 있다. 이는 칭의를 중심으로 한 구원론의 편중된 강조가 남긴 결과일 것이다. 그러나 하나님께서 우리를 부르심에는 후회가 없으며, 실패도 없다. 그리고 부르심을 위하여 은사도 주신다(살후 1:18; 롬 11:29). 부르심은 8절에서 선포한 대로 복음과 함께 고난을 받을 수 있게 하며, 또한 부르심은 6절에서 언급한 것처럼 은사에 불을 지펴, 은사를 남김없이 사용하도록 한다. 따라서 9절의 '소명으로 부르심'은 11절 이하에서 강조하는 복음에 반응하는 사명자로서의 삶과 분리될 수 없다.

하나님의 선택과 부르심은 사람의 행위에 근거한 것이 아니라 오직 은혜에 의한 것이다. 이는 바울 신학의 기둥과 같은 교리다. 그런데 하나 님은 은혜를 통한 인류 구원을 영원 전부터 계획하셨고, 특정한 시간에 아들 예수가 나타나심을 통하여 시행하셨다. 신약성경에서 '부르심' (κλῆσις)은 하나님의 신성한 초청을 의미하는데, 이것은 하나님 나라를 통한 구원을 받아들이게 하는 초청장을 발부하는 것이다. 이 초청장은 예수의 천국 선포 설교를 통하여 발송되었다(Thayer, 2821). 이 초청에 응하는 것은 하나님의 구원 계획에 실제적으로 참여하는 것이다.

9c절과 10a절은 모두 9b절의 마지막 단어인 은혜에 대한 설명이다. 여기서 바울은 과거 수동태형 분사 두 개를 사용하여 은혜가 어떻게 부르심을 받은 자들에게 임하는지를 보여준다. 첫째, 은혜는 하나님께서 그리스도 예수 안에서 우리에게 주신(δοθεῖσαν) 것이다. 이 은혜는 영원 전부터 이미 주신 것이며 또 그리스도 예수 안에 있어 왔다. 따라서 그리스도인이 은혜를 경험하는 것은 은혜가 나를 이끌어 예수 안에 있게 하는 것이다. 둘째, 은혜는 그리스도의 나타나심(φανερωθεῖσαν)을 통하여 온전하게 드러난다. 은혜의 신비는 영원 전부터 있던 것이 지금 생생하게 드러나서, 그 은혜 안에서 현재에 영원을 경험하고 소망하게 한다. '나타남'의 원어는 '에삐파네이아'(ἐπιφάνεια)로 10절에서는 성육신을 우선적으로 가리키며(Marshall, 707), 넓게 보면 예수의 생애(Christ-event) 전체, 특히 십자가와 부활을 통해서 확연하게 드러난 하나님의 구원 계획과 그 완성을 가리킨다. 이러한 예수의 구속 사역을 통하여 인류를 구원하는 하나님의 구원 계획이 드러났는데, 이를 복음이라고 부른다.

10bc절은 그리스도 예수에 대한 최초 교인들의 신앙고백이다. 이 고백에 의하면, 예수는 사망을 폐하셨고, 생명과 썩지 않을 것을 드러내셨다. 예수께서 '폐하시고'(καταργήσαντος), '밝히신'(φωτίσαντος) 것 사이에

명백한 대조가 나타난다. 헬라어 구문을 살펴보면, 밝히는 '수단'이 복음임을 알 수 있다. '복음을 통하여'(διὰ τοῦ εὐαγγελίου) 밝혀진 것이다. 곧 구원에 이르는 새 길이 열렸는데, 이 길이 복음인 것이다(참고, 요 14:6).

11-12절 이 두 절은 바울 자신이 복음에 어떻게 반응하였는지를 보여준다.[10] 바울은 복음을 위하여 직분을 받았다(11절). 그가 받은 직분은 세 가지인데, 선포자와 사도와 교사였다. 선포자(κῆρυξ)는 간증과 삶을 통해서 복음이 드러낸 '생명과 썩지 않을 것'을 보여주어야 한다(딤후 1:10). 선포자의 원어적인 의미는 공식적인 메시지의 전달자인데, 이 직임은 분명하고 위엄 있게 수행한다. 사도(ἀπόστολος)의 역할은 복음이 전혀 없는 곳에 복음을 알리며, 교사(διδάσκαλος)의 역할은 복음을 알지만 잘 모르는 미성숙한 교우를 바르게 이끌어준다.

12절은 바울이 복음 때문에 고난을 받을 때에도 이를 부끄러워하지 않는 이유를 제시한다. 그는 '복음을 통하여' 하나님을 알게 되었고 또 그가 알게 된 하나님께 확신을 갖고 있었다. 우리가 믿는 대상인 하나님에 대한 지식은 우리를 확신으로 이끌어준다. 이 확신은 하나님께서 나를 지켜주실 것에 대한 확신이다. '확신하다'는 '뻬이토'(πειθώ)인데, 지, 정, 의 모든 면에서 설득된 상태다. 여기서는 수동태 완료형(πέπεισμαι)으로 사용되었는데, 이는 막연한 신뢰가 아니라 오랜 과정을 통해서 확인되고 검증되어서 지금도 효과가 나타나고 있음을 보여준다.[11] 이 단어를 언약에 근

---

10. 관계대명사 ὅ는 바로 앞에 쓰인 중성 명사인 복음(εὐαγγέλιον)과 연결되어 있다.
11. 알다(οἶδα), 믿어왔다(πεπίστευκα), 확신하다(πέπεισμαι)라는 동사의 시제는 모두 완료형이다. 헬라어에서 완료형 시제는 영어와는 다르다. 과거로부터 지속적으로 이루어져 와서 현재에 이르렀고, 지금도 그 영향이 분명하게 나타나고 있는 상태를 설명한다. '알다'의 기본적인 의미는 '팩트'(fact)를 인지하는 것을 의미하지만, 경우에 따라서는 '개인적인 친분'(personal acquaintance)이 있음을 뜻하며 후자의 경우는 하나님을 아는 것 혹은 모르는 것을 구분할 때에 사용되기도 한다(Marshall,

거한 신적 지키심을 표현하는 신학 전문용어로 단정할 수는 없다(비교, Towner, 2006: 475). 설령 '확신하다'(πειθώ)가 복음이 바울의 삶과 가치를 완전히 지배하고 있었음을 보여준다고 하더라도, 이러한 확고함은 언약에 근거한 것이다. 12절에는 언약을 의미하는 용어들이 즐비하다. '알다', '믿다', '의탁한 것', '지키다' 그리고 '확신하다' 등이다. 따라서 언약에 대한 이해가 12절 이해의 기초가 되어야 한다. 하나님께서 아브라함과 맺은 언약의 핵심은 땅과 자손 그리고 만민을 위한 축복권에 관한 것이다(창 12:2-3). 아브라함과 맺은 언약이 이삭에게 전수되면서, 이삭은 땅과 자손에 대한 약속을 받아 누리며 특히 하나님이 보호해 주시고 공급해 주시는 인생을 산다(창 26:3-4, 12, 19-22). 이어서 아브라함과 맺은 언약은 이삭을 통하여 야곱에게로 전수된다. 하나님은 야곱에게 그의 인생길 여정에서 그를 지키고 함께하며, 그를 떠나지 않고, 고향으로 돌아오게 하실 것을 약속한다(창 28:15). 아브라함과 맺은 언약은 대를 이어 전수되다가(신 31:6; 수 1:5; 시 118:6), 예수 그리스도가 오심으로 드러난 복음을 통하여 완성된다. 예수의 복음은 하나님께서 언약 안에 있는 자들을 지키시며 떠나지 않으시는 임마누엘 약속의 완성이다. 이 약속은 언약 안에 있는 백성을 예수 안에 머물게 하심으로 완성된 것이다. 임마누엘의 약속은 '예수 안'에서 온전해진다. 12절에서 바울은 새 언약에 근거한 하나님의 '지키심'을 확신하고 있었다. 그는 이에 자신을 의탁할 수 있었다.

바울이 확신하고 있던 것은 자신이 하나님께 의탁한 것을 하나님께서 끝까지 지켜주신다는 신뢰였다. 12절의 '나의 의탁'(τὴν παραθήκην μου)을 어떻게 번역할 것인가에 대해서는 두 가지 견해가 있다. 소유격

---

710). 즉 '하나님을 안다'는 표현은 하나님에 대해서 아는 것이 아니라, 하나님과 개인적인 친분 관계가 맺어져 있음을 의미한다. 이런 경우, '알다'는 언약 관계를 설명하는 단어라고 볼 수 있다.

'무'(μοῦ)는 주어 혹은 목적어로의 번역이 모두 가능하기 때문이다. 목적 어로 번역하면 하나님께서 나에게 의탁하신 것이며, 주어로 번역하면 내 가 하나님께 의탁한 것이 된다. 이 둘은 문법적으로 모두 가능하다. 그러 나 헬라어에서 소유격을 주어 또는 목적어로 번역하는 것이 모두 가능할 경우, 종종 두 가지 의미를 모두 함의하곤 한다. 예를 들어, 사도행전 1:8 에서 '내 증인이 되리라'의 경우, 소유격 '내'(나의)는 주어로 번역하면 '내 가(예수가) 증언하게 하시는 증인이 된다'는 뜻이며, 목적어로 번역하면 '나를(예수를) 증언할 증인이 된다'는 뜻이다. 이 두 가지 의미 중 하나로 선택할 것이 아니라, 두 가지 의미가 모두 담겨 있다고 볼 수 있다. '나의 의탁한 것'에도 '내가(바울이) 하나님께 의탁한 것'과 '나를(바울을) 하나 님께 의탁한 것'을 모두 뜻한다고 볼 수 있다. 다만 문맥에서는 전자에 더 무게가 있다고 보아야 할 것이다(개역개정판, NIV, Towner, 2006: 456, Knight, 1992: 380, Mounce 488; 후자—Kelly, ESV).[12] 하나님은 우리가 자 발적으로 그리고 겸허하게 하나님께 의존할 때, 우리가 당신께 의탁한 것 을 끝까지 지켜주신다. 나는 노력하지만 이루시는 분은 하나님이리라는 개념은 빌립보서에 잘 나타난다(참고, 빌 1:6; 2:13). 바울의 담대함은 하 나님께서 지켜주실 것에 대한 철저한 신뢰에서 비롯되었다. '의탁한 것'의 원어인 '파라테께'(παραθήκη)는 '~속에 잘 간직하도록 맡겨 놓은 것'으로 12절과 14절에 두 번 쓰인다. 후자는 하나님께서 혹은 바울이 디모데에게 의탁한 것이다. 12절과 14절을 함께 읽으면, 하나님께서 바울에게 의탁하 신 것과 바울이 하나님께 의탁한 것이 분리되지 않음을 알 수 있다. 14절 에 언급된 '의탁된 것'의 주어가 바울이라고 볼 수도 있다. 설사 형식적으 로 바울이 주어라고 볼 경우에도 바울이 디모데에게 의탁한 것이 하나님

---

12. '내가 하나님께 의탁한 것'이란 번역이 적절한 이유는 본문은 14절에 성령으로 말 미암아 '내게 의탁한 것'을 지킨다는 것과 보완적이 되기 때문이다.

께로부터 온 것이다. 하나님께서 성도에게 의탁하신 것, 그래서 성도가 이를 다시 하나님께 의탁드린 것은 상호의탁을 보여주며, 이는 언약에 근거한 연합과 친밀한 동역의 관계가 이루어져 있음을 입증한다. 이러한 의탁의 목적은 하나님의 구원 계획을 이루기 위한 것이다. 바울은 자신의 임무를 하나님께 의탁할 때에, 임무만 의탁한 것이 아니라 자신 전부를 의탁하였다. 그리고 디모데도 이와 같이 하길 권한다(14절). 하나님께 자신을 전적으로 의탁한 사람들 사이에서도 언약이 작동한다. 각자 하나님께 자신들을 의탁하였지만 하나님께 의탁한 사람들은 서로 뗄 수 없는 동역자가 된다. 이들이 모두 하나님께 속한 사람들이기 때문이다. 본문에서 바울은 디모데를 후계자로 세우고 있다. 헬라어의 '빠라테께'는 두 사람의 사역이 사명을 중심으로 하나가 되고 있음을 보여준다. 바울은 이들이 함께 이루어가는 사역을 하나님께서 끝까지 지켜 주실 것이라고 확신하고 있었다.

'그 날'은 심판의 날이다. 번역상의 난점은 '그 날'에 붙어 있는 전치사 '에이스'(εἰς)를 어떻게 이해하는가인데, '위하여'나 '반해서'라는 번역도 가능하지만 절대 다수의 주석가들과 영어 번역은 '에이스'를 '~까지'로 번역한다(Robertson, 594). 이런 이해는 '에이스'(까지)가 '지킨다'(φυλάσσω)라는 동사와 함께 쓰이기 때문이다. 직역하면 그 날을 위해서 지킨다는 뜻인데, 딱 그 날만이 아니라 지금부터 그 날까지 계속해서 지킨다는 의미다. 하지만 결정적인 순간은 그 날이다. 비록 '에이스'를 '~까지'로 번역할지라도 강조점은 '그 날'에 있다. 그 날을 위하여 지켜주신다고 표현하여도 같은 의미가 될 것이다.

13절 13절은 디모데가 붙들고 있어야 하는 것이 무엇인지를 밝힌다. 이는 '휘뽀뛰뽀시스'(ὑποτύπωσις)인데, '본'을 의미하는 '뛰뽀스' 앞에 '아래'를 뜻한 전치사 '휘뽀'가 붙어 있는 형태로 그 의미는 보통의 본(mod-

el)보다 더 강하다. 패턴 혹은 전형 혹은 확고한 모범을 의미한다.[13] 바울이
전해 준 건전한 말씀을 붙들고 있는 모습을 묘사한다. 바울은 디모데와
동역하는 동안 확실한 본을 보여주었고, 이제 디모데에게 사역을 위임하
면서 자신이 남긴 본을 성실하게 따를 것을 권한다. 바울이 보여준 본은
바른(건강한) 말씀에 대한 헌신인데, 여기서 '바른(건강한) 말씀'은 '복음'
의 다른 표현이라고 볼 수 있다.

14절 14절은 내용상 12절의 연속이다. 따라서 12절의 주해를 참고하
라. 내게 의탁된 것을 지킬 수 있는 힘은 내 안에 거하시는 성령님께로부
터 나온다. 14절은 하나님께서 바울에게 의탁하신 것을 바울이 디모데에
게 의탁하는 모습이다. 결국 바울과 디모데는 같은 것을 의탁받았으며, 이
를 통하여 그것은 바울과 디모데를 하나로 묶는 끈이 되었다. 하나님께서
의탁하신 것은 사적으로 한 개인에서 다른 개인으로 전수되는 것이 아니
라, 공동체 안에서 대를 이어 감당해야 하는 것이다. 이는 언약에 근거한
임무와 책임의 근본적인 특성을 보여준다.

3. 해설

본문은 복음과 함께 고난을 받기를 촉구하면서, 복음에 대하여 설명
을 한다. 본문이 제시하는 복음은 생명과 썩지 않을 것이다. 이는 예수 그
리스도의 나타나심을 통하여 나타난 것이며 이 복음의 수혜자는 스스로
의 행위가 옳다는 자들이 아니라 은혜를 따라 부르심을 입은 자들이다.
이렇게 복음을 받은 자들은 이에 반응하며, 복음을 위하여 살게 된다(11

13.　이 단어는 딤전 1:16에서 사용되었는데, 이곳에서도 같은 뜻으로 사용되어 '모델'
　　혹은 표준(standard)의 의미를 가지고 있다(Marshall, 712).

절). 따라서 복음을 위하여 고난도 기쁘게 받게 된다(12a절, '부끄러워하지 아니함').

그런데 본문이 가르쳐주는 복음에 반응하는 삶의 진미는 하나님이 내게 의탁하신 것을 끝까지 지켜주실 것에 대한 확신을 가지고 있는 모습이다. 복음은 확신을 주기에, 이 확신으로 남은 인생을 살 수 있다. 성도가 가진 확신은 세상에 속한 것에서 비롯되지 않고, 소명에서 비롯된다. 하나님이 내게 맡겨 주신 것은 하나님의 구원 계획 안에서 내가 감당해야 하는 구체적인 사명이다(참고, 11절). 이 사명을 신실하고 온전하게 감당하려면 하나님이 지켜주셔야 함을 깨닫게 된다. 하나님은 내 속에 사명을 맡겨두셨는데(곧 나에게 사명을 의탁하셨는데), 이것을 감당하기 위해서는 나 자신을 하나님께 드려 예수 안에 있는 능력과 은혜로 힘입어야 한다. 바울이 얻게 된 확신은 하나님이 내게 의탁하신 사명을 수행하기 위해서 이를 다시 하나님께 의탁하면 하나님은 능히 지켜주실 것을 확신하고 있었다. 그 날까지 지켜주실 것인데, 이는 언약에 근거한 신뢰이며, 확신이었다(참고, 창 28:15). 그 날까지는 예수께서 나타나심으로 구원을 받은 날부터 그 구원이 완성될 마지막 날까지의 기간을 의미하는데, 특별히 마지막 순간에는 더욱 분명하게 지켜 주실 것이다. 헬라어의 전치사 '에이스'는 '그 날'을 수식하고 있는데, 마지막을 지켜주시는 것에 대한 확신을 표현한다. 복음은 성도를 지켜준다. 특히 마지막 날에 유용하게 성도를 책임진다. 복음은 생명과 썩지 않을 것을 드러냈기 때문이다(10절). 복음이 모든 과정과 특히 마지막을 지켜주기 때문에 성도는 고난을 부끄러워하지 않고 오히려 기쁘게 받을 수 있다. 14a절이 언급하는 '우리 안에 거하시는 성령' 또한 복음을 지키면서 하나님께 의탁하는 삶을 살도록 돕는다. 디모데후서는 성령의 사역은 자세히 설명하지 않는다(참고, 1:7). 성령에 대한 구체적인 언급은 14절이 유일하다. 하지만 14절은 디모데후서의 주

제라고 할 수 있는 복음과 함께 고난을 받는 이유와 고난을 이길 수 있는
능력의 근거를 보여주는 자리이기 때문에, 디모데후서에서도 성령의 사
역은 축소되지 않았다고 보아야 할 것이다. 일부 학자들은 디모데후서가
성령에 대하여 매우 제한적으로 언급한다고 주장한다. 성령이 등장하는
횟수로 본다면, 분명한 구절은 디모데후서 1:14뿐이며, 디모데후서 1:7에
관해서는 의견이 일치되지 않고 있다. 본 주석은 1:7도 성령에 관한 내용
을 함의하고 있다고 보았다. 비록 성령에 대한 언급이 최대 두 절뿐이라
할지라도, 성령이 언급된 자리는 디모데후서의 주제인 1:8의 논지를 둘러
싸고 있다(7절과 14절). 따라서 디모데후서는 성령의 사역을 중요한 배경
으로 한 편지라고 볼 수 있다.

C. 디모데후서 1:15-18 (복음과 함께 고난받은 오네시보로)

1. 번역

15 그대도 아는 것처럼 아시아에 있는 모든 사람들이 나에게서 등을 돌렸습니
다. 그들 중에는 부겔로와 허모게네도 있습니다. **16** 주님께서 오네시보로의 집
에 자비를 베푸시옵소서. 그는 여러 번 나를 격려해 주었고 나의 매임을 부끄
러워하지 않았을 뿐 아니라, **17** 심지어 그는 로마에 와서 열심히 나를 수소문
하여 찾아내었습니다. **18** 주님께서 그에게 그날에 자비를 베풀어 주시옵소서.
그가 에베소에서 얼마나 많이 봉사했는지 그대는 너무나 잘 알고 있습니다.

2. 주해

15절 15절의 배경이 되는 사건이 무엇인지 독자들은 전모를 알 수 없다. 여기서 아시아는 현재 터키 서부를 가리키며, 이 지역의 중심도시가 디모데가 사역하던 에베소였다. 부겔로와 헤모게네는 성경 전체에서 이곳에만 등장하여서 이들이 누구인지 또 구체적으로 어떻게 바울에게 아픔을 주었는지 알 수 없다. 이들은 아마도 교회의 리더로서 바울이 투옥됨을 보고 실망하거나 두려워하여 바울을 멀리 했던 인물로 보인다. 에베소를 중심으로 아시아의 많은 사람들이 바울이 투옥됨을 보고 바울과 복음으로부터 등을 돌렸는데 그들 중에 예상하지 않았던 부겔로와 헤모네게도 있었다는 의미일 것이다. 그런데 이 일이 심각했던 까닭은 이들이 등을 돌린 이유가 상한 교훈으로부터 영향을 받았기 때문이다. 상한 교훈은 바울의 매임이 부끄러운 것이라고 주장하였으며 부겔로와 헤모게네는 이런 거짓 교훈에 넘어간 사람들 중 대표적인 인물이었던 것으로 보인다. 바울은 이들에 관한 이야기를 오네시보로를 통해서 들었던 것으로 보인다. 이 둘이 돌아선 사실을 표현하는 동사인 '아뻬스뜨라페산'(ἀπεστρά-φησάν, '돌아서다')은 과거형(aorist)으로 확정적인 행동을 묘사하여서 다시 바로 돌아오게 될 여지가 없음을 보여준다.

16-18절 16-18절은 소위 샌드위치 구조를 가지고 있다(A-B-A'). 16a절에서는 오네시보로를 소개하면서, 주님께 그를 위한 자비(긍휼)를 구하고, 18절에서도 주님께 자비(긍휼)를 구한다. 그리고 오네시보로가 많은 봉사를 하였음을 디모데에게 상기시킨다. 이러한 청함의 형식은 일종의 축도인데, 그가 바라는 바를 기도로 아뢴 것이다. 우리의 기도 중에는 '바라옵나이다' 또는 '원합니다'라는 표현이 많이 들어가 있다(wish-prayer). 이런 기도의 성경적인 예이다. 바울이 오네시보로를 언급한 이유는 오네

시보로가 복음을 부끄러워하지 않고 복음과 함께 고난을 받는 좋은 본을 보여주기 때문이다(참고, 딤후 1:8; Knight, 1992: 383). 오네시보로는 15절에서 언급한 부겔로와 허모게네와 대조되는 행동을 하였기 때문이다. 바울은 편지의 말미에서도 오네시보로의 집에 문안해 줄 것을 부탁하고 있어(딤후 4:19) 바울이 그에게 특별한 고마움을 간직하고 있음을 알 수 있다. 바울은 두 차례 하나님께 오네시보로에게 긍휼을 베풀어 주시길 청했다(16a절, 18절). '긍휼(자비)'은 헬라어로는 '엘레오스'(ἔλεος)인데, 처음에는 오네시보로의 가정을 위해서 구하고(16절), 다음에는 오네시보로 자신을 위하여 구한다(18절). 원문에서는 하나님께서 주시는 '긍휼을 발견하는 것'(εὑρεῖν ἔλεος)을 구한다. 개역개정판은 '긍휼을 입게 하여 주옵소서'로 번역한다. 긍휼을 발견하는 것은 당시에는 보편적인 표현법이다.[14] 이 표현에는 사람은 감히 하나님께 직접 긍휼을 구하지 못한다는 개념이 담겨 있다. 하나님은 절대 존엄하시기 때문이다. 또 하나님께서 긍휼을 주실 때에는 우리로 하여금 이미 주어진 것들을 발견하게 한다는 의미도 포함되어 있다(참고, 창 22:13-14). 이런 의미에서 긍휼은 청구하여 받아낼 수 있는 것이 아니라, 하나님의 주권에 의하여 베푸신 것을 발견하는 것이다.

바울이 오네시보로의 '집'(οἶκος)에 하나님의 긍휼이 임하기를 기원한 이유는 오네시보로가 바울을 찾아 로마까지 와서 바울을 돌볼 때에 에베소에 있던 그의 온 가족들이 같은 마음으로 지원했기 때문일 것이다(Knight, 1992: 384). 이런 추정은 오네시보로가 적지 않은 가솔을 거느릴

---

14. 나이트(Knight)는 '긍휼을 발견하다'는 표현이 일종의 언어유희(word-play)라고 한다(1992: 386). '나를 발견한(찾아온) 사람(오네시보로)이 하나님의 긍휼을 발견하게 하옵소서'란 의미로 본다. 하지만 본문에 εὑρίσκω는 한 번만 사용된다. 단어의 변화는 '찾아오다'(ἐζήτησεν)와 '발견하다'(εὑρεῖν) 사이에서 발생하고 있다.

정도의 사회적 지위를 가졌음도 시사한다(Towner, 2006: 482). 오네시보로는 에베소 교회에 알려져 있는 본이 되는 신앙인이었다. 본문은 그가 교회를 위하여 한 일을 '봉사하다'라고 표현한다. 헬라어로는 '디아꼬네오'(διακονέω)인데, 이 단어는 섬길 대상을 기다리고 있는 적극적인 섬김을 의미한다. 다가와서 요청하는 사람들에게 베푸는 것이 아니라, 베풀 준비를 하고 기다리고 있는 모습이다. 탕자의 비유에서 아버지의 모습을 연상하게 한다.

샌드위치 구조의 중심에 해당하는 16b-17절에는 바울이 오네시보로에게 감사하는 이유가 나타난다. 바울은 오네시보로의 방문을 통하여 새로운 힘을 얻었는데, 이를 통하여 바울은 복음과 함께 고난을 받는 것이 마땅하며 복음은 결코 매이지 않음을 확인한다(딤후 1:8; 2:9). 16b-17절은 바울이 오네시보로에게 감사하는 이유를 쓰고 있다. 첫째, 여러 번 격려를 받았기 때문이다. 여기서 사용된 헬라어는 '아네프쉬크센'(ἀνέψυξεν)이며, 이를 직역하면 '시원하게 하다'이다. 주로 어려운 상황에 처한 사람에게 필요한 것을 제공함으로 새로운 힘을 얻는 것을 묘사한다(TLNT, 1:120-121; Towner, 2006: 483). 둘째, 오네시보로는 바울의 매임을 부끄러워하지 않았기 때문이다. 이러한 태도는 바울이 새로운 용기를 얻은 중요한 계기가 되었다. 당시 사회는 '부끄러운 사람'(the shame)으로 판정이 나면 모두가 그를 경멸하여서 돌아서는 문화였다(Rapske, 283-312). 바울의 매임은 '부끄러움'이 될 소지가 있었으며 실제로 사람들이 그를 부끄럽게 여겼다. 15절에 언급된 부겔로와 허모게네가 이런 예였다. 이렇듯 그의 매임을 부끄럽게 여기는 사람들이 확산된다면, 바울의 사역은 송두리째 무너지는 위기를 맞을 수도 있었다. 그럴 때에 바울을 부끄러워하지 않은 인물이 오네시보로였다. 바울은 위로가 꼭 필요한 시기에 오네시보로의 방문을 받은 것이다. 셋째, 오네시보로는 멀리 로마까지 와서, 감옥에 투옥된 자신을 힘들게 수소문하여 찾아왔다(비교, 고전 16:17). 17절은 오네시보로가 바울을 찾는 것이 쉽지 않았음을 보여준다. 개역개정판의 '부지런히'($\sigma\pi ο υ δ α ί ω ς$)는 찾아온 빈도수를 의미한다기보다는 열심히 바울이 있는 곳을 찾았음을 알려준다. 그는 많은 노력을 기울인 후에야 바울을 만날 수 있었다. 또 17절의 개역개정판은 '로마에 있을 때에 나를 부지런히 찾아와'로 번역한다. 오네시보로가 로마에 있었을 때에 찾아왔다는 뜻인데, 이는 다른 일로 로마에 온 참에 바울을 만나려 한 것이 아니다. 오네시보로는 바울을 만나기 위해서 목적을 두고 로마에 온 것이다.[15] 이 표현에는 오네시보로의 꺾이지 않은 의지가 담겨 있다. 많은 수고 끝에 바울을 찾아낸 것이다. 이를 통하여 디모데후서의 배경이 되는 로마 감금은 사도행전 28:23, 30-31과는 달리 매우 심각한 상태였음을 짐작할 수 있다.[16] 이에 대한 추가 설명은 디모데후서 2:9의 '죄인'에 대한 주해를 참고하라. 여기서 죄인은 중죄인을 의미하는 단어다.

3. 해설

본문은 어떻게 복음과 함께 고난을 받으며, 복음을 부끄러워하지 않는 삶을 살 수 있는가에 대한 실제적인 예로 오네시보로의 방문을 소개한다. 바울은 오네시보로가 한 일을 자세히 기록하며 그와 그의 가정에게 감사를 표한다. 오네시보로는 복음 때문에 어려움을 겪는 바울을 멀리하

---

15. ESV는 'when he arrived in Rome'으로 번역한다. 여기서 'he'는 오네시보로이다.

16. 사도행전은 어렵게 사람을 찾는 상황을 표현할 때에 헬라어 $\alpha ν α ζ η τ έ ω$(애써 찾다)를 사용한다. 이 단어는 바나바가 다소에 있던 바울을 찾아내는 과정이 예상보다 힘들었음을 보여준다(행 11:25-26)(참고, 한규삼, 2006: 161-62).

거나 부끄러워하지 않고, 오히려 격려하기 위하여 불편을 감수하고 바울을 찾아갔다. 또 옥살이를 하는 바울에게는 필요한 물건들이 많았을 터라 이것을 공급해주었다. 위로는 마음이 전달되고, 정서가 하나가 되는 것뿐 아니라 실제적인 도움을 제공할 때에 더욱 효과적이다. 오네시보로의 격려(위로)는 모든 면에서 바울에게 힘이 되었다. (1) 그는 어렵게 바울을 방문하였고, (2) 바울이 매인 것을 부끄러워하지 않았으며 (3) 필요한 것을 여러 차례 공급해 주었다. 오네시보로는 자신이 직접 복음 때문에 고난을 받지는 않지만, 복음 때문에 고난을 받던 바울의 친구가 되어주었다. 오네시보로의 방문과 격려는 '복음과 **함께** 고난을 받는 사람'의 모습의 한 가지 사례다.

바울이 지속적으로 복음을 위하여 수고할 수 있었던 것은 성령께서 주시는 거부할 수 없는 은혜 때문이었지만, 그의 주변에서 그에게 힘을 북돋아 주었던 진실한 동역자들이 있었기 때문이다. 골로새서 4:11은 바울 자신이 처음으로 로마에 감금되었을 때의 경험인데, 곁에 있었던 동지들이 위로가 되었다고 한다. 여기서 사용한 '위로'의 헬라어는 '빠레고리아'(παρηγορία, '위로' 혹은 '위안')이다. 디모데후서 1:16의 '격려하다'(ἀνέψυξεν)와는 다른 단어이지만 의미는 상통한다. 골로새서 4:11의 '위로'(παρηγορία)의 헬라어를 어원을 따라 분석하면 '빠라'와 '아고라'의 합성어다. 이를 직역하면 '시장에 (가다)'란 의미가 된다. 사람들은 시장에 가서 필요한 물건을 구입하면서 마음이 전환되는 것을 경험한다. 기분이 시원해지면서 새로운 활력을 얻을 수 있다. 디모데후서 1:16의 격려 또한 필요한 물건의 공급이 포함되어 있었을 것이다.

바울에게 오네시보로의 방문은 그의 영혼이 눌림에서 벗어나는 변화를 경험하는 계기였다. 그의 방문 자체가 큰 격려였다. 그가 바울의 매임을 부끄러워하지 않는 참된 동역자의 모습을 보여주었기 때문이다. 아마도 바울은 그를 통하여 에베소 교회의 사정이 그가 상상하고 있었던 것처럼 나쁘지 않았음을 알게 되었다. 비록 부겔로와 허모게네 등이 상한 교훈에 미혹되었지만, 하나님의 손길은 교회를 지키고 있었음을 듣게 되었을 것이다. 15절에 의하면 바울은 디모데도 이 두 사람이 바울을 부끄럽게 여긴 사건을 알고 있었음을 인지하고 있었다. 이 정보 또한 오네시보로가 전한 것으로 볼 수 있다. 만약 오네시보로가 바울을 격려한 내용 중에 에베소 교회의 상황이 두 사람의 배반과 이에 따른 여파에도 여전히 복음을 부끄러워하지 않는 성도들이 있음을 알려준 것이라면, 이에 힘을 얻은 바울은 디모데에게 꼭 알려주어야 할 내용을 정리할 수 있었을 것이다. 이는 바울이 확신한 복음에 관한 것인데, 그 핵심은 복음은 매이지 않는다는 것이 요지였을 것이다. 바울은 자신이 하나님께 의탁한 것이 파기되지 않고 지켜지고 있음을 확인한 것이다(참고, 12절). 요약하면, 오네시보로의 방문은 바울이 디모데후서를 쓰게 된 중요한 계기가 된다. 바울은 그의 방문을 통하여 복음이 매이지 않음을 확인하였고 복음을 위해 고난을 받을 충분한 이유가 있음을 깨닫게 되었을 것이다. 그리고 자신의 최후가 온다 하더라도 복음을 땅 끝까지 전하는 일은 중단되지 않을 것임을 확신하게 되었다.[17]

---

17. 이러한 확신이 표현된 곳이 딤후 1:12, 14이다. 12절에서 바울이 의탁한 것과 14절에서 디모데에게 의탁한 것의 내용 중에는 아마도 '땅 끝까지 이르러 내 증인이 되라'는 예수의 명령이 포함되어 있을 것이다(행 1:8).

제4장
디모데후서 2:1-13
고난을 이기기 위한 교훈

디모데후서 2:1-13의 주제 또한 복음과 고난이다. 본문은 두 부분으로 되어 있다. 첫 부분(딤후 2:1-7)에서 바울은 디모데에게 사역에 헌신할 것을 권한다. 바울은 디모데후서 2:1에서부터 본격적인 권면을 시작하는데, 복음과 함께 고난을 받으라는 명령에 관한 구체적인 지침(instruction)을 준다. 1절에서는 강건해질 것을, 2절은 복음을 전수할 것을, 그리고 3-6절은 훈련에 관해서 쓰고 있다. 이런 과정을 통해 바울은 디모데가 사도적인 사역을 계승하도록 준비시킨다.

두 번째 부분(8-13절)에서 바울은 그리스도인들이 복음 때문에 고난을 당할 만한 충분한 이유를 가지고 있다고 한다. 어떤 고난도 복음을 결코 매어 두지 못하기 때문이다. 여기서 고난을 이기는 복음의 핵심은 부활이다. 부활이 있기에 바울은 하나님이 선택한 사람들의 구원을 위하여 고난이 있더라도 끝까지 참고 견딜 수 있었다. 11-13절은 목회서신에 총 5회 나오는 '믿음직한 말씀'(faithful saying) 중 마지막 용례인데, 독자들은 이 마지막 용례를 통하여 '믿음직한 말씀'의 전모를 가장 잘 파악할 수 있을 것이다. 다섯 번째 믿음직한 말씀을 직접적으로 '신실함'이란 주제로 다루고 있기 때문이다. 복음은 우리가 신실하지 못함을 드러낼 뿐 아니라, 이에 대비되는 하나님의 온전한 신실함을 보여준다고 선포한다. 하나님의 신실하심은 복음의 중요한 요소이며 또 하나님의 핵심적인 성품이다. 그분의 신실함은 우리가 복음을 따를 이유가 있다고 강하게 설득하며, 우리도 복음을 통하여 신실하게 살도록 이끈다. 특히 복음과 함께 고난까지도 즐거이 받게 한다.

A. 디모데후서 2:1-7 (제자훈련을 위한 세 가지 비유)

본문에는 네 개의 명령형 동사가 나온다. 바울은 이 네 개의 동사를 통하여 자신의 생각을 디모데에게 구체적인 행위 지침(instruction)으로 전하고 있다. 네 개의 동사는 '강건하라'(ἐνδυναμοῦ, 1절), '의탁하라'(παράθου, 2절), '고난에 참여하라'(συγκακοπάθησον, 3절), 그리고 '유념하라'(νόει, 7절)이다. '고난에 참여하라'는 세 번째 명령은 디모데후서 전체의 주제를 담은 표현으로 디모데후서 1:8, 12, 2:3, 9에 반복해서 나타난다. 네 개의 명령형 동사의 시제를 살펴보면, 처음과 네 번째, 곧 '강건하라'와 '유념하라'는 현재형이고, 두 번째와 세 번째는 과거형(aorist)이다. 이 시제를 근거로, '강건하라'와 '유념하라'는 일반적인 것에 관한 명령으로, '의탁'하는 것과 '고난에 참여'하는 것은 구체적인 내용을 담은 명령으로 구분할 수 있다.[1]

---

1.   정창욱, 86. 정창욱은 특히 과거 명령형을 이해하는 데 있어서는 '사전적 혹은 문맥적인 특징들(lexical or contexual features)에 의해 영향을 받는다'고 한다(D. B. Wallace, *Greek Grammar Beyond the Basics: An Exegetical Syntax of the New Testament*

3-6절에서는 세 가지 훈련을 비유로 설명한다. 첫 번째는 병사 훈련이며, 두 번째는 운동선수 훈련이고, 세 번째는 농부 훈련이다. 이 세 가지 훈련은 복음을 따르는 제자들이 통과해야 하는 훈련이며 복음과 함께 살기 위한 필수 과정이다.

1. 번역

1 그러므로 그대 내 아들이여 그리스도 예수 안에 있는 은혜로 강건해지십시오. **2** 그대가 많은 증인들 앞에서 나에게 들은 것을 신실한 사람들에게 의탁하여 주십시오. 그들이 또한 다른 사람들을 충분히 가르칠 수 있을 것입니다. **3** 그대는 그리스도의 좋은 병사로 함께 고난에 참여하십시오. **4** 누구든지 병사로 복무하는 동안에는 생활의 문제들에 얽매이지 않아야 합니다. 그래야 병사로 모집한 자를 기쁘게 할 수 있습니다. **5** 만약 어떤 사람이 운동 경기를 하면서 규칙대로 하지 않는다면, 그는 면류관을 받을 수 없습니다. **6** 수고한 농부가 먼저 수확한 것을 취하는 것은 마땅합니다. **7** 내가 말하는 것을 유념하십시오. 주께서 그대에게 범사에 총명을 주실 것입니다.

2. 주해

1절 바울은 이미 디모데를 아들이라고 불렀는데(딤후 1:2), '내 아들이

[Grand Rapids: Zondervan, 1996], 719. 정창욱, 110에서 재인용). 본문에서는 '의탁하다'와 '함께 고난에 참여하다'는 각각 딤후 1:12, 14와 딤후 1:8; 2:9을 참고하여 구체적인 의미를 파악해야 한다.

여'라고 다시 부른 이유는 중요한 가르침을 전하기 전에 두 사람 사이의 관계를 다시금 확인하려는 것이다(비교, 딤전 6:20; 딤전 1:18; 비교, 6:11). 바울은 디모데에게 사역을 위하여 첫 번째로 필요한 것이 하나님의 은혜 안에 거하는 것이며, 이것이야말로 진정으로 강해지는 방편임을 알린다. 바울은 사역을 위하여서 상당한 수준의 강인함이 필요함을 알고 있었는데, 이런 강인함은 그리스도 예수 안에 거하는 것에서 비롯되었다.[2] 1절에서 바울은 은혜가 어디에 있는가를 알려준다. 은혜는 예수 안에서 발견되며, 예수 안에 머물러 있는 것이다. 예수는 은혜의 수여자이며, 은혜는 예수의 선물인데,[3] 이 선물의 특징은 수혜자를 예수 안으로 초청하여서 머물게 하는 것이다. 또 에베소서에서는 하나님의 강력함이 '예수 안'에 있다고 한다(엡 1:20; 6:10). 특별히 예수 안에 있는 하나님 능력의 강력함은 은혜를 통하여 예수 안으로 초청된 성도들이 예수 안에서 경험하게 되는 최고의 선물이다. 하나님의 강력이 성도들에게 강인함을 주는 것이다. 그런데 1절이 언급하는 것같이 성도에게 강인함이 필요한 이유는 사명을 감당하기 위해서다. 사명을 위한 강인함은 내게 공급되는 것이지 내 안에 내재되어 있어 내가 소유한 힘이 아니다. 하나님은 내가 강한 사람이 되기를 원하시는 것이 아니라, 하나님의 강(력)함이 나에게 나타나기를 원하신다. 힘의 근원이 내게 있는 것이 아니라, 나를 통하여 일하시는 하나님께 있어야 한다. 나의 힘이 되신 여호와께서(시 18:1) 필요한 때마다 나에게 강인함을 주시고 나의 강함이 되어 주시는 것이다.

---

2. 하나님의 선하심은 결국 예수 안에 우리가 들어가서 거하도록 허락한 것이다. 이는 구원을 통하여 베푸는 하나님의 호의 중에 핵심이라고 할 수 있다. 엡 6:10, "끝으로 너희가 주 안에서 그 힘의 능력으로 강건하여 지고."

3. 헬라어에서 은혜는 하나님의(혹은 성령의) 선물과 밀접하게 연결되어 있다 (Towner, 2006: 489).

2절 바울이 2절에서 디모데에게 두 번째로 명령한 것은 디모데가 전수받은 교훈을 '충성된 사람들'에게 의탁하는 것이다(παρατίθημι). 그래서 이들 또한 그 다른 사람들을 가르칠 수 있도록 훈련하는 것이다. 2절은 복음이 전수되어야 하는 과정을 분명하게 제시한다. 이를 세분하면 5단계인데, (1) 바울에서 시작되어 (2) 많은 증인들 앞에서[4] 복음의 능력이 입증되어 (3) 디모데에게 이르고, 디모데로부터 (4) 신실한 사람들을 걸쳐서 또 (5) 다른 사람들에게 이르는 것이다. 이렇게 전수된 복음은 그 자체로 믿을 만한 것이며, 또 이런 과정을 통과하면서 단절되는 일이 없이 전수되어야 한다. 복음이 매이지 않다는 사실을 깨닫고 삶으로 익히는 것이 복음을 전하기 위해서 훈련하는 것의 핵심이었다. 특히 바울은 디모데가 복음이 매이지 않는다는 사실을 입증하여 복음의 일꾼으로 세울 사람들을 '충성된 사람들'이라고 부른다. 이들이 충성된 이유는 전수받은 것을 하나님께 의탁하며, 또한 자신에게 의탁되어진 책무로 여겨 신실하게 감당해야 하는 인물들이기 때문이다. 개역개정판은 '부탁하라'고 번역하지만, 헬라어인 '빠라띠테미'(παρατίθημι)는 디모데후서 1:12, 14에서 사용된 '의탁'의 헬라어인 '빠라테께'(παραθήκη)의 동사형이기 때문에 '의탁하다'로 번역하여 세 구절(딤후 1:12, 14; 2:2)을 연결하여 이해하는 것이 필요하다. '의탁하다'(παρατίθημι)의 의미는 단순히 맡기는 것이 아니라, 맡기는 것에 대한 중요성 및 그것의 용도를 잘 설명하고, 또 잘 간직할 뿐 아니라 맡은 자의 책임을 따라 적절하게 사용하고 반드시 이를 또 다른 택함을 받은 자들에게 전수하라는 의미가 포함되어 있다(Thayer, 3908).

'충성된 사람들'은 신실한(πιστός) 사람이다. 신실한 사람이란 믿음직

---

4. 헬라어의 διά는 소유격과 함께 쓰일 때는 '통하여'(through)를 의미한다. 하지만 이곳에서는 특별한 용례로 '앞에서'로 번역하는 것이 다수의 견해이다(Moule, 57 NIV, ESV, RSV).

한(reliable) 사람으로 이들의 믿음직함은 충성심에서 비롯된다. 또 이들은 다음 세대를 잘 가르칠 수 있어야 한다. 잘 가르치는 것은 제자들이 '그 스승'이신 예수께 접목되어 있다는 의미다. 요약하면, 제자훈련의 본질은 훈련을 하는 교사의 제자가 되는 것이 아니라, 진리를 의탁한 예수의 제자가 되는 것이다. 참된 믿음의 공동체는 모두 함께 교회의 머리이신 예수께 한결같이 충성(신실함)하는 것이다.

3-4절 3-4절에서 바울은 디모데가 받아야 할 훈련을 '병사 훈련'이라고 한다. 이렇게 훈련받은 병사를 좋은 병사라고 한다. 오합지졸이 아니다. 좋은 군사와 오합지졸의 차이는 적합한 훈련을 받았는가 여부에 달려 있다. 특히 함께 전투하는 전술 훈련을 받았어야 한다. 3-4절은 좋은 병사로 훈련받는 내용을 세 가지로 설명한다. 첫째, 좋은 병사들은 '함께' 전투하는 훈련을 마친 사람들이다(συγκακοπαθέω). 혼자서 싸우는 사람은 병사라고 하지 않는다. 함께 전투하려면 동료들과 공동체를 소중히 여기는 훈련이 되어 있어야 한다. 영적인 공동체를 향하여 쉽게 비판하고 비아냥거리며 절망적인 언어를 구사하는 것은 지양해야 한다(참고, 딤후 2:14, 16-18). 병사 훈련을 통해 좋은 병사가 되기 위해서는 이들이 따라가야 할 훌륭한 교관이 있어야 한다. 입으로만 가르치고 명령하는 자가 아니라 함께 수고하고 고난을 받는 자이어야 한다. 디모데에게는 바울 및 많은 증인들이(2절) 이러한 교관이었다.

둘째, 좋은 병사로서의 훈련은 자기의 개인적인 생활에서 발생하는 문제에[5] 얽매지 않도록 한다. 인생은 수많은 자신의 문제로 얽혀있는 실타래를 풀어가는 굴레의 연속인 것처럼 보인다. 경쟁에서 이기기 위해서 혹은 살아남기 위해서, 사람들은 어려서부터 자기 생활에 얽매이는 훈련을

---

5. 헬라어의 τοῦ βίου πραγματεία는 일상에 관련된 제반 문제를 가리키는데, 이는 병사로서의 직무 이외의 세상살이 때문에 생기는 마음을 산만하게 하는 모든 것을

받았다. 즉 경쟁력을 높이기 위해서 자신을 얽어매는 훈련이다. 초등학교를 졸업하기 전에 한국 문화에서 성장한 아이들은 다른 문화에서 자란 아이들과 비교하면 월등한 수준의 경쟁력을 갖춘 것 같다. 이러한 경쟁력의 향상은 종종 자기 생활에 얽매이게 하는 근원이 된다. 남을 돌아보거나 남에게 도움을 줄 마음은 별로 없고, 자기를 조금이라도 억제할 수 없도록 꽉 짜여진 틀에 넣고 사는 것에 익숙해지는 훈련을 마친 셈이다. 생존을 위해서 올인(all in)하여야 간신히 살아남을 것이라는 가치관의 지배를 받고 있다.

'얽매이다'의 헬라어는 '엠쁠레꼬'(ἐμπλέκω)이다. 신약성경에서는 이곳 이외에 베드로전서와 후서에 각각 한 번씩 더 쓰이는데, 이들의 용례에 주의할 필요가 있다. 첫째, 베드로전서 3:3에서는 당시 화려한 여성들이 자신들의 머리를 치장하면서 심하게 머리카락을 꼬아 놓은 모습을 묘사할 때 사용한다. 따라서 '얽매이다'(ἐμπλέκω)는 인생이 여성의 꼬아 놓은 머리카락처럼 수없는 가닥으로 얽혀 있음을 보여준다고 할 수 있다.[6] 둘째, 베드로후서 2:20은 '만일 그들이 우리 주 되신 구주 예수 그리스도를 앎으로 세상의 더러움을 피한 후에 다시 그 중에 얽매이고 지면 그 나중 형편이 처음보다 더 심하리니'라고 한다. 이 구절은 자기의 삶에 얽매이는 모습에 대하여 중요한 측면을 보여주는데, 한 번에 얽매인 것이 아니고, 얽매였다가 은혜로 벗어났는데 또 다시 얽매이는 반복을 통해서 이제는 스스로 벗어나기 어려운 지경으로 얽매인 인생을 가리킨다. 이는 사람이 얽매이는 과정에 대한 생생한 묘사다.

영적인 군병들은 오직 병사로 모집한 자에게 기쁨이 되도록 자신의 임무에 충실하여야 한다. '모집하다'의 원어는 '스뜨라똘로게오'(στρατο-

---

의미하다.
6.   이는 치장을 위한 삶 때문에 인생이 얽매이는 측면을 상징하고 있다고 볼 수 있다.

λογέω)이며 원문에서는 '모집한 그분'(τῷ στρατολογήσαντι)을 강조하는 표현이 나타난다. 하나님께서 모집의 주체이며, 나아가 하나님께서 '직접' 모집하였다는 사실 또한 내포한다. 따라서 본문의 모집은 부르심을 다르게 표현한 것이다(딤후 1:9). 바울은 디모데후서 1:11에서 부르심을 설명하면서 '선포자, 사도, 교사로 세웠다'고 했다. 이렇듯 부르심을 통한 세움은 바울과 디모데뿐 아니라 모든 성도에게도 적용된다. 디모데후서 1:11의 주해에서 살폈듯이, 선포자(κῆρυξ)는 간증과 삶을 통해서 복음이 지닌 '생명과 썩지 않을 것'을 보여주되(딤후 1:10), 공식적인 메시지 전달자로서 분명하고 위엄 있게 임무를 수행하는 역할을 하며, 사도(ἀπόστολος)는 복음이 전혀 없는 곳에 복음을 알리는 역할을 하며, 교사(διδάσκαλος)는 복음을 알지만 잘 모르는 미성숙한 교우를 바르게 이끌어 주는 역할을 한다.

병사는 왜 모집한 자의 기쁨만을 생각해야 하나? 본문의 가르침은 유대인의 해석법인 '하물며 논법'으로 접근해야 한다. 당시의 병사는 모집한 자를 위해서 자신의 모든 것을 내려놓고 전투에 나선 사람들이었다. 따라서 자신의 가족이나 심지어 자신의 건강이나 안위도 전투에서의 승리보다 앞설 수 없었다. 그러므로 병사 훈련이란 단순히 전투력을 높이는 것뿐 아니라, 모집한 자에 대한 절대 충성의 훈련이 반드시 포함되어 있었다. 이에 상응하는 대가로, 모집한 자는 병사들이 자기 생활에 얽매이게 하지 않도록 그들이 생활에 필요한 것들을 공급해 주는 능력이 있어야 했다. 당시의 모든 병사 모집자들이 모집된 모든 병사와 그들의 가족을 온전하게 책임졌는지를 확인할 수 없다. 다만, 선량한 모집자라면 이를 이행하는 신실한 자세가 있었을 것이다. 본문의 논리는 세상에서 병사를 모집한 자도 이런 책임이 있을진대 하물며 하나님께서 자신을 위하여 모집한 병사의 '자기 생활'을 책임지시지 않을 리가 없다는 것이다. 따라서 좋은 병사는 오직 그를 병사로 소집한 자를 기쁘게 하는 일만 생각하여야 한다. 병사 훈련의 비유를 통하여 바울은 '마음이 분산되어 산만해지는 것을 막고 하나로 집중된 마음으로 사역'에 임하도록 교훈하는 것이다(Towner, 2006: 493).

4절에 쓰인 '기쁘게 하다'(ἀρέσκω)는 디모데후서 2:3-6의 핵심 개념을 함의한다. 바울이 이 단어를 사용함으로 우리가 기쁘게 하는 대상이 하나님임을 강조한다(롬 8:8; 고전 7:32; 살전 2:15; 4:1; W. Förster, *TDNT*, 1:455-56). 하나님을 기쁘게 하는 것은 어렵지 않다. 하나님이 우리로 인해서 기뻐하기로 작정하셨기 때문이다. 이는 은혜의 일부로 하나님께서 성도에게 베푸는 호의다. 이러한 기뻐하심은 자녀에 대한 부모의 마음과 일치한다. 자녀를 보는 부모는 기쁘다. 자녀는 부모께 마땅한 감사를 드리며 부모의 가치를 인정하는 것은 합당하다. 이는 하나님을 하나님 되게 하는 것이며, 그 뜻을 소중히 여기면서 그 뜻을 이루려 애쓰는 것이다.

5절 두 번째 훈련의 비유는 운동선수가 경기력을 향상하기 위해서 애쓰는 것에 빗대어 설명한다. 운동선수는 '규칙을 따라' 시합해야 승리자의 면류관을 받는다고 한다. 두 번째 비유는 첫 번째 비유와 독립되어 있으면서도 연결점을 가지고 있다. 병사는 오직 복무에만 신경을 써야 모집한 자를 기쁘게 하는 것처럼, 운동선수는 규칙에 따라서 경기하여야만 상을 받을 수 있다. 예수는 이러한 경기자의 규칙을 정한 분이며, 또한 이러한 경기자에게 상을 주시는 분이다.

'규칙'의 원어인 '노미모스'(νομίμως)는 본문의 흐름상 중요한 위치에 놓여있다(Knight, 1992: 394). 이는 시합을 하는 동안 반칙을 범하지 않아야 한다는 의미라기보다는 운동 시합에 나가기 위해서 일정 기간 일정한 훈련을, 정한 규칙대로, 마쳐야 출전 자격이 생기는 당시의 규정을 배경으로 한다. 즉 바울이 운동 시합을 제자훈련의 유비(analogy)로 사용한 이유는 운동선수는 승리를 위해서 상당한 기간 고난을 감내하는 훈련을 해야 했기 때문이다. 이것이 운동선수가 지켜야 하는 규칙이었다.[7] 당시 운동경기는 로마제국 전역에 걸쳐 많은 관심과 인기 가운데 진행되었다.[8]

6절 6절에는 세 번째 비유가 나오는데, 이는 좋은 농부의 삶이 제자들이 훈련을 받아야하는 모델을 보여준다는 유비(analogy)다. 농부의 삶이 제자가 받아야 할 훈련과 일치하는 첫 번째 이유는 농부는 오랜 기간 고된 노동을 꾸준히 하기 때문이다. 예수의 제자들도 바른 교훈을 따르는 삶을 이와 같이 끝까지 지속해야 한다(비교, 딤후 4:7). 두 번째 좋은 농부와 예수의 제자가 되는 것의 공통점은 열심히 수고하기만 하면 되는 것이 아니라, 열매 맺는 것은 하나님께 달려 있음을 익히는 것이다. 농부 훈련의 핵심은 자신이 아무리 노력을 해도 풍성한 수확은 하늘의 도움이 없이는 불가능하다는 절대 의존의 원리를 익히는 것이다. 이와 같이 복음을 따르는 제자들은 훌륭한 농부처럼 무조건 열심히 일만 하는 것이 아니라 목적에 집중해서 일해야 한다(Towner, 2006: 495). 좋은 농부가 되는 훈련은 힘들게 일하면서도 하나님 손에 자신의 인생이 달려 있음을 체득한

---

7. 당시 올림픽과 같은 공식적인 체전에 출전하려면 누구든지 시합에 나오기 위해선 10개월 동안의 정해진 훈련코스를 반드시 마쳐야 했다(Kelly, 175-76; Marshall, 730). "이 규칙들이 무엇을 의미하는가에 대한 논쟁이 있어 왔다. 다음 두 가지 견해로 좁혀지는데, (a) 시합을 관장하는 어떤 구체적인 규칙을 말하는지 아니면 (b) 시합에 출전하는 선수들에게 출전 자격을 위하여 요구하는 공식적인 훈련 과정들을 의미하는지이다"(Kelly, 175). "어떤 경우이든 이는 높은 수준의 경기력을 유지하기 위한 것으로 선수들의 훈련 정도에 대한 규정이라는 견해가 설득력을 얻는다. 예로 올림픽 게임에 도전하는 자들은 제우스신의 동상에서 선서를 하는데 10개월 동안 엄한 훈련을 하겠다는 내용이다"(Pausanias, *Graec, descr.* v. 24. 9. Kelly, 176에서 재인용).
8. 바울이 종종 운동 경기를 비유로 사용한 이유는 당시 헬라 세계에는 축제와 같은 운동시합이 성행하였기 때문이다(참고, 고전 9:24-26; 빌 3:12-14). 이렇듯 당시 인기가 있었던 문화 행사에 빗대어 제자의 역할과 훈련을 설명하는 것은 효과적인 방법이었다.

것이다. 이는 좋은 병사가 하나에만 집중하는 것과 같은 의미의 훈련이다. 언뜻 보면 농부의 집중력은 병사의 집중력에 비하면 별것 아닌 것처럼 보인다. 하지만 삶이 편안하고 일상의 삶이 반복될 때에도 하나님을 향한 집중력을 잃지 않는 것은 결코 쉬운 일이 아니다. 또 운동 시합을 앞둔 선수는 열심히 자신을 연마하여서 시합에 나갈 때에 부끄럽지 않은 모습을 갖춘 후에 이를 계속 유지하는 것이 필요하다. 이렇듯 한순간의 시합 이후에도 좋은 경기력을 계속 유지하는 훈련은 농부 훈련에 해당한다. 따라서 운동선수 훈련을 통과한 후에 농부 훈련을 받게 된다고 볼 수 있다. 제자로서의 삶은 단거리 경주가 아니라 장거리 경주다. 세 번째 농부 훈련이 제자훈련의 필수 과정인 이유는 농부 훈련은 수확한 곡식을 먼저 받는 것을 감사하는 훈련이기 때문이다(신 20:6; 잠 27:18; 고전 9:7). 1세기의 농부들은 열심히 일하고 수확을 하여도 그 곡식을 먼저 즐길 수 있으리라는 보장이 없었다. 수확의 시간을 맞추어 출현하는 도적이나 강한 자의 탈취 때문이었다. 따라서 자신이 수고한 것을 남에게 빼앗기지 않고 가장 먼저 먹을 수 있는 것은 감사의 조건이었다. 반대로 남이 일한 것을 대신 먹을 수 있는 것은 축복이라고 한다. 여호수아 24:13은 이스라엘 백성이 가나안에 입성하는 과정이 하나님의 복이었음을 상기시키면서, '내가 또 너희가 수고하지 아니한 땅과 너희가 건설하지 아니한 성읍들을 너희에게 주었더니 너희가 그 가운데 거주하며 너희는 또 너희가 심지 아니한 포도원과 감람원의 열매를 먹는다 하셨느니라'고 말한다. 이러한 구절이 현대의 독자들에게는 이해가 되지 않을 수도 있다. 남이 힘들여 일한 것을 내가 먹는 것은 축복이 아니라 불로소득이란 생각이 들기 때문이다. 그러나 남이 일한 것이 하나님에 의해서 나에게 거저 주어진다면, 그것이 자연스럽고 축복 가운데 내가 그것들을 편안하게 즐길 수 있다면, 이는 여호와께서 높여 주시는(honor) 축복을 누리는 것이다. 남이 일했다 하더

라도 결국 그 열매는 하나님의 손에 있기 때문이다. 반대로 내가 수고하
여 수확한 것을 지키지 못하고 남에게 빼앗기면, 당시의 개념으로는 수치
(shame)였다. 여호와는 하나님의 백성을 보호하실 때에 수치를 당하지 않
게 하신다. 따라서 내가 수고한 것이라도 그것을 먼저 즐길 수 있으면 이
는 감사의 조건이며, 이를 감사로 받는 훈련이 농부 훈련의 중요한 일부
였다. 제자들도 자신이 일한 대가로 받은 것을 자신의 것이라고 생각하지
않아야 한다. 내가 수고한 것에 대한 대가를 즐길 수 있는 것은 하나님의
보호와 공급 때문인 것이다. 이런 훈련은 21세기의 가치관 속에는 익숙하
지 않다. 우리는 종종 내가 일한 만큼 대가를 받지 못하고 살며, 일한 것보
다 더 많은 대가를 기대하고 요구한다. 그런데 제자들이 취해야 하는 태
도는 일한 대가를 내가 받아 즐길 수 있는 것은 하나님의 손에 있으며, 이
에 대한 감사를 잊지 않는 것이다.

7절 7절에도 명령형 동사가 '유념하라'(νόει)가 나온다.[9] 이는 디모데후
서 2:1-7에 나타나는 네 번째이자 마지막인 명령형 동사다. 개역개정판은
'생각해 보라'로 번역하였고, 원어인 '노에이'(νόει)를 직역하면 '유념하라'
혹은 '마음에 담아두라'란 의미다. 디모데후서 2:3-6에서 제시한 교훈을
유념하여서 잘 간직하라는 명령이다. 그럴 때에 주께서 모든 일에 총명을
주신다고 한다. '총명'의 헬라어는 '쉬네시스'(σύνεσις)다.[10] 이 단어는 세
가지 요소를 내포하고 있는데, 이해력(understanding)과 통찰력(insight)과
[11] 균형미(adequateness)다. '총명'(σύνεσις)은 잠언적인 표현에 의하면 '명

---

9. 원어의 νόει ὃ λέγω는 당시의 교훈을 전할 때 사용하는 수사학적인 보편적 양식
    (didactic formula)이었다(Towner 2006, 496).

10. Conzelmann, *TDNT*, 7:888-96: '이해 및 종합하는 능력'(faculty of understanding,
    comprehension).

11. 70인경 잠언은 σύνεσις를 명철의 의미로 사용한다. 가장 보편적인 영어 번역은 '인
    사이트'(insight)이다. 바울은 그리스도의 비밀(μυστήριον)을 알게 된 것을 '쉬네시

철'(תבונה)에 해당하며, 이는 지혜와 떼어 놓을 수 없다.[12]

이해력은 상황을 전반적으로 파악하는 능력으로 리더들에게는 필수적인 자질이다. 통찰력이란 핵심을 파악하는 능력으로, 대다수가 보지 못하는 것을 보는 능력을 포함한다. 이는 어려운 상황에서 돌파가 필요한 때에 요긴하며, 하나님의 깊은 뜻을 아는 능력이기도 하다. 골로새서 1:9은 기도를 통하여 '모든 신령한 지혜와 총명에 하나님의 뜻을 아는 것'이 채워진다고 한다. 여기서 하나님의 뜻을 아는 것은 팩트(fact)를 인지하는 것이 아니라, 하나님의 계획과 경륜을 깨닫는 것을 의미한다. 세 번째 요소인 총명은 상황에 맞는 행동과 말을 하는 능력, 곧 균형미를 의미한다. 이러한 의미로 총명한 사람은 상황과 잘 조화를 이루며 어떤 상황이든 좋은 것으로 만든다. 성경은 총명을 신령한 것이라고 한다. 하나님은 때로는 이방의 지도자에게 총명을 주어서 하나님의 백성을 인도하고(예, 고레스 왕) 이들을 교정하는 사람 막대기로 사용하기도 한다(예, 느부갓네살 왕).

7절에는 총명을 주는 조건이 없다. 주께서는 무엇을 조건으로 우리에게 '쉬네시스'를 주시는 지를 분명하게 알려주지 않지만, 7a절에 언급된 '유념하라'는 명령을 지키는 것이 조건이라고 볼 수 있다. 앞서 언급한 대로 '유념하라'는 디모데후서 2:1-7에 나타나는 네 번째 명령으로, 총명은 3-6절에서 제시한 세 가지 훈련을 열심히 할 때에 얻는 결과로 볼 수 있지만, 처음 두 개의 명령도 포함하여 1-6절까지 언급한 구체적인 지침들을 곰곰이 생각해보고 또 마음에 담아 두면 총명이 생긴다.

스'라고 한다(엡 3:4).

12. 70인경 잠언 2:6은, '주께서 지혜와 그의 얼굴에서 나오는 지식과 총명(σύνεσις)을 주시기 때문이다'(사역)인데, 개역개정판 잠언 2:6은 '대저 여호와는 지혜를 주시며 지식과 명철(תבונה)을 그 입에서 내심이며'이다.

3. 해설

본문은 복음과 함께 고난을 받기 위한 훈련과정이다. 복음과 함께 고난을 받으려면, 강해져야 하며(1절), 복음을 잘 가르쳐서 다음 세대를 힘있게 세워야 한다(2절). 바울은 본문에서 세 가지 비유를 사용하는데, 이들은 현재 보편화된 제자훈련의 모델이 된다. 바울은 제자훈련의 방법과 정확한 적용을 위하여 세 가지 비유를 드는데, 좋은 병사가 되는 훈련, 경기력이 높은 운동선수가 되기 위한 훈련, 그리고 성숙한 농부 훈련이다. 첫째, 좋은 병사의 훈련(3-4절)은 영적인 전투에서 생존하기 위한 것이다. 이는 가장 강렬한 훈련이면서도 가장 기초가 되는 훈련이다. 좋은 병사 훈련을 요약하면, (1) 자기 일에 얽매이지 않는 훈련이며 (2) 모집한 자를 기쁘게 하는 훈련이고 (3) 모집한 자에게 온전하게 의존하는 훈련이다. 둘째, 운동선수 훈련은 일정 기간 경기력을 향상시키기 위한 '집중 훈련'을 의미한다. 요즘 같으면, 교회가 제공하는 제자훈련 프로그램에 등록하여 연 30주가 넘는 모임과 상당한 분량의 과제를 소화하면서 신앙의 근력을 강화하는 것이다. 그래서 교회와 삶의 현장에서 향상된 영적 업무의 수행 능력을 장착하는 훈련이다. 셋째, 농부 훈련은 인생의 긴 여정을 통하여 지속되는 장기 훈련이며, 평상시에 흐트러짐 없이 사는 훈련을 의미한다. 가장 쉬울 것 같지만 가장 오랜 동안 지속해야 하기 때문에 결코 쉽게 완성되지 않는 훈련이다. 특히 삶이 영적인 전투와 같은 치열함을 벗어났을 때 혹은 일정 기간의 강화 훈련을 마친 후에 일상의 삶을 살면서 하나님 앞에 바로 서 있는 훈련이기 때문에 필수적이다. 우리는 늘 전투하는 삶을 살 수는 없다. 또 운동선수 훈련은 본질상 단기간의 훈련이다. 하지만 신앙으로 살아내야 하는 기간은 훨씬 길기 때문에 오랜 기간 변함없이 하나님 앞에서 신실하게 살기 위해서 익혀야 하는 훈련이 농부 훈련인 것이다.

　마지막으로 7절은 총명을 강조하면서 다시 한번 성도가 훈련을 받도록 설득한다. 제자훈련을 통하여 하나님을 기쁘시게 하는 법을 배우고, 영적인 근력을 높이며, 오랫동안 신실하게 신앙의 자리를 이탈하지 않고 사는 훈련을 받는데, 이런 세 가지 훈련을 통해서 공통적으로 얻는 능력은 총명(σύνεσις)하게 되는 것이다. 바울은 하나님께서 이렇게 훈련하는 자들에게 범사에 총명을 주신다고 증언한다. 이 총명을 통하여 성도는 강해진다(딤후 2:1). 이 총명을 통하여 성도는 다음 세대를 가르쳐서 복음과 함께하는 삶을 전수할 수 있다(딤후 2:2).

B. 디모데후서 2:8-13 (고난을 견딜 수 있는 이유)

1. 번역

8 다윗의 씨로서 죽은 자들 가운데서 일어나 살아계신 예수 그리스도를 기억하십시오. 이것이 나의 복음입니다. 9 나는 이 복음을 위하여 죄수와 같이 매이기까지 고난을 당하였으나, 하나님의 말씀은 매이지 않습니다. 10 이런 이유에서 나는 택함받은 자들을 위하여 모든 것을 참고 견딥니다. 이는 그들 또한 그리스도 예수 안에 있는 구원을 영원한 영광과 함께 얻어 누리게 하기 위함입니다. 11 이 말씀은 믿을 만합니다. 우리가 주와 함께 죽었으면, 또한 주와 함께 살 것이요, 12 우리가 참고 견디면, 또한 함께 다스릴 것이요, 우리가 부인하면, 그분도 또한 우리를 부인하실 것입니다. 13 우리는 신실하지 못하더라도, 그분은 언제나 신실합니다. 자기를 부인하실 수 없기 때문입니다.

2. 주해

8절 8절은 예수의 부활을 기억하라는 명령으로 시작된다. 바울은 이 것을 자신의 복음(εὐαγγέλιον)이라고 한다. 8절에서 눈여겨보아야 할 것은 부활을 설명하는 동사 '에게게르메논'(ἐγηγερμένον)인데 바울이 부활을 설명할 때 대표적으로 사용하는 동사인 '에게이로'(ἐγείρω)의 완료형이다. 이를 우리말로 번역하면 '일어나 살아계신'이 적절할 것이다. 원어는 한 단어이지만, 완료형의 의미를 담아내기 위해서 일어나셨을 뿐 아니라 그 효과가 지속되는 것을 표현하기 위해서 '살아계신'을 접목한 것이다. 헬라어의 완료시제는 그 내용이 확정되었고, 그 효과가 지속되어 지금도 분명하게 나타나며, 이후에도 그것이 지속될 것임을 확신하는 사실을 표현할 때 사용된다. 예수는 죽음에서 일어나셔서(확정적) 그 효과로 그 이후부터 지금까지, 그리고 영원히 살아계심을 알리는 것이다. 헬라어의 '에게이로'(일어나다)는 바울서신에서 40회 이상 부활을 가리키는 데 사용된다. 이 단어가 완료형으로 사용된 예는 고린도전서 15장에 7회 이외에는, 디모데후서 2:8뿐이다. 사도행전에 기록된 바울의 설교도 부활을 주제로 한다. 바울은 복음을 전할 기회가 주어지면 예수의 부활에 대해서 설교하였다. 바울의 편지에서도 부활은 복음의 핵심이다(고전 15:4, 12-16; 고후 5:15). 특히 여기에서 바울은 예수의 부활을 복음과 함께 고난을 받을 이유로 제시하면서, 부활 때문에 고난을 당하지만, 부활 때문에 복음은 매이지 않기 때문에 고난을 이길 수 있는 힘이 부활에 있다고 한다.

원문에서는 '나의 복음' 앞에 전치사 '까따'(κατά)가 있다. '까따 또 에우앙겔리온 무'(κατὰ τὸ εὐαγγέλιόν μου)는 직역하면 '나의 복음에 의하면'이다. 바울이 선포한 복음의 내용이 예수의 부활이었다는 뜻이다. 여기서 소유격 '나의'(μοῦ)의 용법은 주격적 소유격으로 볼 수도 있고 목적격적 소유격으로 볼 수도 있다. 전자로 보면 내가 전한 복음이 되며, 후자로 보면 나에게 전해진 복음이란 의미가 된다. 본문에서는 둘 중 하나를 선택하는 것으로가 아니라, 두 가지 가능성을 모두 내포하고 있는 것으로 보면 된다. 하지만 무게는 주격적 소유격으로 이해하는 쪽에 더 실려 있다. 목회서신에서 바울은 자신에게 복음이 의탁되어 있다고 한다. 이런 의탁을 표현하는 단어가 '에삐스뜌텐'(ἐπιστεύθην, '신뢰하여 맡기다') 혹은 '에떼텐'(ἐτέθην, '의탁하다')이다(딤전 1:11; 딤후 1:11).

다윗의 씨는 메시아를 상징하는 것으로 메시아는 이스라엘이 가장 번성하던 시기의 왕인 다윗의 후예로서 그 영광을 회복한다는 의미를 가지고 있다. 하지만 여기에서는 다윗의 영광을 회복하려는 목적이 아니다. 다윗의 영광은 궁극적으로 바라던 하나님의 그 영광을 가리키는 그림자일 뿐이며, 이는 예수의 부활을 통하여 드러나게 되었다.

9절 이 절의 '죄수(κακοῦργος)와 같이'는 디모데후서를 쓸 당시 바울이 로마 감옥에 있는 것이 사도행전 28장보다 훨씬 심각한 상태임을 보여준다. 여기서 '죄수'(κακοῦργος)는 누가복음 23:32, 33, 39에 나오는 예수와 함께 십자가에 달린 강도를 가리킬 때에 사용한 단어로, 십자가 처형에 합당한 극악무도한 죄인을 의미한다(*TLNT*, 2:241-43; Towner, 2006: 503). 복음이 묶이지 않음을 설명할 때도 완료형 시제인 '데데따이'(δέ-δεται)를 사용하여, 바로 전에 부활을 설명할 때와 같은 효과를 표현한다. 복음은 묶이지 않았으며, 이는 계속될 것으로 확언하는 것이다.

10절 원어에서는 8-10절이 한 문장이다. 따라서 10절의 내용은 8-9절과 분리되지 않는다. 10절은 구원에 관한 설명인데, 바울이 복음과 함께 고난을 받는 이유는 선택받은 자들이 구원을 얻게 하기 위함이라고 쓴다. 고난이란 주제는 인내와 어김없이 연결되어 있다. 특별히 사도로서의 권위는 복음을 위한 고난을 참고 견디는 것을 통하여 드러난다(고후 6:4;

12:12). 참고 견딤은 현재의 시련 너머에 있는 부활을 바라보고 있다는 증거이기 때문이다(Towner, 2006: 504).

10절은 구원에 관하여 세 가지로 설명한다. 첫째, 구원은 예수 안에 있다. 예수께서 하나님 아버지의 구원 계획을 이루시는 신실하심을 보여주었기에 구원이 가능해졌고, 예수를 믿는 믿음으로 구원에 이르며, 구원을 받은 사람은 예수 안에 거한다는 의미를 모두 포함한다(비교, 딤후 3:15). 둘째, 구원은 예수 안에서 영원한 영광과 함께 하는 것이다. 영원한 영광과 함께 하는 것은 구원이 최종적으로 완성되는 상태를 묘사한다. 바울은 로마서에서 죄 아래 있는 인간의 상태를 '영광을 잃어버린 것'으로 규정하였다(롬 3:23; 8:19-21). 따라서 구원이란 하나님의 영광을 다시 얻게 되는 것이다(Towner, 2006: 506). 영원한 영광은 잠시의 고난과 비교할 수 없다. 셋째, 구원은 택함받은 자들을 위한 것이다. 헬라어의 '에끌렉또스'(ἐκλεκτός)가 누구를 가리키는가에 대해서는 크게 두 가지 다른 견해가 있다. 하나는 하나님께서 구원하시기로 작정한 미래의 성도라는 견해(Knight, 1992: 399)와 신구약 성경이 말하는 하나님의 백성 전체라는 이해로 미래의 성도가 포함되었는지는 명확하지 않다는 견해다(Towner, 2006: 504-5). 본문에서는 선택한 자들을 위하여 받을 고난에 관한 것임으로 전자는 꼭 포함되어야 한다. 하지만 이미 믿은 자들이 끝까지 신실하게 보전되도록 하는 사명이 제외된 것은 아니다. 바울이 복음과 함께 고난받는 이유 중에는 미래의 성도뿐 아니라 현재의 성도를 보전하기 위한 고난도 포함되어 있다고 보아야 한다(Marshall, 737). 이들이 구원을 얻는 모습을 '뚱카노'(τυγχάνω, '얻다', '누리다')로 표현하는데, 이 단어는 "스스로의 힘으로는 도저히 가질 수 없는 것을 얻는다"는 의미다(G. Haufe, *EDNT*, 3:372; Towner, 2006: 505). 따라서 이 단어는 구원이 하나님의 선물이란 개념을 표현한다. 바울은, 구원은 하나님이 주시는 것이지 우리가 쟁취하는 것이 아니라고 한다. 우리는 주시는 구원을 받은 것이다. 구원을 받은 자들은 이것을 자주 즐겨야 한다.[13] 선물은 받은 자가 요긴하게 잘 사용할 때에 의미가 있다. 이를 드러내기 위해서 사용된 단어가 '뗑카노'이다.

11-13절 이 본문은 마지막이자 5번째로 등장한 믿음직한 말씀인데, 구원은 하나님의 신실하심에 근거함을 강조한다. 11-13절은 네 줄로 되어 있으며, 두 줄씩 두 그룹으로 구성되어 있다. 첫 그룹은 믿는 자들이 해야 할 것에 관한 것이고, 두 번째는 하지 말아야 할 것에 관한 것이다(Marshall, 733).

첫째 줄: 　우리가 주와 함께 죽었으면, 또한 주와 함께 살 것이요,
둘째 줄: 　우리가 참고 견디면, 또한 함께 다스릴 것이요,
셋째 줄: 　우리가 부인하면, 그분도 또한 우리를 부인하실 것입니다.
넷째 줄: 　우리는 신실하지 못하더라도, 그분은 언제나 신실합니다.
　　　　　자기를 부인하실 수 없기 때문입니다.

첫째 줄은 우리가 주와 함께 죽었으면 살 것이라고 한다. 그와 함께 죽었다(συναπεθάνομεν)는 것은 육체적인 죽음이 아니라 고난에 철저한 동참을 뜻한다. 예수께서 보여주신 십자가의 모델을 따라가는 과정에서 순교적인 죽음을 두려워하지 않는 것이다. 갈라디아서 6:14은 그리스도인들이 예수와 함께 십자가에 자신을 못 박은 모습에 관하여 설명한다. 그리스도와 함께 죽는다는 것은 나의 정욕을 죽임으로 하나님의 뜻에 순종하는 것을 의미한다. 예수와 함께 죽으려 할 때에 우리는 복음과 함께 고

---

13. 행 24:2을 참고하라.

난을 받으며, 또 예수와 함께 죽을 때에 복음이 매이지 않게 된다.

둘째 줄은 첫째 줄과 같은 맥락에 있다. 참고 견딤으로(ὑπομένομεν) 함께 다스리게 된다. 참고 견딤은 예수를 따르는 제자들이 첫줄에서 언급한 그와 함께 죽는 것의 대표적인 모습이며 복음과 함께 고난을 받는 과정을 대표하는 이미지다. 그들이 예수와 함께 다스린다는 약속은 마태복음 19:28에도 나온다.

셋째 줄은 하나님께서 우리가 행한 대로 보응하심을 보여준다. 첫째 줄과 둘째 줄도 마찬가지였다. 만약 우리가 예수를 부인하면, 그분 또한 우리를 부인하실 것이다(마 10:33). 바울의 투옥과 반대자들이 기승을 부리던 상황에서 바울은 디모데와 독자들이 약해지지 않기를 원했다. 12절은 언뜻 읽어보면 우리가 행한 대로 보응함을 말하지만, 이면에는 하나님의 너그러우심이 포함되어 있다. 시제를 살펴보면, 조건절은 현재형인데 주절은 미래형이다. 만약 우리가 부인하면(현재 계속되는 상황), 하나님도 우리를 부인하실 것이다(미래). 하나님의 기다려 주심이 역설적으로 담겨 있다.

네 번째 줄에는 반전이 나온다. 우리의 신실하지 못함과 대조되는 예수의 신실하심이다. 헬라어의 '아삐스떼오'(ἀπιστέω)는 무거운 의미로 배교를 뜻하기도 하지만(막 16:11, 16; 눅 24:11, 41; 행 28:24), 가벼운 의미로 신실하지 못함을 표현하기도 한다(Kelly, 180). 우리에게는 신실함이 없지만, 그분은 항상 신실하시다. 우리의 신실하지 못함은 믿음이 약하거나(lack of faith), 믿으려 하지 않거나(disbelieving) 혹은 믿음 없음(unbelief)을 모두 포함한다. 주님께서 우리에게 기대하시는 신실함은 완벽한 것이 아니라 우리가 할 수 있는 최선을 보이는 것이다. 그럴 때 모자라는 부분은 예수께서 담당해 주신다(Knight, 1992: 407). 이것이 예수의 신실함의 본질인 것이다. 우리가 예수를 부인하면 그분도 우리를 부인하시지만, 비록 우리가 예수를 부인하지 않을 때에도 우리에게는 여전히 하나님이 원하시는 신실함은 없다. 그때에 하나님은 신실하시다는 뜻이다. 그러므로 12절은 언뜻 보기에는 보응의 원칙처럼 보이지만, 실제로는 은혜의 원리가 나타나 있다. 우리가 신실하지 않을 때에도 예수께서는 언제나 변함없이 신실하시다. 하지만 우리가 주님을 부인할 때에는 이런 은혜의 원칙이 적용되지 않는다. 의지적 부인의 죄는 중대한 것이다.

3. 해설

본문의 주제는 하나님의 말씀은 매이지 않는다는 사실에 대한 선포다. 그 어떤 힘도 하나님의 말씀, 곧 복음의 전진을 제한할 수 없다. 이 주제는 신약성경 전반에 나타나며 특히 복음서와 사도행전에 분명하게 드러난다. 본문은 세 가지로 복음이 매이지 않음을 설명한다. 첫째, 부활 때문에 복음이 매이지 않는다(8절). 예수는 죄가 가지고 있는 최고의 힘인 죽음에서 일어나셔서 살아계시기 때문에 복음은 절대로 묶여 있지 않는다. 둘째, 복음은 매이지 않음으로 성도는 하나님께서 선택한 자의 구원을 위해서 노력해야 한다(9절). 셋째, 복음이 매지 않음으로 복음과 함께 고난을 받아야 하며, 복음을 부인해서는 안 된다(14절). 바울은 믿음직한 말씀을 사용하여 이런 하나님의 신실함을 선포한다. 만약 우리가 복음에 헌신하여 산다면, 설사 우리의 믿음이 약할 때에도 하나님은 우리에게 신실하실 것이다. 그의 신실하심은 우리의 완전성에 있는 것이 아니라 복음의 완전성에 있다. 따라서 복음을 부끄러워하지 않아야 한다.

본문에 나오는 다섯 번째 '믿음직한 말씀'은 부활의 중요성을 강조하기 위해 인용했다. 특히 본문은 바르지 못한 가르침이 부활의 능력을 오용하여 현재의 방탕한 삶을 부추기는 도구로 사용한 것에 대한 바로잡기다(딤후 2:16-18). 이들은 신자는 이미 부활 속에 거함으로 예수의 고난에 동참할 이유가 없다고 주장한 것이다(특히 2:18). 바울은 '믿음직한 말씀'을 인용해서, 부활은 방종의 삶이 아니라 복음이 주는 고난을 '참고 견딤'으로 예수로부터 인정을 받는다고 한다(딤후 2:11-12).

제5장
디모데후서 2:14-26
거짓 교훈에 대처하는 방법

디모데후서 2:14-26은 세 단락으로 되어 있는데, 각각 어떻게 거짓 교훈의 영향을 이겨낼 것인가를 다룬다. (1) 진리를 분별함으로, (2) 깨끗한 그릇이 됨으로, (3) 좋은 공동체를 이룸으로 악성종양과 같은 거짓 교훈을 이길 수 있다고 한다. 첫 번째 단락인 디모데후서 2:14-19에서는 상한 교훈의 피해가 매우 심각함에 대해서 쓴다. 이를 악성종양이 퍼지는 것에 비유한다. 15절은 이런 중에 성도가 힘쓸 것을 알리는데, 곧 진리의 말씀에 대한 분별이다. 거짓 교사들은 진리에 어긋난 도리를 가르쳐 믿음을 무너뜨리려 함으로, 성도는 진리를 옳게 분별하여야 거짓 교훈의 피해를 막을 수 있다. 바울은 거짓이 판을 치는 양상이 잠시 있겠지만 결국 진리가 승리할 것이라고 단언한다. 하나님의 견고한 터가 이미 섰기 때문이다(19절).

두 번째 단락(딤후 2:20-21)은 비유다. 예수는 많은 비유를 말씀하셨지만, 바울은 비유를 제한적으로 사용한다. 비유는 반전을 통하여 독자에게 충격을 주면서 교훈을 전하는 효과적인 방법이다(눅 10:36-37; 12:20-

21). 두 번째 단락이 전하려는 교훈은 '쓰임받기 위한 깨끗함'이다. 20절은 세상 가치, 곧 좋은 재료로 만든 그릇이 잘 쓰임받는다는 세상의 이치를 말하고 이어서 21절에서 하나님의 가치는 완전히 다르다고 선포함으로 반전을 일으킨다. 하나님 나라의 기준은 세상 기준과는 달리 그릇의 재료가 귀한 것이냐 여부가 아니라, 그 그릇이 얼마나 깨끗한가에 달려있다. 하나님께 귀한 것은 사람의 기준으로 볼 때 가치 있는 것과 반드시 일치하지 않는다. 하나님께 소중한 것은 주인이 쓰기에 편한 것이다. 주인이 쓰기 편한 그릇은 비싼 것이 아니라 깨끗한 것이다.

세 번째 단락(딤후 2:22-26)은 깨끗한 그릇의 비유를 공동체를 세우는 일에 적용한다. 깨끗한 그릇인 리더는 깨끗한 마음을 갖고 있는 사람들과 함께 좋은 공동체를 세워가야 하는데(22절), 좋은 공동체가 거짓 교훈과 그 악영향을 이겨낸다. 깨끗한 일꾼은 한편으로는 사람들과 화합하고(24절), 다른 한편으로 그릇된 자들도 온유하게 훈계한다(25절). 이러한 사역을 통하여 하나님이 역사하신다면 공동체원 중에 심하게 실족한 자들이 있더라도, 이들 또한 바로 잡을 수 있다고 한다(26절).

A. 디모데후서 2:14-19 (진리를 분별함으로 거짓 교훈을 이기라)

1. 번역

14 그대는 이것들을 기억하게 하십시오. 말다툼을 하지 못하도록 하나님 앞에서 엄히 권고하십시오.[1] 말다툼은 아무 유익이 없고 듣는 사람을 망하

---

1.   헬라어 분사(διαμαρτυρόμενος)는 동시에 일어난 사건을 보여준다(Knight, 1992: 410).

게 합니다. **15** 그대는 진리의 말씀을 올바르게 다루어, 자신을 검증된 사람 곧 부끄러울 것이 없는 일꾼으로 하나님께 드리도록 최선을 다하십시오. **16** 망령되고 헛된 말을 멀리 하십시오. 이를 즐기는 사람들은 점점 더 경건 치 아니함을 향하여 나아가게 됩니다. **17** 그들의 말은 악성종양처럼 퍼질 것입니다. 이런 사람들 가운데 후메내오와 빌레도가 있습니다. **18** 이들은 진리에 관하여 빗나가 버렸고, 부활이 이미 지나갔다고 말함으로 (어떤) 사 람들의 믿음을 전복시키고 있습니다. **19** 그럼에도 불구하고 하나님의 든든 한 기초는 굳건히 세워져있고, 다음과 같은 인장이 새겨져 있습니다. '주께 서는 자기 사람들을 아시느니라. 주의 이름을 부르는 모든 자들은 불의에 서 떠날지어다.'

2. 주해

14절 14절의 시작인 '이것을 기억하게 하십시오.'는 형식면에서 새로 운 문단이 시작됨을 보여준다(Knight, 1992: 409). 바울은 8절에서도 '기 억하십시오'를 사용하여 새로운 교훈을 시작하였다. 헬라어로는 8절에서 는 '므네모네우오'(μνημονεύω)가 쓰이고, 14절에서는 '휘뽀밈네스꼬' (ὑπομμνήσκω)가 사용된다.[2] 8절의 기억하다는 '므네마이오'로 일반적으 로 기억하는 것을 의미하고, 2:14의 '기억하다'(ὑπομμνήσκω)는 '사람들이 이미 알고 있는 것을 지속적으로 기억하도록 주기적으로 반복해서 교훈 하는 것'을 의미한다(Marshall, 745). 이런 단어의 변화를 통하여, 바울은 자신의 교훈을 구체화시키고 있다.

---

2.   딤후 1:3-5의 주해를 참고하라. 바울은 이미 '기억'에 관련하여서 3개의 관련된 단 어를 사용하였다.

14절의 '기억하라'는 명령의 대상에는 디모데뿐 아니라 일반적인 독자들과 디모데후서 2:2에서 언급된 '신실한 사람들'(πιστός ἄνθρωπος)도 포함된다.[3] 문맥의 흐름을 살펴보면, 디모데후서 2:1은 2:3-13로 이어지며, 다소 독립적인 내용인 2절("그대가 많은 증인들 앞에서 나에게서 들은 것을 신실한 사람들에게 의탁하여 주십시오. 그들이 또한 다른 사람들을 충분히 가르칠 수 있을 것입니다")은 14절부터 그 의미가 드러난다고 볼 수 있다(Knight, 1992: 410). 따라서 사람들이 기억해야 하는 내용인 '이것'(ταῦτα)은 디모데후서 2:8-13뿐 아니라 2절을 가리키며 또 뒤에 나오는 15절과 20-21절의 교훈도 포함하고 있다.[4]

본문에서 바울은 특히 말다툼을 엄하게 금하고 있다. 이는 아무런 유익이 없을 뿐 아니라, 사람을 망하게 한다. 그런데 망하는 사람의 범위가 넓다. 말다툼에 연루된 직접적인 당사자뿐 아니라 이를 듣는 사람들도 함께 망한다. 도대체 여기서 바울이 염두에 둔 말다툼이 무엇이기에 이토록 심각한 결과를 일으키는 것일까? 말다툼으로 번역된 헬라어 '로고마케인'(λογομαχεῖν)은[5] 단순한 언쟁이 아니라, 말로 하는 격렬한 싸움을 의미한다. 말꼬리를 물고, 말의 진의가 아닌 단어의 선택이나 말투를 통하여 상처를 받고 이를 꼬투리를 잡으며 상대를 파괴하려는 싸움꾼의 모습이다. 이는 말로 하는 전쟁을 의미한다. 말다툼의 심각성은 16-18절에서 잘 드러난다. 따라서 우리는 14절을 16-18절과 함께 읽을 때에, 왜 바울이 이토록 엄히 말다툼을 금지했는지 알 수 있게 된다. 18절에서 말다툼은 사사

---

3. τῶν ἀκουόντων은 이들이 디모데와 구별된 사람들임을 밝힌다.
4. 분사로 쓰인 14절의 διαμαρτυρόμενος는 같은 절에 나오는 주동사인 ὑπομιμνῄσκω와 주어를 공유하고 있다(남성 단수 주격). 따라서 '증언하라'(혹은 '엄히 명하라', 개역개정)와 '기억하라'는 서로 연결된 명령이다.
5. 이 단어는 신약성경에 딱 한 번 나오는 어휘로 어쩌면 바울이 직접 만든 것 일 수도 있다(참고, 딤전 6:4).

로운 일에 대한 언쟁을 넘어 부활에 관한 빗나간 가르침에 근거하여서 생긴 것임을 알 수 있다. 부활에 대한 바른 교훈이 상실되면, 그 신앙은 공허하여져서, 말다툼에 연루된다. 이 세상 것에 집착하면서 영원한 것을 보지 못하기 때문이다. 또 유심히 보아야 하는 것은 망하는 대상 중에 '듣는 자'들이 포함되어 있는 것이다. 이들은 하나님의 생명의 말씀을 들어야 할 대상자인데, 이들에게 잘못된 가르침이 침투하였을 때 발생하는 결과가 심각하다. 바울이 이런 폭넓은 심각성을 언급한 이유는 디모데에게 바른 교훈의 중요성을 재차 강조하기 위함이다.

15절 15절은 문맥의 흐름상 말다툼(14절)과 망령되고 헛된 말(16절) 사이에 끼워져 있지만, 본문(딤후 2:14-19)이 전달하고자 하는 중심 메시지다. 거짓 교훈을 극복하는 길이 제시되어 있기 때문이다. 15절에서 바울은 거짓 교훈이 필연적으로 생산하는 말다툼을 피하기 위하여 디모데가 힘써야 할(σπούδασον) 것을 세 가지로 제시한다. 이는 하나님이 인정하는 일꾼이 되는 길이기도 하다. 첫 번째는 검증된('인정된 자', 개역개정) 자가 되기 위해서 힘써야 한다.[6] '검증된'(δόκιμον)의 의미는 하나님께 드리기 위한 제물을 "꼼꼼히 조사하여도 하자가 없는 상태"를 가리킨다 (*TDNT*, 2: 258). 신약성경은 이 단어를 검증을 거쳐서 진품으로 판정되는 것을 가리킬 때에 사용한다(롬 14:18; 16:10; 고전 11:19; 고후 10:18; 약 1:12). 하나님께 드려지려면 검증되어야 한다. 그래야 하나님이 받아 주신다. 하나님의 일꾼은 하나님이 받아 주신 자이다. 이는 하나님의 기준에 맞는 검증과정을 거쳐야 한다.

두 번째는 부끄러울 것이 없는 일꾼(ἐργάτην ἀνεπαίσχυντον)이 되도

---

6.   검증된 자와 짝을 이루는 동사인 παρίστημι(드리다)는 하나님 앞에 자신을 내어드림을 표현하는데, 이는 하나님께서 아들을 내어 주신(ἔδωκεν, 딛 2:14) 것에 대한 반응이다.

록 힘써야 한다. 하나님께서 맡긴 책무를 감당함에 있어서, 또 인간으로서의 기본적인 도리를 수행함에 있어서 문제가 생기고 부끄러움을 당할 것이 없어야 한다. 디모데전서와 디도서에는 장로의 조건이 제시되어 있는데, 가장 대표적인 조건이 '책망받을 것이 없는 자'이다(딤전 3:2; 딛 1:7). '책망받다'(ἀνεπίλημπτος)와 '부끄럽다'는 다른 단어이지만 의미 면에서 매우 밀접하다. 디모데후서 2:15이 '부끄럽다'를 사용한 이유는 복음을 부끄러워하지 않는 것과 분명한 연결을 보기 위함이다.

　　세 번째는 진리의 말씀을 올바르게 다룰 수 있도록 힘써야 한다. '올바르게 다루다'는 '오르토또메오'(ὀρθοτομέω)의 분사형인 '오르토또문따'(ὀρθοτομοῦντα)가 사용된다. 직역하면 '정확하게 자르다' 또는 '쪼개다'(cut rightly)인데, '오르토'(정확히)와 '또메오'(자르다)의 합성어이며 강조는 전자에 있다. 이 단어는 신약성경에서는 이곳에서만 쓰이고, 70인경에서는 두 차례 더 사용된다(잠 3:6; 11:5). 모두 '길을 열다'의 의미다. 이 단어는 본문에서도 말씀을 옳게 해석하고 적용하여서 말씀의 진의를 열며 또 복음이 전진하는 길을 연다는 의미다. 따라서 말씀을 '쪼개다'로 이해하여도 된다(비교, 히 4:12). 말씀을 쪼개어 길을 낸다는 의미는 진리로 깨달음을 주는 것을 의미한다. 이렇게 하여 하나님께 가까이 나아가는 것이다. 진리의 말씀을 잘 다루는 능력은 검증된 그리고 부끄럽지 않은 일꾼으로 사역을 감당하는 데 핵심이 된다(엡 6:17). 마샬(Marshall)은 진리의 말씀을 '잘 쪼개다'(혹은 사용하다)와 관련하여서, 이런 전통은 사무엘상 12:23과 연결되어 있다고 한다(Marshall, 748). 사무엘은 기도를 쉬는 죄를 범치 않고, 선하고 의로운 길을 가르칠 것이라고 결심하였는데, 그의 가르침은 백성들이 하나님 앞에 이르는 길을 여는 것이었다고 볼 수 있다. 70인경 사무엘상 12:23에 나오는 선하고 올바른 길(ὁδὸν τὴν ἀγαθὴν καὶ τὴν εὐθεῖαν)을 가르치는 것은 바울이 디모데에게 제시한 하나님의 말씀을

'올바르게 다루는' 모습이 어떤 것임을 보여주는 뚜렷한 사례가 된다.

분사인 '오르토또문따'(ὀρθοτομοῦντα)는 남성형이다. 따라서 문법적으로 보면 분사구는 같은 남성형인 '일꾼'(ἐργάτην)을 수식한다고 볼 수 있다. 이렇게 구문을 분석하면, 진리의 말씀을 올바르게 다루는 것은 부끄러움이 없는 일꾼이 되는 '방법'이라고 볼 수 있다. 그런데 '검증된 자'를 가리키는 '도끼몬'(δόκιμον) 또한 남성형 형용사다. 따라서 진리의 말씀을 올바르게 다루는 것은 그 자체로 디모데가 힘써야 할 영역이며, 동시에 이는 디모데가 검증된 그리고 부끄럽지 않은 일꾼이 되려고 힘쓰는 과정에서 익혀야 하는 능력과 습관이라고 할 수 있다.

16-18절 16-18절은 14절에서 엄히 선포하여 금지시킨 말다툼의 피해에 관하여 설명한다. 망령되고 헛된 말(εβήλους κενοφωνίας)은 악성종양처럼 퍼지는 힘이 있다. 이렇게 말로써 공동체를 어지럽게 만든 사람은 후메내오와 빌레도였다. 이들의 입에서 나온 악성종양과 같은 말은 부활이 이미 지나갔다는 것인데, 이는 파괴력이 있어 일부 사람들의 신앙이 크게 흔들렸다. 16절에는 서로 대조를 이루는 한 쌍의 표현이 등장한다. '멀리하다'(περιΐστασο)와 '다가가다'(προκόψουσιν, '나아가다', '다가가다', '빠져들다')[7]인데, 이 두 단어의 조화를 통하여 만약 성도가 멀리할 것을 멀리하지 않으면 오히려 그쪽으로 빨려가듯 다가가게 된다고 경고한다. 망령되고 헛된 말을 멀리하지 않으면, 자신도 모르게 경건치 않은 쪽으로 빠져들 수 있다.

17절은 망령되고 헛된 말을 '악성종양'(γάγγραινα)에 비유한다. 악성종양이 빠른 속도로 퍼져나가서 전체를 점령하는 이미지다.[8] '후메내오'는

---

7. 다른 용례는 눅 2:52; 롬 13:12; 갈 1:14; 딤후 3:9, 13. 목회서신의 용례는 모두 좋지 않은 곳으로 나아가는 것, 곧 빠져드는 것을 의미한다.

8. 원어에서는 '퍼져나간다' 대신에 '초장(νομή)을 가지고 있다'이다. 악성종양이 마

디모데전서 1:20에 이미 언급된 인물로서 선한 싸움을 싸우지 않고 선한
양심을 내쳐 버려 믿음에서 파선한 자였다. 18절은 이들이 진리로부터 심
하게 이탈하였다고 쓴다.[9] 그리고 이들의 문제점을 구체적으로 지적하는
데, 이들은 부활이 이미 지나갔다고 선전한 것이다. 마샬은 부활이 지나갔
다고 주장하는 사람은 부활이 없다고 믿는 사람들이 아니라고 한다. '이들
은 믿는 자의 영은 이미 불멸하는 세계로 들어갔으므로 육신이 고난을 경
험할 이유와 필요가 없다'고 주장한 자들이다(Marshall, 753). 부활을 기대
하면서 현재의 고난을 감수해야 하는 선한 싸움을 싸울 이유가 없다고 주
장한다. 바울은 디모데후서 2:8에서 분명하게 예수의 부활이 자신의 복음
이며 이 복음 때문에 고난을 당하지만(딤후 3:12) 결국 승리할 것을 확신
한다(딤후 2:10, 19; 3:9; 4:8). 이들은 성도들이 경험하는 부활은 미래의
것이 아니라, 예수를 믿을 때에 경험하는 신비스런 체험이라고 주장했다.
따라서 예수 안에 있으면 어떤 육체적 고난도 당하지 않으며, 예수를 따
르려는 어떤 훈련도 필요 없다고 주장한 것이다. 미래의 부활을 믿지 않
는 신앙은 다음 세 가지 결과에 도달하게 된다. (1) 현재에 누리는 부분적
인 영적 체험에 만족하는 잘못된 승리주의 혹은 (2) 정반대로 미래에 대한
소망이 없는 현실주의 혹은 (3) 편협한 금욕에 몰두하는 왜곡된 신비주의
에 빠지게 된다.[10] 어떤 경우든 부활에 관한 바른 이해가 없다면, 복음과

구 퍼질 수 있는 좋은 환경이 마련된다는 의미다. 악성종양은 그 자체도 강한 전파
력을 가지고 있지만, 이에 반응하는 사람들에 의해서 더욱 적절한 환경을 갖게 된
다는 의미다.

9. 헬라어의 ἀστοχέω(벗어나다)는 화살이 과녁을 빗나간 상태를 묘사한다. 믿음에 신
실한 사람이 믿음의 사람을 세우듯이 믿음에서 파선한 사람은 다른 여러 사람의
믿음을 뒤엎어 버리는 전염성 있는 파괴력을 갖고 있다.

10. 이 견해에 따르면, 그리스도인들은 예수의 부활을 경험하면서 신비로운 세계로 진
입한다고 한다. 이 신비스러움은 육체를 극도로 절제시킴으로 얻는다고 주장하면
서 금욕적인 삶을 강조한다. 육체의 근본적인 욕구조차 억제하게 하며, 그러는 중

함께 고난받을 수 없게 된다. 예수와 함께 죽을 수 있으며, 또 어떤 경우에
도 예수를 인정할 수 있으며, 복음과 함께 고난을 받는 이유는 미래에 약
속된 부활이 확실하기 때문이다. 부활이 이미 지나갔다고 주장하는 사람
들은 '지금 예수와 함께 죽는 삶'은 살려고 하지 않고(Marshall, 751), 현재
를 즐기기 위해서 예수를 사용한다.

19절 19절의 내용은 비유와 인용으로 구성되어 있는데, 이는 16-18절
에서 언급된 혼란이 심각한 상태처럼 보여도 교회와 하나님의 사람들을
결정적으로 흔들지는 못함을 보여준다. 비유는 견고한 기초(θεμέλιος)와[11]
인침(σφράγις)에 관한 것이다. 기초는 성도들이 거짓 가르침 때문에 흔들
리지 않게 한다. 인침은 주인의 소유권을 드러내는 표식인데, 주인은 자신
의 인을 침으로 자신의 것임을 공식화하여, 타인이 이를 범하지 못하도록
한다. 그런데 19절에서는 일상생활에서 행하는 인침을 의미하는 어휘가
아니라 건물에 새겨 놓은 특별한 인침을 가리키는 단어가 사용된다. 일상
에서의 인침은 종이(파피루스)에 도장을 찍듯이 행한다. 하지만 여기서는
돌에 글을 새겨 놓은 인침이다. 이렇듯 19절이 돌에 새긴 인침의 이미지
를 사용한 이유는 자기 백성을 향한 하나님의 소유권이 확실하여 아무도
이것을 훼손할 수 없음을 보여 주기 위함이다. 또 하나님께서 돌에 새기
듯 그의 백성에게 새겨 놓은 인침은 명백하여서, 아무도 이를 알지 못했

에 특별한 기분을 느끼게 되는데 이것이 부활에 참여하는 경험이라고 주장한다.
특히 이 주장에 의하면, 부활은 신자가 세례를 받을 때에 이미 완성된 것이어서, 세
례 이후 성도들로 하여금 방종의 삶을 살도록 부추긴다. 또 이들 중에는 정반대로
부활이 이미 이루어졌으므로 이 세상에서는 극단적인 금욕주의 삶을 살아야 한다
고 가르치기도 했다(Towner, 2006: 526-29).

11. 기초의 원어는 θεμέλιος인데, 건물의 기초 또는 어떤 일의 가장 근원적인 시작을 의
미한다(롬 15:20; 고전 3:10). 건물의 기초는 한 개의 주춧돌일 수 있고(계 21:14,
19), 다져 놓은 터일 수도 있다(눅 6:49; 14:2; 히 11:10; Marshall, 755).

다고 주장할 수 없다. 성도에게 새겨 놓은 하나님의 특별한 인침은 성령께서 주신 선물과 같다. 마샬은 고린도후서 1:22와 에베소서 1:13에 근거하여 '바울은 성령의 선물은 믿는 자 개인에게 하나님께서 인치심의 증거로 주신 것'이라고 설명한다(Marshall, 756).

19절에는 인침(σφράγις)의 내용이 명시되어 있다. 두 가지인데, 첫째, '주께서 아신다'는 것과 둘째, '그의 이름을 부르는 모든 자들은 불의에서 떠나야 한다'는 명령이다. 첫 번째 내용인 '하나님의 아심'은 특별히 거짓 가르침 때문에 혼란을 겪던 에베소 성도들에게 꼭 필요한 메시지였다(Knight, 1992: 416). 이의 배경이 되는 70인경 민수기 16:5은 고라의 반역에 대한 구절이다. 고라로 인해서 이스라엘 백성들이 크게 흔들렸지만 이들의 거짓 가르침은 결코 하나님 백성을 뿌리째 흔들 수는 없었다. 하나님은 고라가 야기한 혼란을 정리하시는 방법으로 '여호와께 자기에게 속한 자가 누구인지, 거룩한 자가 누구인지 보이'신 것이다(개역개정, 민 16:5). 하나님은 당신의 사람을 알고 계시며, 언제든지 구별하실 수 있다. 두 번째 내용은 70인경 민수기 16:26의 '악인들의 장막에서 떠나고'와 요엘 3:5의 '주의 이름을 부르는 모든 자'를[12] 배경으로 한다. '주의 이름을 부르는 자'는 주를 믿는 믿음을 가진 자를 가리킨다(행 2:21; 욜 2:32). 진정한 믿음을 가진 자들은 거짓 가르침과 단호히 단절하여야 한다.

---

12. 민 16:26은 고라 사건을 마무리하는 구절이며, 욜 3:5의 '주의 이름을 부르는 자'는 바울이 이미 롬 10:13에서 인용한 경험이 있고 또 사도행전 2:21에서 베드로도 사용하였기 때문에 초대교회에는 친숙한 구절임을 알 수 있다. 마샬(Marshall)은 주의 이름을 부르는 자는 요엘서가 아니라 사 26:13에서 온 것이라고 주장한다(Marshall, 758).

3. 해설

본문은 바울이 디모데에게 가장 중요하게 가르쳐 주었던 내용 하나를 담고 있다. 15절이다. 만약 디모데후서가 바울의 유언이라면 본문은 그 유언의 핵심이라고 볼 수 있다. 그런데 바울의 유언이 말다툼을 막기 위한 교훈이라는 것이 언뜻 보면 부적절해 보인다. 하지만 말다툼의 이유는 거짓된 가르침(혹은 상한 복음) 때문에 생긴 것이며, 그 내용은 부활이 이미 지나갔으며(18절) 복음은 결코 고난을 요구하지 않는다는 주장이라면, 말다툼을 막아야 하는 이유가 명백히 드러난다. 바른 교훈을 가르쳐서, 특히 부활에 대한 정확한 가르침과 부활의 능력을 가지고 고난을 부끄러워하지 않는 복음의 삶을 살아야 하기 때문이다. 부활에 대하여 잘 정립된 건강한 신학 없이는 어느 시대의 교회이든 있기 마련인 사회적인 혼동을 이길 수 없다. 부활에 대한 바른 믿음이 없다면, 우리의 신앙은 현실을 따르는 세속주의에 빠지거나 잘못된 금욕주의로 흐르게 될 것이다.

말다툼은 철저히 무익하고 듣는 사람들을 망쳐버린다. 그런데 복음 사역자들은 이단적인 가르침과 논쟁하고 싶어 한다. 그들은 복음으로 상대를 꼼짝 못하게 묶어 두고 싶어 한다. 하지만 이단은 이렇게 해서 무너지지 않는다. 물론 이단의 잘못을 밝히는 변증은 계속되어야 한다. 그러나 말씀 사역자가 말다툼에 연루될 경우, 그 이유가 무엇이든, 많은 에너지를 말다툼을 하는 데 소진할 가능성 크며 이를 통하여 이단적인 가르침은 더 기승을 부릴 수도 있다. 바울은 말다툼을 이기는 힘은 오직 말씀을 바르게 다루어 끊임없이 이를 성도들에게 선포하고, 잘 가르치며, 성도를 훈련하는 것이라고 한다.

바울은 말다툼을 하지 않도록 엄히 권했지만 사실 본문에서 바울이 진정으로 강조한 것은 15절이다. 최선을 다하여 자신을 하나님께 드리는 길은 진리의 말씀을 잘 다루는 것이다. 신약성경은 말씀을 검에 비유한다 (엡 6:17). 말씀은 좌우에 날선 검과 같아서 아주 예리하므로 이를 잘 다루어야 한다. 이는 말씀을 정확하게 다루기만 하면 말씀은 듣는 자를 하나님 앞에 이르는 길로 인도한다. 때로는 길을 내어서까지 사람들을 하나님 앞으로 인도한다. 사람들이 구원을 얻고 또 그들이 구원과 함께 받은 소명을 감당하기 위해서는 사역자는 반드시 말씀을 올바르게 다루어야 한다. 그런데 말씀을 올바르게 다루는 것은 말씀 사역자들만의 책무와 특권이 아니라 모든 교우들의 책무이다. 교우들은 선포된 말씀을 잘 보전하고 이를 잘 사용하여서 자신을 하나님 앞에 드려야 한다. 복음이 매이지 않는 것은 말씀을 잘 선포하는 자와 말씀을 잘 지키는 자들이 함께 말씀을 소중히 여김으로 실현된다.

말씀을 올바르게 다루는 것, 그래서 그 말씀이 하나님 앞에 이르는 길을 내는 것은 바울이 디모데에게 '힘쓸 것' 중에서도(14절) 가장 기본이 되는 교훈이다. '힘쓰라'의 헬라어는 '스뿌다손'(σπούδασον)인데, 기본적인 의미는 '미루지 말고 바로 행하라'이다. ESV는 이를 '최선을 다하라'(Do your best)로 번역한다. 디모데후서에서 15절의 최선을 다하기 위한 방법이 제시된 교훈을 찾는다면, 의탁하는 것이라고 볼 수 있다(딤후 1:12, 14; 2:2). 바울이 교훈한 의탁은 세 가지 측면에서 이루어지는 것이었다. (1) 하나님께서 내게 의탁한 것에 대한 소명의식이다(1:14). (2) 이를 감당하기 위해서 하나님께 반드시 의탁하여야 하는 절대 의존 의식이다 (1:12). 이를 통해서 하나님은 참으로 신뢰할 만한 분임을 알게 된다. 또 (3) 내가 의탁 받은 것을 성심으로 감당할 소명이 있는 또 다른 충성된 사람들을 세워서 이들에게 의탁할 수 있어야 한다(2:2). 이를 통하여 바른 교훈을 사모하고 자신을 깨끗하게 지키는 사람들이 모인 공동체가 이루어지는 것이다(2:22). 악성종양과 같은 거짓 교훈을 막으려면 깨끗한 마음을 가지고 바른 교훈을 힘써 지키는 공동체가 필요하다.

B. 디모데후서 2:20-21 (쓰임받기 위한 조건)

1. 번역

20 큰 집에는 금그릇과 은그릇뿐 아니라 나무그릇과 질그릇도 있어서, 어떤 것은 귀하게 쓰이고 어떤 것은 천하게 쓰입니다. **21** 그러므로 누구든지 이런 것들로부터 자신을 깨끗하게 하면, 귀하게 쓰이는 그릇이 되고, 성별되어져서, 집주인에게 요긴하며, 온갖 선한 일을 위해 준비될 것입니다.

2. 주해

20절 20절에서 '큰 집'은 교회(참고, 딤전 3:5, 15)를, '그릇'은 일꾼을 의미한다. 여러 종류의 그릇은 교회 안에 있는 일꾼들의 다양성을 보여준다. 목회서신에는 교회를 집으로 비유하여서 교훈하는 예가 풍부하다. 디모데전서 3:5, 15은 직접적으로 교회를 집이라고 쓰며, 그 집에서 교회의 일원들이 마땅히 감당해야 하는 일에 대해서 교훈한다. 디도서에는 이 주제가 더욱 발전되는데, 이것이 디도서를 쓴 이유라고 한다(딛 1:5, 6-8; 2:1-10). 20절의 내용은 누구나 다 아는 세상의 기준이다. 그릇 중에는 귀한 재료로 만든 것과 하찮은 재료로 만든 것이 있으며, 세상의 기준으로 재료의 귀하고 천함이 그릇의 귀하고 천함을 결정한다. 바울은 금, 은, 나무, 질그릇으로 대표된 다양한 재료에 관해서, 고린도전서 3:12에서도 다룬다. 성경에서 '금과 은'은 세상의 부를 상징하는 대표적인 물질이며, 종종 '금과 은'은 구별 없이 하나로 사용된다(행 3:6; 20:33; 딤전 2:9; 약 5:3). 반대로 나무와 진흙은 힘들이지 않고 얻을 수 있는 재료로 쉽게 버릴 수 있는 하찮은 것이다. 20절이 언급하는 세상의 가치체계는 모든 것을 귀한 것과 천한 것으로 구별하는 것이다. 그리고 이러한 결정의 기준은 물질적 가치에 있다. 값비싼 것은 귀한(τιμή) 것이고, 값싼 것을 천한(ἀτιμία) 것이다. 이러한 가치체계는 이 세상에서는 당연한 것이다.

21절 '이런 것'(τούτων)이란 천한 재료로 만들어졌음을 가리킨다.[13] 그리고 이것은 변할 수 없는 요소다. 그런데 바울이 강조하는 것은 그릇의 재료가 아니라, 그 그릇이 깨끗한가이다. 특별한 주인(δεσπότης)이 그의 집에서 그릇을 사용하는 기준은 세상의 것과 다르기 때문이다. 특별한 주인, 즉 만물을 창조하셔서 그의 발아래 두고 세상의 물질 기준으로부터 완전히 초월하신 하나님은 오직 깨끗한 그릇만 사용하신다. 우리의 임무는 재료를 바꾸는 것이 아니다. 재료를 바꾸는 것은 가능하지도 않다. 오히려 우리는 무엇이 귀중한 것인지에 대한 기준을 바꾸어야 한다. 어떤 그릇을 무슨 재료로 만드는가는 주인의 몫이고, 우리의 임무는 자신을 깨끗하게 하는 것이다. '깨끗하게 하다'의 원어인 '엑까타리오'(ἐκκαθαίρω)는 강조형이어서 '철저하게'(throughly) 씻는 것을 함의한다(BAGD, 240). 그럴 때에 귀하게 쓰는(εἰς τιμήν) 그릇이 된다. 특별한 주인에게 있어서, 귀함의 기준은 재료가 아니라 쓰임에 있고, 쓰임의 기준은 깨끗함에 있다. 21절 뒷부분은 귀하게 쓰이기 위해서 우리에게 나타나야 하는 것을 언급하는데 세 가지이다. (1) 성별됨, (2) 주인에게 유익함, (3) 선한 일을 위하

---

13. NIV, ESV 참고.

여 준비됨이다.[14] 여기서 '성별되며'와 '준비되다'는 완료 수동형(혹은 중간태) 분사로, 하나님께서 개입하셔서 완성되었고, 그 효과가 지속되고 있음을 보여준다. 물론 우리도 노력하지만, 그 완성은 하나님 손에 있다는 의미다. 하나님은 선한 일을 위해서 그릇을 사용하신다. 하나님의 선한 일은 하나님의 일이며, 또한 우리가 마땅히 해야 할 우리를 위한 일이다.

3. 해설

깨끗함은 쓰임을 받기 위한 조건이다. 성도의 삶은 주인께 쓰임받기 위하여 존재한다. 세상의 다툼은 사람들이 이 세상에서 자신을 귀한 것으로 만들기 위한 경쟁을 통하여 발생한다고 볼 수 있다. 사람들은 세상의 기준으로 귀한 사람이 되면, 당연히 하나님 앞에서도 귀하게 쓰임받는다고 생각하는데, 그렇지 않다. 하나님께서 쓰는 사람은 깨끗한 사람이다. 하나님이 편하게 쓰셔야 하나님께 유용한 것이다. 중요성을 좋은 재료에 두는 것은 하나님의 기준이 아니다. 특별한 주인에게는 편하게 쓸 수 있는 것이 귀하다. 특별한 주인은 깨끗한 그릇만 편하게 쓴다. 그럼 깨끗한 금 그릇과 깨끗한 나무 그릇 중에는 어느 것이 더 귀할까? 특별한 주인은 더 깨끗한 그릇을 더 편하게 사용하신다. 만약 모두 온전히 깨끗하다면, 주인에게 귀한 정도는 똑같으며, 재료에 따라, 각각 다른 필요를 위해서 귀하게(편하게) 쓰실 것이다.

20-21절이 디모데후서 2:14-26의 요지인 말다툼을 엄히 금하고 속된

---

14. 바울은 디모데후서의 독자가 있던 에베소에 이미 썼던 에베소서에서도 목양의 목적은 성도들을 하나님의 일을 하도록 준비시키는 것이라고 했다(πρὸς τὸν καταρτισμόν, 엡 4:12).

잡담을 멀리하라는 교훈과 어떤 연결점을 가지고 있을까? 20-21절은 비유로 디모데후서 2:14-26 전체와 자연스럽게 어우러지지 않는 듯하다. 대부분의 주석가들은 20-21절이 19절 뒷부분의 '모든 불의에서 떠날지어다'를 이어간다고 한다(Towner, 2006: 537; Knight, 1992: 417). 분명히 19절 뒷부분의 '불의'(ἀδικία)는 20-21절의 비유를 준비하는 개념이다. 하지만 이렇게 이해하면 20-21절은 19절의 부연 설명이라는 인상을 준다.[15] 디모데후서 2:14-26은 전체적으로 금지할 것을 명령하고 있어서 부정적인 색채를 띤다. 그런데 바울의 강조점은 이미 언급한 대로 15절에 있다. 20-21절은 15절이 제시한 '진리의 말씀'을 잘 다루고 있는 예로 제시한 비유인 것이다. 15절에서 바울은 디모데에게 진리의 말씀을 잘 다루는 것의 중요성을 선포했고, 곧바로 16-19절에서 그릇된 가르침의 파괴력과 여기에서 떠날 것을 구약성경을 인용하여서 교훈한다. 이어서 바울은 20-21절에서 비유를 통하여 '진리의 말씀을 분별하는 것'의 실효성을 제시한다. 거짓 가르침으로 생긴 다툼의 파괴력은 진리의 말씀을 잘못 적용한 것이며, 반대로 이를 바로 적용하는 구체적인 예를 20-21절을 통하여 제시한다. '깨끗함'이 진리의 말씀과 긴밀하게 연결되어 있음을 보여준다. 하나님께서 쓰시는 사람은 자기를 성결하게 보전하는 사람이지 세상이 귀하다고 생각하는 사람이 아니다. 이는 바른 교훈으로 거짓 교훈을 바로 잡는 엄한 꾸지람인 것이다. 바른 교훈은 성결함을 이루고, 거짓 교훈은 세상의 자랑을 추구한다. 20-21절의 비유가 보여주는 '반전의 효과'는 이러한 목적을 이루기에 유용하다. 거짓 교훈이 부추긴 세상의 가치로부터 벗어나 하나님의 가치인 성결함을 따르게 한다.

---

15. 19절 자체가 인용된 것인데, 20-21절이 인용 중에 한 단어를 붙들고 이를 부각하여서 상세히 설명한 것이라면 20-21절은 전체 논지의 중심에 있다고 보기 어려울 것이다.

C. 디모데후서 2:22-26 (주의 종의 자세)

1. 번역

22 그대는 청년의 정욕을 피하고, 깨끗한 마음으로 주를 부르는 자들과 함께 의와 믿음과 사랑과 평화를 따르십시오. **23** 그대는 어리석고 무지한 억측들을 거절하십시오. 그대는 억측들이 다툼을 낳는다는 것을 알고 있습니다. **24** 주의 종은 마땅히 다투지 않아야 하며, 모든 사람들에게 친절하며 잘 가르치며 인내하면서 악을 견디어야 하며, **25** 온유함으로 대적자들을 바로 잡아야 하는데, 그렇게 하면 하나님께서 그들에게 진리의 지식을 향하여 나아가도록[16] 회개함을 주실 수도 있을 것입니다. **26** 그리고 그들이 마귀의 올무에서 벗어나 정신을 차리고, 그분에게 사로잡힌 후에[17] 그분의 뜻을 향하여 나아갈 수도 있을 것입니다.

2. 주해

22절 바울은 대조법을 사용하여서 피할 것과 따를 것을 분명하게 가르쳐준다(참고, 딤전 6:11). '피하라'(φεῦγε)라는 동사는 현재 명령형이며, 그 의미는 피신하듯 멀리하라는 뜻이다. 특히 '따르다'(διώκω)와 함께 쓰

---

16. 25절과 26절에 반복적으로 εἰς가 쓰이는데, 이 둘은 서로 평행한 위치에 있어 같은 의미로 번역하여야 한다. εἰς는 다양한 의미로 사용되지만, 여기서는 '(향하여) 나아감'의 의미로 보는 것이 적절하다.

17. 분사인 ἐζωγρημένοι(정신을 회복하다)는 시간의 순서를 드러내는 용례로 볼 수 있다. 이런 경우 '후에'(after)가 적절한 번역이 된다(참고, ESV).

일 때는 단순히 어떤 것을 멀리하는 데 힘쓸 것이 아니라 좋은 것을 열심히 추구하여야 함을 가르쳐준다. 현재형은 좋은 것들을 추구하는 일을 지속적으로 해야 함을 강조한다.

'청년의 정욕'이 무엇을 의미하는지 두 가지 견해로 나뉜다. 첫째는 성적인 욕구를 가리킨다는 견해다. 이는 어휘적으로는 바른 해석이지만 문맥과는 잘 어울리지 않는다. 둘째는 청년의 정욕은 말다툼에 쉽게 연루되는 젊은이의 특징 곧 지식은 많지만 인내가 부족한 미성숙의 모습이다. 특히 젊은 시절은 한편으로 자신을 과신하고 자신의 능력을 증명하고 싶은 의욕이 앞서는 때이면서(약 4:13-16) 다른 한편으로는 초조함과 불안감으로 불안정한 때이기도 하다. 후자의 해석에는 인내의 부족과 미성숙이 과연 '정욕'(ἐπιθυμία)인가 하는 의문이 들지만, 헛된 말다툼에 연루되는 것은 미성숙의 문제라고 볼 수 있어 문맥에 적합한 해석이다(딤후 2:23-24; 참고, 2:14, 16).

'깨끗한 심령'은 디모데전서 1:5에도 언급되었다. 그곳에서 청결한 마음은 사랑의 행위를 일으키는 원천이었다. 22절에서 깨끗한 마음은 성도의 바른 동기를 관장하여서 의와 믿음과 사랑과 평강을 따르게 한다. 이 네 가지는 바른 교훈을 따르는 성도들이 힘써 추구해야 하는 신앙의 본질이다. '주를 부르는 자와 함께'는 회심한 성도들의 연합을 의미한다(행 2:21; 9:14, 21; 22:16; 롬 10:12-14; 고전 1:2; 벧전 1:17). 전치사 '함께'(μετά)는 동사 '따르다'와 연결되어 있다(Marshall, 674). 주를 부르는 것은 구원을 위하여 하나님을 찾는 것과(롬 10:12-14) 믿음으로 살아가는 과정에서 계속해서 하나님을 인정하며 높이는 것을 모두 포함한다(고전 1:2; 고후 1:23). 이는 입술로만 의미 없이 소리를 내는 것이 아니라 참으로 회심한 성도가 보여주는 삶의 모습이다(Towner, 2006: 545). 원어는 현재형 분사를 사용하여서 하나님을 부르는 것이 어떤 특정 때만이 아니라 항상 일어나는 것임을 보여준다. 거짓 교사들도 하나님의 이름을 종종 의미 없이 불렀다. 하지만 하나님을 경외함으로 하나님을 지속적으로 부른 것은 성도만이 할 수 있는 특권이며 책무다. '주를 부르는 자'는 요엘 3:5의 인용으로 신약성경에 널리 그리스도인을 특징짓는 어휘로 사용되고 있다(딤후 2:19; 행 2:21; 롬 10:13; 고전 1:2). 여기에서는 '깨끗한 마음으로' 주를 부르는 자로 의미를 더욱 구체화한다. 이는 회심한 성도들이 바른 교훈을 실천하며 그리스도인답게 사는 모습이다. 특히 디모데전서 1:5에서 '깨끗한 마음'을 동역의 조건으로 언급한 것처럼 디모데후서 2:22에서는 이를 통해서 회심한 자들의 공동체가 이루어지고 있음을 보여준다.[18]

23절 바울은 목회서신에서 다툼에 말려들지 말 것을 지속적으로 권하는데, 이는 디모데전서 6:4, 디도서 3:9 그리고 디모데후서 2:14에서 이미 다루었던 주제다. '거절하다'는 '빠라이떼오마이'(παραιτέομαι)인데, '어떤 것을 단호히 금하여 그것과 거리를 두고 교류를 단절하다'는 뜻이다. 목회서신에는 이곳을 포함하여 4번 쓰인다(딤전 4:7; 5:11; 딛 3:10). 논쟁(ζήτησις)은 의미가 없는 목적을 위하여 싸우는 것인데 이는 마음을 파괴하며 분쟁을 낳는다. '제떼시스'는 '억측'(speculation)이라고도 번역할 수 있다.

24-26절 24-26절은 한 문장이다. 24절은 주의 종이 마땅히 해서는 안 되는 것과 해야 하는 것에 대해서 쓴다. 25-26절은 해야 할 것인데, 대적자를 바로 잡도록 시도하는 것이다. 이는 오직 온유함으로 하는 것이다. 24절에서 '종'(δοῦλος)은 교회의 리더들을 가리킨다. 바울은 자신도 종으로 칭하는데, 이는 예수께서 여호와의 종이시기 때문에 예수를 따르는 예

---

18. 회심한 자들이 함께 하나님을 부르는 것은 하나님의 군대를 이루어서 목표를 향하여 전진해 나가는 것을 이미지화한 것으로 볼 수 있다. 청년의 정욕은 이렇게 성도들과 함께 푯대를 향하여 나아갈 때에 극복할 수 있다.

수의 제자들도 종으로 칭한 것에서 유래한다. 종은 세 가지를 갖추어야
한다. 첫째, 종은 친절해야(ἤπιος, '신사다운 부드러움') 한다. 헬라 사회에
서 '에삐오스'는 '성숙한 부모가 양육을 잘 받는 자녀들에게 보여주어야
하는 것'이었다고 한다(Marshall, 766). 둘째, 종은 잘 가르치는 자이어야
한다. 헬라어의 '디닥띠꼬스'(διδακτικός)은 디모데전서 3:2에서 감독의
자격 요건에 있었다. 종을 리더로 보고 있다는 증거다. 셋째, '아네크시까
꼬스'(ἀνεξίκακος)로 악에게 잘 대응하면서 인내하는 것인데, 청년의 정욕
및 말다툼을 일으키는 요소와 반대되는 개념이다.

바울은 대적자를 상대할 때조차도 온유함 가운데(ἐν πραΰτητι) 그들의
잘못을 바로잡으라고 권한다. 이제까지는 말다툼을 하지 말라고 엄히 명
하였고(딤후 2:14), 논쟁을 거부하라고 했는데(딤후 2:23), 여기서는 바로
잡으라고[19] 명한다. 이렇게 서로 다른 두 가르침은 서로를 보완할 때에 온
전한 가르침으로 드러난다. 대적자의 원어는 '안띠디아띠테메누스'(ἀντι-
διατιθεμένους)인데, 신약성경 안팎에서 모두 드물게 사용되는 단어로 '적
극적으로 적대시하는 사람들'을 의미한다(Marshall, 766).

성도나 교회의 리더가 대적자를 온유하게 대하여야 하는 이유가 있
다. 이는 그들의 변화는 오직 하나님께 달려있기 때문에, 그 결과를 하나
님 손에 맡기는 자세가 필요하기 때문이다.[20] 바울은 하나님이 그들에게
회개함을 주실 것을 기대하는데, 회개는(μετάνοια) 하나님께서 주시는 선
물이다(Marshall, 767). 목회서신에서 회개(μετάνοια)는 이곳에만 쓰인다.
보통 회개는 성령께서 이끈다. 회개를 하나님의 선물로 제시한 경우는 드
문 용례다.

---

19. 여기서 '바로 잡다'는 교육적인 교정을 의미하는 παιδεύω를 사용한다.
20. 바울은 μήποτε를 사용하여서 하나님께서 하실 수 있음을 보임으로 디모데가 스스
    로 앞서서 하지 말라고 권한다.

26절의 헬라어 원문은 번역상의 난제를 포함하고 있다. '사로잡다'의
주어가 하나님인지 사탄인지 판단하는 것이 난제다. '사로잡다'(ζωγρέω)
의 주체는 하나님으로 보는 것이 합리적이다.[21] 본문은, 하나님은 회개를
허락하시는 분이기에, 하나님께서 회개를 허락하시면 정신을 차리고 마
귀의 올무에서 벗어나, 하나님에 의해 사로잡혀서 하나님의 뜻으로 다가
갈 수 있음을 알린다.

---

21. 26절의 주동사인 '정신이 들다'(ἀνανήφω)는 25절에서 시작한 μήποτε절 안에 포함
     되어 있다. 따라서 분사인 ἐζωγρημένοι(사로잡히다)가 '정신이 들다'와 어떤 관계인
     지 규명할 필요가 있다. 또 누구의 의해서 사로잡혔는지도 규명해야 한다. 이 문제
     를 해결하려면, 헬라어의 ὑπ' αὐτοῦ(딤후 2:26)가 하나님에 의해서 혹은 마귀에 의
     해서 사로잡혔는지 판단해야 한다. 만약 후자로 규명하면, 26c절의 εἰς τὸ ἐκείνου
     θέλημα는 '마귀의 뜻을 행하지 않기 위하여'로 번역되어야 한다. 하지만 이 번역은
     어색하기 짝이 없다. 따라서 본문은 하나님에 의해서 사로잡히는 것으로 이해하는
     것이 낫다.

제6장
디모데후서 3:1-9
말세의 고통과 상한 교훈

본문은 거짓 가르침이 판을 칠 것을 예견하고 있는데, 문맥의 흐름상 어떻게 디모데후서 1-2장과 연결되어 있는지 한 눈에 파악되지 않는다. 본문은 마치 독립적이며 새로운 이슈를 다루는 것처럼 보인다. 하지만 자세히 살펴보면, 바울은 디모데후서 1:15에서 아시아에 있는 많은 사람들이 그에게로부터 등을 돌렸다고 썼고, 2:16-18에서 거짓 교사들은 망령되고 헛된 말을 퍼뜨려서 교회를 흔들었다고 한다. 이어서 디모데후서 2:25, 26에서는 대적자(ἀντιδιατιθεμένους)와 마귀의 올무(διαβόλου παγίδος)라는 표현을 통하여 그릇된 가르침이 일으킨 갈등과 그 피해에 대해서 알려주고 있다. 따라서 본문은 앞서 언급했던 내용들의 연장선에 있으며, 주제를 절묘하게 전환시켜서(Towner, 2006: 551) 거짓된 가르침이 필연적으로 일으킬 미래의 파괴적인 결과에 대하여 경고한다. 거짓된 가르침은 복음과 함께 고난받는 것을 부끄러워하게 한다. 바울이 투옥됨을 알고, 거짓 교사들은 활개 치기 시작했고 이들로 인해 성도들은 혼동하였다. 본문은 상한 교훈이 고난의 시기에 더욱 기승을 부릴 것을 경고하고 있다.

1. 번역

1 그대는 이것을 알아야 합니다. 말세에 어려운 때가 임할 것입니다. **2** 사람들은 자기를 사랑하며, 돈을 사랑하며, 자기 자랑에 빠지며, 교만하며, 하나님을 모독하며, 부모를 거역하며, 감사할 줄 모르며, 거룩하지 아니하며 **3** 무정하며, 원한을 풀지 아니하며, 헐뜯으며, 절제하지 아니하며, 난폭하며, 선한 것을 좋아하지 아니하며, **4** 배신하며, 무모하며, 자만하며, 하나님보다 쾌락을 더 사랑하며, **5** 경건의 모양은 갖추고 있으나 그 능력은 부정합니다. 그대는 이런 사람들을 멀리하십시오. **6** 이들 가운데는 가정으로 파고들어 어리석고 게으름 피우는 부녀들을 사로잡아 죄에 짓눌리게 하며 여러 가지 정욕에 빠지게 하는 사람들이 있습니다. **7** 이들(부녀들)은 늘 배우는 것 같지만 결코 진리의 지식에 도달할 수 없습니다. **8** 이들(거짓 교사들은) 얀네와 얌브레가 모세를 대적한 것처럼 진리를 대적합니다. 이들은 마음이 부패한 사람들이며 믿음에 관하여서는 실격 판정을 받은 자들입니다. **9** 따라서 이들은 계속 기승을 부리지 못할 것입니다. 왜냐하면 두 사람의 경우처럼, 이들의 어리석음도 모든 사람들에게 밝히 드러날 것이기 때문입니다.

2. 주해

1절 디모데후서 3:1은 '그대는 이것을 알아야 합니다'(개역개정판은 '너는 이것을 알라')로 시작한다. 바울은 디모데가 알아야 할 구체적인 교훈(instruction)을 제시하고 있다.[1] 여기서 '알다'는 현재형이다. 현재형 동

---

1.   디모데후서는 몇 개의 구체적인 교훈(instruction)으로 구성되어 있다. 바울은 교훈을 시작하면서 이를 알리는 표현을 사용한다. 딤후 1:13; 2:1, 3; 3:14; 4:2, 5를 참고

사(알다)에 중점을 두고 원어 본문인 '뚜또 데 기노스께'(Τοῦτο δὲ γίνωσκε)를 의역하면, '너는 이제부터 내가 말하려 하는 것을 받아들여야 한다'는 뜻이다(Towner, 2006: 553, 각주 3). 이는 구체적인 교훈이 시작되고 있음을 알리는 형식으로, 이제부터 전달하는 지시를 단순히 인식하라는 뜻이 아니라 받아들여야 한다고 힘주어 말하는 표현이다.

디모데후서 3:1-5은 말세에 일어날 일에 관한 교훈이다. 1절이 언급하는 '말세'(ἐν ἐσχάταις ἡμέραις)는 예수의 재림이 임박한 시점이란 의미가 있지만, 훨씬 많은 경우에 예수의 초림과 재림 사이의 모든 기간을 가리킨다. 예수께서 죽으시고 부활하심으로 최종적인 승리를 이미 이루셨는데, 재림하셔서 그 승리를 완성하실 때까지 그 사이의 기간을 '말세'라 부른다. 1절은 말세가 임할 것이라고 미래형 동사인 '엔스떼손따이'(ἐν-στήσονται)를 쓴다. 이는 말세가 이미 시작된 것임을 알린다. 말세는 또한 어려운(χαλεπός) 때이며, 이 어려움은 일정 기간 계속되는데, 이 기간 참기 어려운 고통이 닥칠 수도 있음을 알려준다.[2]

토우너(Towner)에 의하면, 신약성경이 제시하는 말세의 모습은 다음 세 가지로 정리할 수 있다. (1) 누가는 베드로의 입을 빌어 오순절 성령의 부으심이 '말세'의 시작이라고 선포한다(행 2:17). (2) 히브리서 저자는 '말세'의 특징과 전모는 하나님께서 아들을 보내신 사건으로 드러났다고 한다(히 1:2). (3) 여러 저자들을 통하여 성령의 오심은 예수 그리스도의 사역과 죽음 그리고 부활과 하나로 묶여 있는 사건으로, 예수의 사역과 성

하라.

2. χαλεπός는 마태복음 8:28에서는 가다라 지방에서 예수께서 만났던 무덤에 거주하던 귀신들린 자들의 모습을 묘사할 때 사용되는데, 개역개정판은 이를 '사나운'으로 번역한다. 말세는 사람이 사나운 환경에 빠진 것처럼 아주 힘든 기간을 지내야 함을 예견한다.

령의 오심이 '말세'에 속한 것이라고 규정한다(Towner, 2006: 553).

2-4절 좋지 않은 모습의 목록이 무려 세 절에 걸쳐 열거되고 있다. 이렇게 긴 목록은 신약성경에서는 두 번째로 많은 분량인데(Marshall, 772),[3] 이 목록의 특징은 '자기 사랑'으로 시작하고, '쾌락 사랑'으로 끝난다는 것이다. 시작과 마지막이 모두 그릇된 '사랑'에 관한 것이다.[4] 말세의 어려움은 사랑이 어긋난 것으로 묘사된다(Knight, 1992: 430). 여기에 열거된 내용들은 옳지 않은 것으로(Marshall, 772) 그 중심에 지나치게 자기 연민에 빠져서 자기가 전부가 되는 것과 거짓되게 자기를 높이려는 자랑과 교만이 있다.[5] 중간에 나열된 내용들은 대부분 접두어인 '아'(ἀ)로 시작하는 단어들로, 부정적인 의미를 가지고 있다.[6] 특히 3절의 단어들은 반사회적이며(antisocial) 공동체를 해치는 행실들이다(Marshall, 774). 4절은 더욱 심각한 내용들인데, '배신하다'(προδότης)는 살인을 포함하는 의미로 누가복음 6:16에서는 가룟 유다의 행실을 가리킬 때도 이 단어가 사용되었다

3.　롬 1:29-32과 딤후 3:2-4를 비교하면, 전자는 죄의 모습에 대한 목록이며, 후자는 이 세상의 모습이다(Towner, 2006: 555).

4.　처음 두 요소는 자기를 사랑하는(φίλαυτος, '자기 사랑' 혹은 '이기심') 것과 돈을 사랑하는(φιλάργυρος) 것이다. φιλάργυρος는 신약성경의 다른 곳에서는 바리새인과 관련하여서 쓰인다(눅 16:14).

5.　자기 사랑은 항상 나쁜 의미로만 사용되지는 않는다. 자신에 대한 긍정적인 생각은 적절한 선까지는 유익하다. 하지만 여기서는 '지나친' 자기 사랑을 의미하며, 자기 연민에 빠지거나 이기적이 된 상태를 가리킨다(Towner, 2006: 555). 세 번째와 네 번째 단어는 각각 '자기 자랑'과 '교만'으로 번역된다. 세 번째인 ἀλαζών은 사실이 아닌 것으로 자기를 자랑하는 것이며, 네 번째인 ὑπερήφανος는 과장을 통하여 자기를 높이는 모습으로 교만을 가리킨다. 마샬은 전자인 '알라존'은 말로 하는 자기 자랑을 가리키며, 후자인 ὑπερήφανος는 의견(opinion)으로써 자신의 우월함을 드러내려는 것이라고 해설한다(Marshall, 773).

6.　예외, διάβολοι는 헐뜯어 무너뜨리고 파괴하는 모습이다. 어원이 말해주듯 마귀의 행동을 의미하는데, 남을 고소하고 속이고 망가뜨리는 것이다(Towner, 2006: 557). ἀνήμεροι도 언뜻 보기에는 '아'(ἀ)로 시작하지만 여기서는 접두어가 아니다.

(참고, 행 7:52). '무모하다'(προπετής)는 아무런 생각 없이 말하고 행동을 마구 하는 것으로 공동체를 파괴하는 모습을 담고 있는 단어이다(Marshall, 774).

5절 5절은 본문의 핵심이다(Marshall, 775). 말세가 힘든 이유는 거짓 교사들이 성도로부터 경건의 능력을 교묘하게 소멸시켰기 때문이다. 이들은 6-8절에서 언급하는 가정 파괴의 주범이었다. 바울은 거짓 교사를 경건의 모양만 있고 능력은 부인하는 자들이라고 꼬집어 표현한다. 헬라어의 '모르포시스'(μόρφωσις)는[7] 종종 외적으로 드러난 모양새를 의미하는데(Kelly, 195; Knight, 1992: 432), 바울은 이 단어를 경건과 함께 사용하여서 잘못된 경건의 모습을 이미지화한다. '모양'(μόρφωσις)은 세 가지로 해석이 가능하다. 첫째, 껍데기만 있고 내용은 없는 모습이다(Mounce, 547). 둘째, 약간의 경건이 있으나 이를 과장하여 뛰어난 경건이 있는 것처럼 행세하는 것으로 보는 견해다(*TDNT*, 4:742-59). 셋째, 앞의 두 견해와 비슷하지만 더 심각한 경우로 경건이 있는 것처럼 가장하기 위하여 연습하여 모양새만 갖추는 것이다(Marshall, 775). 어떤 경우든, 경건은 신앙의 필수품이라고 누구나 인정하고 있었음을 알 수 있다.[8] 거짓 교사들은 참 경건을 갖출 수 없기 때문에, 경건이 있는 것처럼 모양새만을 갖추는 연습을 하여 마치 경건한 사람들처럼 자신들을 위조한 것이다. 이들이 외적인 모양새를 얼마나 잘 꾸몄는지 사람들은 이들의 경건이 바울의 경건

---

7. μόρφωσις는 영어로 embodiment(화신)로 번역할 수 있다. 롬 2:20는 이런 의미로 μόρφωσις를 사용한다. 일부 학자는 롬 2:20의 μόρφωσις가 딤후 3:5을 이해하는 데 중요한 초석이 된다고 하지만(Marshall, 775), 다수 학자들은 두 용례는 다르다고 본다(Kelly, 195; Knight, 1992: 432).

8. 목회서신의 εὐσέβεια는 진정한 기독교 신앙 그 자체를 의미한다(Kelly, 195; Knight, 1992: 432). 이는 그리스도인들이 참 신앙으로 살고 있음을 보여주는 존재양식이다(Towner, 2006: 171-74).

을 능가하는 것으로 오해할 정도였다.[9] 경건은 오랜 기간의 영적인 훈련
을 통해서 진정한 신앙의 인격을 연마했을 때 자연스런 열매로 나타난다.
그래서 자칫 종교인들은 길고 힘든 길을 피하고 쉬운 길로 경건의 모양새
만을 갖추려는 유혹을 받게 된다.

바울은 이런 거짓 교사들의 모습을 비판하면서, 참된 경건은 반드시
능력과 함께 나타남을 강조한다. 헬라어의 능력은 '뒤나미스'(δύναμις)인
데, 그리스도인에게 나타나는 '생명력' 혹은 '역동력'을 뜻한다.[10] 이 능력
은 성령께서 믿는 자에게 주시는 것이기 때문에 거짓 교사들은 경건의 참
된 능력을 발휘할 수 없다. 5b절은 경건의 모양만 있는 거짓 교사들을 단호
히 거부할 것을 명령한다. '거부하다'의 헬라어는 '아뽀뜨레뽀'(ἀποτρέπω)인
데, 철저하게 멀리하라는 의미로 출교까지도 포함한다(Towner, 2006:
561).

6-9절 디모데후서 3:6-9에서는 시제가 현재로 바뀐다. 이는 복음을 대
적하여 바르지 못한 가르침을 전하던 자들이 행한 구체적인 악행에 관한
것이다. 이들은 각 가정으로 침투하여서 게으름을 피우며 한가히 지내는
부녀들에게 접근한다. 결국 이 부녀들의 삶은 파괴되었다(참고, 딤후
2:16-18). 이들의 표적이 되었던 부녀들은 헬라어로 '귀나이까리온'(γυ-
ναικάριον)인데 직역하면 '작은 여인'이다. 상징적으로는 성숙하지 못한

---

9. 이런 위선으로 꾸민 경건에 관해서는 Philo, *On Noah's Work*, 70을 참고하라.

10. 딤후 1:7-8은 모든 믿는 자들은 성령과 함께 하며, 성령께서 믿는 자들에게 능력
    을 주시는데, 복음을 통하여 드러난 하나님의 능력은 하나님이 택한 자를 구원한
    다(참고, 딤후 1:9이하; 비교, Knight, 1992: 433). 거짓 가르침은 그 어떤 경우에도
    생명을 낳지 못하고(Guthrie, 175), 또 생명을 소생시키지도 못한다. 피(Fee)는 딤후
    3:5의 '뒤나미스'는 성령께서 주시는 것이 분명하다고 주장한다. 그는 딤후 3:5의
    "비록 성령이 언급되지 않고 있지만 표면 바로 아래 성령께서 계시며 성령께서 주
    시는 '뒤나미스'(능력)에 대한 본문"이라고 한다(Fee, 1994: 793).

부녀자를 가리킨다.[11]

거짓 교사가 '귀나이까리온'(어리석고 한가한 여인)에게 다가가던 패턴을 살펴보면, 우선 가정 안으로 파고들어(ἐνδύνω), 이런 여인들을 말로 사로잡는다(αἰχμαλωτίζω). 헬라어로 '파고든다'(ἐνδύνω)는 가정에 직접 찾아와서 능숙하게 부녀들에게 접근하는 것이며, '사로잡다'(αἰχμαλωτίζω)는 이들의 마음과 생각을 농락하여, 이들을 어리석은 자로 만드는 것이다. 다음 단계는 더욱 교묘하다. 이들은 부녀들이 한편으로는 죄에 짓눌리게 하며(σωρεύω),[12] 다른 한편으로는 온갖 정욕에 지배를 받도록 이끌어(ἄγω) 간다. 이렇게 여인들의 영혼과 삶을 거짓 가르침의 올무로 사로잡았다.

바울은 이러한 여인들을 묘사하면서, 항상 배우나 진리의 지식에 도달하지 못하는 사람이라고 한다(7절). 이는 어리석음 때문이며, 또 이들이 귀를 기울이던 거짓 가르침에는 진리가 없기 때문이다. '진리의 지식'이란 회심을 일으키는 깨달음을 말한다(딤후 2:25). 단순히 마음에 두려움과 찔림을 주는 것이 아니라, 하나님 앞으로 돌아가게 하며, 담대히 그 앞에서 서게 하며, 그 품에 안기게 한다. 그 결과 고상한 신앙 인격이 나타나기 시작한다. 반면, 거짓 가르침은 흥미로운 이야기를 들려주는데(Marshall, 777), 많은 시간을 배운 것 같지만 여전히 진리에 관해서는 어리석은 상태에 머물러 있게 된다. 많은 경우 상한 교훈의 궁극적인 목적은 신앙 인격

---

11. 어쩌면 이는 당시에 교회 안팎에게 문제가 되었던 신여성에 관련된 이슈일 수도 있다. 부유한 여인들이 낮에 한가히 지내는 동안에 이단적인 가르침에 귀를 기울이는 현상이 생겼다. 이단들은 이렇듯 한가하고 부유한 여인들 사이에 침투하여 이들의 신앙을 뒤흔들어 놓으며, 이들의 실족을 통하여 교회의 질서를 흔들었다.

12. 원문에서는 완료형 분사가 쓰이고 있는데, 이는 과거의 죄들이 차곡차곡 쌓여서 현재 여인들을 짓누르며 이런 상황이 이후에도 계속될 것이 분명함을 생생하게 묘사하고 있다(Towner, 2006: 562).

이 아니라 '돈'이다. 결국 거짓 가르침에 빠진 여인들의 인생은 '모양'만 있고 '능력'은 없게 된다.

8절은 진리를 대적했던 거짓 교사와 모세를 대적했던 얀네와 얌브레에 비유한다. 흥미로운 사실은 얀네와 얌브레는 구약성경에 이름이 나오지 않는다는 것이다. 얀네와 얌브레라는 이름은 팔레스타인 탈굼에 나온다(*Pal. Tg.* 출 7:11이하),[13] 이들은 모세가 이집트의 왕 바로 앞에서 지팡이가 뱀이 되는 기적을 행할 때에 유사 기적을 행했던 이집트의 술객이다. 아마도 이들의 이름은 당시 유대인들에게 거짓 기적을 행하던 거짓 선지자의 표상으로 자리잡고 있었던 것으로 추정된다(CD 5.17-19;[14] Marshall, 778-79). 스삐끄는 바울 또한 탈굼을 통하여 이들의 이름을 알게 되었다고 주장한다(Spicq, 779; Marshall, 779에서 재인용). 얀네와 얌브레처럼 에베소의 거짓 교사들도 거짓 능력(경건의 모양)을 과시하지만, 그들을 따르는 자는 마음(νοῦς)이 부패하여 어두워지고, 믿음에 관해서는 실격 판정을 받게 될 것이다. '실격되다'는 헬라어로 '아도끼모스'(ἀδόκιμος)인데, 검사 결과 불합격 판정을 받은 모습이다. 실격한 자들의 믿음은 모조품으로 판명된다(Marshall, 780; Parry 63; NRSV).

9절은 한동안 기승을 부리던 거짓 가르침은 결국 그 진상이 드러나 더 이상 영향력을 발휘하지 못할 것이라고 한다. 그들이 어리석다는 사실은 너무나 분명하여 결국 세상 앞에 밝히 드러나게 되기 때문이다. 거짓은 진리 앞에서 자신의 속임수를 끝까지 감출 수 없다. 이들 속임수의 한계는 명백하게 드러날 것이다. '자만하다'(τυφόομαι)는 디모데전서에서

---

13. Grabbe, 1979: 393-401.
14. "전에 모세와 아론이 빛들의 왕자(Prince of Lights) 손에 의해 일어났고, 벨리알은 얀네와 그의 형제를 속임수 가운데 키웠다. 이 일은 이스라엘이 처음 구원을 받을 때에 있었다"(Towner, 2006: 564에서 재인용).

두 차례 사용되었는데(딤전 3:6; 6:4), 거짓 교사들의 실제 모습을 드러내
는 단어다.

3. 해설

　말세의 현상은 건강한 가르침이 없어지는 것이다. 본문은 말세에 일
어나는 현상에 대한 목록으로 시작한다. 그리고 5절에서 이런 현상들은
결국 경건의 모양만 있는 거짓 가르침 때문에 생긴 것이라고 한다. 말세
에는 이들의 거짓 가르침이 악성종양처럼 인기를 얻을 것이며, 공공연히
진리의 지식을 대항하게 될 것이라고 예견한다. 말세의 어려움은 경건의
능력이 상실된 것과 같은 맥락에 있다. 경건에 대한 강조는 목회서신 전
반에 나타나는데, 성도가 바른 가르침을 받고 있다는 증거다. 거짓 가르침
은 듣기에는 좋을지 모르지만 이를 통하여 경건에 이를 수는 없다. 하지
만 거짓 교사도 경건의 모양은 있기 때문에 어리석은 자들은 바른 교훈과
상한 교훈을 구별하지 못한다. 이것이 말세의 어려움을 증폭시킨다.

제7장
디모데후서 3:10-17
바른 교훈, 고난 그리고 성경의 중요성

바울은 디모데후서 3장에서 말세(종말)에 대한 문제를 다루고 있다. 바울은 말세가 고통하는 때가 될 것이라고 예견한다(1절). 말세가 특별히 고통스러운 이유는 세상에 잘못된 가르침이 성행하고 사람들이 바른 교훈보다 잘못된 가르침을 따르기 때문이다. 그런데 이 말세는 미래의 일이 아니라 바울이 편지를 쓰고 있는 그 당시에 이미 시작되었음을 암시한다. 디모데후서 3:2-9에서 잘못된 지도자들과 그들의 영향을 받고 있는 사람들의 모습에 대해 자세히 밝힌 후에, 디모데후서 3:10-17에서는 바른 가르침으로 교회를 세워가야 함을 강조한다. 그런데 이 과정은 적지 않은 어려움을 자초할 수도 있었다(12절). 상한 교훈이 더욱 기승을 부릴 것이기 때문이다(13절). 바울은 현재 옥고를 치르고 있으며, 이전에도 많은 박해를 이겨왔는데, 이는 그가 예수 안에서 경건하려고 애썼기 때문에 받은 것이다(11-12절). 바울은 이곳에서 자신을 복음과 함께 고난을 받는 자(딤후 1:8)의 '사례'(example)로 제시하고 있다. 이를 통하여 디모데 또한 자신과 같은 길을 걸어야 하며, 이런 과정에서 겪을 어려움을 이겨내야 한다고 한다. 이는 오직 바른 가르침에 굳건히 서 있어야 가능하다(14절). 이런 논지를 펼치던 중간에 바울은 자신의 주장을 멈추고 바른 교훈의 핵심인 성경의 신뢰성에 대해서 적는다(15-17절). 디모데후서 3:15-17에 나타나는 성경의 중요성에 대한 선포는 세 부분으로 되어 있다. 첫째, 성경에는 구원에 이르는 지혜가 있고(15절), 둘째, 성경은 영감되었고(16a절), 셋째, 성경은 유익하다(16b절)고 선언한다. 성경의 유익함에 대해서 네 가지 영역으로 세분하여 설명한 후에 이러한 성경의 유익의 궁극적인 목적을 가르쳐준다(17절). 성도는 성경의 유익함을 통하여 온전함에 이르고, 또 선한 일을 행할 능력을 갖추어야 한다. 요약하면, 바울에게 성경은 성도들의 구원뿐 아니라 그들이 겪는 박해와 혼돈된 상황을 이기고 악을 바로잡을 수 있는 교훈과 지혜를 제공하며, 어떤 상황에도 선한 일을 할 수 있도록 성도를 온전하게 한다.

1. 번역

10 그러나 그대는 나의 가르침과 행실 및 삶의 목적과 믿음과 오래 참음과 사랑과 인내를 좇으며, **11** 안디옥과 이고니온과 루스드라에서 나에게 박해와 고난이 있었을 때에 나와 함께 하였습니다. 나는 그 박해를 견디어냈고, 주님께서는 그 모든 것에서 나를 건져내셨습니다. **12** 그리스도 예수 안에서 경건하게 살려 하는 사람은 모두 박해를 받을 것입니다. **13** 그런데 악한 사람들과 사기꾼들은 더욱 악해져서, 남을 속이기도 하고 속기도 할 것입니다. **14** 그러나 그대는 그대가 배우고 굳게 믿는 것 속에 머무르십시오. 그대는 그것을 누구에게서 배웠는지 알고 있습니다. **15** 그대는 어려서부터 성경을 알고 있습니다. 성경은 그대에게 그리스도 예수 안에 있는 믿음으

로 말미암는 구원에 이르는 지혜가 있게 합니다. **16** 모든 성경은 하나님의 감동으로 된 것으로, 교훈과 책망과 바르게 함과 의로 양육하기에 유익합니다. **17** 그래서 하나님의 사람이 온전해지며, 모든 선한 일을 위하여 갖추어지게 됩니다.

2. 주해

10-12절 바울은 디모데에게 자신이 무엇을 추구하고 있었으며, 또 박해에 어떻게 반응하였는가를 상기시킨다.[1] 바울은 디모데가 자신의 가르침과 행실(생활 태도) 및 삶의 목적과 믿음과 오래 참음과 사랑과 인내를 보았다고 한다(11절). 바울이 디모데에게 보여준 아홉 가지 영역의 모범 중에서 먼저 살펴볼 단어가 '행실'(ἀγωγή)과 '삶의 목적'(πρόθεσις; 개역개정, '의향')이다. 이 둘은 바울이 여기에서만 사용하는 어휘인데, 특별히 자신의 삶을 영적인 아들에게 요약하여 소개하기 위해서 선택한 단어다. (1) '행실'은 생활 태도로 이해하면 되는데, 삶의 방식 혹은 행동 방식이 나쁜 것을 수용하지 않고 모범적인 것을 그대로 따르려는 모습을 묘사한다(Marshall, 784). '행실'을 의미하는 헬라어 '아고게'는 신약성경에서 오직 여기에서만 사용된다. 보통 행실을 의미하는 단어는 '아나스뜨로페' (ἀναστροφή)로 디모데전서 4:12에 사용되고 있다. (2) '삶의 목적'(개역개정, '의향')은 굳은 의지와 결심이 동반된 행위를 가리킨다(비교, 행 11:23; 27:13). 헬라어의 '쁘로테시스'는 주로 하나님의 목적을 표현하는 데 사용되며, 바울의 글 가운데서 '쁘로테시스'가 인간의 목적을 가리는 용례는

---

1.   이러한 표현법은 죽음을 앞두고 제시하는 교훈과 비슷한 면이 있다(참고, Marshall, 783; Easton, 67).

이곳뿐이다(Mounce, 557).[2]

또 바울은 디모데가 따를 아홉 가지 모범 중에서 오래 참음(μακροθυ-μία)과 인내(ὑπομονη)를 별개의 항목으로 제시하고 있다. 인내(ὑπομονη)는 고난이나 역경에 쉽게 굴복하지 않는 기질이며, 오래 참음(μακρο-θυμία)은 잘못에 대해서 조급하게 보복하지 않도록 자기를 억제하는 것이다(Mounce, 557). 전자는 특히 전투와 같은 상황에서 비겁해지거나 의기소침해지는 것을 거부하는 정신이다. 반면, 후자는 분노나 격분에 급하게 반응하여 서둘러 보복하려 마음을 자제하는 개념이다(Thayer, 3115). 바울은 디모데에게 '오래 참음'을 리더의 자질로 언급한다(딤후 2:24; 4:2).

바울이 여기에서 제시한 9개의 리스트의 초점은 마지막 두 단어인 '박해'와 '고난'에 있다. 바울은 종종 10-12절에서와 같이 비교적 긴 리스트를 열거할 때에 초점을 마지막에 놓곤 한다(Marshall, 783). 따라서 아홉 개의 리스트를 열거한 후에 바울은 마지막 두 단어인 '박해'와 '고난'에 대해서 자세히 설명한다(11-13절). 바울이 아홉 개의 리스트를 상기시킨 이유는 결국 디모데가 자신과 비슷한 상황을 겪게 될 것이기 때문인데, 그때에 디모데가 기억하고 따라야 할 본(τύπος)을 아홉 가지 영역으로 상세하게 알려 준 것이다. 특히 고난과 박해를 맞이하는 방법에 초점을 맞춘다. 사도행전은 바울이 비시디아 안디옥, 이고니온, 루스드라에서 경험한 고난에 대해서 기록하며(행 13:50; 14:5이하), 바울도 자신의 편지에서 이 고난의 사건들을 회상하곤 한다(갈 4:13이하; 고후 11:25). 디모데가 바울

---

2. 바울의 목적(πρόθεσις)은 하나님이 목적을 이루는 것과 일치했을 것이다. 딤후 1:9 에는 하나님의 목적이 분명하게 드러나 있다("하나님이 우리를 구원하사 거룩하신 소명으로 부르심은 우리의 행위대로 하심이 아니요 오직 자기의 뜻과 영원 전부터 그리스도 예수 안에서 우리에게 주신 은혜대로 하심이라"). 따라서 딤후 3:10이하 에서 바울이 디모데에게 기억하도록 권면하는 것들은 이미 딤후 1:9-15에서 제시한 것과 관련되어 있다.

의 선교에 참여한 것은 2차 전도여행 때이기에, 11절이 언급하는 박해와 고난은 2차 전도여행 때에 일어난 것으로만 한정하여야 한다는 견해가 있다(Marshall, 785). 그런데 사도행전은 1차 전도여행 때의 고난과 박해만을 기록하고, 2차 전도여행 때에 경험했던 박해와 고난에 대해서는 기록하지 않는다. 비록 디모데가 바울의 선교팀에 합류한 것은 2차 전도여행이었지만(행 16:3), 그는 바울이 1차 전도여행을 할 때부터 바울에 대해 알고 있을 것이다. 사도행전 16:1은 바울이 2차 전도여행 중에 디모데를 만나는 장면을 기록하는데, 그곳에서 디모데를 '제자'라고 표현한다. 그러므로 디모데가 1차 전도여행 때 이미 바울이 전했던 복음을 받았던 것으로 추정할 수도 있다. 따라서 11절이 언급하는 박해와 고난은 1차 전도여행 때에 있었던 사건을 포함하고 있다고 보아야 한다. 또 비록 사도행전은 바울이 2차 전도여행 중에 그 지역에서 받은 박해와 고난에 대해 기록하고 있지 않지만, 1차 전도여행과 비슷한 박해와 고난을 받았던 것으로 볼 수도 있을 것이다. 2차 전도여행 중에 받은 박해와 고난은 디모데가 곁에서 보아 알고 있었던 사건이라고 한다(11절). 바울은 디모데가 보는 앞에서 박해와 고난을 당하였고, 그가 이러한 고난을 주와 복음을 위하여 맞이하던 당당한 모습이 디모데에게 본이 되었을 것이라고 자신했다. 바울은 그 당시 고난 가운데 주께서 함께 하시고 그가 지켜주심을 분명하게 경험했으며, 그의 곁에 있던 디모데도 이러한 주의 함께 하심을 확신했다고 믿었기 때문이다.

11절의 '주께서 고난에서 건져내신다'는 표현은 시편 34:19(LXX 33:18)을 배경으로 한다(Marshall, 785). 이 시편은 '의인'의 고난에 대해서 언급하면서, 여호와께서 의인을 고난에서 건지신다는 약속을 노래한다. 12절은 신앙과 고난의 관계를 일반화시켜서 참 성도는 고난을 피할 수 없다고 한다. 12절("그리스도 예수 안에서 경건하게 살려 하는 사람은 모두 박해를 받을 것입니다")은 디모데후서의 주제절인 1:8을 내용을 반복하고 있다(참고, 딤후 2:3). 바울은 자신의 뒤를 이어서 디모데가 고난을 받았듯이, 디모데를 이어서 모든 성도들이 고난을 받을 것까지도 예고한다.

13절 13절은 악한 자들의 모습을 드러내는데, 악한 자들은 서로 속이는 자들(γόητες)이다. 바울은 이들의 실상을 기적을 흉내내는 마술사에 빗대어 설명하는데, 마술사들의 기적은 속임수였다. 그들은 속임수로 인기를 끌려 했는데, 결국 속고 속이는 일의 반복을 통해 사람들을 미혹한 것이다. 바울은 이런 마술사들이 활개를 치는 모습을 염두에 두면서 디모데에게 '속고 속임'을 경계하라고 쓴 것이다(Marshall, 786-87). 바울은 시간이 흐를수록 악한 자들의 활개침은 더욱 심해질 것으로 전망하고 있다(참고, 딛 3:3).

14절 14절의 '그러나 너는'은 디모데를 세상과 반대되는 인물로 소개하려는 표현이다. 이를 통하여 바울은 디모데가 악한 사람들 곧 상한 교훈에 물든 사람들과 분명하게 대조를 이루는 바른 교훈에 서 있는 인물이 되어야 함을 강조한다. 바른 교훈을 따르는 자는 바른 곳에 머물러(μένω) 있어야 하는데, 이 장소는 '배움 안' 그리고 '굳게 믿는 것 안'이다. '굳게 믿는 것'의 헬라어는 '에삐스또테스'(ἐπιστώθης)이다(개역개정, '확신한 일'). 이는 디모데가 스스로 가지고 있었던 확신이란 해석이 일반적이지만, 디모데가 자신의 믿음으로 다른 사람에게 확신을 주었던 것도 포함한다고 볼 수 있다(Marshall, 787-88). 바른 교훈에 굳게 머무르려면, 자신이 전한 바른 복음이 열매를 맺는 것을 경험해야 한다. 바른 교훈 속에 머무는 것은 나 혼자만이 주관적으로 경험한 것에서 끝나지 않는다. 같은 경험이 다른 사람에게도 일어날 수 있어야 한다. 따라서 '확신하는 일'(굳게 믿는 것)은 디모데 자신이 먼저 경험하고 이것을 다른 사람에게 전하여서 그들도 같은 경험을 하게 될 때에 얻는 확신을 의미한다. 신앙의 확신은 복음을 전하고, 그 복음을 공유하게 된 사람들이 소유하게 된 믿음을 통하여 더욱 견고해 진다.

15절 디모데는 어려서부터 성경을 알았다. 헬라어의 표현을 직역하면, '어려서부터'는 디모데가 다섯 살 때부터 구약성경을 배우던 유대교의 전통 안에서 자랐음을 보여준다(*Abot* 5.21; Str-B 3.664-6). 15절에서 성경으로 번역된 헬라어는 16절의 성경과 다른 단어다. 전자는 '히에라 그람마따'(ἱερὰ γράμματα)이며 후자는 '그라페'(γραφή)다. '히에라'(ἱερά; ἱερός)는 성스럽다는 뜻으로 성경과 함께 쓰이는 곳은 오직 이곳뿐이다. '그람마'(γράμμα)는 1차적으로 '편지'(참고, 행 28:21)를 의미하지만 보편적으로는 '문서'를 가리킨다. '히에라 그람마'는 고정된 의미로 성경(Scriptures)을 뜻한다(Marshall, 789).

디모데가 어릴 때부터 알았던 '성경'(ἱερὰ γράμματα)에는 신약성경 전체가 포함되지 않았을 것이다. 바울이 디모데후서를 저술 때에 아직 사복음서 및 신약의 중요한 부분들이 아직 기록되지 않았을 것이다. 다만, 디모데의 외할머니와 어머니가 그리스도인이 된 후에 바울이 썼던 편지의 일부를 알게 되었고, 이것을 디모데에게 가르쳤다면, 디모데는 어릴 때부터 신약성경의 일부를 알고 있었을 것이다. 그런데 15절이 강조하는 성경은 구약이든 신약이든 예수 안에 있는 믿음으로 구원에 이르는 지혜가 있게 한다는 것이다. 디모데가 어릴 때부터 알았던 구약성경은 예수를 통하여 구원에 이르는 믿음을 갖게 되는 데 작용하였다고 보아야 한다. 마샬(Marshall)은 이 부분을 다음과 같이 주해한다. '구약은 그리스도인이 믿음으로 구원에 이르는 방법을 제시한다. 하지만 그리스도와 그 안에 있는 믿음에 대한 지식이 없이 이런 구약의 제시는 온전히 이해될 수 없을 것이다'(Marshall, 789). 구약성경을 통하여 구원의 믿음을 가지려면 예수 그리스도가 중심이 된 해석이 필요하다(Jeremias, 62; Kelly, 202). 구원을 계시하고 있는 구약성경의 구절들을 이해하기 위해서는 예수가 꼭 필요하다. 바울은 이를 '예수 안에 있는 믿음'이라고 표현한다. 믿음은 우리를 예수 안으로 인도한다. 그리고 그 예수 안에서 성도는 진정한 믿음을 경험하며 예수 안에 있는 예수의 믿음을 공유하게 된다. 예수 안에 있는 믿음으로 구약성경을 보면, 구약성경도 믿음으로 구원을 얻는 교훈을 가르치고 있음을 깨닫게 된다. 창세기 15:4-6에서는 아브람에게 여호와께서 네 몸에서 날 아들이 상속자가 될 것을 선언하시고 이를 아브람이 받아들임에 '여호와께서 이를 그의 의로 여기셨다'고 한다. 그런데 여호와께서 선언하신 아브람의 몸에서 날 아들은 이삭이 아니었다. 아브람에게 약속한 씨는 갈라디아서 3:16의 해석대로 예수 그리스도다. 따라서 예수 그리스도의 구원사역이 이루어지기 전에는 창세기 15:4-6의 의미가 아직 세상에 온전하게 드러나지 않았었는데, 예수의 구원을 통하여 그 의미가 명백하게 드러나게 되었다. 오직 예수를 통해서 구약성경(ἱερὰ γράμματα)이 구원에 관하여 예언하고 있는 진리가 드러난다. 예수 안에 있는 믿음으로 구약성경에 기록된 메시아에 대한 예언을 보면, 구약만으로는 온전히 볼 수 없었던 구약의 예언이 선명하게 드러난다.[3] 복(Bock)은 "구약의 계시들은,

---

3.   행 8:32-35은 이러한 예를 보여준다. 이 구절은 고난받는 종으로서 메시아를 예언한 이사야 53:5-6을 인용하였는데, 에티오피아 내시 간다게가 빌립에게 질문한 내용이다. 일반적으로 유대인들은 구약성경에서 가장 탁월한 선지자와 왕이었던 모세와 다윗을 뛰어넘는 메시아를 대망했기에 그들의 관점에서 메시아가 고난받는다는 것은 상상하기 어려운 것이었다. "1세기의 유대교도들 중 어떤 사람도 승리의 메시아가 아닌 고난받는 메시아를 기대하고 있었다는 증거는 없다. 이사야 53장을 자신에게 적용하고, 자신의 죽음을 그에 비추어서 이해하신 분은 바로 예수였다"(Stott, 185). 그래서 빌립은 에티오피아 내시 간다게가 질문한 선지자가 자신을 가리킴인지 타인을 가리킴인지 묻는 질문에 자신 있게 '타인'이라고 대답하고 이로부터 고난받는 종의 신학을 통하여 복음을 풀어낼 수 있었다. "빌립은 그 질문이 조금도 어렵지 않았고, 또한 대안으로 제시될 수 있는 답변들 가운데서 조금도 주저하지 않았다. 이사야 선지자는 그 답을 몰랐을 것이지만, 빌립은 알았다. 그 예언

예수를 통한 완성이 없다면, 그 자체로는 미완성이라고 보아야 한다"고 한다(Bock, 2012: 409). 이렇듯 신약에서의 구약 인용은 "완성된 계시의 관점으로 구약을 재조명"하고 있다고 한다(Bock, 2012: 409).[4]

16절 16절은 '모든 성경이 하나님의 감동으로 되었다'고 선언한다. 이 때문에 성경의 영감(Doctrine of Inspiration) 교리에 관련된 가장 중요한 구절로 여겨진다. 하지만 16절의 문맥은 성경이 영감되었는지 여부에 관하여 중점적으로 다루는 것은 아니다. 16절의 문맥은 다른 교훈이 활개를 치는 상황에서 어떻게 바른 교훈을 지킬 것인가에 관한 교훈이다. 16절의 내용은 크게 세 부분으로 나뉘는데('모든 성경은', '하나님의 감동으로 된 것으로', '~ 유익하다'), 각 부분마다 해석상의 난제가 담겨 있다. 한 부분씩 상세히 살펴보려고 한다.

(I) '모든 성경'(πᾶσα γραφή)에 관한 해석상의 쟁점은 첫째 '모든'을 어떻게 이해하는가이다. '모든'의 헬라어인 '빠사'(πᾶσα)는 문법적으로 세 가지 해석이 가능하다. (1) 성경은 분리될 수 없다는 총체적인 의미에서 '모든'(all Scripture)과[5] (2) 성경의 각 구절 하나하나의 의미로서 '모든'(every passage/texts),[6] 그리고 (3) 성경의 각 권이 온전하며, 이들의 집합이라는 의미로 '모든'(each book)을 이해하는 것이다. 하지만 (3)의 가능성은, 본문의 문맥에서는 희박하다. 성경의 각 권을 의미할 때는 '비블리

이 빌립의 시대에 실현되었고, 그래서 그는 이 글에서 시작해서 예수를 가르쳐 복음을 전한 것이다"(Bruce, 234). 예수의 눈과 예수의 마음으로 성경을 읽게 된다는 것은 예수의 십자가와 부활의 눈으로 성경을 읽는다는 것과 다름없다.
4.   예수 사건들은 이렇듯 옛 언약이 무엇을 우선적으로 보이고 있는지를 성령에 의해서 증언한다(Bock, 2012: 409).
5.   Knight, 1992: 445; Mounce, 566.
6.   Marshall, 793; Towner, 2006: 585-86.

오스'라는 단어를 사용하기 때문이다.[7] 또 관사 없이 사용한 단수형 '성경'(γραφή)이 성경의 각 권을 의미하기에는 부적절하다.[8]

(1)과 (2)는 모두 설득력이 있다. (1)은 당시 신앙인들이 구약성경을 대하던 관행과 일치한다. 그들은 구약성경을 분리하지 않고 한 통(all)으로 보았기 때문이다.[9] (2)는 성경의 모든(every) 구절이 하나님의 감동으로 되었다고 본다. 이렇게 하나하나 감동된 구절들이 모인 전체로서 모든 성경이 감동된 것이다. 그런데 (1)과 (2)의 실제적인 차이는 16절 해석에 결정적인 영향을 주지 않는다. 바울이 '모든 성경'을 언급할 때 둘 중 어떤 의미를 염두에 두고 있었는지 확증하는 것은 어려워 보인다. 다만 바울은 이 표현을 통하여 성경의 권위를 최고조로 높이려 했을 것이다. '모든'이 all이든 every이든 성경의 권위는 잘 인정된다. 16절에 담긴 바울의 목적은 당시 거짓 교사들에 의해서 어지럽게 된 교훈을 바르게 하기 위하여 성경의 권위를 강조하고 있기 때문이다(Towner, 2006: 587; Marshall 792; Kelly 202). 논리적으로는, 성경의 한 구절 한 구절에 하나님의 감동이 있고, 그래서 '모든 성경'이 권위가 있다고 선포한 것이라면 '모든'을 every로 보는 데 무게가 실린다.[10] 다만, 이 때에 every가 성경 중에서 하나님의

---

7. Marshall, 791. 그는 이러한 예로 Josephus, *Against Apion* 2.45를 제시한다.

8. 이 논의에 대하여 잘 정리된 주석은 Quinn-Wacker, 767이다.

9. 후자의 주장을 잘 정리해 놓은 견해는 Goodrick을 참조하라. 그는 15절에 언급된 복수형의 '성경'(ἱερὰ γράμματα)은 바울이 여러 개의 다양한 성서 두루마리를 염두에 두고 있으며, 이들이 성경 텍스트 전체를 구성하고 있다고 주장한다. 따라서 여기서 바울이 강조하는 것은 각각의 두루마리들이 믿을 만한 글임을 보이는 것이라고 한다(Goodrick, 480-81).

10. 토우너(Towner)는 거짓 교사들은 구약의 특정 내용을 구절이나 본문을 지나치게 강조하고, 자신들 주장에 걸림돌이 되는 구절이나 본문은 중요성을 약화시키는 해석법을 개발하고 있었다고 한다. 이를 'canon within the canon'(정경 속의 정경) 해석법이라 한다(Towner, 2006: 587; 참고, 딤전 1:4; 4:1-5).

감동이 있는 것으로 판명된 '모든 구절'이라고 해석하는 것은 타당하지 않다.

둘째, 관사 없이 단수로 사용된 '성경', 곧 '그라페'(γραφή)가 무엇을 의미하는가를 살펴보아야 한다. 만약 디모데후서 3:16에서 '그라페'가 단수형으로 관사와 함께 사용되었다면, 특정 성경책 안에 있는 하나의 구절(passage) 혹은 일정 본문(text)을 의미한다고 할 수 있다. 이럴 경우, '빠사'(모든)와 함께 사용되면 '모든/각각의'(every, 2번 견해)로 보는 것이 타당할 것이다. 하지만 16절에는 관사 없이 단수형으로 사용되고 있다. 관사가 없기 때문에 특정 구절 혹은 한절 한절이라기보다는 성경 전체를 한 통으로 보고 있다는 이해(all, '모든')가 가능해진다. 그런데 이 경우에는 복수로 쓰이는 것이 자연스럽다. 디모데후서 3:16의 '그라페'는 공교롭게도 관사 없이 단수로 쓰이고 있어서 견해 (1)과 견해 (2)의 근거가 될 수 있는 요소를 하나씩 나누어 가지고 있다.

'그라페'(성경)는 신약성경에서 총 49회 사용되는데, 이 중 바울이 15회 사용한다. 바울이 '그라페'를 사용할 때에, 단수형으로 사용한 사례는 총 9회다. 하지만 이 중 절대 다수인 8차례는 관사와 함께 사용한다(딤전 5:18; 롬 4:3; 9:17; 10:11; 11:2; 갈 3:8, 22; 4:30). 관사 없이 단수로 쓰인 경우는 오직 이곳뿐이다.[11] 반대로 관사 없이 복수로 사용된 경우는 2회다(롬 1:2; 16:26). 먼저 관사와 함께 단수로 사용한 8회의 용례를 분석하면 갈라디아서 3:8, 22을 제외하고는 모두 구약 인용을 위한 '인용 형식'으로 사용하고 있어, 구약의 특정 구절을 가리키는 것이 분명하다. 반면, 갈라디아서 3:8과 3:22는 비록 단수이지만 성경 전체를 가리키고 있다고 볼 수 있다. 다만, 갈라디아서 3:8과 3:22은 성경 전체를 가리키지만, 성경 전

---

11. 바울이 사용한 총 15회 용례 중에서 복수를 사용하며 또 관사와 함께 쓴 경우는 롬 15:4; 고전 15:3, 4이며, 관사 없이 쓴 경우는 롬 1:2; 16:26이다.

체가 한 통이라는 사실뿐 아니라, 구약의 특정한 구절을 염두에 두고 그 구절이 성경 전체의 의미를 대변하는 것으로 이해하는 것도 가능하다.[12] '그라페'(성경)가 관사 없이 복수로 사용된 예는 로마서 1:2과 16:26이다. 두 경우 모두 전치사와 함께 사용되고 있어, 관사가 없다는 것이 해석상 큰 의미를 주지 않는다. 전치사구 안에서는 관사가 생략되어도 전치사의 영향으로 의미가 한정되는 효과가 있기 때문이다(Mounce, 567). 비슷한 예로 16절의 '그라페'(성경)는 관사가 없지만 '빠사'(모든)와 함께 쓰이고 있어서 결국 범위가 한정되고 있다. 요약하면, 관사 없이 단수로 사용된 '성경'(그라페)은 전체를 한 통으로 보는 의미의 '모든'(all)으로 해석될 수 있지만, 비록 관사가 없어도 16절의 맥락에서는 성경의 한 절 한 절마다 전체(every)가 감동된 사실을 표현한다고 보는 쪽에 무게가 실린다.

그렇다면, 16절이 언급하는 하나님의 감동이 있는 '성경'(그라페)의 범위는 구약성경으로 한정해야 하는가, 아니면 바울이 디모데후서를 저술하지 전까지 이미 기록된 신약성경을 포함하는가? 혹 현재 우리가 가지고 있는 66권의 성경을 모두 포함할 가능성은 없는 것인가? 다수의 학자들을 '모든 성경'을 구약성경으로 한정하려 한다(Schrenk, *TDNT*, 1:754; Tonwer, 587; Mounce, 568). 하지만 16절의 '그라페'는 하나님의 영감이 있는 모든 말씀으로 가리키는 것으로 확대할 수 있는 여지가 있다. 구약성경은 물론 디모데후서가 저술될 때에 이미 저술된 신약성경이 포함되며, 심지어 이후에 기록된 신약성경의 나머지 부분도 하나님의 영감이 있는 말씀에 포함시킬 수 있는 폭넓은 의미를 담은 어휘로 볼 수 있다(Knight, 1992: 447-48; Spicq, 787-88). 이러한 확대 적용을 하는 전통은

---

12. 갈 3:22은 더 분명하게 구약의 구체적인 구절이 성경 전체를 대변한다고 보고 있으며, 갈 3:22는 성경 전체를 가리키면서 그 안에 있는 구체적으로 한정할 수 없지만 다수의 구절들을 염두에 둔 것으로 보인다(비교, Towner, 2006: 586).

테르툴리아누스(Tertullian)로 거슬러 올라간다. 그는 하나님의 감동은 '진리를 드러내는 한 어떤 글에도 작용하였는데, 하나님의 감동이 있는 범위 내에서 이러한 글들은 하나님께로부터 유출(emanation)된 것으로 진리의 유일한 원천이다'라고 주장한다.[13] 16절의 '성경'(그라페)은 구약성경에 한정한다고 단언하는 학자들 중에도 구약성경 이외의 영감이 된 신약성경들이 포함될 수 있는 여지를 슬며시 열어 놓는 경우도 있다(Mounce, 568). 16절의 목적은 성경 영감의 본질 및 범위에 대한 신학적인 견해를 피력하려는 것이 아니다. 바르지 못한 교훈이 남긴 혼동과 도전으로부터 바른 교훈의 중요성을 강조하기 위하여 성경의 권위와 유용성을 강조하려는 것이다. 존슨(Luke T. Johnson)은 16절의 '하나님의 감동'은 존재론적으로 접근할 것이 아니라 성경의 기능과 유용성의 관점에서 이해하여야 한다고 주장한다(Johnson, 1996: 423). 본문의 문맥이 성경의 권위를 높여서 그 실효성을 강조하려는 것이기 때문에, '모든 성경'이란 권위 있는 성경으로 인정된 모든 구절들이 하나님의 감동으로 되어서 확고한 권위가 있음을 선언하기 위한 것이다. 따라서 범위의 확대가 가능하다고 보아야 한다.

(II) 16절에 관련된 두 번째 논쟁은 '하나님의 감동'에 대한 해석이다. '하나님의 감동'으로 번역된 헬라어는 '테오쁘네우스또스'(θεόπνευστος)로 한 단어이며, '테오스'(θέος, '하나님')와 '쁘네인'(πνεῖν, '호흡하다')의 합성어다. 우선 (1) 합성된 상태로 어휘적 의미를 살피고, 다음 (2) 두 개의 단어가 합성되는 과정을 통하여 발생한 새로운 의미를 파악하고, 나아가 (3) 합성되어 형성된 새로운 형용사인 '테오쁘네우스또스'(하나님의 감동)의 용례가 한정적인 용법(attributive)인지 서술적인 용법(predicative)인

---

13. Spence, 563-65에서 재인용.

지를 규명할 것이다. 이어서 (4) 당시 헬라와 유대 문헌에서 '영감'(inspiration)의 의미를 간략하게 살핀 후에 (5) 문맥 안에서의 의미도 정돈해 보아야 한다.

첫째, 어휘적 의미는 하나님께서 숨을 불어넣었다(God-breathed)는 뜻이다.[14] 하나님의 감동을 이해하는 데 '호흡'의 이미지를 사용하고 있다. 호흡(respiration)은 들숨(inspiration)과 날숨(expiration)으로 되어 있다. 영어에서 영감을 뜻하는 단어는 'inspiration'(들숨)으로, 이는 특별한 생각이 호흡의 들숨처럼 인간의 내부로 들어오는 것을 의미한다. 이런 관점에서 하나님의 감동이란 하나님께서 하나님의 뜻과 생각을 인간 속으로 불어넣은 것이라고 이해할 수 있다.

둘째, '테오쁘네우스또스'는 '하나님'과 '호흡하다'가 합성되어 '형용사'화 한 것이다. 어미 '또스'(~τος: verbal adjectival ending)는 형용사화하는 장치며 중간에 시그마(σ)를 삽입하여 두 단어의 결합을 자연스럽게 만들었다. 이렇게 합성한 용어를 형용사로 만든 이유는 하나님의 주동성을 드러내기 위함이다(Towner, 2006: 589). 단어의 끝에 '또스'(~τος)가 붙는 경우 수동태를 뜻한다(Robertson, 157-58). 따라서 이 단어는 신적인 수동태의 의미, 곧 하나님에 의해서 이루진 모습을 표현하는 형용사인 것이다. 헬라어 학자 물튼(Moulton)은 '테오쁘네우스또스'를 해석할 때에 수동태의 의미를 살려서 하나님에 의해 불어 넣어진(emanation, '유출된') 감동이란 의미로 이해하였다(MM, 1:222). 물론 하나님이 주동하는 '하나님의 숨결'에는 인간 저자의 활동이 배제되지 않는다. 저자의 배경이나 성품이 포함되어 있다.

셋째, '테오쁘네우스또스'가 서술적(predicative) 용법으로 사용된 것인

---

14. E. Schweizer, *TDNT*, 6:454-55; Schrenk, *TDNT*, 1:758; *TLNT*, 2:193-95.

지 한정적(attributive) 용법으로 쓰이고 있는지에 따라 해석이 달라진다. 만약 한정적 용례 해석한다면, '하나님의 감동으로 된 모든 성경은 또한 유익하다'는 의미가 된다. 이는 하나님의 감동으로 된 성경 중에 유익하지 않은 것이 있을 수도 있다는 여지를 남기는데, 이는 16절의 문맥이 성경의 권위를 선언하는 것이므로 빗나간 해석이다(Towner, 2006: 587). 따라서 서술적 용법을 따라 '모든 성경은 하나님의 감동으로 되었고, 유익하다'로 번역해야 한다.

넷째, '영감'(inspiration)의 개념은 구약 및 랍비 유대교와 헬라화된 유대인의 문서에도 나타난다. 이러한 문헌의 용례를 종합하면, 구약성경의 일부는 하나님이 직접 기록하시거나 사람으로 하여금 받아쓰게 한 부분도 있지만, 대부분은 영감이라는 방식을 통하여 인간 저자를 사용하여 하나님의 말씀이 글로 기록된 것이라고 한다(민 24:2; 호 9:7). 랍비 유대교에서는 율법은 하나님이 사람에게 받아쓰기를 시켜서 기록했고, 선지서와 시가서는 영감에 의해서 쓰였다고 한다(*TDNT*, 5:382-83). 하지만 헬라화된 유대인의 문서에는 받아쓰기의 개념보다는 저자를 사용하는 의미로서의 영감의 개념이 압도적이다(Marshall, 794, 참고, *4 Ezra* 14:22; Philo, *Spec.* 1.65; 4.49). 하나님의 영감 혹은 감동이 있었을 때에, 그 대상이 되었던 인간 저자는 스스로 어떤 인식을 가졌을까? 그들은 받아쓰기를 하고 있다고 생각했을까 아니면, 성경 저술에 자신이 참여하고 있다고 인식했을까? 디모데후서 3:16은 후자의 이해를 보여준다(Marshall, 794). 인간 저자는 성령의 영향 아래서 보호받고 또 인도도 받았지만, 단순히 받아쓰기를 한 것이 아님을 저자 자신들도 알고 있었다.[15]

---

15. 후대 기독교 문서에 영감을 전적인 성령의 역사로 설명하는 비유들이 나온다고 한다. 예를 들어 "강한 바람이 불어서 플롯(flute)이 스스로 소리를 내는 것과 같은 현상"에 비유하여 성경의 영감에 대해서 설명한다. "하지만, 더 많은 경우, 필론

다섯째, '테오쁘에우스또스'는 신약성경에서 오직 이곳에 한 번만 사용되고 있어 의미나 용례를 비교해 볼 대상이 없다. 어쩌면 이 단어는 바울이 고안해 낸 어휘일 수도 있다(Marshall, 794; Warfield, 245-96). 만약 '하나님의 감동'이란 어휘를 바울이 특별히 고안한 것이라면[16] 바울의 목적은 하나님의 감동이 어떻게 진행되었는지에 대한 메카니즘을 보이는 것이 아니라 성경의 근원이 하나님이심을 선포하려는 것이다. 그래서 성경은 권위가 있는 진리이며, 거짓 가르침을 바로 잡을 수 있는 바른 교훈의 원천임을 선언하려 한 것이다. 바울은 성경의 권위는 사람에게서 온 것이 아니라 하나님께로부터 온 사실을 '하나님의 감동'이라는 새로운 어휘를 통하여 선포한다. 바울은 '하나님의 감동'을 통하여 성경은 거짓 교사들의 방식대로 해석되어서는 안 된다고 역설하고 있다(Marshall, 795). 그들의 가르침은 하나님의 뜻인 구원 계획을 가로막고 있었기 때문이다.

요약하면, 16절에 언급된 '하나님의 감동'은 심리학적으로 성경의 저자들이 어떤 상태에서 성경을 기록했는지를 보이려는 것이 아니다. 또 인간의 세계에서 쉽게 이해할 수 없는 '하나님의 숨결'(호흡)이 어떻게 과학적으로 가능한지를 보이려 한 것도 아니다. 심지어 바울은 성경이 감동되었다는 사실을 신학적으로 변증하려 하지도 않았다. 16절에서 바울은 성경의 권위를 선포하고 있다. 성경이 흔들리지 않는 확실한 진리를 가르쳐 주고 있음을 선포한다. 바울은 성경이 하나님으로부터 온 숨결이어서 유익하다고 한다. 이러한 '하나님의 감동'의 용례는 디모데후서 주제와 잘

(Philo)을 포함하여서, 후대 기독교 문서에서도 인간 저자의 중요성을 인정한다. 필론에 의하면, 모세도 자신이 오경의 저자임을 인식했다고 해석한다"(Marshall, 794에서 재인용). 마샬은 버크하트(Burkhardt)를 인용했는데, 그 인용의 출처에 대해서는 언급하지 않고 있다.

16. 이 단어는 신약성경 이전에는 그 용례를 찾을 수 없다(Mounce, 565).

어우러진다. 바울은 디모데후서를 통하여 디모데에게 확신을 주려했다 (딤후 1:12; 2:15; 3:14). 그래야 디모데가 복음을 부끄러워하지 않고 복음과 함께 고난을 받을 수 있기 때문이었다. 바울은 자신이 삶을 통하여 검증한 믿음에 대한 확신을 디모데에게 전하려 했는데, 이 경험의 정점에 성경이 있었다. 바울은 성경이 주는 확신의 근거를 '하나님의 감동'이라고 한다. 하나님의 감동으로 된 성경은 바른 교훈을 드러내어서 거짓 교훈에 의해서 왜곡된 사람들과 세상을 바로 잡는다. 하나님의 감동인 성경에 근거하여 예수의 제자들은 복음을 부끄러워하지 않고 복음 때문에 고난을 받을 수 있게 된다.

　(III) 16절이 다루고 있는 세 번째 논지는 하나님의 감동으로 된 성경은 유익하다고 선언한다. 따라서 '유익하다'의 의미와 문맥에서의 중요성을 파악해야 한다. 문장의 구성을 살펴보면, 성경이 유익하다는 선언은 성경이 하나님의 감동으로 되었다는 선언보다 더 중요한 위치에 있다. 개역개정판도 이를 놓치지 않고 있다. '모든 성경은 하나님의 감동으로 된 것으로 유익하다'고 한다. 16b절은 성경이 네 가지 '영역'에서 유익하다고 한다. 네 영역은 '교훈'과 '책망'과 '바르게 함'과 '의로 양육'하는 것이다. 네 가지 영역은 목회의 기본적인 영역이기도 하다(Towner, 2006: 590). 여기서 '영역'이란 용어를 사용한 이유는 원어 본문에 전치사 쁘로스 (πρός)가 네 번 반복되어 사용되고 있기 때문이다. 보통은 한 번만 사용하고 생략한다. 이렇듯 네 번을 반복해서 사용한 이유는 네 개의 '전치사 구' 가 각각 가리키는 영역을 분리하여 성경이 유익한 이유를 더 효과적으로 드러내려는 것이다(비교, Towner, 2006: 590).

　첫째, 성경은 '교훈'(διδασκαλία)의 영역에서 유익하다. 목회서신에서 '교훈'(διδασκαλία)은 크게 두 가지 의미로 쓰이는데, (1) 가르침의 '내용' 이 무엇인지를 보여주는 것(딤전 1:11; 딛 2:10)과 (2) 가르치는 '행위'를

가리킨다(딤전 4:13). 두 가지 용례에서 모두 '교훈'(διδασκαλία)은 신앙의
기본을 알리는 것과 관련되어 있다. 디모데전서 1:11은 '교훈'은 영광의 복
음을 드러내고 이를 따르게 하는 것이라고 하며, 디도서 2:10은 '교훈'은
참된 신실성을 나타냄으로 빛나야 한다고 권면한다. 이 두 구절에서 교훈
은 복음에 관한 기본적인 모습을 빛과 연결한다. 디모데전서 4:13에서 바
울은 디모데에게 '기본에 충실하라'는 교훈을 주면서 '가르치는
것'(διδασκαλία)을 언급한다.[17] 요약하면, '교훈'은 신앙의 기본적인 것들이
잘 알려지도록 전달하는 것이다.

　둘째, 성경이 유익한 영역은 '책망'이다. 책망의 헬라어는 '엘레그모
스'(ἐλεγμός)이며 동사형은 '엘렝코'(ἐλέγχω)다. 헬라어 '엘렝코'는 빛이
어둠에 비춰져서 어둠이 물러가면서 신령한 깨달음을 통하여 영혼이 깨
어지는 상태를 묘사한다(엡 5:13-14). 책망은 교훈이 빛과 관련되어 있는
것보다 더 분명하게 빛의 작용과 관련되어 있다. 따라서 '책망'은 사람들
이 잘못한 것을 깨닫고 인정하도록 하는 것인데(민 5:18-22), 신자들은 책
망을 통하여 자신의 죄와 죄성(딤후 4:2; 딛 1:9) 그리고 죄로 인한 오염의
심각성을, 빛이 어둠에 비추어지는 것과 같이, 선명하게 보게 한다. 때로
'책망'은 신자의 잘못을 공공연히 드러내기도 한다. 따라서 책망은 신자를
아프게 하며, 부끄럽게 하고 심지어 절망하게도 한다(비교, Towner, 2006:
591). 특히 책망은 신자로 하여금 하나님의 의의 기준에 자신이 심각하게
미달되어 있으며, 불신자보다 못한 모습까지도 생생하게 드러낸다. 따라
서 성경의 '책망'(ἐλεγμός)은 책망하는 행위 혹은 책망의 이유보다 그 결

17.　딤후 3:10에서 바울은 자신이 디모데에게 삶의 본으로 보여준 첫 번째를 교훈
　　(διδασκαλία)이라고 한다. 가장 기본적인 신앙의 요소들에 대해서 알려 준 것이다.
　　동사(διδάσκω)의 의미도 명사의 경우와 같다. 딤전 4:11의 '가르치라'(δίδασκε)는 복
　　음 및 구원에 이르는 기본적인 도리를 의미한다.

과에 초점이 맞추어진 용어다. 책망의 결과는 깨어짐이며 뉘우치고 돌이키는 것이다. 책망은 부정적인 것처럼 보이지만 긍정적인데, 책망은 신자의 영혼에 변화를 일으키는 충격을 가하기 때문이다. 참으로 책망이 유익한 이유는 책망으로 비추는 빛은 책망을 받는 사람들로 하여금 하나님 앞에 서게 하기 때문이다("나의 책망을 듣고 돌이키라 보라 내가 나의 영을 너희에게 부어 주며 내 말을 너희에게 보이리라", 잠 1:23; 비교, 눅 5:8;[18] 잠언 16:2). 16절의 책망은 악한 행실이 드러나게 하는 것은 물론, 그릇된 교리를 좇고 있음을 꾸짖기도 한다. 주석가들은 책망의 1차적 의미를 이단의 가르침에 대한 책망으로 본다(Towner, 2006: 591; Mounce, 570).

셋째, 성경은 바르게 하기($\dot{\epsilon}\pi\alpha\nu\acute{o}\rho\theta\omega\sigma\iota\varsigma$)에 유익하다. 바르게 함에는 세 가지 요소가 포함되어 있다. 교정과 회복과 발전이다(Marshall, 795; TDNT, 5:450; TLNT, 2:30). 이 세 가지를 통하여 '바르게 함'은 새로운 모습으로 향상되는 모든 과정을 포함한다. 바르지 못함의 뿌리에는 죄가 자리하고 있다. 따라서 바르게 함은 '책망'과 관련되어 있다. 책망이 단회적으로 일어나는 강한 충격이며, 바르게 함은 이후 자기를 회복시키며 지속적으로 교정하는 과정을 통해서 진행된다(비교, Marshall, 795). 오랜 동안 잘못된 습관은 성경이 주는 교훈이 내면에서 쌓일 때에, 어느 순간 '책망'으로 드러나며, 이후 성도들은 바르게 함을 통하여 교정과 회복과 발전하

---

18. 눅 5:8에 '성경'이란 단어나 '책망'이란 단어가 나오지 않지만 베드로의 고백은 딤후 3:16이 말하는 '책망'의 결과와 일치한다. 성경($\gamma\rho\alpha\varphi\acute{\eta}$) 대신 말씀($\rho\acute{\eta}\mu\alpha$)이 베드로가 경험했던 특별한 사건의 시작이며(눅 5:5), 자신이 죄인임을 고백하는 것은 깨어나게 하는 빛이 그의 영혼의 어두움을 밝힌 결과라고 볼 수 있다(엡 5:13). 책망을 받을 때, 부끄러운 부분들이 확연하게 드러나서 자신이 죄인임을 온전히 시인하게 된다. 말씀의 책망은 사람의 마음과 생각과 감정이 완전히 동의되게 하기 때문이다. 책망을 통하여 비추는 빛이 상징하는 것은 책망받는 자가 하나님의 거룩하심과 마주치는 모습이다(참고, 잠 1:23). 하나님의 책망은 인격의 손상을 가져오지 않는다. 따라서 사람들의 지탄과는 다르다.

는 과정을 거듭하게 되면서 성숙한다.

넷째, 성경은 의로 양육하기에 유익하다. 여기서 '양육'(παιδεία)은 철저한 훈련을 통하여 실전에서 사용이 가능하도록 하는 교육을 의미한다. 양육(παιδεία)은 그리스 헬라 문화에서는 매우 비중이 높았던 영역이다 (Towner, 2006: 591). 바른 시민이 되기 위해서 철저하게 양육되어야 한다는 문화가치가 확고했었다. 한국 교회의 경우에도 교회가 급성장하던 시기에 발을 맞추어서 '양육'이 강조되었다. 성경이 다른 프로그램의 양육과 달리 독특하게 유익한 이유는 '의로'(ἐν δικαιοσύνῃ) 양육하기 때문이다. 의로 양육을 받으면, 의의 열매를 맺게 된다(빌 1:11; 비교, 엡 5:9). 신자가 믿을 때에 그리스도의 의가 그에게 전가(imputation)된다. 이는 신자가 그리스도 예수 안에 거한다는 의미와 맥을 같이 한다(딤후 1:9, 13; 2:1; 3:15). 그리스도 예수 안에 있으면, 예수의 의가 작동하는데,[19] 예수의 의가 신자를 의로운 삶으로 이끄는 일을 시작한다(비교, 딛 2:11-13). 이는 내주하시는 성령께서 이루어가는 구속사역과 깊게 관련되어 있다. 예수의 의가 성도에게 나타나는 삶은 성령의 주관 아래서 진행되기 때문이다. 따라서 의의 열매를 성령의 열매라고 부를 수 있다. 의로 양육하는 것은 성도가 의로운 삶을 살아가는 과정을 의미하며 이 과정을 성경이 안내한다는 뜻이다(참고, 요 15:7). 성령께서 성경을 통하여 일하신다. 목회서신은 의로 양육되는 것을 의를 따르는(διώκω, '추구하는') 것으로 표현한다(딤전 6:11; 딤후 2:22).[20] 또 디모데후서 2:22에서는 의를 따르기 위해서 공동체

---

19. '의' 혹은 '의로움'은 '선물'로 수여받은 것이다. 하지만 동시에 의로움은 성도가 사모하고 추구해야 하는 덕(virtue)이기도 하다. 의를 수여받은 후에, 의를 추구하는 삶이 시작된다. 성령과 성경이 이 과정을 지도한다. 이를 의로 양육하는 것이라고 표현한다.

20. '의로 양육'하는 구체적인 모습이 딤후 2:25-26에 언급되어 있다는 주장이 있다 (Towner, 2006: 592). 잘못에 대한 인식, 회개, 믿음으로 나옴의 표현들이 의로 양

의 필요성을 강조한다. 요약하면, 성경은 신자를 세상의 어떤 방법으로도 이룰 수 없는 하나님의 의를 이루는 길로 안내한다. 신자는 '의로 양육'을 받기 때문에 의를 행할 수 있고, 의의 열매를 맺을 수 있다. 성경은 신자를 의로 양육하기 때문에 권위가 있으며 유익하다.

성경이 유익을 주는 네 가지 영역의 독특성에 관하여 스뻬끄는 다음과 같이 정리한다. '첫째, 성경이 목회적인 영역 및 교리적인 영역의 가르침(teaching)에 있어 유일하고 진정한 자료(source)이다. 둘째, 성경은 거짓 교사들을 꾸짖는 데에 가장 좋은 실탄(the best ammunition)이다. 셋째, 성경은 거짓 교사들이 왜곡시키는 일을 중단시킬 뿐 아니라, 굽어진 것을 펴고, 전체적인 형편을 향상시킨다. 넷째, 성경은 참되고 복된 그리스도인의 훈련을 위하여 필수적이다'(*TLNT*, 2:788-89; Mounce, 570에서 재인용). 스뻬끄의 견해를 발전시켜서, 마운스(Mounce)는 네 가지 유익함이 수사학적인 구조를 갖추고 있다고 주장하면서, 이를 키아스무스(교차대구법)로 보았다. 즉 마운스는 16b절에 a-b-b′-a′ 구조가 나타나는데, a와 b는 교리(orthodoxy)에 관한 것이며,[21] a′와 b′는 행실(ortho-praxis)에 관한 것으로 구분한다. 또 a와 a′는 가르침에 관한 것이며, b와 b′는 행실에 관한 것으로, 네 개의 요소가 서로 긴밀하게 연결되어 있다고 한다. 마운스에 의하면 '교훈'(a)은 교리를 긍정적으로 알리는 데 유익하다는 뜻이다. '책망'(b)은 이단을 반박하는 데 효과적이란 의미다. '바르게 함'(b′)은 이단이 남긴 부적절한 행실을 교정하는 기능이며, '의로 양육하는 것'(a′)은 의로운 행실을 실천하도록 교육하는 것이다(Mounce, 570). 따라서 a-a′는 가르치고 세우는 측면이며, b-b′는 반박하고 교정하는 기능으로서의 유익

육하는 과정을 설명한다고 한다.

21. 마운스(Mounce)는 διδασκαλία를 교리를 가리키는 전문용어로 이해한다(Mounce, *Pastoral Epistles*, 570).

하다고 한다. 토우너(Towner)는 제일 먼저 언급된 '교훈'이 네 영역 모두를 대표(archetypal)하고 있으며, 나머지 세 영역인 '책망, 바르게 함, 의로 양육함'은 '교훈'에서 파생된 유익으로 본다(Towner, 2006: 592).

위에서 언급한 내용 또는 구조 분석의 결과는 네 영역이 서로 독립적이라기보다는 긴밀하게 연결되어 있음을 보여준다. 하지만 네 영역은 '교리와 행실' 및 '가르침과 교정'으로 명쾌하게 구분된다기보다는 더욱 유기적으로 결합되어 있다. 또 교훈이 원형이며 나머지는 파생으로 보는 것도 자의적으로 보인다. 네 가지 영역인 교훈, 책망, 바르게 함, 의로 교육함은 서로 긴밀하게 보완하는 관계다. 교훈과 책망을 예로 들어 보면, 교훈하는 방법 중에 '책망'이 있다. 또 책망과 바르게 함의 경우도, 책망의 목적이 바르게 하는 것이기 때문에 중복되는 면이 있다. 나아가 교훈과 바르게 함도 구분이 명확하지 않다. 특히 교훈과 의로 교육함의 차이의 명쾌한 구분은 더 어렵다. 하지만 이미 언급한 대로 네 영역은 전치사 구로 독립성이 나타난다. 네 영역이 다소 겹치는 부분이 있어도 바울이 넷으로 명확하게 구분한 이유는 성경의 권위 때문이다. 성경의 권위는 유익함의 영역을 세분할수록 더 잘 드러날 수 있기 때문이다. 네 영역의 독특한 특징을 요약하면, '교훈'은 신앙의 기본적인 것에 관한 유익을 제공하며, '책망'은 죄와 죄성이 깨어지게 하는 데 유익하며, '바르게 함'은 신앙이 견고해지는 과정에 유익하며, '의로 양육함'은 기독교 신앙의 가장 독특한 특징인 '의'가 삶으로 옮겨지는 것이기에 유익하다. 네 영역의 의미를 당시의 정황에서 찾는 것은 필요하지만,[22] 논지의 목적인 성경의 권위를 선언

---

22. 당시 상황에 제한하여 책망의 유익을 본다면, 이는 거짓 가르침을 책망하는 것으로 보인다. 그러나 성경의 책망은 이단에 대한 것 못지않게 신자의 죄성을 깨뜨리는 데 사용된다. 다른 세 가지 영역이 불신자를 위한 유익이 아니라, 신자를 위한 유익이므로 책망도 신자의 유익의 관점에서 해석할 수 있어야 한다.

하는 것에 초점을 두어야 한다. 바울은 성경의 유익을 네 영역으로 상세하고 구분하면서 동시에 이들을 유기적으로 연결함으로, 성경은 권위가 있으며 유익함을 밝힌다. 디모데후서 3:16은 성경의 권위를 신학의 논리로서가 아니라, 성도의 삶을 바른 교훈과 의의 길로 안내하기 때문에 유익하다고 한다.

17절 17절에는 '히나'절이 나온다. 이는 16b절의 성경이 공급하는 유익함이 추구하는 목적(Towner, 2006: 592; Mounce, 570; Knight, 1992: 450) 혹은 결과를 보여준다(Quinn-Wacker, 764). 16b절에서 언급한 대로 네 가지 영역에서 유익한 성경은 결국 하나님의 사람을[23] 온전하게 하며, 이들이 온갖 선한 일을 할 수 있도록 갖추게 한다. '하나님의 사람'(τοῦ θεοῦ ἄνθρωπος)이 누구를 가리키는가에 대하여, 이는 디모데(참고, 딤전 6:11) 혹은 교회의 리더에 국한된다는 견해가 있으나(Barrett, 115; Guthrie, 177; Kelly, 204; Fee, 1984: 280) 그리스도인이라면 누구나 성경이 주는 유익의 수혜자가 될 수 있다고 보아야 한다(Towner, 2006: 593; Marshall, 796; Mounce, 571). 문맥은 성경의 권위를 높이고 있기 때문에, 성경이 제공하는 유익의 수혜자는 리더로 한정하기보다는 모든 성도로 보아야 할 것이다.

하나님의 감동으로 되어서 네 가지 영역에 유익한 성경이 결국 이루려는 것은 하나님의 사람을 온전하게 하는 것이다. '온전하다'의 헬라어는 '아르띠오스'(ἄρτιος)인데, 다양한 뜻으로 번역이 가능하다. 온전하다 (complete), 유능하다(capable), 능숙하다(proficient), 자격을 갖추다(quali-

---

23. 참고, NRSV는 '하나님의 사람'(τοῦ θεοῦ ἄνθρωπος)을 'everyone who belongs to God'으로 번역하고 TNIV는 'All God's people (or servant of God)'으로 이해한다. 딤전 6:11은 '너 하나님의 사람아'(Σὺ δέ, ὦ ἄνθρωπε θεου)라는 표현으로 디모데를 부른다.

fied) 등이다(Marshall, 796; BAGD, 110). 따라서 '성경의 사람'은 다양하고 무거운 듯한 요구들도 충족시킬 수 있는 능력을 갖추었다는 점에서 온전하게 된 것이다. 목회적인 측면에서, 사람이 온전해지는 것은 사역을 위해서 필수적인 요소들을 두루 갖춘 것을 의미한다. 실력은 물론 성품과 센스 그리고 깊은 영성과 덕을 골고루 갖춘 경우다. 특히 복음에 대한 적대가 강한 환경에서 하나님의 사람은 '성경의 사람'이 되어야 한다. 성경의 권위, 곧 말씀의 권능으로 거짓 교훈을 이기고, 그 피해를 바로 잡으며, 말씀이 교훈하는 방법대로 세상이 주는 핍박과 환란을 헤치고 나아가야 한다. 네 가지 영역에서 성경이 제공하는 유익을 얻으면, '하나님의 사람'은 온전해진다. 고전적인 그리스 문화에서 '온전하다'를 실천적으로 적용하면, '상황에 적절한 말을 하는 센스'라고 볼 수 있다.[24] 이는 디모데후서 2:7에 언급된 '총명'(σύνεσις)에도 함의되어 있는 개념이다.[25] (디모데후서 2:8의 주해를 참고하라.) 성경이 이끄는 결과로서의 '온전함'(ἄρτιος)과 제자들이 바른 교훈을 통하여 받을 훈련의 결과로서의 '총명'은 서로 공유하는 결과가 있다. 두 개념은 균형 잡힌 리더의 특징을 보여준다.

'갖추게 하다'는 '온전하다'와 긴밀하게 연결되면서, 두 단어 사이에는 언어유희(word play)가 나타나게 된다. '갖추게 하다'의 헬라어는 '에크사르띠조'(ἐξαρτίζω)로 '온전함'(ἄρτιος)과 같은 어원(αρτ)을 갖고 있다. '에크사르띠조'(갖추게 하다)는 '아르띠오스'(온전하다)의 강조형이어서, 더욱 온전하다 혹은 더 잘 갖추어져 있다(fully equipped)는 의미다(BAGD,

---

24. 퀸-워커(Quinn-Wacker)는 호머의 일리아드(14.92)와 오디세이(8.240)를 인용하여 ἄρτιος를 "필요에 적절하게 대응하여 말하는 센스"(the sense of speaking adequately for the need)로 설명한다(Quinn-Wacker, 771).

25. '총명'(딤후 2:7)의 고전적인 의미는 두 강물의 물줄기가 하나로 융합되는 것처럼 큰 그림이 이해되는 것을 의미하며(Homer, *Odyssey* 10.515) 그 원리를 깨우치는 것을 의미한다. 그 결과 상황에 적절하게 말하고 행동할 수 있게 된다.

273). 더 온전하게 갖추게 하는 방법은 그 틈새의 빈 부분까지 채워 넣는 것이다. 성경은 이렇게 높은 수준으로 하나님의 사람을 갖추게 하여 온갖 선한 일을 하게 한다. 온갖 선한 일의 원문은 '쁘로스 빤 에르곤 아가톤'(πρὸς πᾶν ἔργον ἀγαθὸν)이다. 선한 일, 선한 싸움, 선한 증언 등은 목회서신에서 바른 교훈이 낳은 결과물이다. '선한 일'(ἔργον ἀγαθὸν)이 무엇을 가리키는가에 대하여도 다양한 견해가 있다. 이를 좁게 해석하여, 교회의 리더들이 성경을 통해서 갖추어야 하는 '리더십'에 국한하는 견해부터(Barrett, 115), 선한 일을 큰 범위로 적용하여, 문자적으로 '모든' 선한 일은 물론 이에 관련된 모든 것으로 보기도 한다. 후자의 경우 적용 범위가 너무 넓어 그 구체적인 내용은 파악할 수 없다고 주장한다. 목회서신에는 7회에 걸쳐 '선한 일'이 언급되고 있다(딤전 2:10; 3:1; 5:10; 딤후 2:21; 3:17; 딛 1:16; 3:1). 이 용례들을 살펴보면, '선한 일'은 바른 교훈의 열매다. 따라서 선한 일을 행할 능력을 갖추는 것은 바른 교훈과 거짓 교훈을 선명하게 구별하는 요소다. 후자는 선한 일을 흉내 낼 수는 있어도, 이를 행할 능력을 가르쳐 줄 수 없다. 특히 '모든' 선한 일을 행할 능력은 오직 바른 교훈을 통해서만 얻을 수 있다. 바른 교훈의 능력은 성경의 바른 해석과 적용 그리고 성경에 대한 사모함에서 비롯된다.

3. 해설

디모데후서 3:15-17의 문맥은 거짓 교훈이 가지고 온 혼동과 잘못된 성경 해석으로 경건의 모양만 있고 능력은 없는 왜곡된 신앙을 바로 잡으려는 것이다. 바울은 성경의 권위를 확립하기 위해서 성경의 특징을 3가지로 설명한다. 첫째, 성경은 지혜가 있게 한다(15절). 둘째, 성경은 하나님의 감동으로 되었다(16a절). 셋째, 성경은 유익하다. 특히 모든 성경이 하나님의 감동으로 되었다는 선언은 널리 알려진 내용이며, 성경의 영감설이나 무오설의 근간이 되는 구절이다. 하지만 본문의 문맥에서는 '영감'은 논지의 정점에 있지 않고, 최종 목적을 선언하기 위한 출발점이라고 보아야 한다. 논지의 핵심은 성경이 하나님의 감동으로 되었기 때문에, 성경은 성도의 삶에 유익하다는 것을 강조한다. 이러한 강조를 위해서 바울은 성경의 유익함을 네 가지 영역으로 상세하게 설명하고, 유익함의 최종 목적을 두 가지로 제시한다(17절). (1) 하나님의 사람을 온전하게 하며, (2) 모든 선한 일을 행할 능력을 갖추게 하는 것이다. 따라서 본문은 성경의 권위를 선포하되, 이를 신학적인 논리로 변증한 것이 아니라 실제로 성도의 삶을 바르게 하는 유익함을 통하여 드러낸다. 성경의 권위는 바른 교훈이 바르게 작용하여 성도의 삶을 바르게 이끌어가는 것을 통하여 입증된다.

16-17절은 성경이 유익한 모습을 세 개의 다른 단어로 표현하고 있다. 개역개정판은 16절의 '유익하다', 17a절의 '온전하게 하다' 그리고 17b절의 '갖추게 하다'로 번역한다. 16절의 '유익하다'는 '오펠리모스'(ὠφέλι-μος)이며, 이는 좋은 것이 추가되면서 발생하는 유익을 의미한다. 17a절의 '온전하게 하다'는 '아르띠오스'(ἄρτιος)로 균형이 잡히면서 완전체를 이루어 유익한 것이다. 17b절의 '갖추게 하다'는 '에크사르띠조'(ἐξαρτίζω)로 부족한 부분을 채워 넣었거나 더욱 온전하게 하여서 유익한 것이다. 이렇듯 세 개의 다른 단어를 사용하면서 디모데후서 3:16-17은 성경이 유익한 것임을 여러 각도에서 조명한다.

성경의 유익함이 지향하는 최종 목적은 '모든 선한 일'이다. '선한 일'은 신약성경의 중요한 주제라고 할 수 있다. 특히 성도가 맺는 열매와 관련된 교훈이다. '선한 일'에 관한 교훈은 예수로부터 시작되어서(마 5:16), 바울서신 중에는 목회서신에 많이 나타난다(딤전 2:10; 3:1; 5:10; 딤후

2:21; 3:17; 딛 1:16; 3:1). 또 일반서신 중에는 베드로전서의 중요한 주제다 (벧전 2:12). 목회서신에는 총 7회에 거쳐 '선한 일'이 언급되어 있는데, 이를 요약하면 다음과 같다. 첫째, 세상에서 본이 되는 삶을 사는 모습에 대한 일반적인 표현이다(딤전 5:10). 둘째, '선한 일'이란 세상도 좋은 것으로 인정하지만 세상은 행할 수 없는데, 바른 교훈을 따르는 사람들은 삶의 자리에서 일상처럼 행하는 것이다(딤전 2:10; 딛 1:16; 3:1). 즉 '선한 일'은 세상의 가치로도 좋은 것이며 멋진 일이라고 인정하지만 세상에 속한 사람들은 이 '선한 일'을 알고도 잘 행할 수 없는데, 믿음의 사람들은 성경이 갖추게 하는 힘으로 일상처럼 실천할 수 있다. 성도는 선한 일로 세상에 선한 영향력이 나타낼 수 있다. 디모데후서 3:17은 그리스도인이 '선한 일'을 효과적으로 할 수 있는 근거가 하나님의 감동으로 된 성경에서 비롯된다고 한다. 셋째, 디모데후서 2:20-26은 '선한 일'을 하나님께 쓰임 받는 것과 연결한다. 하나님의 쓰임에 합당하려면, 깨끗한 그릇이 되어야 하는데, 하나님이 그의 도구를 사용하는 것은 선한 일을 위해서다 (딤후 2:21). 선한 일은 일 자체가 선한 것도 필요하지만, 그 일을 담고 있는 그릇이 깨끗해야 한다. 넷째, 선한 일은 선한 태도로 접근하여야 한다. 신자가 해야 하는 일에는 그 자체로 선한 것과 악한 것이 구별되지 않는 경우가 종종 있다. 이런 중에도 선한 일을 사모하는 태도로 접근하면 선하게 사용될 수 있다(딤전 3:1). 반대로 선한 일로 구분되는 것들도 선한 일을 사모하는 태도로 접근하지 않으면 그르칠 수 있다.

디모데후서 4:1-8은 마지막 권면으로 이 대목에서 저자의 감정은 최고조에 달하며, 앞서 가르친 교훈들을 종합적으로 반추한다. 본문은 두 부분으로 구성되어 있는데, 1-5절과 6-8절이다. 특히 1-5절은 디모데가 직분자로 안수를 받을 그때 바울이 디모데에게 주었던 교훈을 다시 쓴 것일 수도 있다. 6-8절은 바울이 스스로 자신의 인생을 회고하면서 압축하여 정리하고(6-7절) 마지막을 맞이하는 소망의 기대를 적고 있다(8절). 바울은 자신의 인생 끝에 받을 상에 대해서 확신하고 있었다. 이 시간은 복음과 함께 고난을 받은 것에 대하여 보상을 받는 때이며 또한 복음은 매이지 않는다는 신념이 입증되는 감격의 순간이 될 것이라고 한다.

1. 번역

1 나는, 하나님 앞과 산자와 죽은 자를 심판하실 그리스도 예수 앞에서, 그

분의 나타나심과 그분의 나라를 두고 엄히 명합니다. **2** 그대는 말씀을 전파
하십시오. 때를 얻든지 못 얻든지 준비되어 있어야 합니다. 범사에 오래 참
고 온전하게 가르침으로 바로잡고 책망하며, 위로하십시오. **3** 때가 이르면,
사람들이 바른 교훈을 받으려 하지 않고, 귀를 즐겁게 하면서 자기 스스로
의 욕망을 따르게 하는 선생을 모아들일 것입니다. **4** 그리고 그들은 진리
를 듣는 것에서 돌이켜 꾸며낸 이야기에 빠질 것입니다. **5** 그러나 그대는
모든 일에 정신을 차리고, 고난을 이겨내며, 전도자의 일을 하고, 그대의 직
무를 완수하십시오. **6** 나는 이미 (나 자신을) 전제로 부어드렸고, 이 세상을
떠날 시간이 다가왔습니다. **7** 나는 선한 싸움을 다 싸웠고, 경주를 마쳤으
며, 믿음을 지켰습니다. **8** 이제 후로는 의의 면류관이 나를 위하여 마련되
어 있으며, 의로운 재판장이신 주께서 그 날에 나에게 그것을 수여하여 주
실 것입니다. 나뿐 아니라 그의 나타나심을 사랑하는 모든 사람들에게 주
실 것입니다.

2. 주해

1-2절 본문의 시작은 헬라어로 '디아마르뛰로마이'(διαμαρτύρομαι)인
데, 개역개정판에서 '엄히 명하다'로 번역한 것은 적절하다. 사도 바울은
마지막 권면을 매우 엄숙하게 하며(참고, 딤전 5:21; 딤후 2:14), 따라서 이
명령에는 권위가 있다. 명령의 내용은 다섯 가지인데, 바울은 예수의 나타
나심과 예수의 나라에 근거하여 명하였다(1절). 예수의 나타나심은 재림
을 뜻하며, 그의 나라는 재림과 함께 실현될 하나님의 온전한 통치를 의
미한다(Marshall, 799; Knight, 1992: 452-53). 바울은 디모데에게 힘을 북
돋워 주면서, 예수께서 나타나실 때에 주실 칭찬과 승리에 대해서 설명한

다. 따라서 디모데후서 4:1-8은 처음(1절)과 마지막(8b절)이 서로 연결되어 있는 수미상관식 전개 방법을 사용하고 있다('그가 나타나실 것을 두고 명하노니'//'주의 나타나심을 사모하는 모든 자에게').

다섯 가지 명령을 하나씩 살펴보면, 첫째는 말씀을 전파하는 것이다. 디모데후서는 매이지 않는 복음을 주제로 한다. 이러한 복음의 능력 때문에 성도는 고난을 부끄러워하지도 두려워하지도 않을 수 있다. 디모데후서 전체에서 바울은 복음을 강조하면서, 바른 교훈을 붙들어야 한다고 역설한다(딤후 1:13). 그래야 상한 교훈으로부터 파생되는 실족을 막을 수 있다(딤후 3:14-17). 말씀 전파는 엄숙한 명령들 중에서 첫 번째이다.

두 번째는 '준비되어 있으라'(ἐφίστημι)는 명령이다. 개역개정판은 '힘쓰라'로 번역하는데, 행동을 위해서 힘쓰는 것이 아니라 준비를 위해서 힘쓰는 모습으로 보아야 한다. 원어의 '에피스떼미'는 항상 깨어서 한결같은 자세로 대기하고 있으라는 뜻이다(참고, 벧전 3:15). '때를 얻든지 못 얻든지'는 말씀을 전파하는 것이 심히 어려울 때가 올 것인데, 그때가 오면 사람들이 듣고자 하지 않을 것이다(딤후 3:1-8). 이러한 현상은 이미 디모데가 사역하던 때에 나타나기 시작하였다. 거짓 교사들의 상한 교훈이 인기를 얻으면서 적지 않은 신도들이 미혹되고 있었기 때문이다(딤후 1:15; 2:16-18; 3:6-8).

세 번째와 네 번째 명령은 우리말로 번역하는 것이 쉽지 않다. 헬라어로는 각각 '엘렝크손'(ἔλεγξον)과 '에삐띠메손'(ἐπιτίμησον)인데, 두 단어의 의미가 정확하게 구별되지 않고 중복되는 영역이 제법 되기 때문이다. 대부분의 영어 번역도 비슷한 단어인 reprove(책망하다)와 rebuke(꾸짖다)로 중복되는 의미를 가진 단어들로 번역한다(ESV, NASB, KJV). 하지만 두 단어는 모두 '책망하다'라는 주된 의미를 가지고 있으면서도 다음과 같은 차이가 있다. '엘렝코'는 잘못된 부분을 드러내어(expose) 바로잡는 것

(correct)이며(엡 5:11, 13), '에삐띠마오'는 부끄럽게 하여서 그만두게 하는 방식을 뜻한다(Knight, 1992: 453).

　　다섯 번째 명령은 '권면하라'(παρακάλεσον)이다. 여기서 권면은 위로가 중심인 조언을 뜻한다. 다섯 번째 명령은 세 번째와 네 번째 명령인 '드러내어 바로잡고' 또 책망하여서 중단시키는 것과 반대 개념이면서도 동시에 이들과 넓은 차원에서 조화를 이루어 하나님의 사람들을 온전하게 세우는 방법이다. 이렇듯 마지막 세 개의 명령들이 서로 연결된 개념이란 사실은 이들을 수식하는 두 개의 명사에 의해서 분명해진다.[1] '오래 참음'과 '가르침'이다. '오래 참음'(μακροθυμία)은 기독교의 리더에게 항상 요구되는 성품이다.[2] 앞에서 언급한 것처럼(참고, 딤후 3:10), 오래 참음은 순간적으로 달아오르는 분노를 자제하고 화를 조급하게 내지 않는 기질을 의미한다. '가르침'(διδαχή)은 보통 '교훈'으로 번역된 '디다스깔리아'(διδασκαλία)와 다른 용어인데 가르치는 행위(teaching)를 가리킨다. 3절에서는 후자인 '디다스깔리아'가 사용된다. '오래 참음'과 '가르침'은 헬라어 '엔 빠세'(ἐν πάσῃ)와 함께 쓰이고 있다. 이 표현(ἐν πάσῃ)은 '모든 영역' 혹은 '온전한 상태'를 의미하는데, 어떤 의미로 쓰이고 있는지는 문맥에서 판단해야 한다. 2절의 경우 '오래 참음'은 '모든 영역'에서 행해져야 하며, '가르침'은 '온전한 상태'로 수행해야 한다는 뜻으로 보면 적절할 것이다. 따라서 2b절을 원문에 따라 번역하면 '범사에 오래 참고 온전하게 가르침으로 바로잡고 책망하며, 위로하라'가 된다.

1.　이 수식어 둘은 뒤의 3개 명령뿐 아니라, 5개의 명령 모두와 관련이 있다고 보는 견해도 있다(Marshall, 801).
2.　그런데 오래 참음과 가르침을 나란히 사용한 것은 다소 어색하다. 오래 참음은 내면의 기질이고 가르침은 명령을 수행하는 방법을 담은 내용이기 때문이다(Marshall, 801). 따라서 두 명사를 하나의 개념으로 묶어서 이해하여, '오래 참음으로 가르치는 것'으로 해석할 수도 있다.

3-4절 바울은 말씀을 전파하는 것이 무척 힘들 때가 올 것임을 예견한다. 그때에는 사람들이 바른 교훈을 받아들이지 않을 것이다.[3] 오히려 사람들은 귀를 즐겁게 하는 말을 하는 선생들을 주변으로 모아들여 자신들의 주위에 바른 교훈을 주는 참 선생들이 설 자리조차 없애 버릴 것이다. 이렇게 되면 복음 전파는 참으로 어렵게 된다. 사람들이 믿음을 가질 때에 '들음'이 필요하듯(롬 10:14, 17), 그들이 믿음에서 멀어지는 것도 '들음'에 문제가 생긴 것이다.

5절 바울은 2절에 이어서 다시 한번 디모데에게 해야 할 일에 관하여 명령한다. 이번에는 네 개의 명령형 동사를 사용한다. (신중하여) '정신을 차리라', '고난을 이겨내라', '전도자의 일을 행하라', '직무를 완수하라'이다. '전도자'의 헬라어는 '에우앙겔리스떼스'(εὐαγγελιστής)인데 신약성경에서 자주 사용하는 단어가 아니다(참고, 엡 4:11; 행 21:8). 이 단어가 당시 교회에서 인정되었던 직분을 가리키는지 아니면 역할을 가리키는지에 관해 학자들 사이에 견해 차이가 있는데, 만약 직분이었다면 사도와 장로/감독 사이에 한시적으로 있었던 직분이라고 볼 수 있다.[4] 하지만 모든 리더들이 복음을 전파하는 일에 몰두했다고 보면, 역할이라고 보는 것이 더 자연스럽다. 1세기 교회의 모든 직분자들은 복음을 전하는 일에 우선순위를 두었다(Marshall, 805). '완수하다'(πληροφορέω)는 진 빚을 완전히

---

3. 헬라어는 ἀνέχω인데, 의미는 '존중하다'(esteem) 혹은 '받아내다'(endure)이다.
4. 행 21:8에는 εὐαγγελιστής를 일곱 집사 중 하나였던 빌립에게 적용한다. 여기서는 전도자로 해석하면 된다. 흥미로운 사실은 사도행전 7장에 일곱 명을 따로 세워 안수하여 교회의 일꾼으로 세운 일이 기록되어 있지만 이들 일곱 명을 '집사'로 부르지 않았다. 행 21:8도 원문으로 보면 집사라는 말이 없다. '일곱 명 중에 하나'란 의미다. 사도행전의 예만 가지고는 전도자(εὐαγγελιστής)가 당시의 직분이었는지 아니면 역할이었는지 확인할 수 없다. 다만 교회의 리더들은 모두 복음 전도에 힘쓰는 사람들이었기에 전도자(εὐαγγελιστής)의 역할을 감당했다.

갚음으로 임무를 깔끔하게 마무리하는 모습이다.

6절 6절에는 두 가지 내용이 기록되어 있다. 첫째, 바울은 자신의 인생을 한 단어로 요약하는데, 헬라어로 '스뻰도마이'(σπένδομαι, '전제로 드리다')를 사용하여 표현한다. 원어는 한 단어 이지만 우리말 번역에서는 두 개의 단어를 사용하여서 '전제로 붓다'이다. '전제'는 제사용어이며[5] 이는 제사의 한 가지 방식으로 피를 상징하는 포도주를 제물을 태우기 전에 그 위에 쏟아 붓는 의식이었다(출 29:40-41; 민 15;5). 따라서 전제로 드려졌다 함은 제사가 온전하게 되도록 자신을 쏟아 부음을 의미한다. 바울은 이 상징을 통하여 자신의 순교적 죽음을 예견한다(Knight, 1992: 458). 둘째, 떠날 시간이 정해졌음을 알린다. 이는 일반적으로 누구나 죽는 죽음이 아니라, 다소 급박하게 다가오는 순교의 시간에 대해 예감한 것이다. 바울은 멀지 않은 미래에 이 세상에서의 임무를 마쳐야 함을 알고 있었으며, 이때는 하나님의 계획 가운데 이미 정해진 것이다. 이런 상황을 강조하기 위해서 바울은 떠남을 의미하는 '아날뤼시스'(ἀνάλυσις)를 선택한다. 이 단어는 직역하면 '풀려남' 혹은 '놓임을 받음'(loosing)인데, 인생을 비유할 때는 임무를 완수하고 정확한 때에 최후를 맞이하는 것을 묘사한다(BAGD, 57: '열매가 있고 온전한 삶을 마치고 떠남'[departure after fruitful and perfect life]; Philo, *Flacc.* 187). 또 죽음의 시각이 정해져 있음을 묘사하기 위해서 완료형 동사인 '에페스떼껜'(ἐφέστηκεν, '다가오다')을 사용한다. 완료형은 시간이 이미 확정되었고 이후에도 변함이 없음을 보여준다. 바울은 자신의 삶의 마지막을 밝게 묘사한다. 이 땅에 열매를 많이 맺어 놓고 주께서 이미 정해놓은 시간을 예감하면서 마지막을 맞이할 수

---

5. 빌 2:17은 σπένδομαι를 분명하게 비유로 사용한다. 즉, 자신의 삶을 제사에 비유한 것이다. 전제에 관한 구약의 배경은 출 29:40-41, 레 23:13, 민 15:5-10, 28:7을 참고하라.

있다면, 이는 행복이다. 디모데후서 4:6-8에는 이런 행복이 묻어있다.

7절 바울은 자신의 인생을 세 가지로 요약한다. 그는 선한 싸움을 싸워왔고, 달려갈 길을 마쳤으며, 믿음을 지켜왔다. 세 개의 동사는 모두 완료형으로 그 결과가 현재 분명하게 나타나고 있고 앞으로도 지속될 것이다. 떠남으로 그가 살아왔던 인생의 영향력이 끝나는 것이 아니라 이후에도 지속될 것임에 대한 확신이 있다. 우리말의 선한(καλός) 싸움은 디모데전서에서 2회 나오는데(1:18; 6:12), 원어는 각각 다른 단어이다. 디모데전서 1:18은 군사로써의 전투를 의미하고, 6:12은 일반적인 의미의 '싸움'(ἀγών)을 사용한다. 후자는 영어의 '콘테스트'(contest 혹은 race) 개념이다. 본문에서는 보편적인 단어인 '아곤'이 쓰이고 있다(딤전 1:18과 6:12의 주해를 참고하라 또 살전 2:2도 참고하라). 선한 싸움이란 선한 영향력을 미치는 결과가 남는 것이며, 선하게 싸우는 과정이 있어야 한다. 하나님의 선하심을 위하여 싸우는 목적이 분명한 전투 혹은 '콘테스트'이다.

헬라어 '아곤'은 달려갈 길에 해당하는 '드로모스'(δρόμος)와 같은 맥락에 있는데, 모든 임무를 완수하는 것을 묘사한다. 달려갈 길을 마쳤다는 선언은 사도행전 20:24에도 나와 있다. 바울은 에베소 교회의 장로들과 이별하면서 오직 그의 목적은 달려갈 길을 마치는 것이며, 사명을 완수하는 것이라고 쓴다. 그리고 약 10년 뒤에 에베소 교회에서 목회하던 디모데에게 자신의 삶을 총정리하면서 달려갈 길을 마쳤다고 쓴다.

믿음을 지킨 것이 인생의 요약 맨 마지막에 있는 이유는 믿음이 성도의 삶에서 필수적으로 있어야 하는 결과이기 때문이다(딤전 1:5, 19; 딤후 1:5). 바울은 자신이 순결하게 믿음을 지키며 오직 믿음으로 사는 모습을 보여줌으로 그를 따르는 디모데와 또 그의 제자들도 같은 모습으로 인생을 살도록 도전하는 것이다. 믿음은 지켜야 할 대상이며, 반드시 지켜야하는 책무가 있는 것이다. 바울이 목회서신 전체에서 믿음을 지키기 위해서 제시한 내용들을 요약하면, 바른 교훈을 잘 분별하여서 신실하게 따르며, 경건함(εὐσέβεια)과 신중함(σωπρόνως)이 삶으로 나타나게 하며, 말씀을 정확하게 다루고(딤후 2:15), 진리에서 벗어난 사람들을 권고하는 것(딤후 4:3-4)이다.

8절 바울은 인생의 마지막을 맞이하면서 자신의 초점은 할 일을 완수한 성취감에 있는 것이 아니라 예비되어 있는 상에 있다고 한다. 전자가 별 것 아니어서가 아니라 후자가 너무나 감격스럽기 때문이었다. 좀 더 정확하게 말하면 바울의 관심은 상인 의의 면류관에도 있었지만, 그 상을 누가 어떻게 주는가에 더 많이 있었다. 의의 면류관은 멋진 것이다. 그 누구도 가볍게 여기거나 마다할 사람이 없다. 하지만 이것이 준비되어 있는 방식과 이것을 수여 받은 순간의 감격은 대단한 것이다.

의의 면류관이란 의미를 파악하기 위해서 먼저 문법적으로 접근해 보자. 소유격인 '의의'(δικαιοσύνης)는 문법적으로 수식하는 명사와 같은 내용을 말하고 있다(Knight, 1992: 461). 따라서 '의' 자체가 면류관인 것이다. 우리가 예수의 의를 덧입어서 의롭다 칭함을 받는 것 자체가 면류관이란 뜻이다. 정리하면, 면류관 곧 의로움(혹은 의롭다 칭함)을 얻는 것이다.[6] 바울은 의의 면류관이 준비되어 있음을 설명하면서 보통 사용하는 '헤또이마조'(ἑτοιμάζω) 동사 대신 '아뽀께이마이'(ἀπόκειμαι, '예비되다')를 사용한다. 이 단어는 물건을 잘 보관하고 있다가, 그 물건의 주인이 오면 정중하게 내어 드리도록 준비하고 있다는 뜻이다. 특히 의의 면류관을 수여할 때는 주께서 직접 하신다.

우리는 바울의 마지막 선언을 통하여(8c절) 본문의 진정한 목적은 자신이 받을 상급을 자랑하는 것이 아니라, 구원받은 사람은 누구나 마지막

6.　그리스도인들이 마지막에 필요로 하는 '의로움'(δικαιοσύνης)에 관해서는 갈 5:5을 참고하라.

결산의 시간에 하나님이 주시는 상급의 주인공이 될 수 있음을 알게 된다. 그의 나타남(ἐπιφάνεια)이란 예수의 재림을 의미하지만, 하나님의 뜻이 이 땅에 이루어지는 것과 하나님께서 상을 주시려고 나를 부르시고, 나에게 다가오시는 시간을 의미하기도 한다. 주의 나타나심은 나를 세워주시는 시간인 것이다. '사랑하는'(ἠγαπηκόσι)은 본문에서 쓰이고 있는 많은 다른 동사처럼 완료형이다. 면류관을 받을 사람들은 그의 나타나심을 사랑하는 것이 선명하여서 그 영향력이 주변에게 미치게 된다.

3. 해설

바울은 마지막 권면에서(딤후 4:1-5) 말씀의 중요성을 다시 강조하고 있다. 그는 복음과 함께 고난을 받아야 한다고 설득하면서 편지를 쓰기 시작하고, 이어서 이것은 예수의 일꾼에게는 마땅한 것이라고 한다. 복음과 함께 고난을 받는 것은 바른 교훈을 따라 이 세상을 살려고 할 때에 마주치는 문제이다. 하지만 오히려 고난을 받은 때에는 이를 인간적인 방법으로 해결하거나 피하려 하면 이들에게는 거짓 교훈이 더 적절해 보일 수 있다(딤후 2:14-17; 3:1-5; 4:3-4). 또 삶이 편하거나 큰 도전이 없을 때도 거짓 교훈에 더 매력을 느낄 수 있다. 바울은 목회서신 전체에서 바른 교훈을 강조한다. 특히 말세에 고통의 때는 사람들이 건강하지 않은 교훈을 따르는 때라고 한다. 건강한 말씀을 붙들고 있으면 어떤 어려움도 이길 수 있다고 쓰면서 디모데의 임무는 바른 교훈을 전하는 것임을 분명히 한다(참고, 딤후 2:15; 3:10-17).

디모데후서 4:6-8은 사도 바울이 무엇에 초점을 두고 인생을 살았는가에 대해서 보여준다. 6절에서는 전제와 같이 쏟아부어 온전한 제사를 드리는 자세로 살았음을 보여주고, 7절에서는 자신의 인생을 3가지 비유로 보여주는데, 이는 그가 보람된 삶을 가늠하는 기준이었다. 이런 세 가지 기준은 어느 것 하나가 빠져서는 안 된다. 선한 싸움을 싸웠고, 달려갈 길을 마쳤고, 또 믿음을 지켰어야 한다. 세상에 휩쓸리다 보면 혈과 육의 싸움만을 하며 인생을 소진하는 경우가 허다하다. 때로는 세상에서의 안정된 삶에 만족하여서 달려갈 길을 달려가지 못하거나, 표류 방황하는 경우도 많다. 혹 열심히 살고, 열심히 푯대를 향하여 달려간 것 같지만 실제로는 믿음을 지키지 못한 경우도 적지 않다. 바울은 이런 기준을 잘 지키면서 열심 속에서 균형을 잃지 않고 삶을 살아왔음을 고백한다.

바울은 편지 끝 부분에 개인적인 필요와 과제에 관하여 언급하는 경우가 종종 있다. 이런 정보들은 바울이 어떤 환경에서 복음을 전했는지를 이해하는 데 도움이 된다. 특히 본문은 바울이 쓴 마지막 편지의 마지막 부분으로 당시의 상황뿐 아니라 바울 선교의 전체의 윤곽을 파악하는데도 유익하다. 본문은 다양한 내용을 담고 있는데, 구성 면에서는 치밀하지 않다(Marshall, 811).

1. 번역

9 그대는 최선을 다하여서 속히 내게로 오십시오. **10** 데마는 이 세상을 사랑하여 나를 저버리고 데살로니가로 갔습니다. 그레스게는 갈라디아로, 디도는 달마디아로 갔습니다. **11** 오직 누가만 나와 함께 있습니다. 그대는 마가를 데리고 함께 오십시오. 그는 사역을 위하여 나에게 크게 유익하기 때

문입니다. **12** 나는 두기고를 에베소로 보냈습니다. **13** 그대가 올 때에 내가 드로아에 있는 가보에게 남겨 두었던 외투를 가지고 오십시오. 또 책들은 특히 양피지에 쓴 것들을 가지고 오십시오. **14** 구리 세공 알렉산더가 나에게 많은 해를 입혔습니다. 주께서 그의 행위대로 그에게 갚으실 것입니다. **15** 그대도 그를 조심하십시오. 그는 우리의 말에 극심하게 저항하였습니다. **16** 내가 처음 나를 변론할 때에, 아무도 내 편에 서 주지 않았고, 모두 나를 버리고 떠났습니다. 하지만 그들에게 허물이 돌아가지 않기를 바랍니다. **17** 주께서 내 곁에 서셨고 나에게 힘을 주셔서, 나를 통하여 말씀이 온전히 전파되게 하시고 모든 민족이 듣도록 하셨습니다. 또 주께서 나를 사자의 입에서 구출하셨습니다. **18** 주께서 나를 모든 악한 일에서 건져내시고, 구원하셔서 그분의 하늘나라에 이르게 할 것입니다. 그분께 영광이 영원무궁하도록 있기를 빕니다. 아멘.

2. 주해 및 해설

9절 바울은 디모데가 속히 그에게 오기를 바라고 있었다.[1] 그리고 마가를 취하여 함께 올 것을 당부하였다(11절). 바울은 임박한 자신의 죽음을 예상하면서 디모데와 마가가 꼭 필요했기 때문이다. 디모데와 마가가 겨울이 오기 전에 로마에 도착하려면 서둘러야 했다. 당시 지중해의 뱃길

---

1.   바울은 디도에게 최선을 다해 신속하게 이동하라고 요청하는 편지한 적이 있었다 (딛 3:12). 바울이 신속한 이동을 요청한 지리적 배경은 지중해의 뱃길이 겨울이 시작되어 끊기기 전에 건너야 할 때 사용한다. 물론 다음 봄까지 미룰 수 없는 급한 일이 있다는 전제를 하고 있다. 따라서 딛 3:12와 딤후 4:9은 모두 바울의 사역 마지막 단계의 미션이 진행되고 있음을 암시한다고 할 수 있다.

여행은 9월 14일 이후에는 안전을 보장하지 못했고 11월 11일에는 끊겼다. 따라서 시간이 지체되면 겨울을 지내고 이듬해 봄에야 올 수 있는데, 바울은 그때까지 기다릴 수 없는 형편이었던 것이다. 바울은 주후 68년 3월 이전에 참수 당한다.[2] 디모데가 편지를 수신하던 해 안에 바울을 만나러 오게 하려면, 바울의 편지는 6-7월 무렵 작성되었을 것이다. 당시 로마와 에베소를 민간이 왕복하려면, 약 6주가 소요되었을 것이다. (자세한 논의는 디모데후서 4:21의 주해를 참고하라.)

　10절 바울의 동역자 중에는 그를 버리고 세상으로 돌아간 인물도 있었는데 데마였다. 데마는 바울이 처음 로마에 감금상태로 있었을 때에 같이 하였던 비교적 오랜 동역자였다(골 4:14; 몬 24). 그는 바울을 저버렸는데(ἐγκαταλείπω), 이는 단순히 떠난 것이 아니라 그를(혹은 그의 뜻을) 거절하고 자기가 원하는 곳으로 갔다는 의미로 보아야 한다. 바울은 그 이유가 데마가 자신과 세상을 사랑했기(ἀγαπήσας) 때문이라고 쓴다. 데마가 간 곳은 데살로니가였다.[3]

　10절은 데마가 떠난 모습과 이유를 상세하게 설명하지만, 그레스게와 디도는 이름과 장소만 쓴다. '그레스게 갈라디아로, 디도 달마디아로'라고 매우 간략히 설명한다. 데마가 떠난 모습을 설명하는 두 개의 동사인 '저버리고'(ἐγκατέλιπεν), '갔다'(ἐπορεύθη)가 모두 생략되어 있다. 문법적으

---

2. 에우세비오스(Eusebius)에 의하면 바울은 네로의 치하에서 순교한다. 그리고 네로는 주후 68년 3월에 '맞아 죽을 형'을 언도 받고 모든 권력을 상실한다. 이에 관한 자세한 논의는 〈부록 1〉을 참고하라.

3. 데마가 데살로니가에 간 이유가 선교였다는 주장도 있다. 이 주장에 따르면, 데마는 로마에 감금된 바울과 함께 있었을 때에 데살로니가 출신 아리스다고도 같이 있었다(몬 14). 이때 맺은 친분을 근거로 데마는 선교를 위해서 데살로니가에 갔다는 주장이다(Kelly, 212-13). 혹 후에 그가 회개하고 선교에 참여했을 가능성은 열려 있지만 처음에는 바울을 저버리고 세상이 좋아서 떠난 것이다.

로 그레스게와 디도 또한 바울을 '저버리고 떠난' 것으로 볼 수 있지만, '갔다'는 동사만 세 사람에게 일치된 것이고, '저버리고'는 오직 데마에게만 적용되고, 디도와 그레스게에 관해서는 '갔다'만 생략된 것으로 볼 수 있다. 문법과 가까운 문맥만을 보아서는 두 경우에 관련하여 바울의 의도를 판단하기 어렵다. 하지만 목회서신 전체의 맥락에서 보면, 그레스게와 디도에 대한 언급에는 '갔다'만 생략된 것이며, 그레스게와 디도가 각각 갈라디아와 달마디아로 간 것은 바울과의 합의에 의한 것으로 보아야 한다. 디도는 달마디아로 갔다. 달마디아는 성경에 이곳에만 나오지만, 로마서에 언급된 일루리곤이 달마디아 주(province)의 중요한 지역이다(롬 15:19). 바울은 일루리곤 선교에 마음을 쓰고 있었다.[4]

그레스게(Crescens)는 라틴어식 이름이며 신약성경에서 오직 이곳에만 나오는 이름이지만 당시에는 흔한 이름이었다(Marshall, 816). 그레스게가 갔던 갈라디아의 위치에 관해서는 두 가지 해석이 가능하다. 아시아에 있는 갈라디아와 지금의 프랑스, 곧 가울(Gaul/Gallia) 지역이다. 로마 사람들은 당시의 가울(Gallia) 지방을 종종 갈라디아로 표기하였다(Dibelius-Conzelmann, 122, 각주 3). 그레스게가 가울(Gaul)지역 선교와 연결되어 있는 전승이 몇 개 남아 있는데, 이 지역의 비엔(Vienne)과 마양스

---

4. 바울이 언급한 일루리곤은 그리스 북서쪽 지역으로 로마의 행정 구역(province)에 의하면 달마디아에 속한다. 롬 15:19에서 바울을 일루리곤에 복음을 전했다고 한다. 그리하여 '편만하게'($\pi\epsilon\pi\lambda\eta\rho\omega\kappa\acute{\epsilon}\nu\alpha\iota$) 하였다고 한다. 이 선교가 언제 진행되었을까? 아마도 바울이 고린도교회의 어려움을 해결하기 위하여 마케도니아에 머무는 동안이었을 것이다(고전 16:5; 고후 7:5-7). 따라서 바울이 4차 전도여행 중에 마케도니아를 방문하면서(딤전 1:3; 빌 2:24), 만약 이 방문이 마지막이라고 예견했다면, 일루리곤 선교에 마음을 두었을 것이다. 어쩌면 바울이 에베소에 가지 않고(딤전 1:3) 마케도니아에 오래 머문 이유에(딤전 3:14-15) 일루리곤 선교를 궤도에 올려놓으려는 의도가 포함되어 있었다고 보는 것은 막연한 상상이 아닐 것이다. 바울은 순교를 앞두고 디도를 달마디아(일루리곤)으로 보낸다.

(Mayence)에 갔다는 설과(Guthrie, 190) 리용에 갔다는 설이 있다(Spicq, 811-13). 당시 정황상, 10절의 갈라디아는 프랑스의 가울 지역으로 보는 것이 나을 듯하다. 땅 끝까지 복음을 전하겠다는 바울의 선교 열정을 고려하면, 바울은 죽음을 앞에 두고 선교의 지경을 넓히는 계획을 한 것으로 보인다. 바울이 그레스게를 이미 선교가 이루어진 갈라디아로 보냈다기보다는 아직 선교가 이루어지지 않은 가울(Gaul), 곧 지금의 프랑스 지역으로 보냈을 것이다.

11-12절 바울이 편지를 쓸 때에 그와 함께 있었던 동역자는 누가뿐이었다. 디모데가 올 때에 마가와 함께 오라고 한다. 그리고 그는 두기고를 에베소로 보냈다는 사실도 알린다. 디모데후서가 디모데에게 도착했을 때 마가는 어디에 있었을까? 디모데와 함께 골로새 혹은 에베소에 있었을 가능성도 있지만, 둘이 함께 있지 않았다 하더라고 둘은 비교적 가까운 거리에 있었을 것이다. 원문의 '취하여'(ἀναλαβὼν)는 디모데가 오는 길에 마가를 데리고 오라는 의미에 더 가깝다. 디모데가 수고롭게 마가를 찾아가서 설득하여 데리고 오라는 뜻 아니다.

바울은 마가가 '사역을 위해서'(εἰς διακονίαν) 크게 유익하다고 쓴다.[5] 여기서 사역은 선교를 포함한 광범위한 영역을 뜻한다(Marshall, 817). 바울은 자신의 죽음 이후를 준비하는 데 있어서, 마가의 역할이 중요하다고 판단하였다. 다수의 학자들이 마가가 바울의 순교 직후에 로마에서 마가복음을 기록했다고 한다. 마가복음이 어디서 쓰였는지에 대한 논쟁은 복잡하며 쉽게 결론이 나지 않는다. 하지만 로마에서 쓰였다는 견해는 가장

---

5. '유익하다'의 헬라어인 εὔχρηστος가 사용된 다른 예는 오네시모다(몬 11). 오네시모의 경우에도 εὔχρηστος는 좁게는 바울의 옥고 뒷바라지에 유익했다는 뜻이지만, 넓게는 복음 사역을 위한 것으로 볼 수 있다. ESV는 εὔχρηστος를 very useful(매우 유용한)으로 번역한다.

설득력이 있어 보인다. 또 전승에 의하면 마가는 알렉산드리아로 가서 그곳에 복음으로 교회를 개척한다.

　바울은 두기고를 에베소로 보냈다. 그는 에베소와 친숙한 인물이다. 전에 에베소로 보내는 편지를 배달한 적이 있었기 때문이다(엡 6:21). 그런데 만약 디모데가 에베소에 있었다면, 두기고를 에베소에 보냈다는 사실을 따로 알릴 필요가 있었을까? 세 가지로 설명이 가능하다. (1) 디모데가 에베소에 없었고 그 부근 어딘가에 있었기 때문이다. (2) 디모데는 에베소에 있었고, 두기고를 에베소에 보낸 것은 공식적인 사역자 교체 임명으로 두기고가 디모데를 대신할 것을 분명하게 알린 것이다. (3) 디모데후서는 개인적으로 전달된 편지이지만, 에베소 교회가 함께 읽고, 심지어 주변 교회들과 회람할 수 있는 편지였기 때문에 지나치게 사적으로 보이지 않게 하기 위해서다.

　13절 당시의 겉옷($\varphi\alpha\iota\lambda\acute{o}\nu\eta\varsigma$)은 꽤 무거운 물건이며, 또 고가품이었다.[6] 바울이 이 외투를 드로아에 남겨둔 것에 대한 원문을 직역하면 의도적이라고 보는 것이 자연스럽다. 헬라어의 '아뽈레이뽀'($\dot{\alpha}\pi o\lambda\epsilon\acute{\iota}\pi\omega$)는 목회서신에서 총 3회 쓰인다. 이곳 외에는 디모데후서 4:20에서 드로비모를 밀레도에 '두었다'의 헬라어가 '아뽈레이뽀'이며, 디도서 1:5에서 바울이 디도를 크레타에 '남겨 두었다'고 할 때 사용된 단어도 '아뽈레이뽀'다. 특히 디도서 1:5에서 바울이 디도를 의도적으로 남겨 두어 남은 일을 마무리하게 한 것이 분명하다. 아마도 바울의 외투는 무거운 물건이어서 겨울이 아닌 경우 여행의 짐이 되었을 것이다. 또 이 무렵 바울은 고린도, 소아시아(에베소), 그리고 마게도니아(빌립보, 데살로니가)에 이미 선교적 거점을 확보하고 있었기 때문에 이 지역을 순회하는 동안은 심지어 겨울에도

6.　좋은 겉옷은 약 200 데나리온이어서 보통 사람들이 6-7개월 일한 수입에 해당하는 가격이었다고 한다(Vamosh, 99).

외투가 필요 없었을지도 모른다. 또 드로아는 교통의 요지라 여행 중에 자주 들리는 도시였기 때문에 그곳에 두면 어렵지 않게 필요할 때 가져올 수 있었을 것이다.

바울은 외투와 함께 양피지에 쓴 책들을 가져오라고 부탁한다. 개역개정판은 가죽종이에 쓴 성경책으로 번역한다. 원어는 책(βιβλίον)들, 곧 양피지로 된 것들(μεμβράνα)를 가지고 오라고 한다. 이 책들이 무엇인가에 대해서는 다양한 추측이 있다. (1) 시민권과 같은 법적 문서(Guthrie, 191에서 재인용), (2) 성경의 일부를 필사한 사본, (3) 예수의 행동과 가르침을 적어 놓은 노트(Guthrie, 191), (4) 바울이 자신의 신학적인 견해를 적어 놓았던 노트(Towner, 2006: 630), (5) 부피가 크지 않은 개인용 노트(Marshall, 820) 등이다.

14-15절 바울은 구리세공 알렉산더가 자신을 힘들게 했던 사건을 기억해 낸다. 이 사건은 신약성경에는 기록되어 있지 않지만, 그의 방해는 바울을 무척 힘들게 했다(14절). 개역개정판은 '해를 많이 입혔으매'라고 번역한다. 바울은 디모데에게 그를 주의하라고 한다. 바울이 디모데에게 알렉산더의 악행에 대해 이곳에서 언급한 이유는 바울이 로마 감옥에 있다는 소식을 듣고 에베소에서 바울 및 그가 전한 복음에 심각한 손상을 입히는 극심한 적대적 행위를 한 것으로 추측할 수 있다. 바울은 알렉산더가 자신의 열매를 파괴하고 복음의 전진을 막고 있다는 소식을 오네시모로부터 들었을 것이다. 어쩌면 디모데가 바울을 만나러 로마로 간다는 사실이 알려지면, 알렉산더가 이를 방해할 우려가 있다고 예견한 듯하다. 그렇다면, 디모데가 속히 바울에게 오는 길에 방해가 될 만한 요소를 바울이 미리 알려 준 것이다. 14절에 언급된 '알렉산더'는 에베소를 중심으로 활동하던 인물이었을 것이다.

16-18절 '처음 변론할 때'에서 변론(ἀπολογία)은 정식 재판을 의미한

다. 따라서 이 변론이 언제의 사건을 가리키는지 세 가지 가능성이 있다. (1) 가이사랴에서 받았던 재판, (2) 주후 60-61년 경 처음 로마에 감금되었을 때 받았던 재판, (3) 두 번째 로마 투옥 중에 있었던 첫 번째 심리(preliminary investigation)이다.[7] 헬라어의 '떼 쁘로떼'(τῇ πρώτῃ)는 시리즈의 재판이 있었음을 알려준다(참고, 행 1:1). 따라서 가이사랴에서 있었던 재판을 가리킨다고 보기는 어렵다. 두 번째 견해의 장점은 17절과 조화를 이룬다. 하지만 두 번째 견해의 약점은 왜 이 시점에서 6-7년 전의 사건을 회상하는지에 대한 설득력 있는 설명이 어렵다. 반면 세 번째 견해의 난점은 실제 상황이 절망적인 것에 비해서 17절이 희망적인 어조란 점이다. 디모데후서 4:6-8에서 바울은 자신의 생애가 곧 마감될 것이라고 쓰고 있는데, 17절의 내용은 상당히 희망적으로 보인다. 특히 '사자', 곧 네로의 입에서 구출받았다는 표현으로 바울이 석방을 의미한다면 세 번째 견해는 입지를 잃는다.[8] 하지만 다음과 같은 이유에서 세 번째 견해가 타당하다고 할 수 있다.

'첫 번째 재판 때'에 아무도 바울 편에 서지 않았다고 한 표현을 살펴보면, 헬라어의 '빠라기노마이'(παραγίνομαι)가 여격과 함께 쓰이고 있는데, 이는 좁은 의미로 '누구의 편에 서다' 혹은 '누구에게 도움이 되다'는

---

7. 소위 *prima actio*인데 첫 번째 청문과정을 가리킨다는 견해를 취하는 학자들이 있다(Bernard, 148; Dibelius-Conzelmann, 124; Guthrie, 193; Marshall, 823).

8. '구출받다'의 헬라어는 ἐρρύσθην인데, 과거형(aorist) 수동태이다. 과거형은 이미 종결된 사건을 말해주고 있다고 주장하는 학자들도 있다. 사자의 입은 네로의 사나운 위협을 가리키며, 생명을 순식간에 삼킬 것 같은 무시무시한 힘을 상징한다고 볼 수 있다. 하지만 이 시제에 관하여서 16절이 1차 감금에서 풀려난 것을 회상한다고 단정할 수 없다. 바울은 1차 감금 시에 황제 앞에서 변론을 할 기회를 얻지 못했을 것이다. 또 2차 투옥 중 1차 변론에서 확정적으로 처형을 언도받지 않은 것도 사자의 입에서 구출받은 것으로 볼 수 있다. 그만큼 변론의 상황이 힘들었음을 보여주는 상징이다. 1차 투옥 때는 이와 같이 힘든 상황은 아니었다.

의미다(MM, 481). 다시 말해서 아무도 바울 편에 서 있는 사람이 없었다는 뜻이다. 이는 1차 투옥이 아니라 2차 투옥의 분위기다. 16b절의 '나를 다 버렸다'는 상황도 1차 로마 감금으로 보기 어렵다. 당시에는 바울이 여러 사람을 비교적 어렵지 않게 만날 수 있었기 때문이다(행 28:23, 30-31). 반면, 17-18절에 나타나는 희망적인 요소는 2차 로마 투옥 시에도 바울이 얼마든지 경험할 수 있었을 것이다. 특히 사자의 입에서 건져냄을 받았다는 것은 바울이 출옥할 것을 예견하는 표현이라고 단정할 필요가 없다. 오히려 2차 투옥 중에 있었던 첫 번째 변론에서 바울이 담대하게 이를 맞이했던 과정을 표현한 것으로 보아도 적절하다. 또 사자의 입조차 복음을 매이지 못하게 함을 경험했던, 복음에 대한 커다란 확신을 은유적으로 표현한 것으로 볼 수 있다. 18절이 언급하는 '악한 일'이란 심한 고문이나 모함일 수도 있지만, 복음이 막히는 일 혹은 자신이 약해지는 모습으로 볼 수도 있다.

정리하면, 16-17절은 바울이 2차 로마 투옥 때의 경험을 쓴 것으로 보아야 한다. 이 두절에는 죽음을 앞둔 사도의 마음이 나타나기 때문이다. 16절에서 바울은 절망적인 상황에 있었으며, 죽음을 예견하고 있었기 때문에 '그들에게 허물을 돌리지 않기를 원하노라'는 자신의 심경을 밝힐 수 있었을 것이다. 이는 예수의 죽음에 나타났던 원수 사랑을 실천한 것이다(눅 23:34). 바울이 자신의 순교를 앞두고, 예수의 모델을 따를 수 있었던 것은 그가 경험했던 스데반의 순교 장면을 기억했기 때문일 것이다(행 7:60). 바울은 스데반이 순교할 때에 그를 죽이는 모의에 참여했었다(행 7:58; 8:1). 그때 바울은 스데반이 자신을 해치려는 사람을 용서해 달라고 기도하는 음성을 들을 수 있었고, 이는 그에게 충격을 주었을 것이다. 이 충격은 그의 회심에 영향을 주었다고 볼 수 있다(한규삼, 2006: 125). 디모데후서 4:16에서 바울은 자신의 목숨이 걸린 재판 중에 스데반이 예수의 자취를 따르면서 보여 주었던 원수 사랑의 모델을 실천하고 있었다. 그리고 이런 모습을 디모데에게 알림으로 훗날 디모데도 맞이할지 모르는 순교의 위기를 대처할 모델로 제시한 것이다. 참된 신앙은 어떠한 절망스러운 상황도 밝게 맞이할 수 있다. 16-18절에 나타나는 밝음은 이러한 그리스도인의 생사관에서 비롯된 것이다.

1. 번역

19 그대는 브리스가와 아굴라 그리고 오네시보로의 집에 안부를 전해주십시오. **20** 에라스도는 고린도에 머물러 있고, 드로비모는 병약해져서 밀레도에 남겨 두었습니다. **21** 그대는 겨울이 되기 전에 오도록 최선을 다하십시오. 으블로와 부데와 리노와 글라우디아와 모든 형제들이 그대에게 안부를 전합니다. **22** 주님께서 그대의 심령에 함께 하시길 빌며, 주님의 은혜가 그대들과 함께 하길 빕니다.

2. 주해 및 해설

19절 바울이 브리스가와 아굴라 그리고 오네시보로의 집에 특별히 안부를 전하는 것은 당연했다. 이들은 에베소에 있었던 성도들 중에 바울과 특별한 관계가 있던 사람들이다. 브리스가와 아굴라는 바울이 2차 전도여행 중에 홀로 고린도에 이르렀을 때에 만났던 같은 직업을 가진 동역자였다(행 18:2-3). 이후 이들 셋은 함께 에베소로 갔고(행 18:18-19), 언제인지는 모르지만 브리스가와 아굴라는 로마로 돌아갔다. 바울이 로마서를 쓸 때에 이들 부부는 로마에 있었다(롬 16:3). 그리고 다시 에베소로 온 것이다(딤후 4:19). 바울의 마지막 시간에 이들 부부는 로마에 없었다. 이들은 에베소에 디모데와 함께 있었던 것이다. '브리스가'는 '브리스길라'의 줄인 이름이다. 오네시보로는 에베소 사람으로 디모데후서를 쓰기 직전 로마로 바울을 찾아와서 바울에게 큰 위로를 주었던 인물로 복음과 함께 고난받는 것을 부러워하지 않는 사례였다(딤후 1:16-18). 바울은 오네시보로의 집에 문안을 한다.

20절 바울은 인사를 전하면서 인사와는 맞지 않는 듯한 정보를 추가하는데, 에라스도와 드로비모에 관한 것이다. 19절에서 바울은 에베소에 있는 특별한 관계에 있는 성도에게 안부를 전하고, 21절에서는 로마에 함께 있는 성도들의 안부를 디모데에게 전한다. 그런데 20절에는 안부와는 상관없는 드로비모와 에라스도에 관한 이야기를 한다. 드로비모가 머물고 있는 곳은 에베소에서 약 40km 남쪽에 있는 밀레도였으며, 에라스도가 있던 고린도도 에베소와 교통편이 잘 연결되어 있어 이들에 관한 이야기는 디모데에게 이미 전달되었을 가능성도 적지 않다. 멀리 로마 감옥에 있는 바울이 이들 정보를 이들과 가까이 있는 디모데에게 알려주는 이유는 바울이 비교적 최근까지 이 두 명과 함께 있었기 때문일 수 있다. 드로비모와 에라스도를 밀레도와 고린도에 남겨 두었다는 표현에는 이들이 이 지역에서 사역하도록 임명한 것으로 보아야 한다(참고, Towner, 653). 비록 드로비모는 병들었지만 밀레도의 사역자로 세웠다는 뜻이다. 바울이 드로비모에 관해서 편지에 적은 이유는 그가 에베소 출신이었기 때문이다(행 20:4; 21:29). 그는 바울이 밀레도에서 에베소 장로들과 작별할 때에 그곳에 있었고(디모데도 있었다), 이후 예루살렘까지 함께 갔던 인물이다.[1] 에라스도라는 이름은 신약성경에 3번 나온다(행 19:22; 롬 16:23; 딤후 4:20). 이 구절들이 모두 같은 인물에 관한 것인지를 증명하기는 어렵다. 다수의 학자들은 같은 인물로 보지 않으려 하지만, 영향력 있는 소수 학자들은 같은 인물로 본다.[2] 본문의 에라스도가 다른 에라스도와 같은 인물이라면, 그는 고린도 사회에서 크게 성공한 인물이었다(롬 16:23). 그리고 디모데와 가까운 사이였다(행 19:22).

만약 디모데가 마가를 데리러 골로새로 갔다면(골 4:10), 다음 이동 경로는 (1) 밀레도로 가서 배를 타고 고린도를 경유하여 로마로 이동하는 것인데, 밀레도를 떠나 고린도로 가는 뱃길을 이용했을 것이다. 고린도에서 로마로 가는 길은 두 가지 옵션이 있었는데, 고린도를 떠나 로마의 항구였던 오스티아를 통하여 가는 길과 고린도에서 니고볼리를 거쳐서 브린디시로 들어가서 육로(*Via Appia*)를[3] 통하여 들어가는 것이다. (2) 골로새에서 육로로 사데와 버가모 및 앗소를 거쳐서 드로아로 가서, 드로아에서 배로 네압볼리로 들어가서 에그나티아 길(*Via Egnatia*)을 따라 빌립보, 데

---

1. 드로비모의 고향은 에베소이며, 그는 바울과 함께 고린도지역에서 모금된 헌금을 가지고 예루살렘에 올라갔었다(행 20:4; 21:29). 바울이 로마로 마지막 이동을 할 때에 함께 아시아(골로새로 추정)를 떠나 밀레도에 가서 그곳에 머물러 병을 돌보았다(딤후 4:20). 전승에 의하면 그는 후에 현재 남프랑스의 아알(Arles)에서 감독으로 사역했다고 한다(Guitteny, 12).
2. 같은 인물로 보는 대표적인 견해는 윈터에 의해서 제기되었다(Winter, 1994: 192-97, 특히 196). 또 Marshall, 828 및 Towner, 2006: 652를 참고하라.
3. 아피아 길(*Via Appia*)은 로마에서 지금의 나폴리를 걸쳐서 이탈리아 반도의 동남쪽 끝자락에 있는 브린디시까지 연결되는 약 600km의 로마를 대표하는 대로(*Viae*)다. 이 길은 베드로가 로마 교회가 핍박을 받을 때에 로마를 탈출하려고 남쪽으로 향하다가 부활하신 예수를 만난 것으로 유명하다.

살로니가, 베레아를 지나 서쪽 해안 끝인 다라키움에서[4] 다시 뱃길로 이
탈리아 반도의 브린디시로 가는 것이다. 브린디시에서 로마까지는 아피
아 길(*Via Appia*)로 연결된다.

21-22절 바울은 디모데가 겨울이 되기 전에 빨리 오도록 재촉했다. 이
런 이유 중에 겉옷이 없는 것이 포함된다고 볼 수 있지만, 중요한 이유는
아니었다. 당시 지중해의 뱃길 여행은 9월 14일 이후에는 제한이 되며 11
월 11일 이후에는 통제된다. 이는 이듬해 3월 10일에 다시 열린다.[5] 하지만
3월 10일부터 5월 26일까지는 위험한 기간으로 분류되어 일반인의 여행
은 쉽지 않았다. 따라서 당시 지중해에서 배를 통한 여행이 자유로운 기
간은 5월 27일부터 9월 14일까지 3개월 반뿐이다.[6] 에베소에서 로마로 가
려면 배를 이용해야만 했고, 뱃길의 제약을 늘 염두에 두어야 했다. 바울
이 편지를 쓴 다음 에베소로 육로와 뱃길을 이용하여 보내는 데 최소한 3
주가 걸린다는 기록이 있지만, 이는 군사적인 목적으로 이동할 때이며(El-
lis 1993: 661), 보통의 여행자들은 훨씬 많은 시간이 걸렸다. 로마에서 보
낸 편지가 에베소에 도착하여 디모데가 이를 받고 주변의 일을 정리하여
마가와 함께 로마에 도착하려면 상당한 시간이 걸렸을 것이다.[7]

---

4. 다라키움은 현재 알바니아의 두러스(Durres)이며, 이곳에서부터 이스탄불(콘스탄
   티노플)까지 연결된 로마의 중요한 대로(*Viae*)가 시작되는 도시다. 다라키움에서
   콘스탄노플은 비아 에그나치아(*Via Egnatia*)는 670km의 긴 구간이다(Wikipedia,
   "Via Egnatia").
5. 어떤 기록은 뱃길이 열리는 때를 2월 8일로 기록한다(Pliny, *Nat.* 2.122).
6. 바울의 바다 여행에 관하여는 랍스케(Rapske), 22-46을 참고하라.
7. 랍스케에 의하면 당시 보통의 여행자들이 장기간 계속 여행하는 경우, 하루에 이
   동하는 거리는 40km를(도보의 경우 27-37km, 나귀를 이용하는 경우는 45km, 말
   을 이용하는 경우는 54-100km) 넘지 않는다고 한다. 100km를 이동하려면, 걷
   는 경우 3일, 나귀를 이용하는 경우 2일, 말을 타고 달리는 경우 1일이다(Rapske,
   6-10). 도보로 장거리를 이동하는 경우는 하루에 더 짧은 거리만 이동해야 했다.
   바울의 편지를 가지고 전달자가 육로로 먼저 로마에서 브린디시까지 아피아 길

로마에 있던 동료 네 명의 이름이 기록되어 있다. 으블로와 글라우디아에 관해서는 알려진 것이 없다(Towner, 2006: 654). 리노는 이레니우스와 에우세비오스에 의하면 로마의 첫 번째 감독이 되었다고 한다.[8] 부데에 관해서도 전승이 남아 있다. 그는 초기 로마 교회의 중요한 인물이었고 당시 사회의 상당한 고위층이었다. 그의 집은 초기 가정 교회의 모임 장소였고, 그의 집터 위에 중세 때 교회가 세워졌으며, 이는 재건축을 걸쳐 현재의 부데 기념교회가 되었다.[9] 바울의 마지막 인사는 간결하다. 디모데

을 따라 약 600km를 이동해야 한다. 브린디시에서 다라키움까지 뱃길 이동해야 하는데, 소요 일수는 배를 기다리는 시간에 따라 다소 차이가 생긴다. 이 뱃길은 약 150km다. 다라키움에서 네압볼리까지는 에그나티아 길로 이동하게 되는데 500km가 넘는다. 네압볼리에서 배를 타고 드로아에 가야 하는데 2-5일 걸린다(행 16:11; 20:6). 드로아에서 배로 혹은 육로로 에베소로 갈 수 있다. 육로로 이동하는 경우 약 400km다. 따라서 로마에서 에베소까지 육로와 뱃길을 이용하여 민간인이 이동한다면, 약 4-8주가 걸렸을 것이다. 하지만 로마에서 오스티아 항구를 이용하여서 뱃길로 바로 에베소에 갔다면, 빠르면 2주 안에도 도착할 수도 있었다. 로마 제국 초기에 로마에서 지금의 런던(*Londinium*)까지 가장 빠르게 이동할 수 있는 소요 일정은 27일이었다. 하지만 1인당 비용이 약 900 데나리온이나 되었다("ORBIS: The Stanford Geospatial Network Model of the Roman World," Live Science. http://orbis.stanford.edu/#reference). 1 데나리온은 당시 훈련되지 않은 노동자 및 보통의 군인들이 하루 받는 임금으로 지금 가치로는 약 2만 5천원 수준이었다($20.00). 따라서 여행 경비는 편도 2천만 원 정도가 들었다고 할 수 있다. 로마에서 에베소까지는 런던보다 가까웠다. 하지만 뱃길로 가장 빠르게 이동하는 것은 비용을 고려한다면, 아마도 불가능하였을 것이다.

8. Irenaeus, *Adv. Haer.*, 3.3.3.; Eusebius, *Hist. Eccl.* 3.2.13. 그런데 테르툴리아누스(Tertullain)의 견해는 다르다. 그는 클레멘스가 베드로의 후계자라고 기록한다(*De Praesc. Haer.*, 32; Towner, 2006: 655에서 재인용).

9. Merola, 1-15. 이 소책자는 현재도 로마에서 예배 장소로 사용되고 있는 부데 기념 교회에 관한 소개서다. 이 교회의 역사는 고고학적인 발굴을 통해 입증되었는데, 가장 밑층에 귀족의 맨션 터가 있었고, 그 위에 목욕탕이 세워졌던 흔적이 있고, 그 위에 첫 교회가 세워졌던 모습이 확인되고, 현재 교회는 그 위에 재건되었다. 고고학적인 발굴에서 맨 아래 층에 있는 귀족 맨션 층에서 '부데'란 이름이 새긴 벽돌이 발굴되었다고 한다.

를 향한 축복과 에베소 교우들을 향한 축복이 나오는데, 이는 바울이 종종 사용하던 방식이다(Towner, 2006: 655-56).

제4부

디도서

본문 주석

제1장
디도서 1:1-4
인사를 통하여 밝힌 바울의 사도직

　디도서 1:1-4은 인사다. 바울 편지의 인사에는 저자, 수신인 그리고 축복이라는 기본 꼴이 나타난다. 디도서의 인사는 이런 기본 꼴에 충실하다. 편지의 저자 바울은 수신인인 디도에게 편지하며, 은혜와 평강을 기원한다(1, 4절). 바울은 각각의 편지를 쓸 때마다 그 상황에 따라 이런 기본 꼴 위에 다양한 내용의 인사를 덧붙였다. 바울은 편지의 인사에서부터 그 편지를 통하여 다루고 싶은 메시지를 드러내고 있기 때문에(Knight 1992: 282), 기본 꼴과 덧붙여진 내용을 분리하여 보면, 바울이 그 편지에서 다루고자 하는 내용을 찾아낼 수 있다. 디도서의 인사에서 바울은 자신을 '종이요 사도'라고 불렀고, 디도에게는 '참 아들'이란 수식어를 붙였다. 그리고 인사 중에 가장 길게 덧붙여진 내용은 사도가 된 경위에 대한 언급이다(딛 1:1b-3). 바울이 사도가 된 경위는 하나님이 택하신 자들에게 주시는 믿음과 진리의 지식을 따라서 된 것이다.

1. 번역

1 하나님의 종이요 예수 그리스도의 사도인 바울이 편지를 씁니다. 나는 하나님께서 선택하신 자들의 믿음과 진리의 지식을 따라 사도가 되었는데, 이 진리는 경건함을 따르는 것입니다. **2** 나는 영생의 소망 위에서 사도가 되었는데, 영생은 거짓 없으신 하나님께서 영원 전에 약속하셨고 **3** 때가 이르매 말씀을 선포함으로 드러내신 것이며, 이 말씀의 선포는 나의 구주 하나님의 명령을 따라 내가 맡은 임무입니다. **4** 나는 같은 믿음을 따라 참 아들이 된 디도에게 이 편지를 씁니다. 하나님 아버지와 우리 구주 예수 그리스도께서 주시는 은혜와 평화가 있기를 빕니다.

2. 주해

1a절 디도서 1:1a는 사도에 대한 설명을 길게 쓰고 있다. 여기서 바울은 사도직을 종의 직분과 함께 쓰고 있으며, 자신의 사도 직분이 무엇을 위한 것인가를 설명한다. 1a절에서 바울은 사도라는 직분을 '종'이라는 자기 낮춤과 함께 사용한다. 먼저 자신을 종이라고 낮춘 후에 사도임을 주장한 것이다. 따라서 그의 사도직의 주장에는 종이라는 전제가 깔려 있다. 성경의 종, 곧 '둘로스'(δοῦλος)는 오직 주인만을 섬기며, 오직 주인하고만 관계를 맺고 있는 존재이다(*NIDNTT*, 3:596). 주인 이외의 다른 사람과 관계를 맺은 것도 주인을 섬기기 위한 목적 외에 다른 이유가 없다. 따라서 종과 주인의 관계는 철저히 배타적이어서(exclusive relationship) 다른 사람들은 이들 사이에 끼어들 수 없다(Knight, 1992: 282). 따라서 성경의 종은 법적인 소속의 개념보다도 유일한 관계를 강조하는 언약적인 의미

가 더 강하다. 또한 종은 자신의 생활에 필요한 모든 것을 오직 주인을 통해서만 공급받고 있어야 한다. 만약 공급자가 둘이라면, 이 종은 두 주인을 섬기고 있는 것이다. 따라서 신실한 종은 주인이 자신에게 필요한 모든 것을 공급해 주신다는 것과 그 주인을 자신과 가족의 안전을 철저하게 지켜주시는 분으로 신뢰하여야 한다.[1]

구약성경에서 종은 여호와 하나님과 언약을 맺은 공동체 및 그 리더에게 적용되었다. 우선 이스라엘 백성 전체가 여호와의 종으로 인식되었으며, 그 리더였던 모세(시 105:26), 여호수아(수 24:30), 아브라함(시 105:42), 다윗(시 89:3), 야곱(사 48:20) 등이 종이란 타이틀을 가지고 있었다. 이런 용례에 나타나는 종의 의미는 하나님의 뜻을 이 땅에 실현하기 위하여 부름받아 이에 헌신한 인물이란 의미를 뺄 수 없지만, 보다 근본적으로는 여호와 하나님하고만 유일하게 관계를 맺어 오직 그분에게만 충성하고 오직 그분의 공급과 보호함으로 살아가는 사람을 의미한다.

바울이 본문에서 사용한 종의 용례는 구약의 언약 전통에 근거하고 있다(Towner, 2006: 666). 그는 종이란 칭호를 공동체의 탁월한 리더라는 개념보다 하나님의 언약을 수행하는 데 철저히 헌신된 자를 칭하는 데 사용하였다. 나아가서 이사야서의 모티프인 고난받는 종이 제시한 모델을 따르는 자였다. 종은 '매여 있음'을 설명하기에 좋은 표현이기도 하지만, 역설적으로 예수에 의해서 죄의 종이었던 자들이 예수 안에서 자유로워지고 그 자유를 사용하여서 기꺼이 예수의 종이 되었음을 선포하는 데 적절했다. 바울은 디도서 1:1a를 통하여 모든 교회의 리더들은 본질적으로 예

---

1. 이런 의미에서 볼 때, 오늘날 교회에서 '종'이란 말은 자주 남용되고 있다. 우리가 하나님의 종이 되려면 주님을 향한 더욱 철저한 의존이 있어야 한다. 우리는 우리 자신을 종이라고 하면서도, 너무나 많은 것을 스스로의 힘으로 공급하려고 하며, 자신의 생존을 주인이 아닌 자기 스스로의 힘으로 준비하려 한다.

수의 종이 되어야 한다고 제시한 것이다. 특히 장로/감독의 임무는 그들이 철저히 예수의 종이란 깨달음에서 근거해야 한다. 교회는 그 머리가 예수이기 때문에, 교회 자체가 예수의 종인 것이다. 예수를 유일한 주인으로 모시고, 오직 예수의 뜻을 수행하는 공동체이어야 한다.

1b절 바울은 자신의 사도직에 대해서 자세하게 설명한다. 종으로서의 사도가 감당해야 하는 임무는 크게 두 가지인데, 첫째는 전치사 '까따'(κατά)를 통해서(1b절), 둘째는 전치사 '에삐'(ἐπί)를 통해서 드러낸다(2절). 1절의 '까따'는 관심이 어디에 있고, 무엇을 따르는가를 보여주는데, 이런 관심은 소명과 서로 뗄 수 없다. 소명으로부터 생긴 관심이기 때문이다. 이러한 관심은 하나님께서 선택하신 자들의 믿음과 진리의 지식을 향한다. 이 관심은 그의 부르심에서 비롯되었기 때문에, 부르심을 이루어가는 동안 소멸되거나 변질되지 않는다. 이렇듯 소명에서 비롯되는 관심을 따라 살면, 그의 임무 및 삶의 목적을 잘 수행할 수 있게 된다. 반면 2절의 '에삐'는 사도직이 무엇에 근거하고 있는가를 보여준다. 바울의 사도직은 영생의 소망에 근거하며, 영생의 소망을 다른 사람들에게 전하기 위한 것이다.

바울은 사도로서 성도들의 믿음과 진리의 지식에 관심을 두고 있다고 한다. 하나님의 택하심은 믿음을 갖게 하는 것이기에 하나님께서 택한 자는 반드시 믿음을 갖게 된다. 로마서 8:29-30은 하나님께서 미리 알고 계심에 근거하여 우리를 택하였다고 하며 이 택하심에 근거하여 구원 과정이 시작된다. 하지만 하나님께서 택하셨다고 자동으로 구원에 이르는 것은 아니다. 택함받은 자의 믿음은 하나님이 주시는 것이지만, 이 믿음이 탄생하는 과정을 위하여 돕는 일꾼이 필요하다. 사도는 이런 일꾼이다.

바울의 두 번째 관심은 '지식'이다. 사도로서의 소명은 특별히 진리의 지식에 관심이 끌렸다. 성경은 지식을 소중히 여긴다. 성경에서 말하는 지식은 낱개의 정보가 아니라 하나님을 아는 지식을 의미한다(요 17:3; 호

4:6; 6:3). 특히 본문의 '진리의 지식'은 하나님을 아는 지식인데, 이는 성도를 진실하게 만든다(비교, 딤전 2:4). 이러한 진실함은 도덕적인 기준을 만족시키는 것을 넘어서 성도를 하나님 앞으로 이끄는 길이며(요 14:6), 또 세상 앞에 그가 하나님의 사람임을 입증하는 수단이 된다(골 1:9-10).

바울은 진리의 지식이 경건함과 밀접하게 연관되어 있음을 강조한다. 진리의 지식은 경건함을 따라 살게 하기 때문이다.[2] 경건함에 이르는 길은 성실한 영적 훈련을 통하여 이루어지지만 그 근간에 진리의 지식이 있어야 한다. 따라서 진리의 지식은 목회서신 전체가 강조하는 바른 교훈을 구성하는 핵심요소이며, 넓게 보면 바른 교훈의 동의어라고 할 수 있다. 바른 교훈의 목적 또한 경건함을 이루는 것이기 때문이다. '경건함'의 원어는 '에우세베이아'(εὐσέβεια)인데, 신약성경에서 이 단어는 주로 바울이 사용하며 특히 목회서신에서 애용한다.[3] 경건함의 쓰임새를 살피면 크게 세 가지로 요약된다. 첫째, 경건함은 인간이 하나님께 빚으로 지고 있는 것이다. 하나님이 인간에게 빚처럼 청구하시는 것이 많지 않지만, '경건함'(에우세베이아)은 빚처럼 청구하신다(BAGD, 326). 둘째, 경건함은 참 신앙의 표지이다(authentic Christian existence). 신앙이 외부로 드러날 때

---

2. 딛 1:1-3에는 κατά(따라)가 3차례 등장한다. '믿음과 지식을 따라'(1절), '경건함을 따라'(2절), '명령을 따라'이다(3절). 이 세 용례는 모두 전치사 '까따'가 이끄는 단어들을 삶에서 수행한다는 의미로 사용되고 있다(참고, Towner, 2006: 668). 즉, 부르심은 '믿음과 지식'을 따르게 하며, 진리는 '경건함'을 따라 살게 하며, 말씀의 선포는 '명령'을 따르게 한다. 요약하면, κατά는 특정한 과정을 이끌어가는 장치를 뜻한다고 할 수 있다. κατά는 디도서의 독자들이 바른 교훈을 실천하는 구체적인 방식을 제안하는 전치사인 것이다. 영어 번역에서는 to further(더하다) 혹은 in the interest of(재미를 갖게 하다)로 번역한다. 전자는 RSV이며, 후자는 Kelly의 견해다 (Knight, 2006: 283에서 재인용). 본문에서는 전자의 견해가 타당하다.
3. 바울서신 전체에 20회 사용되는데, 목회서신에 총 15회 나온다. 바울서신 이외에서 경건함은 베드로전서와 후서에서도 중요한 역할을 한다. 이외에는 사도행전에 한번 나온다(행 3:12).

필수적으로 나타나는 모습이 경건함이다(벧후 1:3; 딤후 3:5). 셋째, 경건함은 신앙이 바른 교훈 위에 서 있다는 증거, 곧 바른 교훈의 열매다. 그리고 이러한 경건함은 형제에 대한 사랑으로 나타나야 한다(벧후 1:6-7). 요약하면, 복음의 전파를 위해서 그리고 소명의 완수를 위해서 경건함은 모든 사역자와 직분자가 필수적으로 갖추고 있어야 하는 신앙을 대표하는 모습이다(딤전 4:8).

2-3절 2절의 핵심은 영생의 소망이다. 개역개정판에 의하면 바울이 사도가 된 것은 세 가지와 관련되어 있는데, 믿음과 지식과 소망이라고 번역한 듯하다. 하지만 원문은 앞에서 살펴본 것과 같이 '까따'(관하여)와 '에삐'(위에)로 구분되어 있다. '믿음'과 '지식'은 '까따'의 대상이며, 영생의 소망은 '에삐'의 대상이다. 특히 '에삐'와 함께 쓰인 영생의 소망은 사도직의 근거를 보여준다. 반면, '까따'와 쓰인 믿음과 지식은 사도직이 무엇에 관심을 두게 하는가를 보여준다. 바울은 사도직에 관해서 '까따'보다는 '에삐'에 좀 더 많은 무게를 두고 있는 것으로 보인다. 바울의 사도직은 생명을 위한 것이며, 생명 위에 기초한 것이기 때문이다.[4] 디도서에서 주로 다루는 교회의 조직과 바른 교훈에 대한 가르침 그리고 복음 전도 등의 모든 과제들은 결국 생명을 위한 것이다. 그런데 디도서는 영생에 대한 정의나 영생을 얻는 방법에 대한 설명보다는(참고, 딛 3:3-8) 영생이 어떻게 전파되는가에 관심을 두어서 영생을 선포함(ἐν κηρύγματι)이 중요하다고 한다. 그리하여 자연스럽게 자신의 사도직에 대해 설명하면서 이를 이어가는 디도 및 독자들의 임무가 무엇인지 시사한다.

---

4. 여성 목적격 단수 관계 대명사(ἥν)가 이끄는 절은 영생의 소망을 설명하는데, 문법적으로는 '영생'(ζωή) 혹은 '소망'(ἐλπίς)이 모두 관계절의 주어가 될 수 있다. 둘 다 여성 단수 명사이기 때문이다. 하지만 의미적으로 '거짓 없으신 하나님께서 영원 전부터 약속하신 것'은 영생이지 소망이 아니다.

첫째, 영생은 거짓 없는 하나님의 약속이다. 이는 영원 전부터 있었고 (2b절), 따라서 확실한 것이다. 바울이 '거짓이 없으신 하나님'을 강조한 이유는 당시의 그레데(크레타) 섬의 풍습과 관련이 있다. 그레데 사람들이 믿던 그리스의 신은 제우스였는데, 제우스는 거짓을 쉽게 말하며 행하는 신이었다(Towner, 2006: 37-40). 영생의 소망은 변치 않는 하나님의 약속에 근거하기 때문에 성도들에게는 값진 것이다. 소망과 약속은 본질적으로 공유하는 속성이 많다. 성도의 소망은 약속의 확실함과 그 풍성함 및 은혜에 근거한다.

둘째, 영생은 정한 때에 나타난다(3a절). 이는 구약의 관점에서 보면 메시아의 때를 말하며, 신약의 관점에서 보면 지금이 바로 그때인 것이다 (참고, 요 4:23; 고후 6:2; 딤후 4:2). 신약 시대에는 예수 안에서 영생이 있어 그때가 늘 임하여 있지만, 이런 영생을 위해서는 특별히 하나님께서 각 사람에게 다가오시는 때가 있다. 이를 보통 '까이로스'(καιρός)의 시간이라고 한다. 본문에서도 이 단어를 쓰고 있다.

셋째, 영생은 말씀의 선포로 얻게 된다(3b절). 모든 것이 준비되어 있어도 전도하는 사람이 없다면 영생의 소망은 효력이 발생되지 않는다. 원문은 '엔 께뤼그마티'를 사용하는데, 이는 '선포함을 통하여'란 뜻으로 선포자의 중요성을 보여준다.[5] 영생이 전해지는 일에 있어서 가장 중요한 것이 하나님의 말씀을 선포하고 전하는 자다(롬 10:14). 말씀 선포는 사도직의 핵심이며, 바울이 디도와 디도서를 읽는 독자들에게 전하는 핵심 메시

---

5. 헬라어의 κηρύγμα는 말씀을 표현하는 다양한 단어 중에서 특히 선포되는 말씀이란 의미다. λόγος가 일반적인 말씀으로서, 듣는 사람 내면에 심겨져서(참고, 약 1:21) 인격을 형성한다면, ῥήμα에는 움직여 다가오는 말씀이란 특징이 있다. 물론이 세 단어가 늘 구별되는 것이 아니며 적지 않은 경우 서로 호환되어 동의어로 사용되기도 한다(눅 5:1-10).

지는 영생의 말씀 선포와 관련된다.

4절 편지의 수신자는 디도였다. 4절은 디도를 참 아들이라고 부르는데, 이 명칭은 둘이 같은 믿음을 공유하고(κατὰ κοινὴν πίστιν) 있다는 뜻이다. 순서상으로는 바울이 자신의 믿음을 디도에게 전수하여 둘이 같은 믿음을 공유했지만, 사실은 둘 모두의 믿음은 같은 삼위 하나님께로부터 온 것이며, 두 사람이 각각 삼위 하나님과 연합하여 있음으로 두 사람 사이에 믿음의 공유가 생긴 것이다. 공유된 믿음은 동역을 위해서 꼭 필요하다. 바울이 말한 '참 아들'에서 '참'은 원어로 '게네시오스'(γνήσιος, '진정한')이다. 영어의 '제뉴인'(genuine)이 여기서 유래하는데, '진정한' 또는 '적법한'(legitimate)의 의미를 가진다.

3. 해설

디도서 1:1-4은 디도서를 시작하는 인사이지만, 그 내용은 디도서 전체를 통하여 전달하려는 메시지의 핵심을 포함하고 있다. 디도서 1:1-4에서 바울은 자신의 사도직을 세 가지로 설명한다. 첫째, 사도직의 본질은 종으로서의 사역이라고 한다. 둘째, 사도직은 영생의 소망에 근거한다. 특히 영생은 하나님의 말씀을 선포함으로(κατὰ ἐν κηρύγματι) 얻게 되며, 이것이 하나님께서 자신에게 의탁한 것임을 분명하게 알린다. 셋째, 사도직은 하나님께서 택하신 자들을 믿음과 진리의 지식으로 세우기 위함이다. 따라서 사도의 직분은 디도서 목적인 감독을 세우고 교회를 튼실하게 하는 것과 이를 위해서 바른 교훈이 필요함을 설명하는 것의 밑그림이 된다.

제2장
디도서 1:5-9
디도서의 목적

디도서 1:5-9에서 바울은 디도서를 쓴 목적을 명시한다. 그는 그레데 섬을 떠나면서, 디도에게 각 성에 개척한 교회에 장로들을 세움으로 선교의 기초 단계를 마무리하라고 지시하였는데, 이제 그 일을 속히 완료하라는 것이다. 그리고 이러한 마무리 작업을 가속화하기 위하여 감독/장로의 자격 요건을 제시한다. 이런 조건에 맞는 자들을 구별하여 교회의 지도자로 세우라고 한다.

1. 번역

5 내가 그대를 그레타에 남겨 둔 이유는 남은 일들을 정돈하고 각 성마다 내가 지시한 대로 장로를 세우기 위함인데, **6** 어떤 사람이 흠잡을 데가 없고 한 아내의 남편이며 그 자녀에게도 믿음이 있어 방탕하다거나 불순종한다는 비난을 받지 않는다면 장로가 될 수 있습니다. **7** 감독은 하나님의 청

지기로서 흠잡을 데가 없어야 하며, 자기 고집을 부리지 않아야 하며, 쉽게 화내지 않아야 하며, 술에 중독되지 않아야 하며, 난폭하지 않아야 하며, 부끄러운 이득을 탐하지 않아야 합니다. **8** 대신 감독은 손님을 잘 대접하며, 선한 것을 사랑하며, 신중하며, 의로우며, 경건하며, 절제해야 합니다. **9** 그는 믿음직한 말씀이 가르치는 것과 이에 일치하는 것들을 붙들고 있어야 합니다. 그래야 건강한 교훈으로 권면할 수 있으며, 거스르는 자들을 책망할 수 있습니다.

2. 주해

5-6절 바울이 디도를 그레데에 남겨 둔 목적은 자신이 미처 마무리하지 못한 일들을 마무리하라는 것인데, 이 중에 가장 중요한 것이 각 성에 세워진 교회에 장로를 세우는 것이었다. '남겨두다'의 헬라어인 '아뽈레이뽀'(ἀπολείπω)는 바울과 디도가 함께 그레데(크레타)에 갔다가 바울은 디도를 그곳에 의도적으로 남겨 두고 떠났음을 함의한다. 또 이 단어는 바울이 디도를 중요한 사역에 임명(install)했음도 암시한다.[1] 바울이 자신의 권한을 디도에게 넘겨주어서 디도로 하여금 자신을 이어서 그레데 사역을 마치도록 했던 것이다.

그레데 섬은 바울이 죄수의 몸으로 로마로 갈 때에 배가 유라굴로를 만나서 정박했던 곳이다(행 27:7-14). 이후 바울은 로마에서 약 2년간의 감금 생활을 하고 풀려 나온 후 디도와 함께 그레데를 선교하기 위해서 방문한다(주후 63-64년경으로 추정). 그레데는 로마가 지중해를 장악하

---

1. 이런 디도서의 용례는 이 단어가 사용되고 있는 딤후 4:13과 4:20을 이해하는 데 단서가 된다.

는 데 중요한 역할을 했던 지정학적 요충지며, 고대 그리스 문명의 발상지로, 1세기 후반에는 인구가 약 100만 명에 이르는 번성한 섬이었고 이 섬의 중심 도시였던 고르틴은 지중해 무역 및 교통의 중심지였다(Vasilakēs, 8-10). 바울이 디도와 함께 본격적으로 이 섬을 전도하려고 도착했을 때에 이미 그곳에는 유대인으로서 예수를 믿는 그리스도인들이 있었던 것으로 추정된다(행 2:11). 바울이 죄수로 매여서 로마로 가던 길에 이 섬에 잠시 머물렀을 때에도 복음을 전했을 것인데, 그 열매가 그때까지 그레데에 남아 있었을 수도 있다.

　　디도가 맡은 임무는 두 가지였다. (1) 남은 일을 정돈하는 것과 (2) 각 성에 장로를 세우는 것이었다. '정돈하다'의 원어인 '에삐디오르토오' (ἐπιδιορθόω)는 당시에는 거의 사용하지 않던 헬라어인데, '바르게 하다' 혹은 잘못되지는 않았지만 '더욱 바르게 하다'는 의미이다(Marshall, 151). '세우다'의 헬라어는 '까따스떼세스'(καταστήσῃς)인데, 이것은 전문용어로 담당자를 세우는 것이다. 하지만 디도가 일방적으로 장로를 지명하고, 성도들은 이런 과정에 아무런 의견도 제시하지 않았다고 볼 필요는 없다(Barrett, 128-29; Parry, 74). 디도가 이 일을 시작하고 주관하였지만 그곳 성도들의 뜻과 상황을 잘 파악하여 균형 있게 처리하였을 것이다(Knight, 1992: 288; Marshall, 152). 각 성에 장로를 세운 것으로 보아 그레데 섬에는 이미 여러 개의 교회가 설립되었을 것이다. 고대로부터 그레데 섬에는 100개가 넘는 도시가 있었다는 기록이 있으며(Homer, *Iliad* 2.649; Marshall, 152에서 재인용), 35개의 도시국가가 형성되어 있었다(Horace, *Carm.* 3.27, 33; Marshall, 152에서 재인용).

　　6절은 장로의 자격 요건에 관한 서론이며, 자격에 대한 자세한 내용은 7-8절에 나온다. 6절이 제시하는 장로의 가장 중요한 요건은 흠잡을 데가 없는 것이다. 또 가정과 자녀에 관한 내용도 있다. '흠잡을 데가 없다'

(ἀνέγκλητος)는 것은 교회의 안팎에서 좋은 평판을 받아야 한다는 뜻으로 (Marshall, 154), 특히 장로를 반대하는 고소나 고발이 없어야 한다. 또 가정에 관련하여서 한 아내의 남편이어야 하는데, 이는 결혼을 한 번만 하고 아내의 사후에도 재혼을 하지 않았어야 한다는 해석과 중혼이 아니라 한 명의 아내를 두고 있어야 한다는 견해로 나뉜다. 이 표현만으로는 후자가 합당하다. 따라서 장로는 오직 한 번의 결혼을 해야 하는 것이 성경적인 규범이라고 보기에는 무리가 따른다(딤전 5:14; Marshall, 156). 또 자녀들에게도 믿음이 있어야 한다. 하지만 자녀들이 성숙한 성도이어야 한다고 요구하지는 않는다. 아버지 신앙이 이중적이지만 않다면, 자녀들이 일반적으로 갖출 수 있는 통상의 모습을 요구한다.

7절 7절에서는 장로와 감독이 함께 쓰인다. 5절에서는 장로였는데, 7절에서는 감독(ἐπισκοπός)으로 바뀐다. 이 두 호칭의 미묘한 차이는 다음과 같다. 장로는 일반적인 직분이라면 감독은 장로에게 일정 기간 교회를 이끌 공식적 권한을 부여한 경우를 가리킨다.[2] 감독은 원어에서 단수로 사용되고 있지만, 이 단수가 당시 교회의 리더들 중에서 구별되는 특별한 한 사람으로서의 감독을 의미하는 것은 아니다(Marshall, 160). 바울은 디도에게 감독이 갖추어야 하는 두 가지 총괄적인 자격을 제시하는데, 이들은 (1) 하나님의 청지기이며, (2) 흠잡을 데가 없어야 한다.

하나님의 청지기와 감독에는 공통점이 있다. 주인에 의해서 선임되었고 주인이 주는 권위를 사용하여서 주인이 맡긴 책무를 감당한다는 점이다. 헬라어의 청지기는 '오이꼬노모스'(οἰκονόμος)인데, 하나님의 '오이꼬스'(집)와 관련이 되어 있다. 하나님의 집에 관련된 책무를 신실하고 믿음

---

2. 깔뱅(Calvin)은 '감독'을 공식적 리더로서의 자격과 권한을 말하는 용어로 이해했고(Calvin, 359), 바렛(Barrett)은 '감독'은 '장로'보다 더욱 역할적인 면을 드러내는 용어라고 한다(Barrett, 129).

직하게 감당하는 것이다(고전 4:2). 하나님의 청지기에게는 하나님께서 당신의 일을 잘 감당하도록 이에 필요한 은사를 주신다(벧전 4:10). 하지만 은사 못지않게 중요한 것이 이들의 삶인데, 흠잡을 데가 없어야 한다. '흠잡을 데가 없음'(ἀνέγκλητος)은 6절에서 이미 언급한 대로 장로의 총괄적 자격 요건과 일치한다. 7절은 같은 요건을 감독에게 적용하면서 그 내용을 구체적으로 5가지로 제시한다. 그런데 이 요건들은 교회에서 존경받는 직분자에게 요구되는 것이 아니라 보통의 교우에게 필요한 것처럼 보인다. 따라서 감독의 직분을 위해서 고매한 신앙 인격이 필요한 것이 아니라, 기초적인 것들을 골고루 갖추고 있는 것이 더 중요하다는 의미일 것이다.

자기 고집을 부리는 것은 자만한 상태이며, 자기가 중심이 되려고 다른 사람에게는 무례한 무관심(rude indifference)을 보이는 것이다(Marshall, 161). 쉽게 화를 내지 않는 것은 화를 잘 다스려서 화가 났을 때 폭발하지 않는 것을 의미한다. 이 단어는 신약성경에서 이곳에만 사용되는데, 의미 면에서는 디모데전서 3:3의 화평하게 하는 모습과 일치한다(Knight, 1992: 291). 누구든지 화를 잘 다스리지 못하면 인간관계는 파괴되기 마련이기 때문에, 화를 잘 내는 사람은 리더의 기본적인 조건을 갖추지 못한 것이다. 술에 중독되지 않아야 하며, 난폭하여서 다른 사람이 공포를 느끼게 해서는 안 된다. 부끄러운 이득을 탐하지 않아야 하는데, 이는 꼭 부당하게 금전적인 이득을 취하지 않는다는 뜻보다는 교회의 재정을 다루는 데 있어서 상당한 수준의 신실성이 필요하다는 의미다(Marshall, 162).

8절 감독이 갖추어야 할 여섯 가지가 제시된다. 첫째, 손님을 잘 대접하는 것은 모든 그리스도인들이 해야 할 일이다(롬 12:13; 히 13:2; 딤전 5:10). 필론(Philo)은 아브라함을 손님을 잘 대접한 전형적인 예로 제시하며, 아브라함이 손님을 잘 대접했던 이유는 하나님에 대한 경건함(혹은 두려움) 때문이었다고 한다(*Abr.* 114; Marshall, 163에서 재인용). 하지만 신약성경에서 손님을 잘 대접하라는 제안은 선교를 위한 것이다(Goppelt, 1993: 299; 마 10:11; 행 16:15; 21:7; 28:14; 롬 16:4). 자신의 가정을 오픈하여서 예배를 드렸던 가정교회 모델을 생각하면, 이런 가정은 손님을 잘 대접하여야 했다(Marshall, 163). 둘째, 선한 것을 사랑해야 하는데(φιλά-γαθος), 이는 선한 사람을 사랑하는 것으로 '자기를 사랑하는 것'(φιλαυ-τὸς)과 반대의 개념이다(Aristotle, *Mag. Mor.* vol. 2, 14.3; Marshall, 163에서 재인용; 참고, 딤후 3:2). 셋째, '소프론'에 관해서는 디모데전서 2:9; 디도서 2:2, 5, 6의 주해를 참고하라. 넷째, '의로움'(δίκαιος)은 신학적인 의미라기보다 도덕적인 성품이라고 보아야 한다. 즉, 행위에 있어서 반듯한 것과 사람들을 대함에 있어 공정함을 뜻한다(Marshall, 164). 하지만 행위와 태도의 의로움은 그 뿌리가 예수께서 자신의 생애를 통하여 보여 주신 교훈에서 비롯되는 것이며, 우리가 예수를 믿어 연합될 때에 전가받은 의로움이 삶으로 나타나는 것이다. 다섯째, '경건한 것'(ὅσιος)은 제사적 의미로서의 정결함을 뜻하거나, 생각에 있어서의 경건함을 의미한다(비교, 딤전 2:8; 참고, Towner, 2006: 690). 하지만 이는 종종 진정한 예배자의 모습을 묘사할 때 사용하는 용어다(Marshall, 164). 여섯째는 '절제'(ἐγκρατής)인데, 이는 훈련(discipline)을 통하여 얻은 절제하는 능력을 의미한다(행 24:25; 갈 5:23; 벧전 1:6; 고전 7:9; 9:25). 따라서 여기서 리더의 조건으로서 절제는 내적인 요소가 아니라 행위로 드러난 측면을 강조한다. 특히 절제는 군대의 장교들에게는 필수요소였다(Marshall, 185).

9절 감독의 중요한 자격은 믿음직한 말씀(πιστοῦ λόγου)을 그대로 지키는 것인데, 이는 스스로 말씀 앞에 엄격하며, 말씀을 붙들어서 자신의 말뿐 아니라 삶으로 남을 가르치는 것이다. '붙들고 있다'(ἀντέχω)는 특정한 신념을 강하게 가지고 있어 이에 충성하는 것이다. 감독은 '믿음직한'(πιστός) 말씀을 붙들고 있어야 한다. 감독이 믿음직한 말씀을 붙들고 있음으로 이 말씀으로 성도를 권면할 수 있으며, 바른 신앙의 길을 방해하는 자를 꾸짖어 창피하게(ἐλέγχω) 하여 이들을 바르게 할 수 있어야 한다.

3. 해설

선교의 열매로 교회가 형성되려면 조직을 갖추어야 한다. 바울은 1차 전도 여행 때부터 교회가 세워지면 곧바로 장로를 세웠는데, 더베, 루스드라, 이고니온, 비시디아 안디옥에 세워진 각 교회에서 그렇게 하였다(행 14:23).[3] 교회는 좋은 리더가 있어야 견고해진다(행 11:23; 14:22; 15:32). 그리고 사도 및 그와 함께 하는 동역자들의 임무는 새로운 교회를 계속 개척하는 것이지 한 교회에 오래 머물러 장기 목양을 하는 것이 아니었다(딛 3:12; 딤후 4:9). 개척된 교회를 굳건히 하는 것은 감독/장로의 임무였다. 사도와 사도로부터 위임받은 동역자는 그들이 없어도 교회가 지속될 수 있도록 교회의 기초를 말씀 위에 세우고 신실한 일꾼을 세우는 것이었다. 당시의 일꾼은 현재와 비교하면 훨씬 빠르게 양육되었다.

감독은 실제로 교회에서 리더로 사역하는 직위를 가진 장로를 의미한

---

3. 바울이 처음 장로를 세운 곳이 더베였는지 아니면 돌아오는 길에 루스드라, 이고니온, 비시디아 안디옥에서 처음으로 장로를 세웠는지는 명확하지 않다(참고, 행 14:20-23). 만약 더베에서 전도의 문이 열려 교회를 세우고 곧바로 장로를 세우면서, 바울이 장로가 세워져야 교회가 든든히 설 수 있음을 깨달은 것이라면, 바울과 바나바가 더베에서 다소로 가지 않고, 온 길을 되돌아가서 이미 교회가 세워진 세 도시를 재차 방문한 이유는 장로를 세우기 위한 것이 중요했음을 짐작할 수 있다.

다. 그리고 감독의 중요한 임무는 교회가 바르지 못한 교훈으로 혼란스럽게 되지 않도록 하는 것이었다. 따라서 감독들이 먼저 잘못된 가르침을 식별할 수 있어야 하며, 바른 교훈을 실천하면서 사는 것이 임무였다. 그래서 이들의 자격 요건은 흠잡을 데가 없어야 했다. 그뿐만 아니라 이들의 삶의 태도는 청지기 정신에 투철하여야 했다. 흠잡을 데 없다는 것은 완벽한 사람이란 뜻이 아니라 성도로서의 기본적인 것들을 두루 갖추고 있는 것이다. 특히 말씀을 신실하게 지키는 것이다. 그래야 바르지 못한 가르침을 따라 사는 사람들을 책망할 수 있었다. 요약하면, 장로가 세워지는 것은 교회의 초석을 다지는 것이었다.

제3장
디도서 1:10-16
그레데 교회의 정황

　　본문에는 디도서의 배경이 되는 그레데(크레타) 섬의 정황이 담겨 있다. 바울은 디도가 '남겨 둔 일을 정돈하는' 과정에서 만나게 될 상한 교훈을 가르치던 사람들의 실체에 대해서 설명한다(딛 1:10-16). 바울은 디도가 복음을 전할 그레데 사람들은 큰 변화를 받아야 할 사람들이지만, 이들은 쉽게 복음을 따르지 않고 오히려 상한 교훈을 따르려 할 것을 예견하고 있다.

　　목회서신은 바른 교훈을 강조한다. 성도가 바른 교훈 위에 서면, 선한 일을 하게 된다고 한다. 디도서에서는 1:9에서 처음으로 '미쁜(믿음직한) 말씀'과 '바른 교훈'이 언급된다. 하지만 바울은 먼저 '상한 교훈'에 대해서 설명하고 이어서 바른 교훈에 대하여 논한다(딛 2:1-3:8). 디도서 1:10-16은 상한 교훈에 관한 설명이다. 먼저 상한 교훈을 가르치던 자들과 이들이 전한 상한 교훈이 생산한 행위의 모습에 대해서 쓰며(딛 1:10-13), 이어서 상한 교훈을 가르치던 자에 대하여 평가한다(딛 1:14-16).

1. 번역

10 복종하지 아니하며 헛된 말을 하고 속이는 사람들이 많은데, 특히 할례 파 중에 많습니다. **11** 그대는 그들이 말을 못하도록 조용하게 만들어야 합 니다. 그들은 부끄러운 이득을 위해서 살도록 가르침으로 가정들을 온통 전복시켜 버렸습니다. 이것은 해서는 안 되는 가르침입니다. **12** 그들 중 어 떤 한 사람, 곧 그들(크레타 사람들) 자신의 예언자가 말했습니다. '크레타 사람들은 항상 거짓말쟁이요, 악한 짐승이요, 배만 채우려는 게으름뱅이 다.' **13** 이 증언은 참됩니다. 이런 까닭에 그대는 그들을 예리하게 책망하여 서 그들이 믿음 가운데 건강해지고 **14** 유대인의 신화들과 진리를 떠난 사 람들의 계명들에 귀를 기울이지 않게 하여야 합니다. **15** 깨끗한 사람에게 는 모든 것이 깨끗합니다. 그러나 오염되고 믿지 않는 사람에게는 깨끗한 것이 전혀 없고, 그들의 마음과 양심이 모두 오염되었을 뿐입니다. **16** 그들 은 하나님을 안다고 고백하지만 행위로는 부정합니다. 그들은 가증하고 불 순종하며 어떤 선한 일에도 실격자입니다.

2. 주해

10-11절 바울은 잘못된 가르침을 전하던 자들 중에 할례파 유대인들 이 많았다고 한다. 바울은 이들이 불순종하며 속이는 자이고 거짓 교훈 혹은 '상한 복음'을 전하는 자들이라고 한다. 상한 복음이란 사람들이 추 구하고 싶어 하는 세상 가치를 마치 복음인 것처럼 전하는 것인데, 그 결 과는 상처를 남긴다. 또한 이들의 목적은 자기의 이득이었지 경건의 비밀 이 아니었다. 따라서 상한 복음은 심지어 가정에 큰 손상을 입히기도 했

다. 개역개정판은 11절의 '오이꾸스'(οἴκους)를 '가정들'로 번역하였다. 사실 가정이 어려워지는데 상한 교훈이 한몫을 하고 있었다는 사실은 쉽게 파악되지 않는다. 바울은 상한 교훈의 결과인 분쟁과 다툼이 가정에서 발생하는 것이 바로 가정이 무너진 모습이라고 지적한다. 헬라어의 '아나뜨레뽀'(ἀνατρέπω)는 뒤집어질 정도로 큰 타격을 입는 것이다. 가정은 상한 교훈에 의하여 이토록 큰 타격을 입게 된다는 것이다. 여기서 가정은 적은 의미로는 직계 가족을 의미하지만, 넓게는 믿음의 공동체인(household) 교회를 뜻한다. 교회 안에 세속의 가치가 들어와서 자리를 잡으면, 제일 먼저 생기는 것이 분쟁이다. 10절에서 상한 교훈은 '불순종'과 '많은 헛된 말'(full of meaningless talk)을 퍼뜨리기 때문에, 바울은 디도에게 상한 복음을 전하는 거짓 선지자들의 입을 막으라고 한다. 이것은 바른 교훈을 담대하게 선포함을 통하여 가능한 것이다.

12절 그레데 사람들에게는 거짓말쟁이라는 딱지와 게으르다는 별명이 붙어 있었다. 그레데 사람들이 거짓말쟁이라고 여겨진 이유는, 그들은 그리스 신들 중 으뜸인 제우스가 그레데에서 태어나서 죽었다고 믿고 있었는데 이것이 거짓으로 판명났기 때문이다. 문제는 이들은 거짓을 자신의 신념으로 삼아 고집했는데, 이는 단지 자존심을 꺾지 않기 위한 허세였다. 또 그레데 섬은 지중해의 대표적인 섬으로 자원이 풍부했다. 이로 인해 그레데 사람들은 나태한 생활 풍습과 이기적인 가치관을 갖게 되었다. 이들은 자연스레 근면 성실한 삶보다는 거짓과 환락을 즐기는 문화를 선호한 것이다(Towner, 2006: 40).

13-16절 바울은 상한 교훈을 가르치는 자들을 '예리하게' 꾸짖으라고 한다. '예리하게'의 헬라어는 '아뽀또모스'(ἀποτόμως)이다. 이것은 무척 강한 표현이다(고후 13:10). 개역개정판은 '엄히'로 번역하였지만, '아뽀또모스'는 어조만 강한 것이 아니라 그 내용도 사리에 분명하게 들어맞는

상태를 가리킨다. 또 리더가 교우들을 예리하게 꾸짖으려면 먼저 자신에 대한 신실함이 있어야 한다. 그리고 복음과 하나님의 일에 대한 순수한 열정이 있어야 한다. 예리한 꾸짖음의 목적은 (1) 상대가 믿음을 갖게 하는 것이며, (2) 유대인들의 허탄한 이야기를 따르지 않게 하는 것이다.

14절에서 개역개정판이 '허탄한 이야기'로 번역한 헬라어는 '신화' (μύτος)를 의미하는데(비교, '족보 이야기', 딛 3:9), 이것은 디도서 1:9에서 언급된 '바른 교훈'과 반대된다. 신화(myth)가 허탄한 것임은 확실한데, 이 신화를 퍼뜨린 사람들이 유대인이라는 점이 흥미롭다. 그레데의 교회를 혼란시켰던 유대인들은 그리스도의 복음을 '신화'와 혼합하여 그리스의 신화에 익숙한 그레데 사람들이 받아들이기에 좋게 각색한 것이다 (Mounce, 400-1). 상한 교훈의 특징은 복음을 세속화시킨다. 이것은 복음을 세상 사람들도 쉽게 이해할 수 있도록 적용하는 것과 다르다. 바른 교훈은 복음을 예리하게 적용하지만, 상한 교훈은 복음을 세상 것과 혼합시켜서 한순간 사람들의 흥미를 자아낼 뿐 결국 복음의 능력은 상실된다. 또 서로 일치하지 않는 결과와 분쟁과 다툼을 발생시킨다. 15절은 상한 교훈을 가르치던 자들에게는 깨끗한 것이 없음을 말한다. 이들은 마음과 양심이 더러운 자였다. 그리고 이들이 남긴 것은 다툼이요, 공동체와 가정에 입힌 상처였다.

3. 해설

본문에는 그레데에서 상한 교훈을 가르치던 자들의 본질을 파헤치고, 이들이 전한 상한 교훈의 모습을 자세하게 고발한다. 상한 교훈의 교사 (거짓 선지자)들은 유대교의 할례파들로 이들은 언뜻 보면 복음의 교사로 손색이 없어 보였다. 이들도 하나님에 대해서 가르치고, 율법을 따라야 하는 이유를 전파했기 때문이다(비교, 딤전 1:6-10). 그러나 이들은 하나님과 율법을 오용하여서 그레데의 교우들을 유대교적 율법주의의 길로 이끌었고, 이들이 보여준 믿음의 공동체에 대한 파괴력은 커서 가정과 교회를 전복시킬 수준이었다.

목회서신은 바른 교훈을 강조한다. 디도서는 1:9에서 처음으로 '미쁜(믿음직한) 말씀'과 '바른 교훈'을 언급한다. 이어서 디도서 2:1-14은 바른 교훈을 구체적으로 적용하는 내용이며, 바른 교훈은 선한 일을 일으킨다고 쓴다(딛 2:1과 2:14). 디도서 3장 또한 '선한 일'을 행하도록 준비하라는 명령으로 시작하여서 선한 일에 힘쓰게 하라는 명령으로 편지의 정점을 삼는다(딛 3:8).

바른 교훈의 반대는 '상한 교훈'이다. 디도서는 바른 교훈에 대하여 상세하게 설명하기(딛 2:1-3:8) 전에 먼저 상한 교훈의 정체를 밝힌다(딛 1:10-16). 상한 교훈의 실체와 결과는 이를 따르는 자의 선한 일을 버리게 된다는 것이다(딛 1:16). 본문이 드러내는 상한 교훈의 특징은 세 가지로 정리할 수 있다. 첫째, 상한 교훈을 따르는 자들 중에 할례파가 많다(10절). 아마도 이들은 율법을 사용하여서 상한 교훈을 전파했을 것이다(참고, 딛 1:6-10; 3:9). 할례파 유대인들이 전한 상한 교훈은 유대교적 율법주의적인 삶이었다. 이것은 필연적으로 변론과 족보 이야기와 분쟁 그리고 율법에 대한 다툼을 일으킨다(딛 3:9). 그들은 율법을 강조하지만 자신들이 율법을 지키고 해석하는 방식 이외의 모든 것은 틀린 것이라고 쉽게 정죄한 것이다. 이러한 율법주의는 다툼을 낳아서 공동체의 사랑과 평안을 무너뜨린다. 또 그들의 율법주의에는 율법으로 신자의 영혼과 삶을 자유하게 하는 것이 아니라 그 율법으로 사람을 짓누르고 사람을 통제하여 자신들의 이득을 취하려는 세속적인 노림수가 들어 있었다. 이런 점에서 그들의 율법주의는 외적으로 철저해 보일지 모르지만, 실제로는 철저함이라는 가면을 쓰고 자기 유익을 추구하기 매우 쉬운 체제인 것이다. 둘째, 상한 교훈은 가정을 무너뜨린다. 예를 들면, 여성권의 신장이라는 명목하에 여성이 임무조차 수행하지 않고, 많은 술의 노예가 되는 등(딛 2:3; 딤전 2:11-12; 5:1-16) 가정이 온통 무너졌다. 우리들의 가정에 불화가 생기는 이유는 상한 교훈이 가정에 침투하였기 때문일 것이다. 상한 교훈이 가정을 무너뜨릴 때 사용하는 주된 무기는 '불순종'이다(딛 1:10). 셋째, 상한 교훈은 바르게 관찰하고도 그릇된 방식으로 적용한다. 예를 들어, 요한복음 8장에서 간음하다가 현장에서 붙들린 여인에 대한 주변 사람들의 관찰은 일면 타당한 것이었다. 당시의 율법에 의하면 간음하다 현장에서 붙들린 여인은 돌로 쳐죽일 수 있었다. 하지만 돌로 쳐죽이려고 온 이들의 행위는 하나님의 마음에 합하지 않았다. 하나님은 간음한 여인을 통해서 주변 사람들로 하여금 자신의 진정한 모습을 살펴보기를 원했다. 본문 12절에 기록된 것처럼, 선지자들이 지적한 내용인 '그레데인들은 게으름뱅이였고, 거짓말쟁이다'라는 관찰은 사실이다(13절). 그런데 이런 현상을 보면서, 상한 교훈은 그레데 사람들을 형편없는 사람들이라고 낙인을 찍었다. 그러면서도 형편없는 그레데 사람들 중에 거짓 교훈을 따르는 자들은 특별하다고 부추긴 것이다. 반대로 바른 교훈은 그들 모두의 믿음이 온전하도록 바로 잡아야 한다고 가르쳤다(13절). 이렇듯 상한 교훈과 바른 교훈이 지향하는 바의 차이와 그 결과의 상이함을 파악할 수 있다. 상한 교훈의 파괴력이 큰 이유는 이것이 입으로 하나님을 시인하지만 행위로는 하나님을 부인하기 때문이다(16a절). 겉과 속이 다른 교훈은 분별력이 있어야 구별할 수 있다. 분별할 때 그 결과도 살펴야 하는데, 바른 교훈은 선한 일을 낳는다. 반대로 상한 교훈은 선한 일을 버리게 한다(16b절).

제4장
디도서 2:1-10
다섯 그룹을 세우기 위한 교훈

디도서 2장은 '바른 교훈에 합당한 것을 말하라'로 시작한다. 이것은 디도서에 기록된 네 가지 교훈 중 두 번째 부분으로, 여기서 바울은 목양에 도움이 되는 것을 가르친다. 바울은 디도가 가르쳐야 하는 대상을 다섯 개의 그룹으로 나누어 각각 그들에게 가르칠 것을 개별화하였다. 다섯 개의 그룹은 늙은(성숙한) 남자, 늙은(성숙한) 여자, 젊은 여자, 젊은 남자 그리고 종이다. 바울은 이들에게 공통적으로 신중함(σώφρων)을 요구하고 있다(2절, 5절, 6절). 흥미로운 내용은 늙은 여자들에게 준 교훈인데 '많은 술'에 노예가 되지 말라고 쓴다. 교회의 여성 리더들에게 강조한 내용으로서는 예상 밖이다. 그리고 디도가 아니라 성숙한 여자들이 젊은 여자들을 양육해야 한다고 쓴다. 또 젊은 남자들은 디도가 직접 본을 보이면서 양육하라고 한다. 즉 디도 자신에 대한 교훈과 일치한다. 마지막은 종에 대한 교훈인데, 이를 통하여 당시 그레데(크레타) 교회의 교우들 중에 종이 적지 않았음을 드러낸다. 바울은 디도에게 여러 그룹을 그 특성에 맞게 교훈하여서, 교회가 든든히 설 수 있도록 서둘러 바른 교훈으로 교회를 세우라고 권면하는 것이다.

1. 번역

1 그대는 바른 교훈에 합당한 것을 말하십시오. **2** 나이 든 남자로는 정신이 깨어있고, 단정하며, 신중하고, 믿음과 사랑과 인내함에 있어서 바르게 하여야 합니다. **3** 마찬가지로 나이 든 여자들도 행실이 성별되고, 헐뜯지 않으며, 많은 술에 노예가 되지 않으며, 선행의 선생이 되어야 합니다. **4** 그리하여 나이 든 여자들은 젊은 여자들이 남편과 아이들을 사랑하도록 훈련해야 하며, **5** 신중하며, 순결하며, 집안 일을 잘 하며, 친절하며, 자기의 남편에게 순종하여서 하나님의 말씀이 비방을 받지 않도록 하여야 합니다. **6** 마찬가지로 그대는 젊은 남자들이 신중하도록 권하십시오. **7** 모든 일에 관하여 그대는 자신을 좋은 모델로 제시하며, 가르침에 있어 부패하지 않음과 위엄을 보여야 하며, **8** 책잡힐 것이 없는 건강한 말을 해야 합니다. 그렇게 함으로써 적대자들조차 우리에 관하여 나쁘게 말할 거리가 없어 부끄럽도록 하여야 합니다. **9** 종들은 모든 일에 자기의 주인들에게 복종해야 하며, 그들을 기쁘게 하고, 말대꾸하지 말며, **10** 훔치지 말고, 모든 면에서 진정한 신실함을 보여야 합니다. 그리하면 그들이 모든 일 가운데 우리의 구주이신 하나님에 관한 교훈을 빛나게 할 것입니다.

2. 주해

1절 바울은 디도에게 바른 교훈에 합당한 것을 말하라고 권한다. '바른 교훈'은 직역하면 '건강한 교리'(sound doctrine)이며(ESV, NIV, KJV, NASB), 이는 앞서 장로/감독에게 요구되었던 것이다(딛 1:9; 비교, 딤전 1:10). 바른 교훈은 교회가 바로 세워지고 성도들이 흔들림 없는 신앙을 갖추고 선한 행위를 지속하기 위해서 꼭 필요한 것이다. 바울이 목회서신을 쓴 정황은 바르지 못한 교훈 때문에 교회가 위협받고 성도들이 혼동되고 있었기 때문이다.

'말하다'(λάλει)는 단순히 소리를 내라는 뜻이 아니라, 가르치라는 의미다(διδάσκω). 이는 자신 있고 생동감이 있게 말하는 것으로 '크게 외쳐라'(speak out)로 번역해도 된다. 바울이 디도에게 바른 교훈을 자신 있게 가르치라고 명한 이유는 그릇된 가르침을 전파하는 자들이 있었기 때문이다(딛 1:10-16). 그들의 가르침은 하나님에 대한 어긋난 생각을 갖게 하였고, 그 결과 교우들을 윤리적으로 어긋나게 만들었다.

2절 2절은 남자 리더들을 위한 교훈이다. 늙은 남자(πρεσβύτας)란, 당시 기준으로는 적어도 40이 넘은 사람을 가리킨다. 어쩌면 50-60세에 접어든 사람들일 수도 있다(Towner, 2006: 720). 하지만 육체적인 나이만을 뜻하는 것이 아니라 교회를 이끄는 리더의 위치에 합당한 영적인 성숙함을 갖춘 사람을 가리킨다. 이들은 앞서 언급한 장로/감독과 동일한 사람들이 아니다. 늙은(πρεσβύτας)은 나이에 근거한 칭호이고, 장로(πρεσβυτέρος)는 특별한 부르심을 따라 세워진 직분자를 말한다.

바울은 남성 리더(늙은 남자)를 위하여 네 가지 덕목을 제시하는데, '깨어 있음, 위엄 있음, 신중함, 바르게 함'이다. 개역개정판은 '절제', '경건함', '신중함' 그리고 '온전함'으로 번역한다. 마지막 덕목인 온전함에는 세 개의 수식어가 붙어 있는데, '믿음, 사랑, 인내'이다. 첫 번째 덕목인 깨어있음은 헬라어로는 '네팔리오스'(νηφάλιος)인데, 개역개정판은 '절제'로 번역한다. 하지만 '네팔리오스'는 욕구나 충동을 죽이는 의미로서의 절제와는 거리가 있다. 원어는 정신이 맑은 상태(sober minded)를 잘 유지하는 것을 의미한다. 정신이 해이해지거나 술이나 오락에 심취하여 진리와 그리스도인다운 삶에 대한 집중력이 흐트러지지 않는 것을 의미한다. 따

라서 욕구나 충동을 억제하는 의미로서의 절제인 '엥끄라떼이아'
(ἐγκράτεια)를 가능하게 하는 요소로서의 절제라고 보면 된다. 두 번째는
단정함인데, 헬라어는 '셈노스'(σεμνός)이다. 개역개정판은 '경건'으로 번
역했는데, 원어의 의미는 다른 사람들로부터 존경을 받을 만한 자격을 갖
추고 있다(worthy of respect)는 뜻이다. '셈노스'에는 진지함이(serious-
ness) 있으면서도 경직되지 않는 부드러움이 함께 있어서, 어떤 영어 번역
은 이를 gentle(신사다움) 혹은 dignified(위엄 있음)라고 번역한다. '셈노
스'의 중심 요소는 이를 갖춘 사람에게 위엄이 나타나서 그 사람의 무게
감이 느껴지는 것이다. 개역개정판이 '경건함'으로 번역한 근거는 '셈노
스'의 의미 중에 하나님 앞에 설 때 갖추는 자세가 포함되어 있기 때문이
다. 하지만 이 단어는 하나님 앞에 서 있는 태도가 사람들에게 비추어지
는 모습을 의미한다고 보아야 한다. 하나님 앞에 경건하게 서 있는 모습
은 사람들에게는 존경받을 만한 위엄 있는 자태가 될 것이다. 세 번째 덕
목인 신중함은 헬라어로는 '소프론'(σώφρων)이며 이는 감독들에게 요구
되었던 것이기도 하다. 신중함의 중심적인 요소는 분별력이다.[1] 신중함은
그저 조심하는 것이 아니라 훈련된 자제력(disciplined self-control)과 사려
깊음(prudence), 좋은 판단력(good judgment)을 고루 갖추고 있을 때에 외
적으로 드러나는 모습이다. 신중함은 깨어 있음과 뗄 수 없는 관계에 있
고, 또 자신의 욕구를 억제하는 절제(ἐγκράτεια)를 포함한다(Marshall,
185).

네 번째는 '바르게 함'인데 원문은 '휘기아이논따스'(ὑγιαίνοντας)로
'휘기아이노'(ὑγιαίνω)의 분사형이다. 개역개정판은 이를 '온전함'으로 번

---

1. 마샬(Marshall)은 이 덕은 예수의 전 생애를(Christ-event) 통하여 드러난 것이라고
   주장한다(Marshall, 190).

역한다. 이는 1절에 언급된 '바른'(ὑγιαινούσῃ) 교훈에서 이미 사용되었던 단어이다. 여기서 바울이 의도하고 있는 것은 디모데가 바른(sound) 교훈을 가르칠 때에, 교회의 리더들이 바르게 된다는 의미로서의 바르게 함을 말한다. 여기서 '바르게 함'은 도덕적으로 하자가 없는 것을 넘어서 모든 면에 건강하고 균형 잡힌 믿음직한 모습을 묘사한다. 따라서 '휘기아이논 따스'에는 건강함의 의미도 포함되어 있다. 몸과 마음 그리고 생각과 정신과 행실 모두가 건강하여서 온전한 모습인데, 이는 오직 바른 교훈으로 계속해서 양육받을 때에야 얻을 수 있는 것이다.

바울은 네 번째 요소인 '바르게 함'에 대해서는 다른 세 가지 요소보다 더 자세하게 설명한다. 이 온전함에는 믿음과 사랑과 인내를 통해서 도달한다고 한다. 믿음은 눈에 보이지 않지만 모든 성도가 내면에 갖추어야 하는 것이며 또 이것이 성도의 삶으로도 드러나야 한다. 삶에서 하나님을 신뢰하며, 하나님을 전폭적으로 의지하며, 하나님을 고백하면서, 그와 인생의 긴 여정을 동행하는 것이다. 즉 믿음은 성도의 내면에 세워져서 삶으로도 나타나는데, 성도들은 이런 믿음을 통하여 자신이 그리스도인임을 확인하는 정체성을 갖게 된다. 한편 사랑 또한 성도의 내면과 삶에 모두 나타나야 한다. 사랑이 행위의 동기일 때 그 행위는 특별하게 된다. 바울은 사랑에 관하여 행위 측면을 더 강조한다. 사랑의 가장 중요한 요소는 남을 위한 희생적인 행위인데 이를 통하여 눈에 보이지 않는 사랑이 가시화된다. 세 번째로 바울은 인내를 통하여 온전함에 이른다고 하는데, 인내가 소망 대신 쓰이고 있음을 알 수 있다. 소망과 인내는 뗄 수 없는 관계다. 소망이 미래의 것이라면, 이런 미래 때문에 현재 참고 기다리는 것이 인내다.

3절 나이 든 여자(πρεσβῦτις)는 성숙한 여성 리더를 가리킨다. 첫 번째로 이들에게 요구되고 있는 것은 행실에 있어 성별되는 것이다. '행실'의 헬라어는 '까따스떼마'(κατάστημα)인데, 이 단어에는 자태 혹은 처신(de-meanor)의 의미가 강하게 포함되어 있다(Marshall, 243). 더욱 관심을 두어야 하는 단어가 '성별하다'이며, 헬라어는 '히에로쁘레뻬이스'(ἱεροπρε-πεῖς)이다. 이 단어는 성전을 섬기며 일하던 여인들이 갖추었던 몸가짐을 의미한다.[2] 바울이 이 단어를 선택한 이유는 성숙한 여성들은 삶의 자리에서 늘 하나님 앞에서 섬기듯이 단아하고 조심스럽게 행동했기 때문이다(Marshall, 244). 여성 리더들을 향한 두 번째 요구는 헐뜯지 않는 것이다. 이 단어의 헬라어는 '디아볼루스'(διαβόλους)라는 형용사인데, 같은 단어가 명사로 쓰이면 사탄을 가리킨다. 헐뜯음은 사탄적 행위라는 해석이 가능하다. 세 번째는 많은 술의 노예가 되지 않는 것인데, 이는 당시의 배경을 중심으로 해석하여야 할 것이다.[3] 당시 그레데 섬에 만연하기 시작한 여성들의 쾌락적인 삶과 파티문화를 배경으로 하고 있다고 보는 것이 타당하다(고전 11:21). 다른 견해는, 여성들이 술에 취하고 말이 많아져서 남을 헐뜯는 것은 헬라 문화 전역에 있던 것으로서 특별히 그레데나 에베소에 갑작스레 나타난 것은 아니라는 주장이다(Marshall, 245, 각주 33). 그런데 문장 구성을 잘 살펴보면, 노예가 되지 않아야 할 대상에 많은 술만이 아니라 헐뜯음도 포함된다. 헐뜯음의 노예가 된다는 것은 남을 헐뜯는 것이 습관이 되어 중단할 수 없게 된 것이다. 네 번째는 여성 리더가 되어야 할 것은 '선행 선생'(καλοδιδασκάλος)이다.[4] 이 단어의 뜻은 선한 선생

---

2.   구약시대에는 성전에서 일하던 여성 사제들이 있었고 이들에게 아주 높은 정도의 구별됨이 요구되었다. 신약성경에서는 이런 성숙한 여성 리더의 예를 안나에게서 찾아 볼 수 있다(눅 2:36-38). 안나는 오랜 기간 성전에서 오직 기도에 전념함으로 하나님을 섬기던 여인이었다.

3.   어떤 학자는 여성들이 음식을 만들면서 음식용 술을 즐기다가 생긴 현상이라고 주장하기도 한다(Knight, 1992: 306).

4.   선행 선생님 이외의 다른 번역은 '잘 가르치는 자'인데, 선행 선생님이 적절하다

님이 아니라 선행의 선생님, 곧 선행을 몸소 행하면서 가르치는 선생님을
의미하며, 여성이 가르치는 일을 수행하는 모습이기도 하다. 특히 이 가르
침의 의미는 디모데전서 1:10-15에서 여성이 가르치는 것을 금한 명령을
이해할 때에 함께 살펴야 하는 교훈이다. 목회서신은 여성에게 모든 가르
침을 금한 것이 아님을 알 수 있다. 선행 선생님의 구체적인 모습은 다음
두 절인 4-5절에서 자세히 설명된다.

4-5절 여성 리더들에 대한 교훈의 특징은 이들에게 젊은 여자 교우들
을 가르칠 책임이 있다는 것이다. 젊은 여자들의 경우에는 상대적으로 젊
었던 디도가 직접 양육하지 않고 성숙한 여성 리더들에게 그 양육의 책임
이 있다고 쓴다. 이런 책임을 표현하는 단어가 '훈련하다'인데, 헬라어는
'소프로니조'(σωφρονίζω)이다. 남성 리더들과 장로에게 요구된 '소프론'
의 동사형으로 이미 살핀 대로 이 단어는 목회서신이 제시하는 바른 교훈
이 생산하는 대표적인 성품 혹은 덕목이며, 그 의미는 (1) 훈련된 절제, (2)
사려 깊음, (3) 좋은 분별력, 그리고 (4) 깨어 있음 등 다양하다. 특히 '깨어
있음'은 다른 요소들을 모두 포함한다. '소프로니조'가 '훈련하다'로 번역
된 이유는 바른 교훈으로 양육을 받을 때에 얻게 되는 결과로서 좋은 성
품을 갖추게 되기 때문이다.[5] 본문에서 바울은 '소프로니조'를 통하여 여
성 리더의 책임은 젊은 여성들이 이런 요소를 갖추도록 훈련하는 것이라
고 도전한다. 훈련의 결과는 '신중함'이다. 신중함은 훈련 없이 얻을 수 없
다.

(참고, *2 Clement* 10.5. Marshall, 246에서 재인용). 후자는 보통 헬라어의 '디닥띠
꼰'(διδακτικόν)을 사용한다(딤후 2:24).

5. 피(Fee)는 이 단어 주석에서 영어의 슬랭(slang)인 wise them up이 σωφρονίζω를 잘
    설명한다고 쓴다(Fee, 1984: 187). σωφρονίζω의 훈련은 자신의 삶과 인격을 통하여
    드러나는 본과 가르침을 통하여 다른 사람을 바르게 하고 세워주는 것을 의미한
    다.

훈련의 내용은 7가지인데, 6개의 목적어와 1개의 분사로 구성되어 있다. 6개의 목적어는 두 개씩 쌍을 이루고 있다. 첫 번째 쌍은 남편과 자녀를 사랑하는 것이다.[6] 두 번째 쌍은 신중함과 순전함(ἁγνός)이며, 세 번째 쌍은 집안일을 잘하는(οἰκουργός) 것과 친절함(ἀγαθός)이다.[7] 일곱 번째는 분사로서 독립적인 교훈인데, 젊은 여성을 훈련하는 목적은 하나님의 말씀이 비방을 받지 않게 하는 것이다(μὴ βλασφημέω). 구약성경을 살펴보면, 하나님의 소유된 사람들이 경건하지 못한 행실을 보일 때에 하나님의 이름이 비방(βλασφημέω)을 받았다(사 52:5; 겔 36:20-36). 당시에는 한가한 여성들에게 상한 교훈이 침투하여서 교회가 어려움을 겪고 있었기 때문에 젊은 여성에 대한 훈련이 절실했다(딤전 5:13).

6-8절 늙은 여자들에게 주는 교훈이 젊은 여자들의 교훈을 포함하고 있듯이, 젊은 남자들에게 주는 교훈은 디도에게 주는 교훈을 포함하고 있다. 늙은 여자들과 디도는 '본으로' 각각 젊은 여자들과 남자들을 가르쳐야 했다.

바울은 디도에게 젊은 남자를 권하는 목표가 신중함에 있음을 밝힌다. 신중함(σώφρων)은 디도서와 목회서신 전체에서 그리스도인들이 바른 교훈을 받을 때에 나타나는 가장 보편적인 성품이다(딛 2:2, 5, 6; 참고, 1:8). 바울은 젊은 남자들이 신중함에 이르기 위해서 디도가 제시해야 할

---

6. 남편과 자녀를 사랑하는 것은 당시 헬라 문화에서는 좋은 아내를 표현하는 대표적인 상징이다(Towner, 2006: 726). 그런데 남편 사랑을 의미하는 헬라어의 φίλανδρος는 여기에 유일하게 쓰이는 단어일 뿐 아니라, 이 개념도 신약성경에서 오직 이곳에만 등장한다.

7. ἀγαθός는 형용사로서 다른 명사를 수식하는 경우와 독립적으로 사용되는 경우가 있다. 전자의 대표적인 의미는 '선하다'이며, 후자의 용례에서는 '친절하다' 혹은 '사려 깊다'의 의미다. 따라서 다수의 영어 번역은 '친절하다'(kind)로 번역한다(NJB; NIV; NRSV; ESV). 헬라 문화에서 친절함은 태도의 부드러움보다는 상대를 사려 깊게 이해하고 섬겨주는 것이다.

것을 네 가지로 정리한다. (1) 본(τύπος)을 보이는 것과 (2) 부패하지 않는 것(ἀφθορία)과 (3) 단정함(σεμνότης) 그리고 (4) 건강한 언어(ὑγιής)이다. 여기서도 신중함(σώφρων)과 단정함(σέμνος)이 연결되어 있다. 바울이 디도에게 요구한 것은 '본'으로 요약된다. 바른 교훈은 말로써가 아니라 본을 통하여 보이는 것이다.

교회의 리더들이 본이 되어야 함은 당연한 것이다. 본에 대한 성경의 가르침을 요약하면 우선 상대가 한 단계씩 따라올 수 있도록 차분하게 인도하는 것이다. 이런 의미에서 본은 '밑그림'이라고 볼 수 있다. 본이 된다는 것은 밑그림을 그려두는 것이다(벧전 2:21). 또 본을 보이는 길은 자신이 스스로 이룬 모습을 통한 것이 아니라, 예수가 그 삶에 개입하셔서 일으킨 변화를 통해서다. 예수를 따르고 말씀대로 살려는 노력 그 자체가 본이다. 7절에서 '본'의 헬라어는 '뛰뽀스'(τύπος)인데, 다른 사람이 따라가며 모방할 타입(type)이 되는 것이다. 하지만 이는 자신의 완벽함을 통해서가 아니라, 복음이 어떻게 역사하고 있는지를 통하여 보여주는 것이다. 따라서 실패한 것도 그 뒤에 복음을 통한 반전이 있었다면 훌륭한 본이 될 수 있다(딤전 1:16).

9절 로마시대에는 대략 전체 인구의 1/3이 노예였다. 특히 로마의 시내에는 노예의 수가 시민의 3-5배였다고 한다. 세네카에 의하면 한때 로마시의 노예들에게 자유 시민과 다른 옷을 입혀 구별하자는 견해가 있었지만, 혹시라도 이를 통하여 노예들이 자기네가 얼마나 많은가를 알게 되고, 그들의 힘을 규합하면 귀족들에게 위협이 될 수 있어서 시행하지 않았다고 한다(De Clementia 1.24.1).

주후 1세기의 그리스-로마 사회에서 노예제도는 계속 강화되어서 사회의 상류층은 물론 중산층도 노예가 없는 생활은 상상하기 어려웠다. 노예제도는 사회의 중요한 요소로 사회의 다른 모든 제도와 맞물려 있어서,

노예제도에 변화가 생긴다면 사회의 큰 틀에 지대한 영향을 줄 수밖에 없었다. 노예무역은 당시 사회에서 인정된 전문직이었고, 노예 반란은 거의 성공하지 못했다. 노예들은 언제나 죽임 당할 수 있었으므로 이를 두려워한 대부분은 주인에게 복종하는 데에 잘 길들여져 있었다.

하지만 그리스도인 노예들에게는 보통의 노예와 다른 모습이 나타났는데, 때로는 같은 그리스도인이란 이유로 주인에 대한 의무를 소홀히 하는 경우가 생길 정도였다(딤전 6:1-2). 따라서 바울은 디도에게 노예들에게도 본분을 다할 것을 가르치라고 한다. 노예의 본분은 주인에게 복종하는(ὑποτάσσω) 것이다. 그리고 이 복종은 오직 주인에게만 하는 것이었다. '기쁘게 한다'(εὐάρεστος)는 받아들이는 것이다. '말대꾸'로 번역한 헬라어의 '안띠레곤따스'(ἀντιλέγοντας)는 분사형인데 바로 면전에서 하는 것이 아니라 뒤에서 구시렁거리는 것을 뜻한다. 고대 희극에는 노예들이 주인 앞에서는 꼼짝 못하지만 뒤에서는 기회만 되면 주인을 험담하는 것을 소재로 한 유머가 많이 있었다고 한다(Spicq, 625; Marshall, 260).

10절 '훔치다'의 헬라어는 '노스피조마이'(νοσφίζομαι)인데 그 의미 속에는 교묘함이 담겨 있다. 따라서 강탈이나 갈취보다는 편취 혹은 사람의 눈을 피하여 부당하게 이득을 보는 것을 의미한다. 이 단어는 사도행전 5:2-3에 나오는데, 아나니아가 삽비라의 동조를 얻어 밭을 판 값에서 얼마를 감추는 모습이다. 베드로는 '네 마음에 사탄이 가득하여 네가 성령을 속이고 땅 값 얼마를 감추었느냐?'고 나무란다. 노예가 주인의 것을 훔치는 모습은 몰래 일부를 들키지 않도록 빼내는 것이다. 이렇듯 작은 부분을 표시가 안 나도록 훔치는 것은 믿는 사람들이 하나님의 것, 특히 하나님께 돌려야 하는 영광의 작은 부분을 마치 자신의 것인 양 편취하는 것과 같다. 이는 믿음의 공동체 안에서도 종종 일어났다.

훔치는 것과 반대되는 단어가 헬라어의 '엔데이끄뉘미'(ἐνδείκνυμι)인데 눈에 보이도록 행동으로 참된 것을 보여준다는 뜻이다(참고, 딛 3:2). 노예의 미덕은 모든 면에서 진정한(ἀγαθός)[8] 신실함(πίστις)을 보여주는 것이다. 이렇게 함으로써 노예들은 하나님의 가르침을 빛나게 할 수 있었다고 한다. '빛나다'는 원어로 '꼬스메오'(κοσμέω)인데 '단장하다' 혹은 '아름답게 가꾸다'는 뜻으로, 모양새의 화려함보다는 깔끔하게 정돈된 내면의 질서와 행동으로 빛이 나는 것이다. 이 단어는 육체적인 것과 영적인 것 모두에 사용된다.

3. 해설

디도서 2:1-2은 바른 교훈으로 늙은(성숙한) 남자들을 바르게 세우라는 것이다. 요즘 우리 주변에는 건강한 교회에 대한 요구가 점점 많아지고 있다. 어떻게 하면 건강한 교회가 될 수 있을까? 바울의 대답은 명쾌하다. 건강한 교회는 건강한 교훈으로 교회의 각 그룹들을 꾸준하게 양육할 때 이루어진다. 건강한 교회의 핵심은 바로 건강한 교훈인 것이다. 건강하고 바른 교훈으로 각 계층의 성도들이 잘 교훈을 받으면 교회는 거짓된 가르침에 현혹되지 않는다. 특히 2절에서 제시한 교회의 중심이 되는 늙은(성숙한) 남자들이 바른 교훈을 통하여 갖추게 되는 네 가지 요소는 목회서신에서 반복적으로 나오는 건강한 성도의 모습이다―깨어 있음, 위엄 있음, 신중함, 온전함. 이 네 가지 요소에 해당하는 헬라어의 의미를 다른 언어로 적확하게 번역하는 것은 거의 불가능하다. 따라서 번역하는 사람

---

8. ἀγαθός는 디도서 2:10의 문맥에서 어떤 의미를 가지고 있는가에 대해서 다양한 견해가 제시되었다. 가장 자연스러운 번역은 참된(true) 혹은 진정한(genuine)이다 (Marshall, 261).

들마다 원어가 가지고 있는 다양한 요소 중 한두 가지 요소에 초점을 맞추어 번역할 단어를 선택할 수밖에 없다. 그래서 여러 번역 중에 서로 완전히 일치하는 것이 거의 없다. 특히 위엄 있음으로 번역한 '셈노스'와 신중함으로 번역한 '소프론'의 경우에는 '아가빼'(ἀγάπη), '꼬이노니아'(κοινονία) 등과 같이 번역하지 않고 헬라어를 그대로 사용하는 것이 좋을 수도 있다.

　　바울이 그레데 섬에 있던 디도에게 건강한 교훈을 강조한 이유는 거짓 선지자들의 가르침이 상한 것이기 때문이다. 그들은 영혼이 병든 자들이었다. 병든 자들에게서 상한 가르침이 나오며, 이는 사회와 교회를 심히 부패하게 만든다. 예수께서 못된 나무가 나쁜 열매를 맺는다고 하셨는데, 못된 나무란 병든(diseased) 나무이다(마 7:15-20). 예수께서 말씀하신 좋은(healthy) 나무와 나쁜(diseased) 나무의 비유는 참 선지자(혹은 가르침)와 거짓 선지자(혹은 가르침)를 잘 구별하라는 교훈이었다. 바울은 예수의 가르침을 그레데의 교회가 처한 상황에 적용하고 있다.

　　목회서신에 여성들에 관련된 내용이 종종 등장하는 이유에는 시대적 배경이 있다. 에베소, 고린도, 특히 그레데 등과 같은 로마 제국이 전략적으로 키운 도시(colony)들 중에는 새로운 사회관을 가진 여성들이 등장했는데 이들은 전시대 여성들이 누리지 못했던 자유와 권한을 얻게 되었다(Towner, 2006: 724). 특히 그레데는 문화적으로 로마 문화보다는 그리스 문화의 영향을 많이 받았고, 섬 고유의 특성상 성공한 부류의 여인들이 사회에서 영향력을 행사하는 새로운 계층으로 등장하면서 전에 볼 수 없었던 문화가 생겼다. 그 대표적인 예가 여성들이 파티에서 적극적으로 토론에 참여하는 현상인데, 이것이 교회에도 영향을 주었다(Towner, 1989: 165-66).

　　목회서신은 여성의 역할을 강조할 때마다 복음전도의 상황을 염두에 두고 있다(딤전 2:9-15; 딛 2:5b; Quinn, 138; Marshall, 250). 이는 여성이 복음을 전하는 일의 전면에 있으며 복음을 위해서 유용한 하나님의 도구 임을 알았기 때문이다. 반대로 여성의 그릇된 행실과 삶의 태도는 복음 전파에 걸림돌이 되었다(딤후 3:6-7). 따라서 여성 리더들의 역할이 중요 했다. 여성 리더들이 젊은 여성들을 훈련시켜야 했기 때문이다. 이러한 디 도서의 강조점은 어쩌면 요즘 교회들에서는 멀어진 교훈처럼 보인다. 바 울은 이렇게 성숙한 여성들이 젊은 여성을 훈련하는 것을 설명하면서 헬 라어 동사인 '소프로니조'를 사용한다(딛 2:4). 그들에게는 강렬하고 동시 에 절제된 모습의 훈련이 필요하였기 때문이다. 성경은 여성들의 분별력 이 남성보다 탁월한 측면이 있음을 명시한다(예, 라헬, 악사, 아비가일, 잠 언의 현숙한 여인, 옥합을 깨뜨린 여인 등). 이렇게 하나님께서 여성들에 게 주신 독특한 분별력을 가지고 젊은 여성들을 훈련하여 깨어 있게 하는 ($\sigma\omega\phi\rho\text{ov}\text{í}\zeta\omega$) 것이 여성 리더들의 임무였다.

본문의 특징 중 하나는 종에 대한 교훈이 포함되어 있는 것이다(딛 2:9-10). 바울은 에베소서(엡 6:5-7), 골로새서(골 3:22-23) 등에서 종에 대 한 교훈을 했지만, 이는 가정이란 맥락에서 가정의 일원으로 간주하고 한 것이다. 그런데 본문은 종을 교회 내의 한 그룹으로 보고 있다. 디모데전 서 6:1-2에서 살폈듯이 당시 교회 안에는 믿는 종들이 많아졌는데 이들 중 믿는 상전이 베푸는 호의를 남용하여 상전을 가벼이 대하는 현상이 발 생하였다. 디도서 2:9-10의 교훈도 비슷한 상황을 바탕으로 해서 종들에 게 복종을 명령하고, 복종의 모습으로 '기쁘게 할 것', '거슬러 말하지 말 것', '훔치지 말 것'을 명령한다. 당시의 종들이 보편적으로 행하던, 눈가 림, 앞에서와 뒤에서가 다른 모습, 주인의 물건에 들키지 않을 정도로 손 을 대는 것 등 부도덕한 행동을 하지 말라고 한다. 종이 성실한 삶을 살 때 에 그들은 빛날 것이다. 바울이 종의 삶에서도 성숙한 자유인 성도들과 같이 신중함과 의로움과 단정함을 기대하는 것은 종과 주인이 그리스도 예수 안에서는 신분의 차이가 없기 때문이다. 사회적 신분이 자유인이든 종이든, 이들은 모두 죄의 멍에에서 벗어나 영적인 자유를 누리고 있기 때문에 이들의 삶은 이런 자유를 어떻게 사용하는가에 달려 있었다. 영적인 자유자는 그 자유로 그리스도를 위하여 살아야 하는데, 이렇게 함으로써 그리스도의 종이 된다. 바울은 디도서를 시작하면서 자신을 종이라고 했다(딛 1:1). 따라서 종에 대한 가르침은 교회의 모든 일꾼들에게도 적용된다. 현대에 사는 우리는 법적으로 누구의 종도 아니지만, 종의 자세로 사는 것이 공동체와 자신의 영성을 위해서 필요하다.

제5장
디도서 2:11-15
은혜양육

디도서 2:11-14은 하나의 문장이며 한 덩어리의 개념인데, 그 내용이 심오하다. 주어는 '하나님의 은혜'이고, 동사는 '나타났다'이며(11절) 또 다른 동사인 '양육하되'는 하나님의 은혜가 나타난 뒤에 일어나는 후속 사건임을 표현하는 분사다(12절). 따라서 '양육하다'의 주어도 '하나님의 은혜'다. 하나님의 은혜가 나타나서 우리를 양육한다. 그리고 어떻게 양육하는지 설명하는데, '버리며 살 것'과 '붙들고 살 것' 그리고 '기다리면서 살 것'을 알려주고 훈련시킨다. 버릴 것은 불경건(ἀσέβεια)과 세속적인(κοσμικός) 욕망이며, 붙들 것은 신중하고, 올바르며, 경건하게 사는 것이며, 기다릴 것은 복스러운 소망과 영광의 나타남이다. 14절은 바울이 디도에게 확증하는 복음의 핵심이며, 또한 디도가 그레데(크레타)의 교우들에게 알려야 하는 복음으로 예수의 구속 사역에 대한 요약이다. 문법적으로는 13절에 언급된 예수를 수식하고 있다.

1. 번역

11 모든 사람에게 구원을 주시는 하나님의 은혜가 나타났습니다. **12** 이 은혜는 우리를 양육하여서 불경건과 세속적 욕망을 버리고 이 세대 속에서 신중하고 올바르며 경건하게 살도록 합니다. **13** 우리는 복된 소망을 가지고 크신 하나님과 우리의 구원자 예수 그리스도의 영광이 나타나기를 기다리며 살고 있습니다. **14** 예수께서는 우리를 위하여 자기 자신을 내어 주셔서, 모든 불법에서 우리를 대속하셨고 또 자기를 위하여 특별한 백성으로 정결케 하셔서 좋은 일에 열심 있는 자로 삼으셨습니다. **15** 그대는 이것들을 말하고 권하며 또 모든 권위로 책망하십시오. 아무도 그대를 쉽게 보지 못하게 하십시오.

2. 주해

11절 11절의 원문에는 '나타나다'(ἐπιφαίνω)라는 동사를 문장의 맨 앞에 두어 강조하고 있다. 하나님의 은혜는 '나타나는 것'이지 우리가 얻어 낸 것이 아니다.[1] '나타나다'(ἐπιφαίνω)가 함의하는 바는 하나님의 계획 전모가 숨겨져 있다가 마침내 드러났다는 것이다. 하나님의 계획은 창조하실 때 이미 나타났고 이 세상을 마무리하실 때 온전하게 드러날 것인데, 이 두 사건 사이에 예수 그리스도를 통하여 처음과 마지막의 나타남을 아우르는 또 다른 '나타남'이 발생한다(참고, Towner, 2006: 416-18). 이는

---

1. 원어인 ἐπεφάνη는 과거(aorist) 시제로 이미 확정적으로 이루어진 것으로 변경할 수 없는 사건임을 보여준다. 또 이는 우리 힘으로 이룬 것이 아니라 하나님이 행하신 일임을 드러낸다(divine passive).

인류 역사의 획을 긋는 사건으로 예수를 통하여 하나님의 바로 '그 은혜'
가 나타난 것이다. 이는 복음 전파의 원리가 된다. 복음을 전하는 것은 하
나님의 은혜가 택정한 사람들에게 나타나도록 돕는 것이다.

하나님의 은혜는 모든 사람에게 제공되었으며, 모든 사람 중에는 노
예도 포함되었다(참고, 딛 2:9-10). 하지만 모든 사람에게 구원을 주는 은
혜가 나타났다고 모두가 자동으로 구원을 받았다는 뜻은 아니다. 하나님
의 은혜는 우리를 구원하기에 충분하며 모든 사람에게 공평하게 제공되
었지만, 거부하는 자에게는 구원이 없다(딤전 2:3-6 주해 참고). 구원은 택
한 사람들에게 그 효과가 나타나며, 택함받은 자는 복음에 반응한다(딤후
1:9-11).

12절 바울은 11-14절에서 하나님의 은혜를 성도들이 경험해야 하는 양
육의 주체로 제시한다. 바울은 나타난 은혜를 '양육하다'의 주어로 보았
다. 문법적으로 '양육하다'는 분사로 '나타나다'에 부속되며, '나타나다'와
같은 주어를 가지고 있다. 때가 되어 나타난 하나님의 은혜가 성도를 성
도답게 양육한다는 개념이다. '양육하다'의 원어인 '빠이데우오'(παιδεύω)
는[2] 목회서신에 자주 나온다. '빠이데우오'는 지적인 수납으로서의 교육이
아니라 생활에 사용할 수 있는 실생활 훈련을 의미한다. 특히 이런 양육
에는 잘못된 것을 바로 잡는 과정이 필수적으로 포함되어 있고, '빠이데우
오'에는 '바로잡아서 양육하다'는 의미가 담겨 있다. 양육에는 교훈(in-

---

2. 플라톤에게 '양육'(παιδεία)은 그리스 문화를 습득하는 전체 과정과 동일했다. 그리
   스의 시민이 되는 과정에는 '덕'(ἀρετή)을 얻는 것이 포함되어 있었고, 여기서 덕은
   '주된 덕'(cardinal virtue)을 의미하며 궁극적으로 신성(divine)을 닮아 가는 것을 포
   함한다고 보았다(Plato, Republic 376E; 재인용, Tower, 747). 한편 바울은 '양육'을
   다루면서 그리스 철학자들의 '문화 안에서의 문명화'(civilizing in culture) 개념을
   끌어들이지만, 실제는 하나님의 은혜가 인간을 참 사람이 되도록 교육하는 것을
   의미했다(Towner, 748).

struction)과 훈련(discipline)이라는 양면이 있는데, 헬라어의 '빠이데우오'
에는 더 다양한 의미가 담겨 있어서, 교훈, 바로잡음, 삶에 적용하는 훈련
및 이에 대한 검증까지를 포함한다(Mounce, 423-24).

13절 12-13절은 은혜가 어떻게 우리를 양육하는가에 관한 설명이다.
양육의 핵심은 살아가는 방법을 가르치는 것이다(12절의 핵심 동사는 '살
아가다'이다).[3] 즉, 신중하며, 올바르며, 경건하게 사는 것이다. 이를 위하
여 성도는 '버리면서', 또 기다리면서 살아야 한다.

하나님의 은혜는 첫째, 우리가 무엇을 버려야 하는지 가르쳐 주는데,
'경건치 않은 것'과 '이 세상의 정욕들'이다. 흥미롭게도 전자는 단수이고
후자는 복수인데, 이는 경건치 않음은 바로 수많은 종류의 세상 정욕들을
일으키는 뿌리라는 뜻일 것이다(Knight, 1992: 320). 바울이 여기에서 경
건치 않음을 강조한 데에는 뒤이어 나오는 더욱 중요한 개념인 '붙들 것'
으로 언급된 경건하게(εὐσεβῶς) '사는 것'의 중요성을 부각시키려는 의도
가 담겨 있다. 경건함은 하나님과 가까이 하고 싶은 것이며, 반대로 경건
치 못함은 하나님을 멀리하는 마음으로 하나님의 계명이 거추장스럽고
부담이 되며 싫어지는 상태다. 본문은 경건하지 못하면 세속의 정욕들이
그 사람을 지배하게 된다고 한다. '욕망' 혹은 '정욕'을 의미하는 헬라어는
'에삐튀미아'(ἐπιθυμία)인데, 이 단어는 긍정적인 면과 부정적인 면을 모
두 가지고 있다. 영어의 desire가 긍정과 부정의 의미 모두를 갖고 있는 것
과 같다. 우리말은 두 측면을 구분하여, 긍정적일 때는 갈망으로, 부정적

---

3. 또 '양육하다'의 내용, 즉 어떻게 양육하는가를 설명하기 위하여 ἵνα절이 사용되
며 ἵνα절 안에서의 주된 동사는 '살다'(ζήσωμεν)이다. 다른 두 개의 분사인 '버리
다'(ἀρνησάμενοι)와 '기다리게 하다'(προσδεχόμενοι)는 모두 ἵνα 절 안에 있으며, ἵνα
절의 주된 동사인 '살다'에 종속되어 있다. 즉, 바울은 은혜가 성도를 양육하며, 성
도는 버리며 살아야 하고 또 기다리며 살아야 함을 교훈한다.

일 때는 욕망(혹은 정욕)으로 표현한다. 본문은 '에삐튀미아'를 부정적으로 쓰고 있다.

둘째, 은혜는 우리가 이 세상에서 무엇에 힘쓰고 살아야 하는지를 가르쳐준다. 문장 구조에서는 붙들고 살아야 하는 것이 버릴 것보다 더 비중 있는 위치에 있다. 바울이 제시하는 것은 세 가지인데, 신중하게 (σωφρόνως), 올바르게(δίκαιος), 경건하게(εὐσεβῶς) 사는 것이다. 이 세 가지는 모두 하나님의 은혜가 성도를 양육할 때에 성도들의 삶에서 나타나는 것들이다. 바울이 특별히 이 세 단어를 선택한 이유는 당시 헬레니즘 세계가 추구하던 4대 윤리적 덕목(cardinal virtue)과 관련이 있기 때문이다. 헬라의 4대 덕목은 자제력(self-control), 의로움(justice), 사려 깊음(prudence), 용기(courage)다. 바울이 제시하는 은혜가 양육할 때 나타나는 세 가지 성품과 헬라 세계의 4대 주덕(cardinal virtue)이 완전히 일치하지 않지만, 헬라 사람들이 덕을 이해할 때에 하나씩 분리하여서 다루지 않고 넷을 묶어서 생각했듯이[4] 바울도 이 세 가지를 한 묶음으로 보고 있다. 이 셋은 당시 타인에게 존경받는 사람이 꼭 갖추어야 하는 덕목이었다.

각각의 의미를 살펴보면, 신중함(σωφρόνως)은 자신을 향한 것이고, 의로움(δίκαιος)은 이웃을 위한 것이며, 경건함(εὐσεβῶς)은 하나님을 향한 것이다.[5] 바울은 헬라 세계에서 중요하게 여기던 덕목들을 그리스도인들에게 적용한다. 은혜는 성도를 양육하여, 그들이 세상 기준에서도 덕이 되는 삶을 살게 한다. 신중함은 당시 헬라 세계에서 가장 인기가 있고, 널리

---

4. 여기서 말하는 헬라 철학은 스토이즘이다. 이를 집중적으로 연구한 논문은 Mott, 22-30에 있다. 라틴 전통에서 헬라 시대부터 전승된 네 가지 주요 덕(cardinal virtues)은 (1) 자제력(self-control)/온화함(temperament), (2) 의로운(justice), (3) 사려 깊음(prudence)/지혜(wisdom), (4) 용기(courage/fortitude)이다.

5. 하지만 이 셋은 서로 공유하는 요소가 많다. 예를 들어, 신중함(σωφρόνως)에 담긴 자제력(self-control)은 의로움과 경건함을 통해서도 드러난다.

알려졌던 기본적인 덕이었다. 신중함은 자신을 잘 통제할 줄 아는 것에서 시작하여, 균형 있는 삶을 살도록 한다. 헬라 철학에서 신중함은 어린이들에게 어릴 때부터 가르쳐야 하는 것이었고, 또 남자들은 물론 여자들에게도 필요한 것이었다(TLNT, 3:362-65). 헬라 사람들은 신중함(σώφρων)을 통하여 사람들의 인생이 혼돈과 파멸로 치닫지 않도록 정욕과 분노를 이길 수 있는 힘을 얻을 수 있다고 믿었다. 본문의 신중함은 이런 헬라적 배경을 가지고 있다. 그런데 가장 중요한 부분에서 바울의 가르침과 헬라 철학은 다르다. 바울은 성도에게 필요한 신중함은 자신의 노력과 힘으로 얻은 것이 아니고, 하나님의 은혜가 성도를 양육할 때 나타나는 것이라고 본다. 하나님의 은혜가 임할 때 우리는 사려 깊게 되며 분별력이 생기며, 자신을 절제할 수 있게 된다. 또 진정으로 기뻐할 때와 슬퍼할 때를 분별하게 하며, 얼마만큼 또 어떻게 기쁨과 슬픔을 표현해야 하는지도 배우게 된다.

셋째, 은혜는 성도가 중요한 것을 기다리게 함으로 이 세상에서 바르게 살도록 양육한다. 13절은 분사형 동사인 '쁘로스데코메노이'(προσ-δεχόμενοι, '기다리다')를 써서 그리스도인들이 갖추어야 하는 기다림의 모습을 보여준다. 성경의 기다림에는 크게 두 종류가 있다. 하나는 아주 강렬하게 기다리는 것이고 다른 하나는 차분하게 인내하면서도 집중해서 기다리는 것이다. 전자를 표현하는 단어가 '아뻬끄데코마이'(ἀπε-κδέχομαι)이고, 후자는 '쁘로스데코마이'(προσδέχομαι)인데, 용례의 횟수를 살피면 후자가 훨씬 더 많다. 디도서 1:13에서는 후자가 쓰이고 있다. 먼저 '아뻬끄데코마이'의 용례를 살펴보면, 예수의 재림과 종말에 관하여 쓸 때가 많다. 재림과 종말을 맞이하는 성도들의 자세에는 강렬한 면이 있어야 하기 때문이다(롬 8:19, 23, 25; 빌 3:20; 히 9:28). 후자인 '쁘로스데코마이'는 강렬함보다는 오랜 기간의 지속을 보여준다. 전자가 애인을 기다리는 마음과 비슷하다면 후자는 부모가 자식을 기다리는 마음에 가깝다(막 15:43; 눅 2:24, 38; 12:36; 23:51). 본문에서 특이한 점은 종말에 관한 기다림을 표현하는 데 '쁘로스데코마이'가 쓰였다는 점이다. 종말은 열정적으로 기다려야 하는 면이 없지 않지만, 본문에서는 성도들이 삶의 자리에서 성실함과 인내 가운데 소망을 통하여 이루어야 함을 보여준다.

13절은 이런 기다림의 대상을 두 가지로 소개한다. 첫째는 '복스러운 소망'이며 둘째는 '나타남'이다. 후자는 다시 두 가지의 나타남으로 분리되는데, (1) 하나님의 영광의 나타남과 (2) 우리의 구원자 예수 그리스도의 영광이 나타나는 것이다. 요약하면, 은혜는 성도로 하여금 두 가지를 기다리게 하는데, 하나는 소망이며, 다른 하나는 하나님의 영광이 구원자 예수를 통하여 나타나는 것이다.

하나님의 은혜는 소망 및 영광과 깊은 관련이 있다. 하나님의 은혜는 소망이 최종적으로 바라고 있는 것을 기다리게 하며, 현재 속에서 이것을 미리 맛보게 한다. 바울은 이런 소망의 속성을 복스러운 소망이라고 표현한다. 성도는 소망으로 은혜 가운데 인내할 수 있다(롬 8:19, 23; 빌 3:20; 눅 2:25, 38). 두 번째 기다림의 대상은 영광이 나타나는 것이다.[6] 영광이 나타나는 것은 11절의 동사 '에삐파이노'(ἐπιφαίνω, '나타나다')와 맞물려 있다. 은혜는 피조물이 가장 궁극적으로 바라고 있는 삼위 하나님의 영광이 나타나는 것을 바라고(소망하고) 기다리게 한다. 그리고 구주 예수의 나타나심은 하나님의 영광이 나타나는 모든 과정의 절정인 것이다. 13절에는 '복스러운'(μακαρίαν), '크신'(μεγάλου) 그리고 '구원자'(σωτῆρος) 등

---

6. 원어를 살펴보면, '나타남'(ἐπιφάνεια)은 본문의 첫 단어인 동사 ἐπεφάνη(11절)의 명사형이다. 따라서 동사와 명사로 쓰인 이 '나타남'은 전체 내용의 뼈대를 이룬다. 원어의 δόξης(영광의)는 소유격인데 문맥에서는 주어로 이해하여, '영광이 나타나다'로 해석하면 된다.

의 꾸밈말들이 쓰이는데, 이들은 신학적인 의미를 표현하기보다는 글을 쓰는 중에 복받쳐 오르는 감격을 드러내고 있다고 보아야 할 것이다(비교, 딤전 1:17).

14절 14절은 13절에 언급한 우리 구원자 예수 그리스도에 대한 추가 설명인데, 이를 통하여 바울은 복음의 핵심을 제시한다. 바울은 하나님의 영광이 세상과 자신에게 나타났음을 기록하는 중에 감격하여서 글쓰기의 논지에서 잠시 벗어나서 하나님을 송축하거나 예수께서 이루신 구원에 대하여 자세히 기록하는 경우가 있다(딤전 1:17; 3:16). 13절에서 예수 그리스도의 영광에 대해서 언급한 후 바울은 이러한 감격을 경험하면서, 14절에 예수께서 베푸신 대속에 관하여 쓴다. 14절은 논지의 흐름에서 다소 벗어나 보일 수도 있지만, 대신 이 고백적 선포에는 기독론의 진수가 함축되어 있다.

예수께서 자신을 '내어 주심'의 원어는 '에도껜'(ἔδωκεν)이다. 이는 단순히 '주는 것'을 넘어서 하나님께서 독생자를 속량의 값으로 '내어 주심'이란 신학적 의미가 담겨 있다(막 10:45; 갈 1:4; 엡 5:2; 딤전 2:6; 딛 2:14). 하나님의 내어 주심에 근거하여서, 대속(λυτρώσηται)이 가능하게 된 것이다. '에도껜'과 함께 '뤼뜨로세따이'는 복음의 핵심을 이루는 표현이다. 마가복음 10:45("인자가 온 것은 섬김을 받으려 함이 아니라 도리어 섬기려 하고 목숨을 많은 사람의 대속물[λύτρον]로 주려함이니라")은 이를 잘 설명한다.[7] 대속(혹은 속량)이란 대가를 지불하고 얻은 권리를 말한

7.　막 10:45과 비교할 때에, 딛 2:14에는 전치사 ὑπέρ와 대명사 ἡμῶν이 쓰인다. 막 10:45은 '많은 사람의'로 번역되어 있지만, 원문은 전치사 ἀντί와 '많은'(πολλῶν)이다. 디도서에서와 같은 '우리를'을 의미하는 대명사 ἡμῶν이 없다. 디도서의 ὑπέρ와 마가복음의 ἀντί의 차이를 살펴보면, 전자에는 대표(representation)의 의미와 대신(substitution)의 의미 모두가 담겨 있고 후자에는 '대신'의 의미만 있다(Marshall, 283).

다. 하나님은 세상의 주인이지만, 우리가 죄의 권세 아래 묶여 있었기 때문에, 대가를 지불하셨다. 14절은 우리가 불법 아래 있었다고 한다(ἀπὸ ἀνομίας). 불법이란 죄가 사람을 지배하는 수단이며, 죄가 장악한 영역이다. 불법은 죄를 짓게 만드는 환경도 포함한다. 따라서 우리가 불법 아래 있다면 우리는 죄의 문제를 스스로 해결할 수 없다. 죄를 관장하는 세력은 불법이란 명분을 사용하여 우리가 죄의 효력에서 벗어나려는 노력을 무력화한다. 그래서 하나님은 우리의 죗값을 지불하실 때에 불법이 다시는 우리를 자신의 것이라고 요구하지 못하도록 필요충분한 대가를 지불하셨다. 흠이 없는 아들을 내어주신 것이다(롬 8:32). 예수께서는 택한 자를 대신하여 자신을 내어주심으로 이들을 자기 백성 삼으셨고, 이들에게 특별한 임무를 맡기셨다. 하나님 아버지의 뜻을 이 땅에서 이루는 것이다. 이들은 복스러운 소망과 영광의 나타남을 소유하고 있다.

대속(λυτρόω)과 정결케 함(καθαρίζω)에는 차이가 있다. 대속은 어떤 세력의 지배로부터 벗어나게 해서 하나님의 지배 아래로 옮기는 것이다. 이 과정에서 하나님은 값을 지불하여야 했고 아들을 지불하여서 더 이상 어떤 세력도 하나님의 백성에 대한 권리를 주장하지 못하게 하셨다. 반면, 정결케 함(καθαρίζω)은 하나님의 지배 아래로 옮겨진 뒤에 계속 짓는 죄와 허물을 씻어내는 것이다.

대속과 정결케 함의 목적은 우리를 하나님의 특별한 백성으로 삼는 것이다(14절). '특별한'의 원어인 '뻬리우시온'(περιούσιον)은 우리말 번역에서는 종종 '자기 자신'으로 번역된다.[8] 하나님의 특별한 백성이란 표현

---

8.   NASB, NIV, BAGD. 헬라어의 περιούσιον는 특별히 λαός(백성)와 함께 쓰였을 때는 하나님과 그 백성 사이의 언약 관계를 보여준다. 디도서 2:13-14에서는 대속과 정결케 함도 함께 쓰여서 더욱 분명하게 언약관계를 드러낸다(비교, Knight 1992: 328).

은 70인경 출애굽기와 신명기에 나타난다(출 19:5; 신 7:6; 14:2; 26:18).[9] 바울이 사용한 '특별함'은 하나님의 도구로서 특별하다는 의미인데, 이는 하나님의 구속과 정결케 하심에서 비롯된다. 정결케 함($\kappa\alpha\theta\alpha\rho\acute{\iota}\zeta\omega$)의 배경은 에스겔서 37:23인데, 이는 언약과 관련된다. 정리하면, 구약에서 '특별한 백성'이란 하나님의 계획을 위해서 특별하게 구별된 도구다. 또 하나님과 언약관계를 가진 자로 이 언약을 통하여 하나님의 소유가 되었다.[10] 본문에서 특별한 도구 혹은 특별한 관계는 인간의 '열심'으로 검증된다. 열심인 자에 해당하는 헬라어는 '젤로떼스'($\zeta\eta\lambda\omega\tau\acute{\eta}\varsigma$)인데, '열심당'으로도 번역된다. 이 단어는 영어의 zealous(질투하는)의 어원이며 보통의 열심을 넘어 그 열심이 뚜렷하게 드러나는 모습을 가리킨다.

　　바울은 '이신칭의' 교리에 철저했다. 인간의 선한 일이 결코 구원을 가져 올 수 없음을 잘 알고 있었고, 이를 변증하려 했다. 그런데 그는 누구보다도 선한 일의 중요성을 깊게 인식하고 있었다. 특별히 그의 말기 편지들인 목회서신에는 선한 일에 대한 강조가 많아진다.[11] 그 이유는 목회서신의 특별한 정황과 관련된다. 거짓 교사들이 설파한 상한 복음 때문에 선한 일을 강조한 것이다. 이들은 그레데의 성도들에게 혼란을 불러 일으켰는데, 이들에게는 바른 교훈이 없었기 때문에 선한 행위 또한 없었다.

9.　70인경 신 26:18을 보면, "너를 그에게 특별한 백성이 되게 하시고"($\gamma\epsilon\nu\acute{\epsilon}\sigma\theta\alpha\iota$ $\sigma\epsilon$ $\alpha\mathring{\upsilon}\tau\hat{\omega}$ $\lambda\alpha\grave{o}\nu$ $\pi\epsilon\rho\iota o\acute{\upsilon}\sigma\iota o\nu$)라는 표현이 나오는데, 개역개정판은 $\lambda\alpha\grave{o}\nu$ $\pi\epsilon\rho\iota o\acute{\upsilon}\sigma\iota o\nu$을 '보배로운 백성'으로 번역하였다. 70인경 출 19:5은 "모든 민족 중에서 나의 특별한 백성이 되겠고"($\mathring{\epsilon}\sigma\epsilon\sigma\theta\acute{\epsilon}$ $\mu o\iota$ $\lambda\alpha\grave{o}\varsigma$ $\pi\epsilon\rho\iota o\acute{\upsilon}\sigma\iota o\varsigma$ $\mathring{\alpha}\pi\grave{o}$ $\pi\acute{\alpha}\nu\tau\omega\nu$ $\tau\hat{\omega}\nu$ $\mathring{\epsilon}\theta\nu\hat{\omega}\nu$)라고 쓰이는데, ESV는 my treasured(보배로운) possession(소유)으로 번역한다.

10.　벧전 2:9은 우리를 '그의 소유된 백성'($\lambda\alpha\grave{o}\varsigma$ $\epsilon\mathring{\iota}\varsigma$ $\pi\epsilon\rho\iota\pi o\acute{\iota}\eta\sigma\iota\nu$)이라 하고, 70인경 사 43:1은 "내가 너를 구속하였고($\mathring{\epsilon}\lambda\upsilon\tau\rho\omega\sigma\acute{\alpha}\mu\eta\nu$ $\sigma\epsilon$) 지명하여 불렀나니 너는 내 것이라"고 한다.

11.　목회서신을 제외하면, '선한 일'에 대하여 언급한 구절들은 다음과 같다. 고전 3:13-14; 고후 9:8; 엡 2:10; 골 1:10; 살후 2:17.

참된 하나님의 종과 거짓 교사의 차이는 바른 교훈을 잘 가르치는 것이며, 그 결과는 좋은 일에 열심을 내는 것이었다.

15절 15절에서 바울은 권면의 초점을 다시 디도에게로 맞추고 있다. '이것들'(ταῦτα)은 목회서신에서 문단을 바꿀 때에 종종 사용하는데, 앞서 권면한 내용인 디도서 2:2-14을 가리킨다(Knight, 1992: 329). 바울은 디도에게 목회자의 권위(ἐπιταγή)가 어디에서 오는지에 대해서 말하고 있다. 이것은 하나님의 은혜에 바르게 반응하는 데서 온다(Fee, 1984: 198).

3. 해설

목회서신은 영적인 아버지 사도 바울이 같은 믿음을 가진 아들들에게 그들이 자신을 훈련하여 잘 목회하며, 또 나아가 그들이 다른 성도들을 잘 양육할 수 있도록 돕기 위한 서신이다. 따라서 '빠이데우오'(양육하다)는 서신의 중심 주제다. 본문은 양육의 주체가 하나님의 은혜임을 명백히 하며, 하나님의 은혜가 어떻게 성도들을 바르게 하며 교회를 세우는지 보여준다. 제자훈련이 보편화되었지만 동시에 그 훈련의 한계를 경험하는 한국 교회에, 착한 일에 열심인 특별한 하나님의 백성을 세우는, 이 은혜 양육의 원리는 중요한 지침을 준다.

믿는 자들은 은혜로 양육을 받아야 경건치 않음을 버릴 수 있다. 은혜가 아니면 우리가 집착했던 어떤 것을 버리는 것은 거의 불가능하다. 하나님의 은혜가 우리를 양육할 때에 신중하고 올바르며 경건하게 살게 된다. 또 은혜는 '영광'을 기다리며 살게 한다. 은혜의 내용은 예수께서 자신을 내어 주심으로 우리를 대속하셨고, 계속 정결케 하신다는 것이다. 그래서 은혜로 양육을 받은 성도들은 선한 일에 열심을 내게 되는 것이다. 마지막으로 바울은 디도에게 은혜 양육의 원리를 가르치면서, 은혜로 양육된 일꾼이 진정한 권위(ἐπιταγή)를 갖게 된다고 역설한다.

제6장
디도서 3:1-11
기억하게 하라, 힘쓰라, 피하라, 멀리하라

　디도서 1장과 2장은 어떻게 교회를 세울 것인가에 관한 것이라면, 3:1-11은 믿는 자들이 사회 속에서 어떻게 살아야 하는가에 대한 교훈이다. 교회가 사회 안에서 어떤 태도로 존재하여야 하며, 사회의 여러 가지 도전에 어떻게 반응하여야 하는가의 문제를 다룬다. 본문인 디도서 3:1-11은 디도서 전체에서 세 번째 가르침에 해당하며(1:5; 2:1; 또한 3:14), 크게 두 부분으로 구성된다(딛 3:1-7, 8-11). 두 부분은 각각 선한 일에 대한 강조로 시작한다(1절, 8절). 첫 부분은(딛 3:1-7) 다시 (1) 사회의 리더나 권력자에 대한 일반적인 태도에 관한 교훈(1-2절)과 (2) 이런 태도로써 성도가 세상에 대해서 넉넉하며 부드러운 태도를 가져야 하는 이유를 제시하는데(3-7절), 이는 삼위 하나님께서 우리를 구원하실 때에 이렇게 대해 주셨기 때문이다. 두 번째 부분은(딛 3:8-11) 첫 부분의 시작인 1절과 마찬가지로 '선한 일'에 힘써야 할 것을 강조한다(8절). 디도의 임무가 성도들을 일깨워서 그들로 하여금 세상 속에서 선한 일을 하여서 선한 영향력을 미치게 하는 것이기 때문이다. 이어서 9-11절에서는 교회가 세상의 이단 및 다른 사상에 물든 사람을 어떻게 대할 것인가를 다룬다. 디도서 1:10-16과 디도서 3:9-11은 공동체를 파괴하는 요소들에 관한 주제를 다룬다. 이 두 부분을 연결하면, 바울은 믿는 사람들이 세상 안에서 살 때에 불필요하고 무익한 싸움을 피하고, 비방하고 갈등하는 대신 너그러운 마음과 질서를 따르는 태도를 가지고 살아야 함을 배울 수 있다.

1. 번역

1 그대는 그들을 일깨워서 통치자들과 권세자들에게 복종하며 또 순종하게 하고 또 그들이 모든 선한 일을 위하여 준비되게 하며, **2** 아무도 비방하지 말고, 싸우지 말고, 관용하며 또 모든 사람에게 온전한 온유함을 보이도록 하십시오. **3** 우리도 전에는 어리석고, 불순종하며, 미혹을 당하고, 많은 욕망과 향락의 노예였었고, 악의와 시기심 가운데 세월을 보내며, 미움의 대상이었고 또한 서로 미워하였습니다. **4** 그러나 우리 구주 하나님의 인자하심과 인류애가 나타날 때에, **5** 우리를 구원하시되, 우리가 행한 의로운 일로 하지 아니하시고 중생의 씻음과 성령의 새롭게 하심으로 구원하셨습니다. **6** 하나님께서는 그 성령을 우리에게 풍성하게 부어주셨는데, 이것은 우리 구주 예수 그리스도로 말미암은 것입니다. **7** 그리하여 우리는 그분의 은혜로 의롭다 하심을 받고, 영생의 소망을 따라 상속자가 되었습니다. **8** 이 말씀은 믿음직합니다. 이것에 관하여 나는 그대가 자신 있게 외치기를 바랍니다. 그리하여 하나님을 믿는 자들이 조심하여 선한 일에 전념하도록 하기 위함입니다. 이것은 사람들에게 좋은 것이며 또한 유익한 것입니다. **9** 그러나 어리석은 논쟁과 족보 이야기와 분쟁과 율법에 관한 다툼은 피하십시오. 이것은 유익이 없고 헛될 뿐입니다. **10** 이단에 속한 사람은 한두 번

타일러 본 후 멀리하십시오. **11** 알다시피 이런 사람들은 삐뚤어져 있고 또
한 죄를 지어서 스스로 정죄받을 것입니다.

2. 주해

1-2절 바울은 디도에게 믿는 자들이 사회 속에서 살아갈 때에 기억해
야 할 것을 일곱 가지로 제시한다. 첫 번째는 통치자들과 권세자들에게
복종하고, 두 번째는 이들에게 순종하는 것이다. 이 명령은 현대의 독자들
에게는 쉽게 납득이 되지 않을 수 있지만 바울은 다른 편지에서도 이와
같은 가르침을 준다(롬 13:1; 딤전 2:2; 참고, 벧전 2:13-17). 하지만 바울이
복종과 순종을 강조한 이유는 상황적인 제안이라고 보아야지, 무조건 그
리고 언제나 통치자들과 권세자들에게 복종하고 순종해야만 한다고 가르
치는 것으로 볼 수는 없다. 바울이 의도한 것은 교회가 세상과 불필요한
갈등이나 오해를 일으키지 말라는 것이다. 이것은 복종과 순종을 통하여
복음을 전할 수 있는 기회를 얻기 위함이다. '복종하다'(ὑποτάσσω)는 바
울이 다른 편지에서도 그리스도인이 세상의 권세자들에게 가져야하는 태
도로 제안할 때에 사용된다(롬 13:1). 어원은 정해진 규정과 관련이 있으
며 군대 용어로 볼 수도 있다. 반면 '순종하다'의 헬라어인 '뻬이타르케
오'(πειθαρχέω)는 신약성경에서 자주 사용되지 않은 단어로, 사도행전
27:1에 나온다. 이 단어는 맹목적으로 따르는 것이 아니라 분명한 이유를
가지고 따르는 모습을 묘사한다. 세 번째, 바울은 디도로 하여금 성도들이
선한 일을 위하여 준비되게 하라고 쓴다. 선한 일은 목회서신에서 중요한
가르침 중 하나이며, 본문에서는 8절에 다시 쓰이기 때문에 본문에서도
중심이 되는 주제임을 알 수 있다(참고, 2:7, 14). 바른 가르침은 성도들이

세상 정욕을 극복하고 경건하게 하며, 선한 일을 좋아하는 성품을 만들고, 삶에서 선한 일을 즐거이 행하게 한다. 세상은 믿는 자들이 선한 행위를 할 때에 그들의 신앙에 대해서 관심을 갖게 되는데(마 5:13-16), 이를 통하여 선한 영향력이 나타난다(벧전 2:11-12[1]).

네 번째에서 여섯 번째 권면은 믿는 자들은 비방하지 말고, 다투지 말며, 관용(ἐπιεικεῖς)하라는 것이다. 일곱 번째는 온유함을 나타내는 것인데, 앞의 여섯 가지 권면과 다른 형식을 사용한다. 앞의 여섯 가지 권면에는 '부정사'가 사용되고 있지만, 일곱 번째 권면은 '분사'를 사용한다. 이 분사의 용례는 (1) 부정사와 같은 역할을 한다고 볼 수 있지만 (2) 여섯 번째 권면인 '관용하며'의 내용을 구체적으로 설명하고 있다고 볼 수도 있다. 즉, 관용하는 것은 '범사에 모든 사람에게 온유함을 나타내는 것'으로 실행할 수 있다는 의미다.[2] 2절에 언급된 온유(πραΰτης)의 용도는 단순한 복종이나 너그러운 태도가 아니라, 목적이 있는 성숙한 사람의 자세라고 보아야 한다. 온유에는 바로잡는 기능이 있다. 갈라디아서 6:1은 온유를 통한 바로잡기에 대해서 설명한다. '형제들아 사람이 만일 무슨 범죄한 일이 드러나거든 신령한 너희는 온유한 심령으로 그러한 자를 바로잡고 너 자신을 살펴보아 너도 시험을 받지 않을까 두려워하라.' 온유 없는 바로잡기는 자칫 비방과 다툼을 일으키며, 반대로 바로잡기를 하지 않는다면 바른

---

1. 베드로전서는 선한 행위에서 비롯된 선한 영향력을 불신의 세상에 구원의 복음을 전하는 방편으로 제시하는 편지다. 베드로전서는 성도들에게 인간의 모든 제도와 왕에게 순종하라고 하며(벧전 2:13), 노예들은 주인에게 순종할 것(벧전 2:18)과 젊은이들은 장로에게 순종할 것(벧전 5:5) 그리고 아내들은 남편에게 순종할 것을 강조한다(벧전 3:1). 베드로전서가 강조하는 약자의 순종은 약한 자를 사용하셔서 구원을 이루시려는 하나님의 계획을 이루기 위함이다. 사명을 이루기 위한 순종이다 (submission for mission).

2. 그리스도인들의 관용이 무제한적으로 베풀어져야 하는 이유는 그리스도의 사랑이 무제한적이기 때문이다(Box, 304; Marshall, 304).

교훈이 선한 영향력으로 나타나지 않는다. 온유로 바로잡는 것은 자신을 살펴보는 과정을 동반한다. 따라서 바로잡기로서의 온유는 디도서 3:1-8 이 다루고 있는 선한 행실로 교회가 세상에 순종하는 태도를 취하지만 결국 세상을 바로 잡음으로 바른 교훈을 실천하는 방법인 것이다(벧전 3:15). 만약 믿는 자들이 세상을 향하여 또는 자기들끼리 비방하고 다투면, 사회 속에서의 존재 가치를 상실한다. 성도와 교회가 세상을 향하여 온유해야 함이 마땅한 이유는 다음 단락(4-7절)에서 보듯이, 예수께서 죄인이었던 우리에게 관용과 온유함을 보여주셨기 때문이다.

3-4절 3절은 성도가 변화되기 전 옛 사람의 모습이다. 옛 사람의 모습인 어리석고, 정욕에 빠지며, 서로 미워하는 것은 사탄의 일이다. 옛 사람의 시절을 표현하는 '우리도 전에는'에서 '전에는'(ποτέ)은 예수 믿기 이전과 이후의 변화를 설명하기 위한 수사학적인 장치로 현격한 변화를 예고한다. 이러한 변화는 신앙인의 표지이며, 구원의 능력이다. 그리고 이런 변화는 복음과 바른 교훈이 절실함을 보여준다(Marshall, 309). 그런데 이 표현을 나와 세상을 구분하는 이분법적으로 사용할 것이 아니라, 지금 예수를 믿을 때에도 나는 여전히 신앙 밖, 곧 세상에 속한 모습으로 살고 있음을 인식하는 디딤돌로 사용하여야 한다. 우리가 예수 안에 있다가도 예수 밖으로 나가면 우리도 옛 사람의 모습을 갖게된다. 더욱 심각한 것은 스스로 예수 안에 있다고 착각하면서 이렇듯 변화되기 이전의 모습을 벗어나지 못하고 오히려 이를 용납하며, 심지어 몰래 즐기는 것이다.

한편 4절은 옛 사람이 변화된 시기를 강조하는데, 이 때가 구원의 때이며, 다시 말하면 하나님의 '인자하심과 인류애'가 나타난 때이다. 우리가 얻은 구원은 하나님의 일방적인 인자하심과 사랑하심 때문에 얻게 된 것이며, 그때도 미리 정해져 있었다. 4절에 언급된 '인자'의 헬라어는 '크레스또떼스'(χρηστότης)인데, 하나님께서 인간의 구원을 위하여 일하시는 모습을 설명할 때 사용한다(엡 2:7; 벧전 2:3). '인류애'는 헬라어로 '삘란트로삐아'(φιλανθρωπία)인데, 보통은 하기 힘든 수준의 호의를 의미한다(*TDNT*, 9:111-12). 성경의 용어인 '아가뻬'는 헬라 세계의 청중들에게는 익숙하지 않은 단어였고 대신 '삘란트로삐아'가 인간이 보일 수 있는 최고 미덕 중에 하나로 알려져 있었다.[3] 하나님께서 일방적으로 우리를 구원하신 것을 하나님의 인류애(사람 사랑하심)란 표현에 담은 것이다.[4]

5절 5절은 구원론의 진수다. 구원이란 의롭다 하심을 얻는 것이며, 영생을 얻는 것이다(7절). 의롭다하심을 얻기 위해서는 하나님이 요구하시는 의(δικαιοσύνη)의 기준에 합격되어야 한다. 그런데 우리에게는 하나님의 기준에 합격하는 의를 갖출 길이 없다.[5] 그러므로 우리는 구원을 받을 수 없는 자들이었다. 이에 새로운 길이 열렸는데, 하나님께서 의롭다 하심을 일방적으로 선언하시는 것이다. 이는 5절에 기록된 것과 같이 우리의 의로운 행위가 아니라 하나님의 긍휼하심에 기초한다.[6] 따라서 하나님께

---

3. 스토아학파는 φιλανθρωπία를 인간 최고의 미덕으로 꼽는다. 하지만 이 개념은 바울 시대에는 아직 보편화되지 않았었다고 한다(Marshall, 312). 이 단어에는 신성함이 담겨 있어 무게가 실려 있으며, 심지어 포로를 상환하는 의미도 있다는 주장도 있다(Lock, 153). 신약성경에 이 단어가 행 27:3에서 한 번 더 쓰인다. 이것은 바울을 로마로 압송하던 로마의 백부장 율리오가 바울에게 보여 준 호의를 표현한다. 이 표현을 통하여 율리오가 바울에게 보여준 호의에 대하여 성경은 많은 의미를 부여하고 있다. 결국 율리오의 호의는 복음의 약진과 하나님의 구원 계획을 이루는 일에 사용되고 있으며, 그 자신도 바울을 통하여 드러난 하나님의 호의를 통하여 생명을 보전하게 된다.
4. 성경 외의 헬라 문헌에서 인간미를 표현할 때에 χρηστότης와 φιλανθρωπία가 함께 사용되는 경우가 종종 있었다(Field, 1899: 222-23).
5. 의는 목회서신에 총 5회에 나온다(딤전 6:11; 딛 3:5; 딤후 2:22; 3:16; 4:8). 인간의 의(혹은 의로움)는 하나님께서 인간의 행위에서 보고 싶어 하며 요구하시는 것이다. 이런 의가 있어야 인간이 하나님의 표준에 따르며 순응하고 있음이 드러난다(Marshall, 314; *TDNT*, 2:192-210).
6. 구원받은 성도에게서 하나님의 기준을 만족시키는 수준의 의로움이 바로 생기는

서 택한 자를 의롭다고 칭하실 때에 그 근거는 긍휼이란 뜻이다. 신약성경에는 총 21회 긍휼(ἔλεος)이란 단어가 사용되고 있는데, 하나님께서 인간에게 값없이 주시는 특별한 선물로 하나님의 선하심에서 비롯되는 호의에 의한 것이다(Bavinck, 365). 그중 바울이 10회를 사용한다(롬 9:23; 11:31; 15:9; 갈 6:6; 엡 2:4)[7]. 앞서 4절에 사용된 인자함과 사람 사랑은 하나님께서 베푸시는 긍휼을 다른 모습으로 묘사한 것이다(Marshall, 314).

하나님의 긍휼은 중생의 씻음과 성령의 새롭게 하심의 근거가 된다.[8] 5절은 긍휼하심을 '따라' 중생의 씻음과 성령의 새롭게 하심으로 택한 자를 구원하셨다고 쓴다. 여기서 '따라'는 '까따'(κατά)이며, 중생의 씻음이란 다시 태어남을 상징화한 표현이다(Marshall, 325). 중생으로 번역된 헬라어인 '빨링게네시아'(παλιγγενεσία)는 새로워짐을 표현하는데, 원래 상태로 되돌아가서 새로워지는 의미와 더 높은 단계로 발전함으로 새로워진다는 의미를 모두 포함한다(Marshall, 319). '씻음'의 헬라어는 '루뜨론'(λουτρόν)인데, 문자적으로보다는 상징적으로 해석해야 한다.[9] 씻음이란 겉에 더러운 것 때문에 묻혔던 원래의 모습을 드러내는 것이다. 하나

것은 아니다. 하지만 이들은 하나님의 의를 사모하는 마음을 갖게 된다. 그래서 의의 열매를 맺기 시작한다. 하나님의 의를 사모하는 것에는 긍휼의 마음을 갖는 것이 포함되어 있다.

7.   바울이 사용한 긍휼의 구약적 배경이 되는 구절들은 출 34:6-7; LXX 시 85:15 등이다.

8.   중생의 씻음과 성령의 새롭게 하심은 구원이 효력을 발생하게 된 과정을 설명한다. 신학적으로 보면, 이 자리에 예수의 십자가가 있어야 한다(Holtzmann, 496; Marshall, 316). 따라서 중생의 씻음과 성령의 새롭게 하심은 십자가에 달리신 예수를 나의 구주와 주님으로 받아들일 때에 내 안에서 일어나는 개인적인 경험에 관해서 쓰고 있는 것이다.

9.   대다수의 주석가들은 '씻음'은 세례를 의미한다고 본다(Marshall, 318). '씻음'이 영적인 씻음을 상징한다고 보는 견해는 Fee, 1994: 780과 Mounce, 195-202를 참고하라.

님이 창조하신 원래의 모습에는 하나님의 모양과 형상이 있었는데 이것이 속에 묻혀 있다가 겉을 덮었던 것이 벗겨지면서 드러나는 것이다. 그뿐만 아니라 이렇게 회복된 모양과 형상이 그리스도 예수 안에서 더욱 분명하게 모습을 드러내면서 영원한 생명을 갖게 된다. 중생의 씻음은 일정한 형식에 따라 모든 사람에게 유사한 방식으로 나타난다.[10] 요한복음에도 중생에 관한 가르침이 나온다. 밤에 예수를 찾아온 니고데모에게 예수께서 주신 교훈이다. 예수께서는 거듭나야(중생) 하나님 나라를 볼 수 있다고 하셨다(요 3:3). 여기서 '거듭나다'의 원어는 디도서 3:5의 중생(παλιγγενεσία)과 다른 단어로서 '위로부터 나다'는 뜻이다. 하지만 '빨링게네시아'에도 더 높게 새로워진다는 의미가 있음으로 의미가 서로 연결되어 있다고 볼 수 있다.

반면 성령의 새롭게 하심은 내면에서 일어나며 일정한 형식이 없고,[11] 그 결과는 열매로 나타난다. '새롭게 함'의 헬라어는 '아나까이노시스'(ἀνακαινώσις)인데, '수선' 혹은 '갱신'을 의미한다. 성령의 사역을 크게 둘로 구분하면, 새로운 세계를 열어 주시는 것(눅 4:18)과 예수를 대신하는 것이다(요 15:26). 디도서 3:5에서 언급된 성령의 새롭게 함은 새로운 세

---

10. 중생이란 '사람 안에 새 생명의 원소를 심고 영혼의 주도적 성향을 변화'시키는데, 이 변화는 인간의 일반적인 지성으로는 이해할 수 없는 방법으로 발생하며, 불가항력적이며, 반복적이지 않을 뿐 아니라 확정적이다. 사람이 중생하면 '이성도 변화를 받아 본래의 자기 기능이 발휘된다.' 바빙크는 이러한 중생의 본질과 범위는 "전인이 중생의 대상이고 사람 자신이 변혁되고 존재의 중심에서 다시 새롭게" 되는 것이라고 설명한다(Bavinck, 873-86, 특히 885). 중생의 교리를 압축하면, 중생은 사람 안에 존재하던 옛 '성향'(habits) 또는 '자질'(qualities)이라 이해되었던 '내적 경향성'이 새롭게 되는 것이다(Edwards, 206). 개혁신학에서는 중생은 믿음보다 앞선다(Berkhof, 156-57, 165-67). 중생을 하여야 믿을 수 있다는 뜻이다.
11. 이러한 구분을 두는 것과는 달리, 주석가들 중에는 중생의 씻음과 성령의 새롭게 함은 서로 분리되지 않는 성령의 사역이라고 해석하기도 한다. 이 경우 성령의 새롭게 함은 '중생'(rebirth)의 다른 표현으로 이해한다(Mounce, 192; Marshall, 320).

계를 열어 주시는 사역에 가깝다. 구약에서 새로운 시작이 있을 때에, 하나님은 언약을 갱신함으로 백성을 새롭게 해주셨다. 홍해를 건너고, 요단을 건넌 사건들은 새롭게 하심을 육체로 경험했던 사건이다. 신약성경에서는 이런 새롭게 하심이 성령을 통하여 더욱 강력하고 선명하며 광범위하게 나타나는데, 신약에 나타난 성령의 새롭게 하시는 사역은 믿는 자들의 잘못된 부분을 고치고 느슨해진 헌신을 갱신한다(고전 6:11).

디도서 3:5의 '씻음'과 '새롭게 함'의 배경은 에스겔서 36:25-28이다. 에스겔서 36장에는 '씻음'과 '새롭게 함'에 관련된 상세한 설명이 나온다. 에스겔 36:25은 '맑은 물'로 씻어 정결하게 할 것을 예언하고, 26절은 '새 영'을 너희 속에 두고 '새 마음'을 너희에게 줄 것을 선포한다. 에스겔 36:24-28은 바벨론의 침략으로 멸망당한 이스라엘 백성들이 경험하게 될 회복에 관한 예언인데, 이는 아브라함과 맺은 언약에 근거하고 있다. 특히 에스겔 36:28은 창세기 15:4-21에 나타난 '땅과 자손'에 대한 약속에 근거하여, 아브라함에 맺은 언약에 근거하여 이스라엘의 회복을 이루어질 것을 예언한다. 그런데 에스겔 36:28의 언약은 바벨론에 의한 멸망한 이스라엘이 회복될 것을 넘어 예수 구원 사건을 통해서 완성된다. 디도서 3:5의 '씻음'과 '새롭게 함'은 에스겔서 36장에서 언급된 언약에 근거한 회복은 최종적으로 예수 안에서 새 언약과 종말적인 회복으로 완성되었음에 근거한 선언인 것이다. 일부 학자들은 디도서의 '씻음'은 성령과 직접적으로 연결되어 있지 않다고 주장하기도 하지만, 디도서 3:6에서 바울은 '성령을 풍성히 주실 것'을 재차 언급한다. 즉 5절에서 선포한 '중생의 씻음'과 '성령의 새롭게 하심'을 6절에서는 성령을 풍성하게 주심으로 환언한 것이다. 또 디도서 3:5의 배경이 되고 있는 에스겔 36:25-26은 '맑은 물로 정결케 한 것(36:25)과 하나님의 영을 마음에 둔 것(36:26)이 뗄 수 없는 과정으로 묘사되고 있다. 전자는 후자를 위한 선행 과정이며 동시에 둘은 뗄 수 없는 연속 사건으로 일어나고 있다. 마찬가지로 디도서가 '중생의 씻음'으로 표현한 의미에는 중생이 결국 성령의 사역이라는 이해를 전제한다. 성령께서는 '중생의 씻음'과 '새롭게 함'을 통하여 예수의 대속 사역을 믿는 신자들을 온전하게 변화시킨다.

요약하면, 디도서 3:5의 씻음과 새롭게 함은 예수 그리스도와 성령을 통해서 완성될 하나님 자녀로서의 지위 회복이 수행되는 과정에 대한 설명이며, 그 배경에 에스겔서 36:25-28의 예언이 성취되고 있음을 보여준다. 디도서 3:5이 함의하는 바는 언약에 근거한 종말적인 회복의 수단이 중생의 씻음과 성령께서 새롭게 하는 것이다.

6-7절 이 두 절은 성도가 얻은 구원의 의미를 자세하게 설명하고 있다. 5절 서두에 언급한 '우리를 구원하시되'와 연결되어 구원의 의미를 풀어주고 있다. 구원은 예수 그리스도로 말미암았음을 전제하며 세 가지로 설명된다. 첫째, 예수의 사역과 성령의 사역이 긴밀하게 연결되었다. 성령은 예수를 대신하여 사역하기 때문에 구원은 성령의 사역과 뗄 수 없다 (요 14:16, 26). 바울은 성령의 풍성하심을 5절에서 언급한 '성령의' 새롭게 하심과 연결한다. 6절의 '그 성령'은 명백하게 5절의 새롭게 하시는 성령을 가리킨다.[12] 하나님께서 성령을 믿는 자들에게 부어주시는(ἐκχέω) 사건에 대한 대표적인 기록은 사도행전에 나타나며(2:17, 18, 33; 10:45) 구약성경에서는 스가랴 12:10과 요엘 3:1-12 등 다수의 구절에 등장한다. 풍성함은 성령이 부어질 때의 모습을 이미지화하는 대표적인 상징이다. 성령이 함께 하시며 내주하실 때에 믿는 자들은 한결같이 풍성함을 경험한다. 이는 하나님 나라의 풍성함이다.

---

12. 6절의 헬라어에는 '성령'이란 단어가 없다. 중성 단수 소유격 관계대명사 οὗ가 쓰이는데, 이 관계대명사의 주어가 중성 단수 소유격인 ἁγίου로 개역개정판은 '그 성령'으로 번역하였다.

둘째 구원은 의롭다 하심을 얻는 것이며 은혜로 말미암는다. 이러한 은혜는 '그분'께로부터 오는데, 원어인 '에께이누'(ἐκείνου)는 통상 가장 가까운데 있는 명사를 가리키므로, 예수 그리스도께서 베푼 은혜를 가리키는 것으로 보아야 한다. 또 의롭게 된 것에 '믿음'이 결부되어 있지 않지만, 함의된 것으로 보아야 한다(Marshall, 324). 하나님의 구원 계획이 이루어지는 과정에서 은혜는 필수적이다. 디모데후서 1:9은 하나님께서 우리를 구원하시고 거룩한 소명으로 부르실 때에 이 과정이 '은혜'로 이루어졌으며, 이 은혜는 그리스도 예수 안에서 우리에게 주신 것이라고 선언한다. 또 디도서 2:11-12은 이러한 구원의 은혜가 우리를 양육한다고 기록한다(딛 2:11-14 주해 참조). 은혜는 성도를 부르시고, 의롭다 칭하시고, 양육하여 성화하는 모든 과정에 작용한다.

셋째, 구원은 상속자가 되는 특권을 주는데, 이는 성도가 갖는 소망과 밀접한 연관이 있다.[13] 구원을 통해서 얻는 영생은 단순히 생명의 시간만 무한히 연장되는 것이 아니라, 상속자의 특권을 또한 누리는 것이다. 구원의 목적은 우리를 의롭게 할 뿐 아니라 상속자로 삼는다. 성도는 상속자로서 영생을 얻는다.[14] 성도에게 영생은 상속받은 것인데 이는 자녀가 되었음을 전제한다. 성경적 의미의 상속은 무상으로 취득하는 일종의 횡재가 아니다. 성경적 상속은 언약에 근거한다. 특히 아브라함에게 준 언약의 핵심은 땅(기업)과 자손이다. 자손이 되는 것은 땅을 기업으로 상속받는 것이다. 그리고 자손은 이 기업을 통하여 하나님의 뜻을 그 땅에 이루어야 할 사명 또한 받았다. 따라서 영생을 상속하는 것은 단지 생이 끊어지지 않을 것이라는 길이의 개념만이 아니다. 상속자는 이 영원한 기간 속

---

13. 성령과 상속에 관한 구절은 롬 8:15-17; 고전 6:9-11; 갈 3:14, 18; 4:6; 엡 1:13을 참고하라.
14. 상속자가 받을 상속의 내용은 다름 아닌 영생이다(Mounce, 450).

에서 하나님 나라를 이루어가는 '아버지의 뜻'을 상속받은 것이다. 아버지의 뜻을 상속받는 것이 아버지의 재산을 상속받는 것보다 더 중요하다. 그리고 하나님의 뜻을 이루어가는 사명자의 삶이 종속자로서가 아니라 자녀로서 감당하는 가업인 것이다. 이런 관점에서 탕자의 비유(눅 15:11-32)를 보면, 작은 아들은 물론 큰 아들도 아버지의 뜻을 상속받지 못하고 있었다. 오히려 늦게라도 겸손하게 되어 집으로 돌아온 둘째가 아버지 뜻을 더 소중하게 받들 가능성을 시사한다. 상속자는 아버지의 뜻을 존귀하게 여기며, 마음과 뜻과 힘과 목숨을 다하여서 이를 지키며 이루려는 의지가 있어야 한다. 그러므로 성도는 이 땅에서 상속자답게 살아야 한다.[15] 7절에서 바울이 상속자를 강조한 이유는 그들이 이 땅에서 바른 교훈을 소중하게 여기며 소명을 따라 살아야 함을 보여주기 위함이다.

8절 목회서신에는 '이것은 믿음직한 말씀이다'는 표현이 5회 나온다. 디모데전서에 3회, 디도서와 디모데후서에 각각 1회 사용된다. 앞서 디모데전서 1:15 주해에서 다루었듯이, 이 표현이 모두 구원과 관련이 있는지는 논란의 여지가 있지만, 디도서 3:8의 '믿음직한 말씀'은 4-7절에서 다룬 구원과 관련이 있다. 실제로 '믿음직한 말씀'은 문자 그대로 성도들이 신실하게 살도록 이끄는 말씀인데, 이는 목회서신의 주제인 바른 교훈을 실천하는 데 필요한 내용을 담고 있다. 디도서 3:8은 성도들이 이러한 믿음직한 말씀을 힘써 증거해야 한다고 기록한다.[16] 믿음직한 말씀은 선한 일에 전념하도록[17] 돕기 때문이다. 목회서신에서 선한 일은 바른 교훈과

---

15. 상속과 영생의 소망은 서로 깊게 연결되어 있다. 영생의 소망은 의롭게 된 것 성도들이 상속자로 굳건히 서는 과정을 이끈다. 전치사 κατά(κατ' ἐλπίδα ζωῆς αἰωνίου)가 이 사실을 잘 드러낸다(Marshall, 325).
16. 헬라어의 διαβεβαιοῦσθαι는 부정사이며 '증거하다', '확신을 갖고 말하다', '조심하다' 등의 다양한 의미를 갖고 있다(Marshall, 331).
17. '전념하다'는 헬라어 προῖστημι를 의역한 것이다. 개역개정판은 '힘쓰다'로 번역하

짝을 이루고 있다. 바른 교훈은 외적으로는 선한 일을 행하게 함으로 선한 영향력을 나타내며, 내적으로는 그리스도인다운 성품, 경건함, 신중함, 단정함을 조성한다(딛 2:12). 목회서신은 바른 교훈이 거짓 교훈과 구별되도록 결실하는 열매가 있는데, 내적인 경건함과 외적으로 행하는 선한 일이다. 8절은 선한 일에 힘쓰는 것을 '아름다운 것'이라고 한다. 목회서신에서 '아름다운 것'은 디모데후서 1:13-14에서도 사용된다. 이곳에서는 바른 말을 지키는 것이 아름다운 것이라고 한다. 본문 8절과 디모데후서 1:14의 '아름다운 것'은 헬라어로는 '깔로스'(κάλος; 혹은 καλά)이며, 이는 보석과 같이 아름다운 모습을 표현한다(참고, 딤후 1:14, NASB 번역은 treasure이다). 요약하면, 바른 교훈은 선한 일을 행하게 한다. 이는 아름다운 것이며, 이 아름다움은 또한 하나님의 선하신 성품을 성도의 삶과 인격에서 드러내는 것이다. 바른 교훈은 하나님의 성품인 선하심에서 비롯되며, 세상에 하나님의 선하심을 이루는 도구가 된다.

9-11절 9절은 믿음직한 말씀이 왜 필요한지에 관한 내용이다. 믿음직한 말씀은 바른 교훈과 밀접하게 관련되어 있다. 이에 반대되는 개념은 어리석은 논쟁과 족보 이야기와 분쟁과 율법에 관한 다툼이다. 바울은 이런 것을 피하라고 권면하면서 믿음직한 말씀의 용도를 설명하고 있다. '피하다'의 헬라어는 '뻬리이스떼미'(περιίστημι)인데, 8절의 '전념하다'(개역개정판은 '힘쓰다')의 헬라어 '쁘로이스떼미'(προΐστημι)와 대조를 이룬다. 이 두 단어의 대조는 8절과 9절이 서로 대조되는 개념을 다루고 있음을 보여주는 장치다. 하지만 이 두 단어는 상호보완적이기도 하다. 8절의 '전념하다'(προΐστημι)는 앞에 서려는 모습, 곧 앞으로 힘써 나아가려는 동작

고 있다. 이는 '조심하다'의 헬라어인 φροντίζω와 연결되어 있는데, 문맥에서의 의미는 '의식적으로 생각하다'이다.

을 보여주며, 9절의 '피하다'(περιΐστημι)는 격투기의 특정한 기술을 표현
하는 전문용어로서 상대가 다리를 쓰지 못하도록 꽁꽁 묶어 놓는 동작 혹
은 상대를 넘어뜨리고 그 위에 두 다리를 벌리고 올라타서 상대가 꼼짝
못하도록 만든 상태를 묘사한다(Montefiore, 124). 즉 '피하다'는 도망하는
모습이 아니라, 상대를 제압한 상태를 의미한다고 보아야 할 것이다. 그런
데 이 단어의 특징은 다투는 상대를 제압하는 것이 아니라, 내 안에 있는
다투려는 욕구를 제압하는 것에 있다. '변론'과 '분쟁' 및 '다툼'은 유익하
지 않을 뿐 아니라 해롭다(9절). 개역개정판의 '무익한 것'에 해당하는 헬
라어인 '아노펠레스'(ἀνωφελής)는 '유익하지 않다'는 의미뿐 아니라 '해
롭다'는 의미도 갖고 있다(Marshall, 337). 변론과 분쟁과 다툼은 공동체
안에서 분파를 일으키는 요소를 대표한다.

　이렇듯 분파를 일으키는 사람들은 이단에 속한 사람일 수도 있다(10
절). 헬라어는 이런 번역을 가능하게 하는데, '하이레띠꼬스'(αἱρετικός)는
직역하면 '이단적인'이란 의미다. 이단은 부패한 교훈을 가르치며, 그 결
과 다툼과 파벌을 만든다. 바울은 이런 사람들에게 너무 많은 힘과 시간
을 쏟지 말 것을 권면한다(10-11절). '타이르다'는(개역개정, '훈계하다')
가벼운 정도의 책망 혹은 권유를 의미한다. 진지한 도전이나 뾰족한 훈계
는 이들로부터 거센 반발을 낳고 결국 싸움을 낳을 것이기 때문이다. '멀
리하다'의 헬라어 '빠라이떼오마이'(παραιτέομαι)는 목회서신에서 총 4회
사용된다(딤전 4:7; 5:11; 딤후 2:23; 딛 3:9). 그 의미는 다양하다. 소극적
으로는 '받아들이지 않는 모습'에서부터 중간 의미로 '거부하다', 나아가
적극적으로 '단절하는 것'과 같은 강한 대응까지 다양한 모습을 표현한다.
10절에서는 강한 의미로 사용되고 있다.

　분파를 일으키는 사람들에 대한 대처 방법은 바울이 디모데후서
2:24-26에서도 제시하고 있다. 여기서 바울은 이런 자들에게 끝까지 온유

하게 권하면 혹시 하나님께서 그들을 구출하실지도 모른다고 한다. 그러
나 디도서 3:10의 교훈은 디모데후서 2:24-26과 다르다. 디도서 3:10에서
는 문제를 일으킨 자들에게 시간을 너무 쏟지 말 것을 권한다. 이렇게 정
반대처럼 보이는 교훈이 공존하는 이유는 교훈의 대상과 상황이 다르기
때문이다. 디도서는 이단에 속한 사람에 관한 교훈이며, 디모데후서는 교
회의 리더가 교회 안에 있다가 실족한 사람들에게 해야 하는 일에 관한
교훈이다. 디도서 3:10의 대상은 삐뚤어진 사람이다(11절). 헬라어로는
'비뚤어지다'는 '에크세스뜨라쁘따이'(ἐξέστραπται)이며 완료형 시제로 쓰
이고 있다. 삐뚤어진 상태가 굳어진 사람들인 것이다. 삐뚤어진 상태가 굳
어지면 모든 것이 삐뚤어지게 보이며, 가치와 행위도 삐뚤어지게 된다. 또
이들은 죄로 물들어 있다. 헬라어로 죄를 짓다는 '하마르따노'(ἁμαρτάνω)
인데, '목적에서 이탈하다' 또는 '자신을 속이다'는 뜻이다.

3. 해설

본문은 사회 안에서의 교회의 모습에 대한 가르침으로 시작된다. 교
회는 바른 교훈인 복음 위에 확실하게 서야 하며, 세상을 향하여는 유연
한 태도를 가져야 한다. 이런 태도는 약자의 태도가 아니라, 복음 위에 선
진정한 강자들의 태도인 것이다. 복음은 도저히 가망이 없던 나를 변화시
켰으므로, 가망이 없어 보이는 세상의 변화 가능성에 대해서 겸손하며 진
지한 태도를 갖게 하며, 오래 참게 한다. 오래 참는 사람은 그 기간에 선을
행한다. 하나님의 선하심은 우리를 향한 오래 참으심으로 나타나는데, 이
는 심판을 연기하시는 여호와의 결정을 통하여 잘 드러나기 때문이다
(Bavinck, 365-66). 복음은 구원에 관한 것이며(딛 3:5), 구원 곧 의롭다 하

심을 얻은 것은 하나님의 긍휼과 은혜 때문이다(딛 3:6-7). 긍휼과 은혜
또한 하나님의 선하심에서 비롯된다(딛 3:8; Bavinck, 365-66).

바른 교훈(참고, 딛 2:1)은 선한 일로 세상에 나타난다. 디도서 2장에만
선한 일에 대한 언급이 3회 나오는데(딛 2:3, 7, 14), 이는 3장에서도 계속
되어서 3장 전체의 틀을 이루는 두 곳에서 선한 일이 강조된다(딛 3:1, 8).
바른 교훈은 교회 안에서 선한 일을 행하게 하고, 이의 연장선상에서 교
회 밖에서도 선한 일로 사회와 구별되어야 한다. 이러한 선한 일의 당위
성은 삼위 하나님의 구원 계획에 담긴 성부 하나님의 긍휼과 성자 하나님
의 은혜 그리고 성령 하나님의 풍성하심에 근거한다(딛 3:5-7). 따라서 선
한 일을 행하는 것은 상속자의 신분에 걸맞는 것이며, 영생의 소망을 가
진 자들에게 마땅한 것이다(7절).

디도서 3:4-7은 삼위 하나님의 구원 계획에 관한 설계도와 같다. 이 설
계도의 내용은 다음 네 가지로 요약된다. 첫째, 구원의 설계도는 정한 때
에 나타나는데, 이런 시간의 예정 안에 하나님의 자비와 사랑이 담겨 있
다(4절). 둘째, 하나님의 구원 설계도의 핵심은 의롭다 칭하는 것이다(7
절). 이는 우리의 힘과 공로와는 무관하며, 그의 은혜에 의한 것이다(7절).
여기서 '그'는 예수 그리스도시다. 본문은 예수의 대속 사역을 십자가나
보혈이 아니라, 은혜로 설명하고 있다. 그 이유는 예수의 구속 사역을 성
령의 사역과 긴밀하게 연결하여 보았기 때문일 것이다. 6절은 바울의 이
러한 구원 계획 이해를 뒷받침한다. 예수로 말미암아 성령을 부어 주신
것이다. 셋째, 본문이 선포하는 구원의 설계도 가운데 가장 독특한 부분은
십자가의 대속 대신에 중생의 씻음과 성령의 새롭게 하심을 부각시킨 것
이다. 이는 성도가 구원을 받았을 때에 그들 안에서 일어나는 실제적인
변화를 강조하는 표현이며, 따라서 성령의 사역에 초점을 맞춘다. 이를 통
하여, 구원에 대한 하나님의 계획이 드러날 때에, 성령의 사역을 강조함으

로 구원이 성도의 삶을 어떻게 변화시키는가를 보여준다.[18] 넷째, 디도서 3:3-7이 제시하는 구원의 설계도의 마지막은 구원받은 성도가 상속자가 되는 것으로 마무리된다. 이는 아브라함과 맺은 언약(창 15:4-21, 곧 자손과 땅에 대한 약속)이 에스겔 36:25-28에서 재현되며, 이를 배경으로 삼위 하나님의 구속 사역은 언약의 성취임을 피력하고, 언약이 성취된 시대를 사는 하나님의 자녀들은 상속자로서 바른 교훈대로 살아야 함을 제시하는 것이다.

디도서 3:9-11은 디도서 구조면에서는 3:2a절과 연결되며, 내용면에서는 디도서 1:10-16과 함께 한다. 디도서의 핵심이 바른 교훈에 관한 것이라면, 이 부분들은 바른 교훈의 반대가 되는 상한 교훈이 남긴 문제들에 관한 것이다. 상한 교훈은 인생을 무익하고 헛되게 하며(딛 1:10, 14; 3:9), 속이며 파괴적이다(딛 1:10-11; 딛 3:11). 상한 교훈은 변론과 분쟁과 다툼을 낳는다. 선한 일이 바른 교훈의 열매이듯이, 이런 것들은 상한 교훈이 남긴 상처인 것이다. 상한 교훈은 선한 일에서 멀어지게 함으로(딛 1:16), 성도는 주의하여 상한 교훈과 이를 따르는 자들을 멀리하여야 한다.

---

18. 딛 3:5-7에 기록된 구원론의 특징은 성도의 삶에 초점되어 있는 것이다. 즉 바른 교훈을 가지고 선한 일에 힘쓰게 함으로 세상 속으로 침투하는 신앙인의 본질을 설명하는 것이다(딛 3:1-2, 8).

바울은 자신의 여행 계획을 밝히면서 디도가 니고볼리로 와서 그에게 합류해 줄 것을 요청한다. 디도를 대신하여 그레데(크레타) 교회를 섬길 일꾼은 아직 결정되지 않았다(12절). 아데마 혹은 두기고 중 한 명이 될 것이라고 한다. 또 아볼로와 세나가 그레데를 방문하고 있음도 기록되어 있는데, 이들이 디도서를 배달하던 인물들이었다(13절). 바울은 그레데의 성도들이 그들에게 필요한 것을 제공하여 줄 것을 요청한다. 왜냐하면 이들은 다른 곳으로 복음을 전하기 위해서 이동하고 있었기 때문이다(참고, 14절). 바울은 고린도전서와 로마서의 끝부분에서도 비슷하게 자신 및 동료들의 여행 계획을 알린다(롬 15:22-23; 고전 16:10-12). 당시의 여행은 지역 사람들이 도와주지 않으면 상당히 불편했기 때문에, 지역 교회는 복음을 위하여 여행하는 일꾼들을 돕는 것이 마땅했다(딤전 3:2; 딛 1:8).

1. 번역

12 내가 그대에게 아데마나 두기고를 보내거든, 지체하지 말고 니고볼리에 있을 나에게로 오십시오. 나는 거기서 겨울을 보내기로 작정하였습니다. **13** 그대는 최선을 다하여 법률가인 세나와 아볼로가 여정을 계속할 수 있도록 도와서 그들에게 부족한 것이 없도록 하십시오. **14** 그리고 또한 우리의 사람들이 꼭 필요한 것을 위하여 좋은 일에 앞장서는 것을 배워서 열매 없는 사람이 되지 않도록 하여야 합니다.

2. 주해

12절 바울은 디도를 니고볼리로 부르고 있다. 그리고 그는 디도를 대신할 인물을 보낼 것인데, 디도서를 쓸 때에는 아데마와 두기고[1] 둘 중 누가 가야 할지를 결정하지 못했다. 이 둘 중 한 사람은 디도를 이어서 그레데 사역을 감당할 인물이었다. 디도서보다 후에 쓰인 디모데후서 4:12에서 두기고가 디모데를 대신하기 위해서 에베소로 갔다고 밝히고 있으므로, 아데마가 그레데로 간 것으로 보면 자연스럽다. 바울은 디도에게 후임자가 도착하면 지체하지 말고(σπούδασον) 니고볼리로 와서 자신에게 합류하라고 한다. '스뿌다손'은 급히 움직이는 모습을 표현하는 단어인데, 그 이유는 초조함 때문이 아니라 일의 중요성 때문이다. 따라서 그레데를

---

1. 아데마는 처음 등장한 인물이다. 아데마는 단축형이며 본 이름은 ἀρτεμίδωρος로 아데미 신의 선물이란 의미다. 두기고는 사도행전과 바울의 편지에 등장하며 바울과 함께 헌금을 가지고 예루살렘에 갔던 인물이며, 바울이 로마에서 1차 감금 상태에 있을 때에 에베소서와 골로새서를 배달한 인물이었다(행 20:4; 엡 6:21; 골 4:7).

떠나는 것에 우선순위를 두고 최선을 다하여 지체하지 않고 준비하여 이동하라는 뜻이다. 이는 디도에게 그레데에서보다 더 중요한 사역이 앞으로 전개될 것임을 암시하여 준다. '스쁘다손'/'스쁘다조'는 디모데후서 4:9, 21에도 나오는데, 겨울이 되기 전에 서둘러 오라는 의미로 늦가을이 되면 지중해를 배로 건널 수 없게 되기 때문이다.

바울은 자신의 최후가 다가옴을 직감했고, 그 전에 이들을 꼭 만나고 싶었다. 디도의 경우처럼, 디모데에게도 에베소의 사역이 중요하지만, 바울을 만나는 것이 더 중요하다는 의미를 전달하고 있다. 요약하면, '스쁘다손'은 가을이 깊어져서 지중해의 뱃길이 막히기 전에 와야 한다는 당부와 함께 니고볼리에서 전개될 사역이 그레데에서의 사역보다 더 중요한 것임을 암시하고 있다.

니고볼리라는 이름을 가진 도시는 당시에 최소한 9개가 있었다(Spicq, 690; Marshall, 341). 이 도시들 중 12절에서 바울이 언급한 니고볼리는 그리스 서쪽에 있던 에피루스(Epirus)지역의 악티아 니고볼리(Actia Nicopolis)임이 확실하다(Dibelius and Conzelmann, 152).[2] '거기서'의 헬라어는 '에께이'(ἐκεῖ)인데, 이 단어는 편지를 쓸 때에 바울은 아직 니고볼리에 도

---

2. 니고볼리는 주전 31년 아우구스투스 황제가 안토니우스와 클레오파트라의 연합 해군을 무찌르고 로마의 황제가 되는 결정적 계기를 잡은 악티움 해전을 기념하여서 건립된 로마의 콜로니(colony, '직영도시')였다. 니고볼리는 이탈리아 반도와 그리스를 연결하는 뱃길의 중심지가 되어 크게 번성한다. 로마의 중요 항구인 브린디시를 떠나 그리스로 가는 두 개의 주요 루트는 현 알바니아의 다라키움으로 가는 것과 니고볼리로 가는 것이었다. 니고볼리에서 고린도까지도 뱃길로 잘 연결되어 있었다. 바울이 이곳을 방문할 무렵에 로마의 황제 네로가 이곳에서 열린 지역 체전에 참여하였던 기록이 있다. New Network Archaeology 홈페이지에 2012년 12월 13일에 입력된 논문인 "Ancient Stage where Nero Performed as Actor Found"에 의하면, 네로가 니고볼리를 방문한 해는 주후 66년이며 그가 니고볼리 극장(Theater)에서 연극에 참여했음이 고고학적으로 입증되었다(https://archaeologynewsnetwork.blogspot.com/2012/12).

착하지 않았음을 보여준다(Holtzmann, 503; Marshall, 342). 따라서 바울은 디도서를 니고볼리에서 쓰지 않았고 니고볼리로 이동하기 전에 쓴 것이 분명하다.[3] 바울은 디도보다 먼저 니고볼리에 도착할 것을 확신하고 있었다. 바울은 도착하면 그와 함께 니고볼리에서 겨울을 보낼 것을 계획하고 있었다. 원문은 '과동하다'(παραχειμάσαι)라는 단어를 사용하는데, 이 것은 배가 겨울 동안 항구에 정박되어 있는 모습을 묘사한다. 단어는 봄이 되어 항구가 정상화되면 배로 바다를 건널 계획을 함의하고 있다.

12절에서 관심을 두어야 할 단어는 '작정하다'라는 동사이다. 바울이 니고볼리에서 겨울을 보내는 이유는 단순히 봄을 기다리는 것이 아니었

---

3. 서론에서 언급했듯이 바울이 디도서를 어디서 썼을까에 대한 논의는 활발하지 않다. 자료에 의한 근거는 약하지만, 모든 정황과 바울의 동선을 생각해 보면 고린도에서 썼을 가능성이 크다. 근거는 다음과 같다. (1) 엘리스(E. E. Ellis)는 바울의 4차 전도여행은 스페인과 에게 해 연안 선교였고, 후자의 거점은 고린도라고 주장하는데, 타당성이 있다. (2) 고린도는 로마에 감금되기 전에 이루었던 에게 해 연안 선교 때에 베이스캠프로 보아야 한다. 다른 거점 도시였던 에베소나 마케도니아에 비해서 로마에 가깝기 때문이다. (3) 고린도는 그레데와 교통편이 잘 연결되어 있다. 따라서 바울이 그레데 선교를 생각하면서 고린도 교회의 지원을 받았다고 추측하는 것은 자연스럽다. (4) 바울이 디도서를 쓸 때에 그 장소에 아볼로가 함께 있었다. 물론 에베소도 아볼로와 관련이 있지만, 고린도가 더욱 관련이 있다. 반면, 마케도니아는 아볼로와 직접적으로 관련되었던 기록이 없다. (5) 고린도와 니고볼리는 뱃길로 잘 연결되어 있었다. 로마는 이탈리아 반도와 그리스를 연결하기 위해서 그리스 서해안에 몇 개의 도시를 세우고 로마 남쪽에 있는 항구들과 몇 개의 뱃길을 만들었다. 특히 아우구스투스 황제 이후에는 일루리곤의 다라키움과 에피루스의 니고볼리 그리고 아가야의 파트라스와 고린도가 크게 발전하였다. (6) 딤후 4:20은 바울이 에라스도를 고린도에 머무르게 했다고 기록한다. 이는 에라스도가 바울의 선교 여행에 참여하다가 바울과 함께 고린도에 들렀을 때에 그는 자신의 집이 있던 고린도에 남게 되었다. 이 때에 바울이 고린도에 들렀던 것은 분명하다. 그리고 이 때는 바울이 마지막 로마로 이동하던 때였다. 바울은 로마로 가기 얼마 전에 고린도에 머물렀고, 같이 그곳에 있던 아볼로가 마침 그레데를 거쳐 이동하게 되어 디도서 쓴 것으로 볼 수 있다.

다. 그에게는 니고볼리 및 다음 사역이 특별한 목적을 위하여 작정되었다는 뜻이다. '작정하다'의 헬라어는 '께끄리까'(κέκρικα)인데, 이것은 '끄리노'(κρίνω)의 완료형으로서 결심이 이미 굳어져서 이후에도 변함이 없는 상태를 묘사한다. 바울의 계획은 확고했다(Knight, 1992: 357). 이 계획을 위해서 디도가 꼭 필요했다. 그가 니고볼리에서 디도와 함께 할 일도 확정되어 있었고, 이후 디도와 같이 할 일도 이미 정해져 있었음을 함의한다. 마샬(Marshall)은 바울이 니고볼리에서 겨울을 지낸 것은 겨울이라는 충분한 시간을 보내면서 이 도시에 복음을 전하여 교회를 세우는 일을 계획한 것이라고 추정한다(Marshall, 342). 바울은 이 선교를 위해서 디도가 최선의 동역자라고 생각했다. 디도는 이미 그레데에서, 바울과 함께 복음이 씨를 뿌리고 바울이 없는 동안 교회 세우는 일을 성공적으로 마무리한 경험이 있었기 때문이다. 헬라어 '께끄리까'는 바울이 니고볼리 전도 계획뿐 아니라 그 이후의 일에 대해서도 계획이 있었음을 암시한다.

바울이 니고볼리 이후의 할 일로 작정한 것은 무엇일까? 바울은 니고볼리에서 복음을 전하면서 겨울을 지내고, 봄이 되면 바로 로마로 들어갈 계획을 한 것으로 보인다. 니고볼리는 서쪽 특히 로마로 이동하기에 좋은 장소였다. 이에 관한 자세한 논의는 〈부록 1: 바울의 4차 전도여행 경로〉를 참고하라. 〈부록 1: 바울의 4차 전도여행 경로〉는 바울의 4차 전도여행 이동 경로를 재구성하면서 이를 바탕으로 디도서를 쓴 장소를 추론하며, 또 니고볼리의 중요성을 바울의 마지막 로마 방문 및 순교라는 큰 그림 속에서 살펴본다.

13절 바울은 디도에게 그레데를 경유하여서 이동하고 있는 두 명의 일꾼들에 대하여 쓴다. 이들은 그레데를 거쳐서 다른 곳으로 이동하는 중에 있었는데, 이들에게 필요한 물건을 공급해 주어서 이들이 신속하고 편리하게 여정을 계속할 수 있도록 도우라고 디도에게 지시한다. 이들은 세나와 아볼로인데, 이들이 디도에게 전하는 편지를 가지고 그레데에 도착한 것이다. 세나는 이곳에 처음 등장하는 인물로 이름의 뜻은 제우스의 선물(Ζηνόδωρος)이다. 개역개정판이 '율법교사'로 번역한 헬라어의 '노미꼬스'(νομικός)는 유대인의 율법교사라는 의미라기보다는 로마법에 정통했던 변호사로 보는 것이 자연스럽다. 세나라는 이름은 유대인 사이에서는 사용하지 않는 이름이기 때문에 세나는 이방인이었을 것이다. 아볼로는 에베소와 고린도를 중심으로 사역했다(행 18:24; 고전 1:12). 바울은 디도에게 이들을 도울 것을 권할 때에 헬라어의 '쁘로뻼뽀'(προπέμπω)를 사용한다. 이 단어는 문자적으로는 에스코트(escort)를 하듯 정중하게 동행하는 것을 의미하는데(Marshall, 344), 문맥에서는 이들이 자신의 목표를 행하여 진행해 나갈 수 있도록 필요한 물품을 제공하고 이들을 환대하여 도우라는 의미다. 도움에 품격을 담아서 그들을 정중하게 안내하면서 필요한 것을 마련하도록 최선을(σπουδαίως) 다하라는 요청이다.[4] 이 두 사람은 자신들이 목표한 선교지로 이동하는 여정 중에 그레데를 경유하면서 바울의 편지를 디도에게 전달하는 우편배달부의 역할을 한다. 정리하면, 세나와 아볼로는 자신들의 목적지로 이동하는 중에 배의 연결을 위하여 자연스럽게 그레데에 들린 것이지만, 이들 손에는 디도에게 보내는 편지가 있었고, 바울은 이 편지를 통하여 그데데 교회가 이들의 선교를 지원함으로 동참할 것을 요청한다.

14절 바울은 '우리의 사람들'(ἡμέτεροι)이 배워야 할 것이 있다고 한다. 이는 13절에서 언급한 두 명의 복음 전도자를 돕는 것이다. 배우다의 헬라어는 '만타노'(μανθάνω)인데, 실습을 통해서 배우는 것을 의미한다. 따라

---

4. 이들이 어디로 향하고 있었는지는 추측에 맡길 수밖에 없지만, 당시 뱃길의 루트와 아볼로가 알렉산드리아 출신이란 점을 감안하면 이들이 크레타 섬을 걸쳐서 알렉산드리아로 이동하였다고 짐작해 볼 수 있다.

서 이 단어는 어떻게 하는 것에 관한 지침(instruction)만 받는 것이 아니라, 실천하면서 익히는 과정을 포함하고 있다(Marshall, 345). 배움의 목적은 좋은 일에 앞장서는 것이다. 헬라어의 '쁘로이스떼미'(προΐστημι)는 문자적으로는 '한 발 앞에 서다'이며, 개역개정판의 '힘쓰다'는 이를 의역한 것이다. '꼭 필요한 것을 위하여' 앞장 서는 것은 좋은 일의 본질이다. 같은 용례가 디도서 3:8에 나온다. 여기서도 '쁘로이스떼미'는 선한 일과 연결되어 있다. 바울은 디도서에서만 2회에 걸쳐서 이 단어를 선한 일을 힘써 행하는 모습을 묘사하는 데 사용하였다. 더 참고할 구절은 디모데전서 3:4, 12인데, 여기서 '쁘로이스떼미'(힘쓰다)는 전투하듯 싸우는 모습이 아니라, 한 발 앞서서 가족들을 이끌고 가정을 잘 돌보고 보호하는 것이다.

'꼭 필요한'의 헬라어는 '아낭까이오스'(ἀναγκαῖος)와 '크레이아'(χρεία)의 두 단어인데, 둘 모두 '필요함'을 의미한다. 전자는 그 필요함이 절실한 상태를 묘사한다. 본문에서는 복수로 사용되고 있는데, 이는 일상생활을 위한 필수품이란 뜻이다(Marshall, 346). 후자는 일반적으로 필요한 것을 말한다. 같은 의미의 두 단어를 결합함으로 '필요함'을 강조하여서 꼭 필요한 것을 의미한다. 좋은 일에 앞장서려면, 꼭 필요하고 절실한 것이 무엇이며 왜 필요한지를 알고 있어야 한다. 성도들이 좋은 일에 앞장서면, 그 결과는 열매 없는(ἄκαρπος) 삶이 아니라, 열매 맺는 삶이 된다. 신약성경은 그리스도인의 삶에 열매가 있어야 한다고 강조한다(마 7:16-20; 12:33; 21:34; 요 15:1-8; 갈 5:22-23; 엡 5:9, 11). 목회서신이 강조하는 선한 일에는 선한 영향력이라는 열매가 따른다. 디도서의 마지막 교훈은 성도들이 열매 맺는 삶을 살게 하는 선한 일에 대한 구체적인 방법을 제시하고 있다(Marshall, 346). 이 단어의 적용에 관해서 다음의 〈해설〉을 참고하라.

3. 해설

　　바울은 복음 사역자를 돕는 것이 성도들이 배워야 할 바임을 역설한다. 이는 선한 일에 앞장 서는 모습이기 때문이다. 목회서신에는 여러 번에 걸쳐 선한 일에 대한 도전이 있었지만, 여기에서의 도전은 신선한 뉘앙스를 담고 있다(Marshall, 344). 특히 좋은 일에 앞장 서는 것이 열매 있는 삶임을 강조하는데, 열매(καρπός)는 목회서신에서 오직 이곳에만 나온다.[5]

　　좋은 일을 하기 위해서는 우선 도움이 필요한 상대에게 꼭 필요한 것이 무엇인지를 파악하고, 이를 자신의 필요처럼 공감하고, 이를 기꺼이 채워주어야 한다. 이렇게 도움이 필요한 사람과 도움을 주는 사람의 마음이 '그리스도의 마음'으로 하나가 될 때, 이를 위하여 사용되는 자원은 많은 기쁨을 생산한다. 도움을 받는 자는 물론, 돕는 자 및 이를 보고 있는 사람들 모두가 기쁨으로 채워진다(비교, 요 3:29의 신랑 친구의 기쁨). 바울은 이런 상황을 설명하기 위해서 헬라어 '아낭까이오스'(ἀναγκαῖος)를 사용한다. 주의할 것은 본문에는 '필요'를 뜻하는 명사 '크레이아'(κρεία)가 함께 있어서 형용사인 '아낭까이오스'가 없어도 의미 전달이 가능하다는 것이다. 하지만 바울은 의도적으로 '아낭까이오스'를 사용했다.[6] 사도행전에서 '아낭까이오스'는 아주 가까운 친구를 의미하기도 한다(행 10:24). 고넬료가 베드로를 청하고, 주변의 친구들도 불렀는데, 이 친구들은 고넬료와 마음이 하나였다. 이런 친구를 뜻하는 단어가 '아낭까이오스'이다. 요

5.　열매(καρπός)는 목회서신을 제외한 바울의 다른 편지에는 총 22회 사용된다.

6.　일부 주석가는 ἀναγκαίας κρείας는 별 의미 없이 중복된 의미의 단어를 함께 쓰는 것이 보통이라는 주장도 있지만(Marshall, 345), 문맥이 꼭 배워야 하는 것을 강조하는 상황과 관련되므로 ἀναγκαῖος(꼭)는 의미를 가지고 있다고 보아야 한다.

약하면, 진정한 친구 혹은 친한 사이란 절실한 마음을 공유하는 관계임을 알 수 있다. 시간을 많이 보낸다 할지라도, 절실한 마음에 대한 공유와 공감이 없다면, 이는 피상적인 관계일 것이다. 사람은 상대의 절실한 필요를 나의 필요처럼 여길 때 서로의 깊은 연합을 경험한다.

'아낭까이오스'에 대하여 스삐끄(Spicq)는 공동체와 사회에 널리 발생한 특별한 필요일 뿐이지 꼭 구체적으로 선교와 관련된 일이 아니라고 해석한다(Spicq, 693-34). 하지만 이 단어는 절실함을 통하여 하나가 되는 연합을 강조하는 단어이기 때문에, 절실한 일이 사회적인 영역인가 혹은 신앙적인 영역인가를 구별할 이유는 없다. 성도들에게는 복음과 관련된 일이 가장 절실한 것이다. 물론 교회가 사회의 어려움에 동참할 때에는 '아낭까이오스'의 자세로 하는 것이 마땅하다.

1. 번역

15 나와 함께 있는 모든 사람이 그대에게 안부를 전합니다. 그대는 믿음 안에서 우리를 사랑하는 모든 사람들에게 우리의 안부를 전해 주십시오. 은혜가 여러분 모두에게 있기를 바랍니다.

2. 주해 및 해설

디도서의 맺음말은 간단하다. 디도서에서 바울은 특별한 인물에게 안부하지 않고 모두에게 한다. 바울이 디도서와 비슷한 방식으로 마무리한 편지는 디모데전서와 디모데후서다. 이 두 편지의 끝맺음은 간략하게 은혜를 구한 것이었다. 이 은혜는 예수 그리스도께로부터 오는 것이다(참고, 엡 6:24; 골 4:18). 그런데 이렇게 짧은 맺음을 통해서도 바울은 당시 자신이 거하고 있던 장소의[1] 교우들과 디도가 섬기는 그레데(크레타) 섬의 교우들 사이를 친밀하게 연결하려고 시도한다. 바울은 자신과 '함께 있는 자'들이 모두 디도에게 문안한다고 쓴다. 모두가 함께하는 문안을 받은 디도는 힘과 위로를 받았을 것이다. 여기서 '함께 있는 자'가 바울이 거하던 교회의 모든 교우인지 바울과 함께 선교에 전념하던 선교팀의 멤버들인지는 확인할 수 없으나, 바울이 전달하고자 하는 것은 디도를 응원하고 디도를 위해서 기도하는 무리들이 다수이며 이들의 마음이 하나였다는 사실이다. 그리고 디도에게 그곳에 있는 '우리를 사랑하는 모든 자들'에게 안부를 전해달라고 한다. 바울이 언급하는 '우리' 중에는 그레데 교회와 직접 연결이 되어 있는 일꾼만이 아니라, 바울이 편지를 쓰던 당시 머물던 교회의 성도들 모두가 포함된다. 따라서 바울은 선교에 힘쓰는 두 교회의 성도들을 문안을 통하여 한 몸처럼 연결하고 있는 것이다.

디도서 주해를 마치면서 더 다루고 싶은 과제가 있다. 15절에서 언급된 '나와 함께 하는 자들'은 누구인가? 그 당시 이들은 어느 지역의 성도를 의미할까? 즉, 바울이 디도서를 저술한 장소에 관한 추정이다. 이 장소는 또한 13절에서 언급된 것처럼 세나와 아볼로가 머물다가 그레데로 가려던 곳이기도 하다. 바울은 디도서 저술 당시 머물고 있던 교회의 성도들과 가까웠으며, 이들은 바울의 선교를 일심으로 돕던 선교 공동체였음을 짐작할 수 있다. 이들은 고린도 교회의 성도들이었을 것이다. 이에 대한 논의는 〈부록 1〉을 참고하라.

---

1. 딛 3:12의 〈주해〉 각주 1에서(본서 426쪽), 바울이 디도서를 쓴 장소를 고린도라고 제시하였다. 이에 대한 자세한 설명은 〈부록 1〉을 참고하라.

부록:

1. 바울의 4차 전도여행 경로

　　(에게 해를 중심으로)

2. 베드로의 순교, 로마교회의 위기

　　그리고 바울의 로마 입성

부록 1
바울의 4차 전도여행 경로:
에게 해를 중심으로

1. 4차 전도여행 경로 추정의 필요성과 전제들

목회서신은 바울이 4차 전도여행을 하면서 쓴 편지들이다. 서론에서 언급했듯이 바울의 4차 전도여행 경로를 추적하는 것은 학자들의 관심 밖에 있다. 하지만 이 경로가 신빙성 있게 재구성된다면, 목회서신 해석은 물론 바울 선교의 마지막을 이해하는 데 새로운 안목을 제시할 수 있다. 바울의 4차 전도여행 동선은 목회서신에 언급된 관련 구절들을 문맥에 따라 그리고 역사적, 지리적 관점에서 주해하여 재구성할 수 있다. 목회서신에 언급된 바울의 동선에 관한 구절들은 디모데전서 1:3, 디도서 1:5과 3:12 그리고 디모데후서 4:20이다. 또 목회서신 이전에 로마에 감금되어 있던 기간에 쓴 옥중서신인 빌레몬서 22절도 동선 재구성에 필요한 정보를 제공한다. '오직 너는 나를 위하여 숙소를 마련하라 너희 기도로 내가 너희에게 나아갈 수 있기를 바라노라.' 이 구절은 바울이 골로새를 방문할 계획을 세우고 있었음을 알려준다. 빌레몬서와 같은 옥중서신인 빌립보서에서 바울은 출옥을 확신하면서 빌립보 방문계획을 알렸는데(빌 2:24), 실제로 바울은 4차 전도여행 중에 이를 시행하였다(딤전 1:3).

바울의 4차 전도여행과 관련된 이슈 중에 빼놓을 수 없는 것이 스페인 방문이 실제로 시행되었는가에 관한 논의다(롬 15:23-24). 바울의 스페인 방문 여부는 목회서신의 해석에 영향을 주지 않지만, 서론에서 다루었듯이(서론 각주 7번), 바울은 로마 감금에서 자유로워진 후 곧바로 스페인을 방문하였던 것으로 보인다.[1] 스페인 방문을 제외한 4차 전도여행은 에게 해(Aegean Sea)를 중심으로 하여 이미 세워진 세 개의 선교 거점 지역(고린도/아가야, 에베소/아시아, 빌립보/마케도니아)과 새로운 선교지로 선정된 지역(그레데, 니고볼리)에 대한 전략적인 선교였다(지도 2 참고).

바울의 4차 전도여행 경로를 재구성하기 위해서는 몇 가지 전제가 필요하다. 첫째, 바울은 전략을 세우고 선교하였다[2]. 바울이 4차 전도여행을 시작할 때 그는 이미 많은 경험이 있던 베테랑 선교사였고 에게 해를 중심으로 하는 주변 세 개 도시에 이미 거점 교회들이 개척되어 있었다. 바울은 4차 전도여행을 통하여 이미 개척되어 있는 교회를 돌아보며 교회와 성도를 세우려 한 것이다. 이미 개척한 교회들을 돌아보는 것은 바울이 1차 전도여행 후반부와 2차 전도여행 전반부에서 사용했던 전략이었다. 또 거점 도시를 세우고 이를 중심으로 사역하는 것은 2차 전도여행 후반부인 고린도에서, 그리고 3차 전도여행 전반부인 에베소에서 시행했던 것이다. 4차 전도여행을 통하여, 바울은 거점 도시를 잘 세우고, 이 도시

---

1. 바울이 로마 감금에서 풀린 후에 바로 스페인을 방문했다는 기록은 무라토리 정경 (*Muratorian Fragment*)에 나온다.
2. 롱게네커(R. Longenecker)에 의하면, '바울의 전도여행은 전략적인 계획(strategic planning)과 성령의 인도에 대한 민감함(sensitivity)이 비상하게 결합되어 있음을 들어낸다'(Longenecker, 1975: 456).

의 지원을 받으며 선교의 영역을 넓히는 전략을 세웠다. 둘째, 바울이 이동한 경로는 이미 건설되어진 도로나 뱃길이며, 특히 거점이 되는 도시나 믿음의 공동체가 있는 도시를 통과하며 이동하였을 것이다.[3] 1차 전도여행 중에 버가에서 비시디아 안디옥으로 가는 것과 험난한 산길을 택하는 것 같은 예외가 있을 수 있으나 바울이 전략에 따라 선교 행보를 했다면, 대부분 당시 로마의 중요한 이동 경로를 사용했을 것이며 이 루트상의 도시에는 믿음의 공동체가 이미 형성된 곳이 제법 되었을 것이다(예, 드로아, 밀레도). 셋째, 바울의 순교지는 로마였다는 전통적 견해를 받아들인다(딤후 1:17). 이는 다수의 학자들이 지지하는 설이다. 따라서 디모데후서가 바울의 마지막 편지임을 전제한다. 넷째, 목회서신 전체에 통일된 지향점이 나타난다는 것이다. 세 편의 편지는 공통된 배경과 주제를 가지고 있는데, 이 주제는 거침없는 복음의 행진을 보여주는 것이다. 디모데전서는 이 주제가 비교적 분명하지 않지만, 바른 교훈에 서서 선한 싸움을 하는 성도들을 세우고(딤후 1:18), 또 교회를 든든하게 세우는 것이다(딤전 3:15-16). 디모데전서의 마지막은 복음적인 삶에 정진할 것을 엄히 명한다(딤전 6:11-14, 19). 디도서는 그레데(크레타) 선교의 완성을 이루기 위한 교훈인데(딛 1:5), 이는 그레데 선교가 거침없이 진행되었음을 함의한다. 바울은 그레데 선교에 머물지 않았고 거부할 수 없는 선교의 확장을 수행하는 데 디도를 동참시킨다. 이는 니고볼리에 복음을 전하는 것으로 보이

---

3. 당시의 여행은 많은 경비가 들었고, 늘 생명을 위협하는 요소가 도사리고 있었고, 육체적으로도 많은 수고가 필요했다. 또 이동할 수 있는 경로도 지극히 단순했다. 로마가 만들어 놓은 대로를 따르거나 뱃길을 따라서 이동할 수밖에 없었다. 따라서 지금처럼 필요하다면 이곳저곳을 왔다 갔다 하거나 같은 곳을 반복해서 방문하는 것은 가급적 피했을 것이다. 바울은 4차 전도여행을 위하여, 이미 그에게 익숙했던 경로를 따라 움직일 수 있는 동선을 치밀하게 계획하고 움직인 것으로 보아야 한다.

지만 니고볼리를 너머 최종 목적지를 향하여 전진할 것을 암시한다(딛 3:12). 디모데후서는 더욱 분명하게 복음의 거침없는 전진을 보여준다. 바울은 복음이 매이지 않는 것을 확신하며(딤후 2:9), 디모데에게 복음과 함께 고난을 받으며(딤후 1:8), 이를 위해 훈련하고, 성경의 권위에 서서(딤후 3:16-17) 끝까지 정진할 것을 당부한다(딤후 4:6-8). 함께 있던 그레스게와 디도를 갈라디아와 달마디아로 보낸 것(딤후 4:10), 또한 디모데와 마가를 부르는 것(딤후 4:9, 11) 등은 모두 복음의 전진을 땅 끝까지 이루려는 바울의 비전과 열정에서 비롯된 것이다.

2. 목회서신에 나타난 바울의 이동 동선에 관한 구절들

바울이 에게 해를 중심으로 수행하였던 4차 전도여행은 로마에서 시작되었다. 그가 스페인에 먼저 갔든 가지 않았든, 출발지는 로마다. 스페인에 갔었다면, 그는 로마로 돌아와서 로마 교회에 보고함으로 스페인 선교를 종료하였을 것이다. 로마를 떠나면서 시작된 4차 전도여행은 바울이 다시 로마로 돌아와서 사역하다가 투옥되고 처형됨으로 마감된다(참고, 딤후 1:17; 4:6-8). 그 사이 바울이 방문했던 행선지에 관해서 기록하고 있는 구절들은 목회서신 중에 디모데전서 1:3, 디도서 1:5; 3:12, 디모데후서 4:20이며 옥중서신 중에 빌립보서 2:24과 빌레몬서 22절이다. 이 구절들에 포함되어 있는 도시(혹은 지역)들은 빌립보/마케도니아(빌 2:24; 딤전 1:3), 그레데(딛 1:5), 니고볼리(딛 3:12), 드로아(딤후 4:13), 골로새(몬 22), 밀레도와 고린도(딤후 4:20), 로마(딤후 1:17)이다.

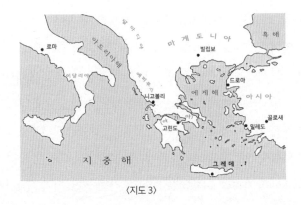

〈지도 3〉

  디모데전서 1:3에 의하면 바울은 디모데와 함께 에베소 인근까지 가서 디모데만 에베소에 남겨두고 자신은 마케도니아로 갔다. 디모데전서 1:3이 보여주는 바울의 이동 경로는 현재 터키의 서부(당시 아시아) 해안을 따라 남쪽에서 북쪽으로 이동하여 마케도니아에 이른 것이다. 〈지도 4〉는 당시 남쪽 해안을 따라 마케도니아로 올라가는 대표적인 동선이다. 디모데전서 1:3을 지도상에서 살펴보면, 바울은 에베소 남쪽에서 북쪽 마케도니아로 이동하면서 에베소를 통과하지 않았다(딤전 3:14-15; 참고, 행 20:38). 이는 에베소를 통과하면서 에베소 교인들을 만나지 않았다는 뜻이 아니다. 또 에베소를 회피하듯 에둘러 갔다는 뜻도 아니다. 남쪽에서 북쪽으로 이동하기에 편리한 곳에서 디모데와 헤어졌다는 뜻이며, 그만큼 북쪽 상황이 어려웠음을 함의하고 또 만약 그가 에베소에 들렀다면 아마도 그곳에 오래 지체할 우려가 있었기 때문이었을 것이다. 이런 상황을 고려하면, 바울과 디모데가 헤어진 장소는 밀레도가 유력하다. 밀레도는 에베소에서 남쪽으로 약 80km 떨어진 당시 아시아 지역에서 가장 큰 항구였기 때문에, 그곳에서 바울은 배를 타고 드로아로 가고, 디모데는 육로로 에베소로 향했을 것이다.

바울은 마케도니아의 여러 도시 중 특히 빌립보 교회와 동역관계를 맺고 있었다(빌 2:25-30; 4:14-15). 바울이 로마의 1차 감금 생활 중에 저술한 빌립보서에는 자신의 빌립보 방문 계획을 알리고 있다(빌 2:24). 드로아에서 빌립보에 이르는 길은 바울에게 친숙한 경로였다. 그는 2차 전도여행 때에 이 루트를 처음 경험하였고(행 16:10-12), 3차 전도여행 중 에베소에 머물다가 고린도교회로부터 들려온 문제에 관한 소식을 듣고 마음이 초조하여 육로로 고린도를 향하여 가던 도중 마케도니아에 머문 적이 있었는데(고후 7:5-7), 그때에도 드로아에서 빌립보에 이르는 경로로 오고 갔을 것이다. 특히 드로아는 바울이 자주 경유한 항구로 그곳에 바울과 함께 하는 믿음의 공동체가 형성되어 있었다(행 20:5-12). 바울은 디모데전서 1:3에 기록된 대로 마케도니아로 이동할 때에도 이미 수차례 경험했던 경로를 선택하였을 것이며, 각 지역에 세워진 교회 공동체를 순회하면서 마케도니아에 이르렀을 것이다. 이는 바울의 선교전략에 부합한다(비교, 행 15:3).

〈지도 4〉

두 번째 정보는 디도서에 언급된 두 개의 구절이다(딛 1:5; 3:12). 바울은 디도와 함께 그레데에 가서 각 성에 복음을 전하는 데 성공했다. 바울은 그레데의 여러 성에 교회를 개척하고, 디도를 남겨 두고 자신은 어디론가로 떠났다. 바울이 없는 동안 디도는 계속해서 그레데 선교를 주도했다(딛 1:5). 시간이 지난 후, 바울은 그레데에 남아 있던 디도를 니고볼리로 부른다(딛 3:12). 바울이 디도를 그레데 밖으로(니고볼리로) 불러내는 편지가 디도서다. 바울은 그레데를 떠난 후 다시 그레데의 디도에게 편지를 쓸 때까지 어떤 장소들을 방문했을까? 이는 4차 전도여행 경로를 추적하는 데 중요한 관건이 된다.

세 번째 정보는 디모데후서 4:20-21이다. '에라스도는 고린도에 머물러 있고 드로비모는 병들어서 밀레도에 두었노니 너는 겨울 전에 어서 오라 으불로와 부데와 리노와 글라우디아와 모든 형제가 다 네게 문안하느니라.' 다수 학자들의 견해처럼, 디모데후서 4:21에는 이 편지가 바울의 마지막 저술이며, 로마에서 저술되었다는 근거가 나온다. 여기에 언급된 리노와 부데이다. 이들은 1세기 후반 로마 교회의 중요한 리더들이었다. 이에 관하여는 디모데후서 4:21의 주해를 참고하라. 디모데후서 4:20은 바울이 로마로 이동하였던 경로에 대해 언급하고 있는 셈이다. 바울은 2차 로마 방문을 할 때에 밀레도와 고린도를 거쳐서 로마로 갔음을 시사한다. 밀레도, 고린도, 로마는 당시 뱃길로 잘 연결되어 있는 교통의 요지들이었다.

이를 종합하면, 다음 세 가지 동선이 분명해진다. 첫째, 바울은 에베소 근처에서 마케도니아로 북진하였다. 둘째, 바울은 니고볼리로 이동하였다(딛 3:12). 그곳에서 디도를 만나기로 하였다. 셋째, 바울이 마지막에 로마로 들어가기 전에 경유한 도시에는 고린도와 밀레도가 있었다(딤후 4:20). 남은 과제는 이 세 개의 경로를 중심으로 바울의 전체 이동 동선을 추적해 보는 것이다. 이 추적은 앞서 언급한 네 가지 전제를 염두에 두면서 진행하여야 한다. 목회서신 전체가 지향하는 주제인, 다른 교훈의 다양

한 방해에도 굴하지 않는 바른 교훈, 곧 복음의 거침없는 전진을 보여준
다. 이 주제는 바울의 2차 로마 방문은 긴박하게 그리고 지체 없이 진행되
었음을 암시한다. 따라서 바울이 로마로 들어간 동선을 우선적으로 파악
해 볼 필요가 있다.

3. 2차 로마 방문을 위해서 이동한 경로: 바울의 마지막 이동 동선

디모데후서 4:20과 디도서 3:12을 함께 연구하면 바울이 마지막에 로
마로 들어간 동선에 대한 추적이 가능해진다. 또 디도서의 저술 장소에
대한 단서도 찾을 수 있다. 바울과 그 일행은 로마로 가기 위하여 아시아
를 출발하여, 밀레도를 지나 고린도에 이르고, 고린도에 머물다가 니고볼
리로 간 것이 유력하다. 디모데후서 4:20에 의하면, '에라스도는 고린도에
머물러 있고 드로비모는 병 들어서 밀레도에 두었노니'로 되어 있다. 하지
만 이 정보는 바울의 이동 경로가 고린도에서 밀레도로 향했다는 의미가
아니다. 디모데후서는 로마에 있던 바울이 에베소(혹은 에베소 주변)에
있던 디모데를 부르는 편지인데, 바울이 고린도에서 밀레도로 이동했다
고 보는 것은 설득력이 없다. 디모데후서 4:20에서 언급한 순서가 반드시
이동 순서를 의미하는 것은 아니다. 나중에 있었던 일을 먼저 기록한 것
일 수도 있기 때문이다. 바울이 디모데후서 4:20을 통하여 알리려 했던
것은 이동 동선이 아니라, 에라스도와 드로비모가 바울 곁에 없음을 보여
주기 위한 것이다. 디모데후서 4:10은 디모데가 속히 와야 하는 이유를 쓰
고 있는데, 데마, 그레스게, 디도가 모두 바울 곁에 없기 때문이라고 한다.
만약 디모데가 바울이 아시아를 떠날 때에 에라스도와 드로비모가 함께

갔던 것을 알고 있었다면, 바울은 이들이 바울과 함께 있지 않다는 사실을 알릴 필요가 있었다. 이는 디모데가 마가와 함께 속히 와야 하는 이유를 설명하는 데 도움이 되었다. 드로비모가 밀레도에 남은 것은 병을 돌보기 위한 것이며, 에라스도가 고린도에 머문 것은 고린도교회를 돌보기 위한 것이었다. 바울은 순교를 염두에 두고, 고린도교회의 중요한 멤버였던(롬 16:23)[4] 에라스도가 자신과 함께 로마까지 동행하기보다는 그가 고린도를 지키도록 하는 것이 더 유익하다고 판단하였을 것이다.[5]

디도서 3:12은 디모데후서 4:20과 함께 읽어야 한다. 그럴 때에 디도서 3:12은 바울의 4차 전도여행 동선을 파악하는 데 핵심 구절이 된다. '네가 급히 니고볼리로 내게 오라 내가 거기서 겨울을 지내기로 작정하였노라.' 바울은 그레데에 있던 디도를 급히 불러내어 니고볼리로 오라고 한다. 이것이 디도서를 쓴 목적이다. 이를 위해서 바울은 디도에게 서둘러 각 성에 장로를 세우고, 그레데 섬 선교를 일단락 지으라고 한다(딛 1:5). 바울이 디도서를 저술한 이유는 매우 중대한 일을 '작정'했기 때문이다. 디도서 3:12의 주해에서 보았듯이, 이 결심은 매우 단호하며[6], 급히 진행

---

4. 에라스도가 고린도의 유력 인사였다는 역사적 고증은 현재 고대 고린도 유적지 밖에 있는 '에라스도 길'을 통하여서도 확인할 수 있다(딤후 4:20 주해 참고).
5. 오코너(O'Connor)는 바울이 에라스도를 고린도에 머물게 한 것은 자신의 순교에 대한 예감 때문이었다고 한다(O'Connor, 369). 고린도 출신인 에라스도가 순교를 앞두고 함께 로마에 가는 것은 하나님 나라의 자원 손실로 본 것이다. 오히려 에라스도는 고린도교회를 지키면서 선교를 위한 지원을 강화하는 것이 나을 것으로 판단하였다. '로마의 교회가 살아남기 위해서는 다른 공동체가 도움을 주어야만 했다. 이로부터 우리는 바울이 로마 교회로 되돌아 간 것과 에라스도를 고린도에 머물게 한 결정(딤후 4:20)의 동기를 모두 적절하게 설명할 수 있게 된다. 에라스도는 [로마에 가는 것이]너무 위험하다고 생각했다.'(O'Connor, 369).
6. 딛 3:12에서 보여주는 바울의 결연한 모습은 그가 로마로 들어가는 길이 마치 예수께서 겟세마네 동산에서 보여준 비장함을 엿보게 한다. 이미 바울의 마음은 최후를 향하여 정해졌고, 이를 준비하기 위해서 니고볼리에서 겨울을 지내면서 그곳

하여야 하는 일임을 암시한다. 바울이 '작정한 일'의 일부는 니고볼리에서 디도와 함께 할 일이었다.[7] 자연스러운 추론은 디도서 3:12에 기록된 대로 바울과 디도는 니고볼리에서 겨울을 지내고 로마로 들어간 것이다. 디도서 3:12에 바울이 작정한 것은 이미 살핀 대로 로마로 들어갈 계획임을 알 수 있다. 이는 매우 위험한 상황임을 감안하고 내린 결심이었고, 바울은 이를 지체하지 않으려고 서두르고 있었다. 디모데후서 4:20에 언급된 밀레도와 고린도를 거쳐서 로마로 이동하는 길에 니고볼리를 들르는 것은 자연스러운 동선이다.[8] 고린도에서 로마로 가는 뱃길은 주로 '라카이온' 항구를 이용했는데, 라카이온-니고볼리-(다라키움)-브린디시 노선은 배편으로 잘 연결되어 있었다.[9] 특히 지중해가 막혀 있는 늦가을에서 봄까지[10] 니고볼리에서 복음을 전하는 것은 자신의 마지막을 예견하던 바울이 그동안 수행하지 못했던 그리스 서해안 지역(당시 에피루스)에 복음을 전할 수 있는 기회였다. 디도서 3:12은 니고볼리 선교를 최종 목적지인 로마에 이르기 전에 감당하여야 할 사역의 일부로 '작정'한 것이라고 한다(주해 참고). 바울은 디도를 이 길의 동행자로 정한 것이다. 물론 바울과 디도가 니고볼리에서 겨울을 지내고 다른 곳으로 함께 이동했을 수도 있지만, 이는 현실성 없는 막연한 가능성에 지나지 않는다. 디도서 3:12에 나타난

전도에 매진하려는 계획이 드러난다.

7. 철학가 에픽테투스(Epictetus)는 니고볼리에서 학교를 운영하였는데 주후 90년경 그가 쓴 글에는 이 지역의 그리스도인으로 추정되는 '갈릴리 사람들'에 대한 언급이 나온다(Epictetus 4.7.6; Aulus Gellius 15.11; Marshall, 342에서 재인용).

8. 바울이 순교를 위해서 로마로 들어가기 위해 출발한 장소가 고린도라는 기록은 2세기 저술로 추정되는 *Acts of Paul*(바울행전)에 나타나는데, 바울은 로마에서 순교할 결심으로 고린도를 떠나 로마에 이른다(Elliott, 380-87).

9. Rodrigue, 52, Figure 2.2. Trading Route of Roman Empire, c. AD 125.

10. 디모데후서 4:21-22 주해에서 다루었듯이 당시 지중해 뱃길은 3월 10일에 열리며, 5월 24일까지는 위험한 시기로 분류되었다.

급박성, 즉 디도를 그레데에서 불러낼 정도의 중요한 사역을 앞두고 있었다는 의미다. 그러나 니고볼리를 선교하는 것이 그레데 선교보다 다급한 것이었다고 보기는 어렵다. 이런 다급성은 니고볼리에서 겨울을 지내고 그 다음에 수행할 선교가 일생일대의 사역이었기 때문일 것이다. 따라서 그해 겨울에 니고볼리를 선교하는 것은 바울에게 있어서 마지막 기회였을 것이다. 요약하면, 디도서 3:12에서 바울이 '작정한 것'은 로마로 들어가려는 것이며, 그 이전에 급히 니고볼리 선교를 시작하는 것이었다. 이를 위한 시간은 오직 그해 겨울뿐이었기 때문이다. 니고볼리는 그리스의 서해안에 있는 그리스 시대부터 유서 깊은 에피루스 지역의 핵심도시였다. 로마의 남쪽 브린디시 항구에서 뱃길로 잘 연결되는 도시이며, 또한 니고볼리와 고린도도 주요 뱃길로 연결되었다. 니고볼리에 도착한 바울은 후에 합류한 디도와 함께 니고볼리 선교를 수행하였고, 봄이 되어 뱃길이 열리자 디도와 함께 니고볼리를 떠나 로마로 들어간 것이다.[11]

---

11. 니고볼리에서 로마로 갈 경우, 이동 경로는 오스티아 항구를 통하는 것과 브린디시 항을 이용하는 두 가지 옵션이 있다. 브린디시 항은 로마에서 남쪽으로 뻗은 아피아 가도가 끝나는 지점에 있으며, 여기서 뱃길로 니고볼리 또는 다라키움으로 연결하여 아네톨레아에 진입하게 된다. 특히 후자는 로마에서 아시아로 이동하는 대표적인 육로인 에그나티아 가도와 연결된다. 에그나티아 가도는 다라키움부터 이스탄불까지 연결되는 약 1500km의 로마의 1번 고속도로라고 볼 수 있다. 바울은 2차 전도여행 때에 네압볼리에서 베레아까지 이 길을 이용하여 이동하였다. 만약 바울이 오스티아를 통해 이탈리아에 도착했다면, 해로는 길었고 육로는 짧았을 것이다. 바울의 청을 받고 로마로 올 디모데와 마가는 에그나티아 가도를 통해 다라키움에서 지중해를 건너 브린디시로 이동했을 것이다. 그래야 드로아를 들릴 수 있었다.

〈지도 5〉[12]

지금까지 살펴본 동선을 요약하면, 바울의 마지막 이동 경로는 밀레
도-고린도-니고볼리(과동)-로마의 순이었다. 이 동선은 디도서의 기록 장
소를 고린도로 추정하는 단서가 된다. 디도에 의하면, 바울은 디도보다 먼
저 니고볼리로 가는데, 그가 니고볼리로 가기 전에 머문 곳에서 디도서를
썼다. 그곳에 바울과 함께 그레데로 가려는 아볼로와 세나가 있었다(딛
3:13). 디도서 3:13은 아볼로와 세나가 어디론가 이동하는 중에 그레데를
방문하며 디도에게 바울의 편지를 전하고 있음을 알려 준다. 아시아에서
로마로 향하고 있던 바울의 마지막 이동 동선상에서 아볼로와 바울이 잠
시 함께 있었던 도시가 고린도라는 추론은 매우 합리적이다. 아볼로는 고
린도교회에 바울 못지않게 영향을 주었던 인물이며(행 18:27-28; 고전
3:6; 16:12), 그는 알렉산드리아 출신이라(행 18:24) 고린도에서 그레데를
거쳐 알렉산드리아로 이동하고 있었다는 추론은 설득력이 있다. 엘리스

---

12. 〈지도 5〉의 추정 경로는 Rodrigue, 52의 'Figure 2.2 Roman Empire, c. AD 125'에 근
거한 것이다. 바울 당시 니고볼리에서 브린디시 사이에 직항이 있었을 수도 있지
만, 빠른 경로의 경우 비싼 삯을 지불해야 하는 경우가 종종 있었다(참고, ORBIS:
The Stanford Geospatial Model of the Roman World: http://orbis.stanford.edu/or-
bis2012/#building - § Geospatial Technology).

(Ellis)에 의하면, 고린도는 바울의 에게 해 선교의 거점 도시 중에서도 베이스캠프였다고 한다(Ellis, 1991: 126; 1993: 661). 특히 고린도는 에베소나 빌립보보다 로마에 훨씬 가깝고 로마와의 교통편도 다양하게 연결되어 있었다.[13] 따라서 바울이 로마를 새로운 선교의 거점이자 최종 선교지로 삼고 수행한 4차 전도여행을 위하여, 에게 해 연안의 거점 도시들 중에서 고린도를 중심에 두었다는 추론은 지리적인 이유에서 합당해 보인다. 또 니고볼리는 고린도와 로마를 연결하는 경로 선상에 있었다. 결론적으로 바울은 아볼로와 함께 있을 때 디도서를 기록했다. 그 당시 바울은 로마로 향하고 있었고, 니고볼리에 갈 것을 결심하고 있었다. 당시의 이동경로, 특히 뱃길을 염두에 두고 또 바울의 선교 전략에 따른 계획적인 이동동선을 택하였던 점을 고려하면(행 14:21-22; 15:3; 20:6, 17; 21:4, 7), 바울이 디도서를 고린도에서 썼다고 보는 것은 상당한 설득력을 갖는다.

4. 바울의 골로새 방문

바울은 밀레도 이전에 어디에 있었을까? 네 가지 가능성이 있는데, 그레데, 마케도니아, 드로아 혹은 골로새 부근이다. 논리적으로는 그레데에서 출발하여 밀레도를 경유하여 로마로 갔다는 추론이 불가능하지는 않지만, 본 연구에서 전제로 하는 전략적·계획적 이동이라는 면을 고려하면 전혀 합리적이지 않다. 이는 4차 전도여행을 로마에서 시작하여 마케도니아로 이동했다는 뜻인데, 바울이 그레데보다 먼저 마케도니아에 갔다가,

---

13. 고린도에는 두 개의 항구가 있었다. 라카이온과 겐그레아인데, 로마로 연결되는 항로는 전자이지만 후자를 통해서도 에베소, 그레데는 물론 로마로의 이동이 가능했다.

에베소를 거치지 않고 그레데에 갔고, 이후 다시 아시아에 있는 밀레도를 경유하여 로마로 이동했다는 동선은 실현가능성은 없지만 논리적으로 불가능하지 않은 옵션일 뿐이다.

둘째, 마케도니아에서 바로 밀레도와 고린도를 거쳐 로마로 갔다고 보는 것이다. 하지만 바울이 마케도니아에서 상당 기간 머물다가(딤전 3:14) 로마로 급히 이동해야 했다면, 마케도니아에서 로마의 반대 방향인 동쪽(아시아 쪽)으로 움직일 것이 아니라, 로마를 향하는 서쪽으로 이동하여 고린도를 경유하였을 가능성이 훨씬 크다. 즉, 밀레도를 경유해야 할 이유가 매우 적다. 또한 마케도니아에서 급하게 이동한 경우 드로아에 둔 겉옷을 설명하기 어렵다. 디모데후서 4:13의 주해에서 다루었듯이 겉옷을 남겨둔 것은 실수가 아니라 의도된 것으로 보아야 하기 때문이다. 즉 바울이 드로아를 마지막으로 방문했을 때에는 다급한 일이 아직 발생하지 않았다는 뜻이다. 세 번째 가능성인 드로아에서 밀레도를 거쳐 이동했다는 견해는 바울이 드로아에서 체포되었다는 주장과 같이 할 수 있다. 이 견해에 의하면 바울이 드로아에 겉옷을 둔 이유는 갑작스런 체포 때문이라고 한다. 하지만 바울이 체포되어 로마로 압송되고 있다면, 밀레도와 고린도에 자유롭게 머물렀던 모습을 담고 있는 디모데후서 4:20과 일치하지 않는다. 네 번째 가능성인 골로새에서 밀레도로 이동했다는 추론은 가장 설득력이 있다. 바울의 4차 전도여행의 행선지에 대하여 옥중서신에 언급된 구절을 살펴보면, 세 가지 계획이 나타난다. 첫째, 빌립보 방문 계획(빌 2:24), 마가를 골로새로 보낼 계획(골 4:10) 그리고 바울 자신 또한 골로새를 방문할 계획이다(몬 22). 첫 번째 계획이 시행되었듯이(딤전 1:3), 두 번째와 세 번째 계획도 시행되었을 것이다. 바울이 골로새를 방문했다면, 그가 그곳에 도착한 시기는 마케도니아에서의 급한 일들이 일단락된 후이며, 동선은 드로아를 거쳐서 리쿠스밸리(골로새가 있던 지역)에 이르렀을 것이다.[14] 이 이동 중에는 드로아를 경유하게 되며, 아마도 그때에 겉옷을 그곳에 두었던 것으로 보인다(딤후 4:13).[15] 이 때에 바울은 다급하지 않았다. 아마도 마케도니아의 일뿐 아니라 에베소의 일도 큰 어려움에서 벗어난 듯하다. 바울은 골로새(혹은 그 부근)에서 먼저 보낸 마가를 만났을 것이다. 이 때에 디모데도 함께했을 가능성이 있다. 이러한 배경에 근거하여서 바울은 디모데후서 4:11에서 디모데가 올 때에 마가와 함께 오라고 한다. 둘은 그다지 먼 거리에 있지 않았던 것이다.[16] 어쩌면 둘은 모두 골로새 근교 혹은 에베소 근교에 함께 있었을 가능성도 있다. 골로새는 에베소 및 밀레도와 각각 로마의 가도로 연결되어 있다.

---

14. 만약 골로새에서 마케도니아로 이동했다면, 밀레도를 걸칠 이유가 적다. 또 에베소에도 급한 일이 있었는데, 먼저 골로새에 갔다가 시간을 보내고 에베소를 뛰어 넘어 마케도니아로 갔다는 추론은 가능성이 희박하다. 바울의 골로새 방문은 급박한 상황의 해결이라기보다는 한 번도 가보지 못한 리쿠스 밸리 지역의 교회들을(골로새, 라오디게아, 빌라델비아) 둘러보고 잠시 휴식을 취하려는 이중적인 의미가 있었기 때문이다.

15. 딤후 4:13은 가보의 집에 두고 온 외투에 대해서 언급한다. 이 짧은 정보를 가지고 수많은 추측이 제기되었다. 이 구절에 근거하여 바울이 드로아에서 붙들렸다는 추측도 있었다. 갑작스런 체포 때문에 바울은 겉옷을 그곳에 둘 수밖에 없었다고 한다. 이렇게 주장하는 학자들은 다시 두 부류로 나뉘는데, (1) 바울이 드로아에서 잡혀 빌립보로 옮겨져서 그곳에서 순교했다고 주장하는 그룹과 (2) 바울이 로마로 압송되어서 로마에서 순교하였다는 그룹이다. 바울이 드로아에서 체포되어 로마로 압송되었다고 보는 견해는 스삐끄(Spicq, 1969: 141, 814)와 켈리(Kelly, 1963: 215)를 참고하라. 반면, 오코너는 드로아 체포설은 막연한 추측이라고 쓴다(O'Conner, 369). 외투를 '남겨두다'는 표현에는 이런 급박함이 나타나지 않기 때문이다. 이제까지 추정한 대로 바울이 환경이 좋은 골로새로 날씨가 좋아지는 봄에 이동한다면, 외투는 별 소용이 없을 것이다. 물론 바울이 실수로 드로아의 집에 외투를 놔두고 떠난 것일 수도 있다. 바울은 골로새에서 다시 마케도니아로 가지 않았다. 급히 고린도로 이동을 시작한 것이다.

16. 바울이 쓴 디모데후서를 디모데가 수신하였을 때에 그가 에베소에 있었다면, 당시 마가가 있었던 곳으로 보이는 골로새와는 약 160km 떨어져 있었다. 통상 속도로 이동하면, 4일 거리다.

이제까지 재구성한 바울의 4차 전도여행 경로는 그레데-마케도니아-드로아-골로새(혹은 부근)-밀레도-고린도-니고볼리-로마 순이다. 앞서 살핀 대로 바울의 에게 해 선교의 베이스캠프는 고린도였다. 따라서 바울은 로마에서 4차 전도여행을 시작하여서 로마에서 그레데로 직접 가지 않았을 것이다. 그는 먼저 고린도로 가서 그곳의 교회들을 돌보며 그레데 선교를 위한 지원 요청을 하였을 것이다(참고, 고전 16:6). 이는 바울이 로마교회의 지원을 받아 스페인 선교를 한 것과 같은 양상이다(롬 15:24). 바울선교의 패턴 중 하나는 특정 지역 교회의 지원을 받아 그 지역과 연결되는 지역을 선교하는 것인데, 그러면서도 그는 선교를 지원하는 교회를 소홀히 하지 않았다. 고린도는 바울의 4차 전도여행의 전략적 요충 도시였기 때문에, 로마에서 나오는 길에 또 마지막에 로마로 들어가는 길에 고린도에 머물렀던 것으로 추정된다. 특히 마지막 여정에서 바울은 아시아에서부터 함께하던 고린도 출신의 에라스도를 고린도에 머물게 하였고(딤후 4:20), 대신 그레데에 있는 디도를 급히 부른다(딛 3:12). 디도를 부르는 편지가 디도서이다. 바울은 이 편지를 아볼로와 세나의 손에 보내면서, 그레데 교회가 이들을 도울 것을 요청한다(딛 3:14). 어쩌면 이 요청 속에는 니고볼리로 올 디도의 손에 바울과 디도가 감당할 니고볼리 선교에 대한 지원을 간접적으로 요청하고 있는지도 모른다. 만약 4차 전도여행을 시작하면서 고린도 교회가 바울의 그레데 선교를 지원하였다면, 바울은 디도를 그레데에 남겨두고 먼저 그레데를 떠난 후에 고린도를 방문하여 선교 보고를 하였을 것이다. 그리고 그는 고린도에서 디모데와 함께(참고, 고전 16:10-11) 새로운 선교 여정을 시작했을 것이다(딤전 1:3). 따라서 바울의 4차 전도여행의 완성된 동선은 로마-(고린도)-그레데-(고린도-밀레도)-마케도니아-드로아-골로새-밀레도-고린도-니고볼리-로마 순이다.

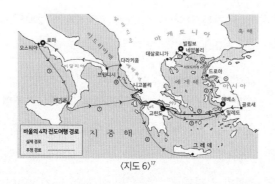

〈지도 6〉[17]

5. 요약

바울의 4차 전도여행의 동선 재구성은 입증이 불가한 추론이 아니라 상당한 설득력을 가지고 있다. 특히 목회서신과 옥중서신이 제공하는 구절들에 대한 면밀한 주해와 목회서신을 이해하는 데 필요한 몇 가지 전제를 종합하면, 재구성한 4차 전도여행 동선은 목회서신을 이해하는 데 요긴한 안목을 제공한다. 이는 목회서신을, 다양한 주제를 포괄하며 하나의 맥으로 조화를 이루고 있는 편지들로 보게 한다. 나아가 바울 선교의 마지막 모습 및 그가 세웠던 전략을 볼 수 있게 한다. 사도행전에 나타나는 바울의 선교 전략은 목회서신에도 그대로 재현되고 있다. 바울은 전략을 세워서 땅 끝까지 선교를 수행하였는데, 그의 주된 전략은 이미 개척된 교회를 더욱 든든하여 바른 교훈 위에 세우고 이들을 선교에 참여하는 동역자로 삼은 것이 있었다(롬 15:22-26; 빌 4:10, 14-15; 딛 1:14; 참고, 딤후 1:17-18; 고전 9:5). 또 거점 도시들을 정하여 지역단위로 선교를 수행하는 전략

---

17. 바울이 로마를 떠나 그레데에 갈 때에 고린도를 거쳐 갔다. 고린도에서 그레데에 이르는 뱃길은(동선 2번) 고린도의 남서쪽에 위치한 겐그레아 항구가 아니라 북쪽에 위치한 레카이온 항구를 이용하는 것이 보편적이었다(Rodrigue, 52, Fig. 2.2).

도 파악할 수 있다. 예를 들어, 고린도는 그레데와 연결되었고, 에베소는 골로새를 포함한 아시아 지역 선교의 거점이었다. 마게도니아 선교는 아마도 일루리곤 선교까지 포함하고 있었을 것이다(롬 15:19).[18]

마지막으로, 재구성한 바울의 4차 전도여행 지도는 바울이 로마 교회를 2차로 방문한 것이 정점에 있음을 보여준다. 따라서 목회서신 전체가 이를 지향하고 있음을 드러낸다. 바울이 2차로 로마에 들어갈 무렵은 네로 치세 말기로 로마 교회가 극심한 위협 아래에 있었을 때이다(Eusebius, *Hist. Eccl.*, 2.22). 베드로의 순교 또한 바울로 하여금 로마 교회로 되돌아가게 하는 이유 중에 하나였을 것이다(O'Connor, 369). 바울의 4차 전도여행 지도는 사도행전의 주제와 목회서신의 주제가 하나임을 보여준다. '땅끝까지 이르러 예수의 증인이 되라'는 명령을 따랐던 바울의 모습은 사도행전 28장을 너머 목회서신에 이르러 완성된다. 복음은 매이지 않는다. 따라서 복음과 함께 고난을 받으며 복음을 부끄러워하지 않아야 한다. 바울은 바른 교훈과 영광의 복음 및 감동된 하나님의 말씀인 성경 위에 서라고 한다. 이것이 4차 전도여행 지도를 배경으로 해석한 목회서신 전체의 메시지의 맥이다. 이러한 목회서신의 맥은 사도행전의 맥을 이어 예수의 선교 명령을 완성하고 있다(행 1:8).

---

18. 일루리곤은 그리스 북서쪽 지역으로 현재 알바니아, 세르비아, 보스니아, 크로아티아에 이르는 광범위한 지역으로 바울 당시 로마의 행정 구역(province)상으로 달마디아에 속한다. 이는 니고볼리가 속한 에피루스 주(province)의 북쪽에 위치한다. 바울은 순교를 앞두고 디도를 달마디아(일루리곤)로 보낸다. 니고볼리와 일루리곤, 즉 에피루스의 중심 도시와 달마디아의 핵심 지역을 합하면, 상징적으로 그리스 서쪽이 모두 복음화되는 것이다.

부록 2:
베드로의 순교, 로마교회의 위기
그리고 바울의 로마 입성

베드로의 순교는 네로의 박해와 관련되어 있다(Eusebius, *Hist. Eccl.*, 2.22ff.). 네로에 의한 로마의 박해는 주후 65년에 시작된다. 그는 주후 64년에 있었던 로마 화재의 원인을 그리스도인들에게 돌렸다. 주후 64년 7월 19일에 시작된 로마의 대화재는 약 10일간 계속되어 로마 도시의 총 14 쿼터 중에 10개를 전소시켰다.[1] 어떤 사료에 의하면 화재 이후 약 4년 뒤에 박해가 시작되었다고 하나[2] 실제로 시간적 간격이 이렇게 길었다고 보기는 힘들 것이다. 4년이라는 기간은 화재가 나고 바울이 순교하기까지 걸린 시간이라고 보기도 한다(O'Conner, 369). 그리스도인을 향한 네로의 박해가 시작된 것은 주후 65년 봄으로 보인다. 이 때에 세네카도 처형당한다. 세네카가 죽은 때는 65년 4월이며, 이는 네로 치세 11년이다.[3]

---

1. Tacitus, *Ann.*, 15.44; O'Conner, 369에서 재인용.
2. 아르메니아어로 번역된 4세기 역사학자 에우세비오스의 *Chronicle* 참조. O'Conner, 369에서 재인용.
3. 제롬의 *Famous Men*에 의하면 세네카의 죽음은 네로 치세 11년에 있었으며 바울이

4세기의 역사학자 에우세비오스에 의하면 베드로의 순교일이 바울과 같은 날이라고 한다(Eusebius, *Hist. Eccl.*, 2.25). 그에 의하면, 이 정보는 주후 170년경 고린도의 감독이었던 디오니시우스(Dionysius)의 『로마인들에게 쓴 편지』에 기록된 것이라고 한다. 그러나 실제로 베드로와 바울이 같은 날 순교했을 가능성은 없다. 2세기 외경인 베드로행전(*Acts of Peter*)과 바울행전(*Acts of Paul*)에 의하면 두 사도는 같은 날 순교하지 않았다. 클레멘스(Prudentius Aurelius Clemens)가 4세기 후반에 저술한 페리스테파논(*Peristephanon* 12.5)에 의하면, 두 사도는 같은 날짜에 순교했지만, 연도는 다르다고 한다.[4] 따라서 디오니시우스(Dionysius)의 기록은 역사적이라기보다는 상징적으로 이해해야 한다. 두 사도가 같은 날 순교했다는 우연의 기이함을 보이려는 것이 아니라, 두 사도가 각각 기초를 놓은 로마의 교회와 고린도의 교회가 하나의 공동체임을 호소하려는 것이다.[5]

베드로의 죽음을 불러일으키면서 로마에 불어 닥친 박해는 로마 교회를 존폐 위기로 몰아갔고, 각 지역의 복음 전파를 심각하게 위축시켰다. 베드로의 순교 소식이 그리스와 터키 지역에 있던 여러 교회들에 전해지면서 교회는 두려움에 휩싸이게 되었다. 바울이 로마로 들어갈 것을 결단한 것은 베드로의 순교 소식과 함께 로마에서 시작된 피비린내 나는 박해 소식을 들었을 때였던 것이다(O'Conner, 369). 로마 교회의 시작은 오순

순교하기 2년 전이었다고 한다(O'Conner, 370-71에서 재인용). 베드로의 순교 또한 세네카가 죽은 것과 같은 해로 추정되며, 세네카를 처형하던 칼부림의 연장선에서 순교한 것으로 본다.

4. O'Conner, 370에서 재인용.

5. "그대들의 인상적인 권고처럼, 그대들은 베드로와 바울이 로마와 고린도에서 똑같이 뿌린 씨로부터 자라난 모든 것을 하나라고 생각하였습니다. 두 사도는 우리 고린도에서 연대하여 가르침으로 씨를 뿌렸고, 또 이탈리아에서도 같은 도시에서도 서로 연대하여 가르쳤고, 두 분은 같은 날 순교하였습니다"(*Hist. Eccl.* 2.25; 3.1; trans. Williamson).

절 사건과 관련이 있으며, 바울이나 베드로의 사역 이전에도 이미 브리스 길라와 아굴라 같은 일꾼들이 세워져 있었다. 하지만 이 교회에는 바울에 의해서 생명을 얻게 된 교우들도 적지 않았다(딤후 4:21; 행 28:23-24, 30-31). 이런 박해 상황에서 바울은 로마 성도들을 위하여 자신의 순교를 예견하면서 로마로 들어간 것이다. 따라서 바울의 마지막 로마로 향한 이동은 다급했고, 결연했다(딛 3:12; 딤후 4:20).

에우세비오스의 교회사에 추가되어 있는 연대기(*Chronicle*)에는 바울의 순교에 관하여 상세한 기록이 있는데, 이에 대한 아르메니아어 번역과 제롬의 번역에 차이가 있다. 전자는 바울의 순교를 네로 치세 13년으로, 후자는 14년으로 본다(O'Conner, 370). 제롬이 바울의 죽음에 관해서 기록한 또 다른 자료(*Famous Men*)에도 바울의 순교는 네로의 치세 14년에 있었다고 기록한다. 그런데, 앞서 언급했듯이, 같은 책에서 제롬은 세네카의 순교는 바울보다 2년 전에 있었으며, 네로 치세 11년이었다고 한다(O'Conner, 370-71). 바울의 순교는 네로 치세 13년일까, 아니면 14년일까? 두 개의 불일치한 기록은 오히려 바울의 순교시기를 더 정확하게 파악하는 데 도움이 된다. 네로 치세 13년은 주후 66년 10월 13일부터 주후 67년 10월 12일까지이며, 네로 치세 14년은 주후 67년 10월 13일부터 68년 7월 9일까지다. 치세 14년이 온전한 1년을 채우지 못한 이유는 네로가 68년 7월 9일 자살하였기 때문이다. 제롬이 제공하는 두 기록에 의하면, 바울의 순교는 네로 치세 14년이며, 세네카의 죽음보다 2년 뒤이다. 여기서 2년은 만 2년이 아니라, 로마 태양력 상의 2년으로 볼 수 있다. 세네카가 죽은 것이 주후 65년 4월이므로 바울의 죽음은 주후 67년이었다는 증언이다. 네로 치세 14년은 주후 67년 10월 13일부터 시작된다. 따라서 바울의 순교는 67년 10월 13일부터 12월 31일 사이였다고 추론할 수 있다.

주석

Bernard, J. H., *Cambridge Greek Testament for Schools And Colleges: The Pastoral Epistles*, Cambridge: Cambridge University Press, 1899.

Calvin, J., *The Second Epistle of Paul the Apostle to the Corinthians and the Epistles to Timothy, Titus and Philemon*, trans. T. A. Smail, Calvin's New Testament Commentaries, Carlisle: Paternoster Press, 1996.

Dibelius, M. & H. Conzelmann, *The Pastoral Epistles: A Commentary on the Pastoral Epistles*, Philadelphia: Fortress Publishers, 1972.

Easton, B. S., *The Pastoral Epistles Introduction*, Translation and Word Studies, 1st ed., London: SCM, 1948.

Ellis, E. E., *Paul's Letter to the Philippians*, NICNT, Grand Rapids: Eerdmans, 1995.

Fee, G. D., *1 and 2 Timothy, Titus*, NIBC 13, Peabody, MA: Hendrickson, 1984.

Guthrie, D., *The Pastoral Epistles*, 2nd ed., TNTC 14, Downers Grove: IVP, 1990.

Hanson, A. T., *The Pastoral Epistles*, NCBC, Grand Rapids: Bakers, 1957.

Hendriksen, W., *Exposition of The Pastoral Epistles*, Grand Rapids: Bakers, 1957.

Holtzmann, H. J., *Die pastoral Briefe, kritisch und exegetisch bearbeitet*, Leipzig: Engelmann, 1880.

Jeremias, J., *Die Briefe an Tomotheus und Titus*, 2nd ed., Das NT Deutsch, Göttingen: Vandenhoeck und Ruprecht, 1963.

Johnson, L, T., *The First and Second Letters to Timothy*, Anchor Bible 35A, Garden City, NY: Doubleday, 2001.

Kelly, J. N. D., *A Commentary on the Pastoral Epistles*, Grand Rapids: Bakers, 1963.

Kitchen, J., *The Pastoral Epistles for Pastors*, The Woodlands, TX: Kress Christian Publications, 2009.

Knight, G. W. III., *Commentary on the Pastoral Epistles*, NIGTC, Grand Rapids: Eerdmans, 1992.

Marshall, I. H., *The Pastoral Epistles*, 2nd ed., ICC, London: T & T Clark International, 2004.

Montefiore, H., *A Commentary on the Epistle to the Hebrews*, London and New York: Harper & Row, 1964.

Mounce, W. D., *Pastoral Epistles*, WBC 46, Dallas: Thomas Nelson, 2000.

Oberlinner, L., *Die Pastoralbriefe. Dritte Folge. Kommentar zum Titusbrief*, Herders theologischer Kommentar zum NT, Band XI/2, Freiburg: Herder, 1996.

Parry, R. St. J., *The Pastoral Epistles*, Cambridge: Cambridge University Press, 1920.

Quinn, J. D., *The Letter to Titus*, Anchor Bible 35, NY: Doubleday, 1990.

Quinn, J. D. & W. C. Wacker, *The First and Second Letters to Timothy*, Grand Rapids: Eerdmans, 2000.

Roloff, J., *Der erste Brief an Timotheus*, ed. by N. Brox, J. Blank, E. Schweizer and R. Schnackenburg, EKKNT 15, Zürich: Benziger, 1988.

Schlarb, E., *Die gesunde Lehre: Häresie und Wahrheit im Spiegel Der Pastoralbriefe*, Marburger Theologische Studien 28, Marburg: Elwert, 1990.

Spicq, C., *Saint Paul: Les Épitres Pastorales*, Paris: J. Gabalda, 1969.

Towner, P. H., *The Letters to Timothy and Titus*, NICNT, Grand Rapids: Eerdmans, 2006.

White, N. J. D., *The First and Second Epistles to Timothy and the Epistle to Titus*, London: Hodder and Stoughton, 1910.

일반문헌

Aune, D. E., *The New Testament in Its Literary Environment*, Philadelphia: Westminster Press, 1989.

Baldwin, H. S., "An Important Word: Αὐθεντέω in 1 Timothy 2:12," ed. by A. J. Köstenberger and T. R. Schreiner, *Women in the Church: A Fresh Analysis of 1 Timothy 2:9-15*, 2nd ed., Grand Rapids, MI: Baker Books, 1995: 39-51.

Blomberg, C. L., "Women in Ministry: A Complementarian Perspective," ed. by L. L. Belleville & J. R. Beck, *Two Views on Women in Ministry*, revised ed., Grand Rapids, MI: Zondervan, 2005: 121-89.

Bock, D. L., *A Theology of Luke and Acts: Biblical Theology of the New Testament*. ed. by Andreas J. Köstenberger, Grand Rapids, MI: Zondervan, 2012.

Bradley, K. R., *Slavery and Society at Rome*, Cambridge: Cambridge University Press, 1994.

Casson, L., *Travel in the Ancient World*, London: George Allen and Unwin, 1974.

Charlesworth, M. P., *Trade-Routes and Commerce of the Roman Empire*, Cambridge: Cambridge University Press, 1924.

Chrysostomou, P. and F. Kefallonitou, Nikopolis, Athens: Ministry of Culture Archaeological Receipts Fund, 2001.

Eckstein, H.-J., *Der Begriff Syneidesis bei Paulus*, Tübingen: Mohr, 1983.

Edwards, J., *Religious Affections*, ed. by J. E. Smith, New Havens: Yale University Press, 1959.

Ellingworth, P., "The 'True Saying' in 1 Timothy 3,1," *BT* 31, 1980: 443-45.

Elliott, J. K., trans., *Acts of Paul in The Apocryphal New Testament*, Oxford: Clarendon Prress, 1993.

Ellis, E. E., "Pastoral Epistles," *Dictionary of Paul and his Letters*, ed. by G. F. Hawthorne & R. P. Martin, Downers Grove, IL: InterVarsity Press, 1993: 648-66.

_____, "The Ends of the Earth (Acts 1:8)," *BBR* 1, 1991: 123–32.

Fee, G. D., *God's Empowering Presence: The Holy Spirit in the Letters of Paul*, Peabody, MA: Hendrickson, 1994.

Giles, K., *Women and Their Ministry*. East Malvern: Dove, 1977.

Goodrick, E. W., "Let's Put 2Timothy 3:16 Back in the Bible," *JETS* 25, 1982: 480-81.

Grabbe, L. L., "The Jannes/Jambres Tradition in Targum Pseudo-Jonathan and Its Date," *JBL* 98.3, 1979: 393–401.

Guitteny, M., *Arles*, Monaco: Ajax, 2008.

Han, Kyu Sam, "Theology of Prayer in the Gospel of Luke," *JETS* 43.4, 2002: 675-93.

Harris, M. J., *Slave of Christ: A New Testament Metaphor for Total Devotion to Christ*, Downers Grove, IL: InterVarsity Press, 1999.

Hubbard, M., *Christianity in the Greco-Roman World*, Peabody: Hendrickson, 2010.

Hurley, J. B., *Man and Woman in Biblical Perspective*, Leicester: InterVarsity Press, 1981.

Jeremias, J., *Abba: Studien zur neutestamentlichen Theologie und Zeitgeschichte*, Göttingen: Vandenhoeck & Ruprecht, 1966.

Johnson, L. T., *Scripture and Discernment: Decision Making in the Church*, Nashville, TN: Abingdon Press, 1996.

Knight, G. W. III., *The Faithful Sayings in the Pastoral Letters*, Kampen: J. H. Kok, 1968.

Köstenberger, A. J., "Hermeneutical and Exegetical Challenges in Interpreting the Pastoral Epistles," *Entrusted with the Gospel: Paul's Theology in the Pastoral Epistles*, ed. by A. J. Köstenberger & T. L. Wilder, Nashville, TN: B&H Publishing Group, 2010: 1-27.

_____, *Women in the Church: A Fresh Analysis of 1 Timothy 2:9-15*, 2nd printing, Grand Rapids, MI: Baker Books, 1995.

Köstenberger, A. J. & T. R. Schreiner, "We Plead on Christ's Behalf: 'Be Reconciled to God," *The Bible Translator* 48.3, 1997: 328-31.

Köstenberger, A. J. & T. L. Wilder, *Entrusted with the Gospel: Paul's Theology in the Pastoral Epistles*, Nashville, TN: B & H Publishing Group, 2010.

Kroeger, R. C. & C. C. Kroeger, *I Suffer Not a Woman: Rethinking 1 Timothy 2:11-15 in Light of Ancient Evidence*, Grand Rapids, MI: Baker Book House, 1992.

Lightfoot, J. B., Biblical Essays, London: Macmillan, 1893.

Longenecker, R. N., *Biblical Exegesis in the Apostolic Period*, Grand Rapids: Eerdmans, 1975.

Meinardus, O. F. A., *St. Paul's Last Journey, In the Footsteps of the Saints*, New Rochelle, NY: Caratzas Brothers, 1979.

Merola, S., *Saint Pudenziana's Basilica*, Rome: St. Pudenziana's Rectorate (출판관련 정보 없음).

Metzger, B. M., "A Reconsideration of Certain Arguments against the Pauline Authorship of the Pastoral Epistles," *ExpTim* 70, 1958-59: 91-94.

Moo, D., "What Does It Mean Not to Teach or Have Authority Over Men? 1 Timothy 2:11-15," *Recovering Biblical Manhood and Womanhood: A Response to Evangelical Feminism*, ed. by J. Piper & W. A. Grudem, Wheaton, IL: Crossway Books, 1991: 179-93.

Mott, S. C., "Greek Ethics and Christian Conversion: The Philonic Background of Titus 2:10-14 and 3:3-7," *NovT* 20, 1978: 22-30.

Murphy O'Connor, J., *Paul a Critical Life*, NY: Oxford University Press, 1996.

O'Brien, P. T., *Introductory Thanksgivings in the Letters of Paul*, Eugene: Wipf and Stock, 2009.

Orbis, "ORBIS: The Stanford Geospatial Network Model of the Roman World." Live Science. http://orbis.stanford.edu/#reference.

Payne, P. E., "οὐδὲ in 1 Timothy 2:12," Paper Presented at the Meeting of the Evangelical Theological Society, Atlanta, November, 1986.

Ramsay, W. M., "Roads and Travel (in the NT)," *HDB* 5, Edinburgh: T & T Clark International, 1904: 396.

Rapske, B., "Acts, Travel and Shipwreck," *The Book of Acts in its Graeco-Roman Setting*, 2, ed. by D. W. J Gill & C. H. Gempf, Grand Rapids, MI: Eerdmans, 1994: 1-47.

Rapske, B., & B. W. Winter, *The Book of Acts in Its First Century Setting*. 3: The Book of Acts and Paul in Roman Custody, Grand Rapids, MI: Eerdmans, 1994.

Robertson, A. T., *A Grammar of the Greek New Testament in the Light of Historical Research*. MI: Hodder & Stoughton, 1914.

Rodrigue, J.-P., & C. Comtois & B. Slack., *The Geography of Transport Systems*

London: Companion, 2017.

Schreiner, T. R., "An Interpretation of 1Timothy 2:9-15: A Dialogue with Scholarship," *Women in the Church: A Fresh Analysis of 1 Timothy 2:9-15*, ed. by A. J. Köstenberger & T. R. Schreiner, 2nd ed., Grand Rapids, MI: Baker Books, 1995: 85-120.

Spence, R. M., "2 Timothy 3:15,16," *ExpTim* 8, 1896-97: 563-65.

Towner, P. H., "Gnosis and Realized Eschatology in Ephesus (of the Pastoral Epistles) and the Corinthian Enthusiasm," *JSNT* 31, 1987: 95-124.

_____, "The Goal of Our Instruction: The Structure of Theology and Ethics in the Pastoral Epistles," *JSNT* 34, Sheffield: Sheffield Academic, 1989.

Vamosh, M. F., *Daily Life at the Time of Jesus*, Jerusalem: Palphot Ltd., 1998.

Vasilakēs, A. S., *The Great Inscription with the Law Code of Gortyn*, trans. by A. Koutsaki-Vasilaki, Heraklion: Mystis, 2006.

Warfield, B. B., *Inspiration*, OR: Wipf and Stock, 2007.

Wilder, T. L., "Pseudonumity, The New Testament, and The Pastoral Epistles," *Entrusted with the Gospel: Paul's theology in the Pastoral Epistles*, ed. by A. J. Köstenberger & T. L. Wilder, Nashville, TN: B & H Publishing Group, 2010: 28-51.

Williamson, G., trans., *The History of the Church from Christ to Constantine*, NY: Penguin Books, 1989.

Winter, B. W., *Roman Wives, Roman Widows: The Appearance of New Women and the Pauline Communities*, Grand Rapids, MI: Eerdmans, 2003.

_____, *Seek the Welfare of the City*, Grand Rapids: Eerdmans, 1994.

Yarbrough, R. W., "Progressive and Historic: The Hermeneutics of 1 Timothy 2:9-15," *Women in the Church: A Fresh Analysis of 1 Timothy 2:9-15*, ed. by A. J. Köstenberger & T. R. Schreiner, 2nd ed., Grand Rapids, MI: Baker Books, 1995: 121-48.

국내서 및 번역서

바빙크, 헤르만, 『개혁파 교의학』, 단권 축약본, 김찬영 외 역, 서울: 새물결플러스, 2015.

벌코프, 루이스, 『기독교 교리 요약』, 박수준 역, 서울: 소망사, 2010.

브루스, F. F., 『사도행전』, 김장복 역, NICNT, 서울: 부흥과개혁사, 2017.

스토트, 존, 『사도행전 강해』, 정옥배 역, 서울: IVP, 1992.

정창욱, 『성경 헬라어와 신약성경의 이해』, 서울: 그리심, 2012.

한규삼, "누가복음에 나타난 예수의 기도," 『누가복음을 어떻게 설교할 것인가』, 서울: 두란노서원, 2007: 59-74.

한규삼, 『사도행전: 한규삼 목사의 성경 주석』, 서울: 생명의말씀사, 2006.